本系列由澳门大学法学院策划并资助出版

澳门特别行政区法律丛书
葡萄牙法律经典译丛

澳门特别行政区法律丛书
葡萄牙法律经典译丛

法律关系总论

（第二卷）

法律事实，尤其法律行为

Teoria Geral da Relação Jurídica

（Vol. II）

Facto Jurídico, em especial Negócio Jurídico

〔葡〕曼努埃尔·德·安德拉德 /著
(Manuel de Andrade)

吴奇琦 /译

社会科学文献出版社
SOCIAL SCIENCES ACADEMIC PRESS (CHINA)

澳門大學
UNIVERSIDADE DE MACAU
UNIVERSITY OF MACAU

总　序

　　"葡萄牙法律经典译丛"是澳门大学法学院在累积超过二十年教学科研成果的基础上，充分发挥自身优势，组织院内院外中葡双语精英（包括法律和法律翻译方面的专家）倾力打造的一套大型丛书。随着这套书的陆续出版，中国读者将有机会全方位接触在大陆法系内颇有特色，而且与中华人民共和国澳门特别行政区现行法律秩序关系密切的葡萄牙法学。

　　实际上，这套丛书的出版一开始就肩负着众多任务。首先，它当然是一个学术研究项目：系统地将一个国家或地区的代表性法学著作翻译成中文，对乐于博采众长的汉语法学家群体而言，肯定有比较法意涵。这些法学论著不仅深刻影响了葡萄牙本国的立法和司法活动，而且直接影响了继受葡萄牙法的非洲、拉美和亚洲法域（包括中国澳门）。深入研究相关著作既有助于他山攻玉、前车引鉴之事，又有利于中国与有关国家的交流理解。其次，由于澳门是中华人民共和国的一个特别行政区，而澳门现行法体系主要是继受葡萄牙法而来，系统地研究葡萄牙法学相当于是对中国多元法制中一个组成部分的一次观照。最后，这套丛书本身也是对澳门社会内部一些要求的响应。自 20 世纪 80 年代末，澳门开始在本地进行法学教育以来，就一直有声音指出既能以中文出版又能深刻揭示澳门现行法体系的法学文献奇缺。虽然经过二十多年的努力，状况有所改善，可是仍然难言足够。在一个双语（中、葡）运作的实证法体系中，以葡萄牙语为母语的法律职业者只参考葡语著作，而以汉语为母语的同行则难以接触同样的材料，这会使这个社会的法律职业人渐渐走向信息不对称（甚至割裂）的状况。这对于澳门法律和社会的长远发展不是好事。因此，这套译著的推出对于澳门的法学教育和法律实务都大有裨益。

尽管翻译葡萄牙法学著作的意义非同一般，然而在比较法的语境下，援引法国法、德国法或英美法和援引葡萄牙法的分量肯定是不一样的。法学界一般认为，古代的罗马法、近现代的法国法和英国法以及自 19 世纪末到 20 世纪的德国法和美国法是法律概念和法学知识的输出者。因而，在实践论辩中援引上述法域的理论或立法实践在某种意义上是诉诸权威（有时被冠以"先进"之名）。当然，权威论证一直是法律修辞的一个重要组成部分，可是在比较法这幅色彩斑斓的画卷中，权威肯定不是唯一的颜色。不论学者也好，社会行动者也好，也许只有在历史的特定时刻和特殊的主观状态下才会频繁地诉诸权威。当自身已经累积了一定的自信而再将目光投向外界时，可能就不再是寻找庇荫与垂怜，而是对同一天空下的不同经验、体验或生活方式的旁观与尊重，偶尔也可能灵光一闪而备受启发。果真如此，葡萄牙法就是一个非常值得关注的对象。早在其律令时代，葡萄牙法就与西方法学史上著名的西班牙《七章法》有着千丝万缕的关系。到了法典化时期，葡萄牙法虽然算不上时代的弄潮儿，但是其跟随欧洲法学主流的步伐一点不慢。1867 年的《塞亚布拉法典》以《法国民法典》的新框架和新思维重整了律令时代的旧规则，并保留了旧法的很多传统内容；1966 年的《民法典》则追随《德国民法典》的步伐，将原本充满法国法和旧律令印记的《民法典》改成五编制，同时又吸收了 20 世纪上叶制定的《意大利民法典》和《希腊民法典》的一些元素。这样曲折的发展过程注定了葡萄牙法学的面貌是丰富多彩的（真实地展示了大陆法系法、德两大流派如何融为一体），而且值得比较法学者关注。

最后，感谢社会科学文献出版社领导和编辑的大力支持，他们的辛勤劳动是本丛书能在中国与读者见面的重要原因。

项目委员会主任
唐晓晴教授

作者简介

　　曼努埃尔·德·安德拉德（Manuel de Andrade），全名曼努埃尔·奥古斯都·多明格斯·德·安德拉德（Manuel Augusto Domingues de Andrade），简称 M. Andrade，是现行葡萄牙民法典总则草案负责人，他被公认为葡萄牙史上最伟大的法学家之一，也是 20 世纪葡萄牙民法学转向和革新的重要推手，对葡萄牙民法学的发展影响极深。

　　曼努埃尔·德·安德拉德在 1899 年 11 月 11 日生于葡萄牙斯塔雷雅（Estarreja）市的卡内拉斯（Canelas）堂区。1922 年取得葡萄牙科英布拉大学（Universidade de Coimbra）法学学士学位。1924 年成为科英布拉大学法学院的助理教授，1932 年升任教授。1934 年，他的博士学位答辩极其优秀地以 20/20 分满分通过，让其取得科英布拉大学法学博士资格。他讲授的科目包括比较民事立法、民事诉讼法、商法、民法（法律关系总论）、债法。除了教职之外，他还担任过斯塔雷雅市行政官、法学院秘书长、律师公会科英布拉区委员会委员、《立法与司法见解评论》（*Revista de Legislação e de Jurisprudência*）编辑，以及民法典编纂委员会成员。在 20 世纪 40 年代的葡萄牙，他是积极推广利益法学的代表学者。

　　在他生前出版的一众著作当中，最为突出的是其 1934 年的博士学位论文《法律解释理论研究》（*Ensaio sobre a Teoria da Interpretação das Leis*），以及 1944 年的《法律关系总论》（*Teoria Geral da Relação Jurídica*）第一卷。在其逝世后，《法律关系总论》完整的第一卷才连同第二卷被公开发表。他的这一部遗作《法律关系总论》，被誉为"葡萄牙现代民法学奠基之作"，是 1966 年《葡萄牙民法典》制定时的重要理论依据。该部著作在葡萄牙法学文献中引用率极高，甚至可以毫不夸张地说，几乎在所有葡萄牙民法学以至私法学著作的参考文献列表中，都可以找到他的这部代表作。该书至今仍为葡萄牙法律系学生必读的参考书，已经再版重印九次。

1958 年 12 月 19 日，曼努埃尔·德·安德拉德在科英布拉逝世，享年仅59 岁。遗体自 1964 年 5 月 1 日起安葬于卡内拉斯的墓园。1981 年 7 月 13 日，获葡萄牙共和国总统追授其大军官级圣地亚哥宝剑勋章（GOSE, Grande-Oficial da Ordem Militar de Sant'Iago da Espada）。为了纪念这位葡萄牙法学界泰斗，兰赫尔·德·沈拜奥基金（Fundação RANGEL DE SAMPAIO）也设立了名为"曼努埃尔·德·安德拉德博士奖"的奖学金，每年颁发给以总平均分最高分毕业的科英布拉大学法学院本科学生。此外，科英布拉大学法学院的六号室亦以其名字命名。其出生地斯塔雷雅市甚至还有一条"曼努埃尔·安德拉德博士教授路"（Rua Professor Doutor MANUEL ANDRADE）。

曼努埃尔·德·安德拉德是葡萄牙现代民法学转折点上一位至关重要的标志性人物。继同属科英布拉大学的吉列尔梅·莫雷拉（Guilherme Moreira）等先辈之后，曼努埃尔·德·安德拉德〔以及瓦兹·塞拉（Vaz Serra）等人〕进一步把德国法元素融入葡萄牙民法学说。在散发着浓烈理性自然法主义气息的 1867 年《葡萄牙民法典》〔学界常按其编撰者塞亚布拉（Seabra）的名字称其为《塞亚布拉法典》〕生效的当时，学术界的这一场运动，最终促成了现行的 1966 年《葡萄牙民法典》的诞生。于该次转型中，"法律关系"扮演了一个十分显要的角色。在曼努埃尔·德·安德拉德的继续推广下，"法律关系"体系模式进一步在葡萄牙法上确立，这一点在立法上和学说上都有很清晰的体现。其一，在法典体例结构方面，《葡萄牙民法典》和《澳门民法典》的总则分为两编，第一编是"法律、法律之解释及适用"，第二编是"法律关系"，这种编排完全印证了曼努埃尔·德·安德拉德在本书第一句话便开宗明义地提出的划分：民法总则包括"法律的一般理论"和"法律关系的一般理论"这两大理论。至于总则第二编"法律关系"的四个分编，亦即"人""物""法律事实""权利之行使及保护"，也对应了作为全书结构上四大部分的法律关系四元素，亦即"主体""客体""法律事实""保障"。其二，在民法教科书以及教学的编排方面，迄今许多葡萄牙民法学（甚至非民法学）著作，在架构上都仍然依循这种法律关系四元素的编排方式。

曼努埃尔·德·安德拉德对葡萄牙民法学的深远影响力，也随着法律继受延伸至澳门民法学。卡洛斯·莫塔·平托（Carlos Mota Pinto）和奥兰多·德·加华尤（Orlando de Carvalho）两位教授，都是曼努埃尔·德·安德拉德在科英布拉大学的民法学教席的后继者。两人分别所写的两部同名著作《民法总论》（*Teoria Geral do Direito Civil*），都被译成中文，成为澳门大学法学院中文学士课程民法总论科的参考书目。卡洛斯·莫塔·平托的《民法总论》对曼努埃尔·德·安德拉德的《法律关系总论》乃是亦步亦趋，只要翻开两部著作比照一下，便很容易发现，卡洛斯·莫塔·平托的书中除却新旧法的法条更新之外，有不少内容都是直接撷取自曼努埃尔·德·安德拉德的《法律关系总论》，而且是后者的缩略版，另外在篇章架构上也明显是照参了后者。至于奥兰多·德·加华尤的《民法总论》，全书则有相当部分是对曼努埃尔·德·安德拉德在《法律关系总论》中的观点所作的补充注解。所以，在曼努埃尔·德·安德拉德的《法律关系总论》中，往往可以清楚和详细地看到理论的源头。例如，澳门民法学某些文献所采纳的颇为独特的权利定义，便是源自曼努埃尔·德·安德拉德，当中包含了他自己的原创成分（所谓"期望的权力"或者说"期望力"，poder de pretender）。追根溯源，曼努埃尔·德·安德拉德甚至可谓澳门民法学的祖师。

中译本序

  如今被翻译出版的本作，虽然是在伟大的民法学家曼努埃尔·德·安德拉德逝世后不久才于 1960 年出版，但不出数年，便已实至名归地成为葡萄牙民法学说的经典，乃一代又一代法律人的民法基础培训所不可或缺。

  正如费雷尔·科雷亚（Ferrer Correia）与鲁伊·德·阿拉尔考（Rui de Alarcão）在葡萄牙语原著首次出版时于序中所说明的那样，该版本的《法律关系总论》乃这位大师给科英布拉大学（Universidade de Coimbra）法学院二年级课程编制的教材。这些教材有一部分是印刷版，有一部分则是复印版。它们广传于学生之间，甚至校园之外。关于法律关系结构、法律关系主体与客体的那部分，早已于 1944 年便以《民法（法律关系总论）》[*Direito Civil（Teoria Geral da Relação Jurídica）*][1] 为题出版。数年后，曼努埃尔·德·安德拉德开始出版第二版。该版虽然是修订版，但也尚未完整。至于法律事实总论，则有五部印刷版分册和后续各式教材出版，而这位大师生前最后一次出版教材，是在 1953 年[2]。后来得以更广泛地传播并让本作成为葡萄牙民法总则经典著作的，则是由曼努埃尔·德·安德拉德的这两位学生——费雷尔·科雷亚和鲁伊·德·阿拉尔考，在 1960 年所出版的

---

1 *Direito Civil*：*Teoria Geral da Relação Jurídica*，versão das lições ao curso do 2.º ano jurídico revista por Manuel A. Domingues de Andrade, por Porfírio Augusto Junqueiro, Coimbra, Casa do Castelo, 1944。更早的文献，尚参见：*Direito civil português*：visto através das lições de Manuel Augusto Domingues de Andrade ao II ano da Faculdade de Direito, no ano lectivo de 1938-39, por Araújo Barros e Orbílio Barbas, Coimbra, Casa do Castelo, 1939。

2 Manuel Augusto Domingues de Andrade, *Teoria Geral da Relação Jurídica*, publicação devidamente autorizada das lições ao 2.º ano jurídico por Ricardo Velha, Coimbra, 1953.

版本。从那时起，本作便被陆续重印，再无改动[1]。

在葡萄牙民法学于 20 世纪初因为吉列尔梅·莫雷拉（Guilherme Moreira）而开始转向继受德国学说之后，在 20 世纪民法发展史上最具标志性的大学教材，便是曼努埃尔·德·安德拉德的本作，以至于他经常被人们认为是 20 世纪最伟大的葡萄牙民法学者，无论是与他相处过的无数学生，抑或只是经由其作品接触他的人，皆是如此[2]。曼努埃尔·德·安德拉德在阐释民法的一众基本概念与复杂问题时［无论是如今被翻译出版的《法律关系总论》，还是在鲁伊·德·阿拉尔考协助下撰写的《债法总论》（*Teoria Geral das Obrigações*，Coimbra，Almedina，1958）皆然］，都以其一贯清晰熟练的文字表达功力，经由对问题的自身思考，寻求并取得了众多原创的贡献。他总是试图识别出包括法律安定性与法律肯定性在内的各种涉事利益，从中求得平衡，找出最适合此等利益权衡的解决方案。

众所周知，由于普遍适用于整个民法以至法律的其他领域，法律关系一般理论在法律人的培养上有着根本性的价值。法律关系、本义权利与形成权、法律义务、屈从、法律期待与法律负担、法律人格与权利能力、行为能力、法律关系的主体与客体、法律事实、法律行为，诸如此类的基本概念，都是在法律关系一般理论中加以识别、定义与研究的，但法律关系一般理论在民法以外甚至私法以外，对其他部门法而言同样有着无庸置疑的用处，因为它其实包括了一些属于法律一般理论的概念。

在法律关系一般理论中，每一个环节都充斥着难题。法律人要面对的，是不同的利益、各式各样的利益衡量、各有理据的学说分歧。举例而言，法人制度的各个方面、意思与表示不一致的各种情形、意思瑕疵的各种情形、代理、法律行为的解释或填补、法律行为的有效性、法律行为基础（或预设）欠缺或落空（变更）等有关的学说与解决方案，皆是如此。

---

[1] Manuel Augusto Domingues de Andrade, *Teoria Geral da Relação Jurídica*, Coimbra, Livraria Almedina, 1960. 本作被多次重印，例如 1964 年第一次重印、1966 年第二次重印、1972 年第三次重印、1974 年第四次重印、1987 年第七次重印、2003 年第九次重印。

[2] 尤其参见 Guilherme Braga Da Cruz, "Manuel de Andrade, Oração Fúnebre", *Boletim da Faculdade de Direito*（"*BFD*"），Coimbra, 34（1958）; Adriano Paes da Silva Vaz Serra, "Manuel de Andrade, Civilista", *BFD*, 35（1959），págs. 1-40; Ferrer Correia, "Lembrando Manuel de Andrade", *BFD* 65（1989），págs. 459-465; Orlando de Carvalho, "Indi Partissi Povero e Vetusto, Meditação sobre Manuel de Andrade Trinta Anos Depois da sua Morte", *BFD* 45（1989），págs. 467-488; Jorge Sinde Monteiro, "Manuel de Andrade e a Influencia do BGB sobre o Código Civil Português de 1966", *BFD*, 75, 2003, págs. 181-208.

　　曼努埃尔·德·安德拉德把"法律关系"这个概念元件用作分析工具，围绕法律关系的各项元素来构造本作，睿智敏锐地探讨这些问题，加以思忖，带来了各种创新贡献。法人民事能力、虚伪情形下善意第三人之间的冲突、意思瑕疵错误的作用要件、法律行为的解释与填补、预设与法律行为基础，即其适例。

　　这部著作的结构明显受德国学说对法律关系探讨的影响，尤其是受路德维希·恩内克策鲁斯（Ludwig Enneccerus）那部著名的教科书[1]所影响。曼努埃尔·德·安德拉德在阐述完法律关系的概念与结构之后，对法律关系主体进行了研究，既有一般性的探讨，也对法人事宜加以展开，而且对后者更是有创新的思考，诸如法人的分类法与权利能力便是如此。至于自然人，他则是就法律行为能力这项法律行为要素进行探讨。接下来，他阐述了法律行为客体的一般理论，包括物（以及整个物的理论）与财产在内。然后，在葡萄牙语版本和中文版本的第二卷，则是探讨了法律事实一般理论，阐述了一众基本概念，并研究了权利的取得、变更与消灭。在法律行为一般理论中，除了法律行为的概念与元素，也分析了法律行为的分类法，然后则是法律行为的各项要素。他还探讨了法律行为能力、意思表示（详论了意思与表示的不一致、意思瑕疵、法律行为的代理、法律行为的解释与填补，以及法律行为标的。他也为偶素（一般性典型附属条款）设有一个分编，当中包括了条件、期限、负担，并探讨了预设。他对预设的思考，后来大大影响了构成法律行为基础的情事发生变更的学说。最后，他尚阐述了法律行为的不生效力与无效，以及时间对法律关系的影响（尤其消灭时效）。

　　曼努埃尔·德·安德拉德在民法总则各个问题上的立场，尤其是他在《法律关系总论》中的立场，后来于1966年民法典预备工作文件的拟定上，一次又一次地获得采纳。从一开始，也就是自1946年起，他便已是民法典编纂委员会的一员（他负责起草总则的先期草案）[2]，一直到他在1958年逝世为止。

---

[1]　Ludwig Enneccerus/Hans-Carl, *Allgemeiner Teil des bürgerlichen Rechts*, Halbband 1, *Allgemeine Lehren, Personen, Rechtsobjekte*, 14.ᵃed., Tübingen, Mohr, 1952, e Halbband 2, *Entstehung, Untergang und Veränderung der Rechte, Ansprüche und Einreden, Ausübung und Sicherung der Rechte*, 14.ᵃed., Tübingen, Mohr, 1952. 它们都被收录进 Enneccerus、Kipp 与 Wolff 所创办的那套 *Lehrbuch des bürgerlichen Rechts*。

[2]　除下注所列的那些先期草案外，尚参见 Manuel de Andrade, "Esboço de um anteprojeto de código das pessoas e da família/Na parte relativa ao começo e termo da personalidade jurídica, aos direitos de personalidade, ao domicílio", *BMJ*, 102 (1961), págs. 140-166.

在民法典的预备上，就债法的领域而言，负责拟定债法卷总则全部预备工作文件等的阿德里亚诺·瓦兹·塞拉（Adriano Vaz Serra），固然同样值得被强调。但就民法典的总则而言，特别是就法律关系这个民法典其中一个最重要的编而言，曼努埃尔·德·安德拉德的影响，尤其是如今出版的他这部著作的影响，毫无疑问是支配性的。

只要翻查一下鲁伊·德·阿拉尔考——这位曼努埃尔·德·安德拉德的学生所撰写的那些预备工作文件[1]，便不难得出这样的结论。他正是在1960年将《法律关系总论》出版的人之一。如今被译成中文出版的本作，其所采纳的解决方案（有时甚至是其表述），是1966年葡萄牙民法典内许多规范的直接思想源头。例如：第217条第1款（明示表示与默示表示）、第218条（沉默具有表示的价值）、第240条第1款（虚伪的概念）、第241条第1款（相对虚伪）、第243条（向善意第三人主张虚伪）、第244条（真意保留）、第246条（绝对胁迫与欠缺表示意识）、第249条（表示传达错误）、第251条（关乎法律行为客体或受意人其人的动机错误）、第253条与第254条（欺诈与欺诈效果）、第255条与第256条（精神胁迫与胁迫效果），还有其他许多规范。由于有些法律体系的现行民法典，正是以1966年葡萄牙民法典为基础加以调适而成，所以对这些法律体系而言，认识《法律关系总论》无疑同样有莫大的助益。1999年的澳门民法典，便是如此[2]。

1   Rui de Alarcão, "Do Negócio Jurídico, Anteprojecto para o novo Código Civil", *Boletim do Ministério da Justiça* ("*BMJ*") 105 (1961), págs. 249-279; "Breve Motivação do Anteprojecto sobre o Negócio Jurídico na parte relativa ao Erro, Dolo, Coacção, Representação, Condição e Objecto Negocial", *BMJ* 138 (1964), págs. 71-122; "Simulação, Anteprojecto para o novo Código Civil", separata do *BMJ* 84 (1959), págs. 305-328; "Interpretação e Integração dos Negócios Jurídicos, Anteprojecto para o novo Código Civil", *BMJ* 84 (1959), págs. 329-345; "Forma dos Negócios Jurídicos, Anteprojecto para o novo Código Civil", separata do *BMJ* 86 (1959); "Reserva Mental e Declarações Não Sérias. Declarações Expressas e Declarações Tácitas. O Silêncio", *BMJ* 86 (1959), págs. 225-231; "Invalidade dos Negócios Jurídicos, Anteprojecto para o novo Código Civil", sep. *BMJ* 89 (1959), págs. 199-267; "Erro, Dolo e Coacção. Representação. Objecto Negocial. Negócios Usurários. Condição, Anteprojecto para o novo Código Civil", sep. *BMJ* 102 (1961), págs. 167-180.
2   V. Tong Io Cheng, "O Código Civil Português e o seu impacto na recodificação do direito Civil de Macau e na codificação em curso na República Popular da China", in *50 Anos do Código Civil: em Homenagem aos Profs. Doutores Vaz Serra, Antunes Varela e Rui de Alarcão*, coord. por António Pinto Monteiro, Coimbra, Almedina, 2019, págs. 425-439. 新近文献，参见 Paulo Mota Pinto, "A Parte Geral do Código Civil de Macau e do Código Civil Português e a Parte Geral do Código Civil da República Popular da China de 2020", Macau, 2024, em *https://odireitoonline.com/* (texto a publicar no *Boletim da Faculdade de Direito da Universidade de Macau*).

再者，如今出版的曼努埃尔·德·安德拉德的本书，也决定性地启发和影响了后来的葡萄牙民法总论学说，这一点明显见于奥兰多·德·加华尤（Orlando de Carvalho）的教材[1]，尤其明显见于卡洛斯·阿尔贝托·达·莫塔·平托（Carlos Alberto da Mota Pinto）的教材[2]（它们在1966年民法典公布后，开始在很大程度上成了该著作的更新版）。

除了论域广泛之外，这位科英布拉的民法大师在《法律关系总论》中，如同在其一众著作中那样，都同样以学术上的严谨和分析上的功力，留给我们影响了好几代法律人的教材，在严格不苟的科英布拉学派里，培养了满门的法律人，包括一众教授，为这个他从来都不求闻达地效劳的学派留下了罕见的显赫遗产。

凡此种种，都不只表明了有理由让广大中文读者也认识这部葡萄牙民法学文献中的真正经典，更表明了是真正有必要这样做。这是因为，除了直接或间接在过去培养并将在未来继续培养一代又一代法律人，这部葡萄牙民法学文献中的真正经典，更是影响了葡萄牙民法典（那是其中一部依其原貌或经调整后，在全世界最多法律体系中仍然生效的欧洲的民法典），并因而同样影响了澳门民法典。

是故，谨此祝贺澳门的民法学者们、译者吴奇琦老师、葡萄牙法律经典译丛的统筹者、澳门大学法学院与社会科学文献出版社，促成了这又一部葡萄牙语法学文献经典的出版。

保罗·莫塔·平托（Paulo Mota Pinto）

科英布拉大学法学院教授

科英布拉，2025年3月

---

[1] Orlando de Carvalho, *Teoria Geral da Relação Jurídica* (*Bibliografia e Sumário Desenvolvido*), Coimbra, 1970, e depois *Teoria Geral do Direito Civil, Sumários Desenvolvidos para uso dos alunos do 2.º ano* (1.ªTurma), *do Curso Jurídico de* 1980/81, Centelha, 1981, reimpressão em *Teoria Geral do Direito Civil*, Coimbra, Coimbra Editora, 2012。1980/1981年的版本由黄显辉翻译成中文，由澳门大学法学院在2004年出版，为法律丛书文库的其中一本。

[2] Carlos Alberto da Mota Pinto, *Teoria Geral do Direito Civil*, 1.ªed., Coimbra, Coimbra Editora, 1976（在那之前也有影印版）。第二版出版于1983年，第三版出版于1985年。最新版则是 *Teoria Geral do Direito Civil*, 5.ªed. por António Pinto Monteiro e Paulo Mota Pinto, Coimbra, Gestlegal, 2025。第三版已被翻译成中文，由法律翻译办公室与澳门大学法学院在澳门联合出版。

Prefácio à publicação em língua chinesa de

Manuel de Andrade, *Teoria Geral da Relação Jurídica*, Volumes I e II

A obra cuja tradução agora se publica, apesar de apenas publicada em 1960, já depois do falecimento do grande Civilista que foi Manuel de Andrade, tornou-se a justo título em pouco anos um clássico da doutrina civilística de língua portuguesa, constituindo elemento essencial na formação básica em direito civil de gerações inteiras de juristas.

Como explicam Ferrer Correia e Rui de Alarcão no prefácio que acompanhou a primeira publicação em português, a *Teoria Geral da Relação Jurídica* é a versão das lições do grande Mestre ao segundo ano do curso de Direito na Faculdade de Direito da Universidade de Coimbra, versão que, em parte impressa e em parte copiografada, há muito corria entre os alunos, como também para além do próprio meio escolar. Em parte, no que se refere ao conceito e estrutura da relação jurídica, e aos seus sujeitos e objeto, tais lições tinham já sido publicadas, em 1944, sob o título de *Direito Civil (Teoria Geral da Relação Jurídica)* [1]. Poucos

---

[1]   *Direito Civil: Teoria Geral da Relação Jurídica*, versão das lições ao curso do 2.º ano jurídico revista por Manuel A. Domingues de Andrade, por Porfírio Augusto Junqueiro, Coimbra, Casa do Castelo, 1944. Já antes, v. *Direito civil português*: visto através das lições de Manuel Augusto Domingues de Andrade ao II ano da Faculdade de Direito, no ano lectivo de 1938-39, por Araújo Barros e Orbílio Barbas, Coimbra, Casa do Castelo, 1939.

anos depois, Manuel de Andrade começou a publicar uma 2.ªedição, refundida, mas que ficou incompleta. Sobre a teoria geral do facto jurídico, foram publicados cinco fascículos impressos e sucessivas variantes das lições, sendo de 1953 a última publicada em vida do Mestre[1]. A versão das lições com o título *Teoria Geral da Relação Jurídica* que veio a alcançar maior difusão, e a estabelecer-se como obra clássica sobre a parte geral do direito civil português, foi publicada em 1960 por Ferrer Correia e Rui de Alarcão, discípulos de Manuel de Andrade, tendo desde então sido objeto de sucessivas reimpressões sem alterações[2].

Depois da viragem da civilística portuguesa que se operou no início do século XX com Guilherme Moreira, no sentido da receção da doutrina alemã, pode bem dizer-se que a obra universitária que mais marcou o desenvolvimento do direito civil no século XX foi a de Manuel de Andrade-a ponto de este ser frequentemente considerado o maior Civilista português do século passado, quer por inúmeros discípulos que com ele ainda conviveram, quer por aqueles que apenas tiveram contato com a sua obra[3]. Manuel de Andrade expõe os conceitos básicos e problemas complexos de direito civil (quer na *Teoria Geral da Relação Jurídica*, que agora se traduz e publica, quer na *Teoria Geral das Obrigações*, Coimbra, Almedina, 1958, com a colaboração de Rui de Alarcão) com a habitual clareza e mestria na expressão escrita, procurando e obtendo contributos originais, de reflexão própria sobre os problemas. Procura sempre o equilíbrio entre os interesses em presença, que identifica, e a solução mais adequada à ponderação daqueles, incluindo também a segurança jurídica e a certeza do Direito.

---

[1] Manuel Augusto Domingues de Andrade, *Teoria Geral da Relação Jurídica*, publicação devidamente autorizada das lições ao 2.º ano jurídico por Ricardo Velha, Coimbra, 1953.

[2] Manuel Augusto Domingues de Andrade, *Teoria Geral da Relação Jurídica*, Coimbra, Livraria Almedina, 1960; v., por ex., reimpressão 1964, 2.ªreimpressão 1966, 3.ªreimpressão 1972, 4.ªreimpressão 1974, 7.ªreimpressão 1987, 9.ªreimpressão 2003.

[3] V., designadamente, Guilherme Braga Da Cruz, "Manuel de Andrade, Oração Fúnebre", *Boletim da Faculdade de Direito* ("BFD"), Coimbra, 34 (1958), Adriano Paes da Silva Vaz Serra, "Manuel de Andrade, Civilista", *BFD*, 35 (1959), págs. 1-40, Ferrer Correia, "Lembrando Manuel de Andrade", *BFD* 65 (1989), págs. 459-465, Orlando de Carvalho, "Indi Partissi Povero e Vetusto, Meditação sobre Manuel de Andrade Trinta Anos Depois da sua Morte", *BFD* 45 (1989), págs. 467-488, Jorge Sinde Monteiro, "Manuel de Andrade e a Influencia do BGB sobre o Código Civil Português de 1966", *BFD*, 75, 2003, págs. 181-208.

É bem sabido que, pelo seu carácter geral, de aplicação em todo o direito civil, e mesmo noutros domínios do direito, a teoria geral da relação jurídica tem um valor fundamental na formação do jurista. A identificação, definição e estudo de conceitos básicos como os de relação jurídica, direito subjetivo e direito potestativo, dever jurídico, sujeição, expectativa e ónus jurídico, personalidade e capacidade jurídica, capacidade de exercício de direitos, sujeitos e objeto da relação jurídica, facto jurídico, negócio jurídico, etc., dá-se na teoria geral da relação jurídica, tendo, porém, indiscutível utilidade também para outros ramos do direito, mesmo além do direito civil e até do direito privado-incluindo, na verdade, conceitos que são parte de uma teoria geral do direito.

Na teoria geral da relação jurídica levantam-se a cada passo dificuldades, em que o jurista se depara com diferentes interesses e com diversas ponderações de interesses, bem como com divergências doutrinais justificadas. Assim, por exemplo, em relação a aspetos da disciplina das pessoas coletivas, às doutrinas e soluções sobre os casos de divergência entre a vontade e a declaração e de vícios da vontade, sobre a representação, ou sobre a interpretação ou integração de negócios jurídicos, a sua invalidade, a falta ou queda (alteração) da base do negócio (ou pressuposição), etc.

Aceitando como instrumento de análise o operador conceitual "relação jurídica", e estruturando a obra em torno dos elementos da relação jurídica, Manuel de Andrade trata desses problemas com saber e agudeza, tecendo considerações e dando contributos inovadores, por exemplo, sobre a capacidade civil das pessoas coletivas, sobre conflitos entre terceiros de boa fé no caso de simulação, sobre os requisitos de relevância do erro - vicio da vontade, sobre a interpretação e a integração de negócios jurídicos, sobre a pressuposição e a base do negócio, etc.

Com uma estrutura claramente influenciada pelo tratamento da relação jurídica pela doutrina germânica, e designadamente pelo famoso manual de Ludwig Enneccerus [1], na

---

[1] Ludwig Enneccerus/Hans-Carl, *Allgemeiner Teil des bürgerlichen Rechts*, *Halbband 1*, *Allgemeine Lehren*, *Personen*, *Rechtsobjekte*, 14.ᵃed., Tübingen, Mohr, 1952, e Halbband 2, *Entstehung*, *Untergang und Veränderung der Rechte*, *Ansprüche und Einreden*, *Ausübung und Sicherung der Rechte*, 14.ᵃed., Tübingen, Mohr, 1952, integrados no *Lehrbuch des bürgerlichen Rechts*, fundado por Enneccerus, Kipp e Wolff.

presente obra Manuel de Andrade, depois de expor o conceito e estrutura da relação jurídica, trata da teoria geral dos sujeitos da relação jurídica, quer em geral, quer desenvolvendo a matéria das pessoas coletivas-com considerações inovadoras, por exemplo, sobre a sua classificação e capacidade jurídica. Já as pessoas singulares são tratadas a propósito da capacidade negocial, como elemento essencial do negócio jurídico. Expõe em seguida a teoria geral do objeto da relação jurídica, incluindo também as coisas (e toda a teoria das coisas) e o património. Depois, no que na versão portuguesa e na versão chinesa corresponde já ao volume 2.º, trata da teoria geral do facto jurídico, expondo os conceitos básicos e tratando da aquisição, modificação e extinção de direitos. Na teoria geral do negócio jurídico, além do conceito e elementos deste, são analisadas as suas classificações e, seguidamente, os elementos essenciais do negócio jurídico. Trata – se da capacidade negocial, da declaração de vontade (com amplo tratamento dos problemas da divergência entre a vontade e a declaração e dos vícios da vontade, da representação e da interpretação e integração dos negócios jurídicos) e do objeto negocial. É também dedicado um subtítulo aos elementos acidentais (cláusulas acessórias típicas gerais) do negócio jurídico, incluindo a condição, termo, modo, e trata da pressuposição-com considerações que muito influenciaram a doutrina subsequente sobre a alteração das circunstâncias que formaram a base do negócio. A finalizar, são expostas as matérias da ineficácia e nulidade dos negócios jurídicos e da influência do tempo nas relações jurídicas (em particular, a prescrição extintiva).

As posições de Manuel de Andrade sobre problemas da parte geral do direito civil, designadamente na *Teoria Geral da Relação Jurídica*, foram recorrentemente tidas em conta na elaboração dos trabalhos preparatórios do Código Civil de 1966, em cuja comissão redatora participou desde o início, em 1946 (tendo ficado incumbido de preparar o anteprojeto de Parte Geral)[1], até ao seu falecimento em 1958.

É certo que, pelo papel de grande relevo que teve na preparação do Código

---

[1]   Além dos anteprojetos indicados na nota seguinte, v., aliás, Manuel de Andrade, "Esboço de um anteprojeto de código das pessoas e da família/Na parte relativa ao começo e termo da personalidade jurídica, aos direitos de personalidade, ao domicílio", *BMJ*, 102 (1961), págs. 140-166.

Civil, merece também ser destacado, no domínio do direito das obrigações, o nome de Adriano Vaz Serra, a quem coube, além de outros, a elaboração da totalidade dos trabalhos preparatórios respeitantes à parte geral desse livro de direito das obrigações. Mas na Parte Geral do Código Civil, e em especial no título sobre as relações jurídicas—um dos mais relevantes do Código Civil—, a influência dominante foi, sem dúvida, a de Manuel de Andrade, em particular na obra que agora se publica.

É o que sem dificuldade se conclui pela simples consulta dos trabalhos preparatórios do Código Civil da autoria de Rui de Alarcão [1], discípulo de Manuel de Andrade que colaborou na publicação da *Teoria Geral da Relação Jurídica* em 1960. No Código Civil português de 1966 existem, aliás, várias normas inspiradas diretamente em soluções (ou por vezes mesmo em formulações) resultantes da obra agora dada a conhecer ao público em língua chinesa-assim, por exemplo, os artigos 217.°, n.° 1 (declaração expressa e declaração tácita), 218.° (valor declarativo do silêncio), 240.°, n.° 1 (conceito de simulação), 241.°, n.° 1 (simulação relativa), 243.° (arguição da simulação contra terceiros de boa fé), 244.° (reserva mental), 246.° (coação absoluta e falta de consciência da declaração), 249.° (erro na transmissão da declaração), 251.° (erro sobre os motivos relativos ao objeto do negócio ou à pessoa do declaratário), 253.° e 254.° (dolo e efeitos do dolo), 255.° e 256.° (coação moral e efeitos da coação), e várias outras. O conhecimento da *Teoria Geral da Relação Jurídica* é, pois, sem dúvida de grande utilidade também para aquelas ordens jurídicas em que vigoram

---

1   Rui de Alarcão, "Do Negócio Jurídico, Anteprojecto para o novo Código Civil", *Boletim do Ministério da Justiça* ("*BMJ*") 105 (1961), págs. 249-279; "Breve Motivação do Anteprojecto sobre o Negócio Jurídico na parte relativa ao Erro, Dolo, Coacção, Representação, Condição e Objecto Negocial", *BMJ* 138 (1964), págs. 71 - 122; "Simulação, Anteprojecto para o novo Código Civil", separata do *BMJ* 84 (1959), págs. 305 - 328; "Interpretação e Integração dos Negócios Jurídicos, Anteprojecto para o novo Código Civil", *BMJ* 84 (1959), págs. 329-345; "Forma dos Negócios Jurídicos, Anteprojecto para o novo Código Civil", separata do *BMJ* 86 (1959); "Reserva Mental e Declarações Não Sérias. Declarações Expressas e Declarações Tácitas. O Silêncio", *BMJ* 86 (1959), págs. 225-231; "Invalidade dos Negócios Jurídicos, Anteprojecto para o novo Código Civil", sep. *BMJ* 89 (1959), págs. 199 - 267; "Erro, Dolo e Coacção. Representação. Objecto Negocial. Negócios Usurários. Condição, Anteprojecto para o novo Código Civil", sep. *BMJ* 102 (1961), págs. 167-180.

códigos civis que tiveram por base o Código Civil português de 1966, com adaptações-como é o caso do Código Civil de Macau de 1999 [1].

Acresce que o livro de Manuel de Andrade que agora se publica inspirou e influenciou decisivamente a doutrina portuguesa posterior sobre teoria geral do direito civil, o que é patente nas lições de Orlando de Carvalho [2], e, sobretudo, de Carlos Alberto da Mota Pinto [3] (que começaram por ser em grande uma atualização desta obra depois da publicação do Código Civil de 1966).

Além de abordar um leque variado de temas, na *Teoria Geral da Relação Jurídica* o Mestre civilista de Coimbra aplicou o mesmo rigor científico e esforço de análise que punha nas suas obras, e deixou – nos, assim, umas lições que marcaram gerações de juristas, formaram professores e juristas em geral na escola da exigência e do rigor, legando à Escola que serviu, sem nunca procurar fama ou honrarias, um património de prestígio como muito poucos.

Tudo isto são razões que, mais do que justificarem, já impunham verdadeiramente que também fosse dado a conhecer ao público de língua chinesa este verdadeiro clássico da literatura civilística portuguesa, que direta e indiretamente formou e continua a formar gerações de juristas, e que influenciou também o Código Civil português (um dos Códigos Civis europeus que, nessa

---

[1] V. Tong Io Cheng, "O Código Civil Português e o seu impacto na recodificação do direito Civil de Macau e na codificação em curso na República Popular da China", in *50 Anos do Código Civil: em Homenagem aos Profs. Doutores Vaz Serra, Antunes Varela e Rui de Alarcão*, coord. por António Pinto Monteiro, Coimbra, Almedina, 2019, págs. 425-439, e, recentemente, Paulo Mota Pinto, "A Parte Geral do Código Civil de Macau e do Código Civil Português e a Parte Geral do Código Civil da República Popular da China de 2020", Macau, 2024, em *https://odireitoonline.com/* (texto a publicar no *Boletim da Faculdade de Direito da Universidade de Macau*).

[2] Orlando de Carvalho, *Teoria Geral da Relação Jurídica* (*Bibliografia e Sumário Desenvolvido*), Coimbra, 1970, e depois *Teoria Geral do Direito Civil*, *Sumários Desenvolvidos para uso dos alunos do 2.º ano* (1.ª Turma), do Curso Jurídico de 1980/81, Centelha, 1981, reimpressão em *Teoria Geral do Direito Civil*, Coimbra, Coimbra Editora, 2012. A edição de 1980/1981 foi traduzida em língua chinesa na coleção de Textos Jurídicos por Vong Hin Fai, em edição da Faculdade de Direito, Universidade de Macau, 2004.

[3] Carlos Alberto da Mota Pinto, *Teoria Geral do Direito Civil*, 1.ª ed., Coimbra, Coimbra Editora, 1976 (há edição anterior policopiada); 2.ª ed., 1983, e 3.ª ed., 1985; atualmente, *Teoria Geral do Direito Civil*, 5.ª ed. por António Pinto Monteiro e Paulo Mota Pinto, Coimbra, Gestlegal, 2025. A 3.ª ed. foi traduzida em língua chinesa e publicada em Macau, em edição conjunta do Gabinete para a Tradução Jurídica e da Faculdade de Direito da Universidade de Macau, 1999.

versão ou modificado, vigora ainda em mais ordens jurídicas em todo o mundo), e que, por essa via, influenciou também o Código Civil de Macau.

Estão, pois de parabéns os Civilistas de Macau, o tradutor Ng Kei Kei, o coordenador da coleção de Clássicos Jurídicos Portugueses, a Faculdade de Direito da Universidade de Macau e a *Social Sciences Academic Press* (China), que promovem a publicação de mais este clássico da literatura jurídica em língua portuguesa.

Coimbra, março de 2025

Paulo Mota Pinto

Professor Catedrático da

Faculdade de Direito da Universidade de Coimbra

代译序

本来，既然我已经为"葡萄牙法律经典译丛"作了总序，该说的都已经说了，再单独为译丛中的某一作品写序，似乎就没有理由了。然而，考虑到此书的原作者故去已久，而译者吴奇琦又多次表示希望我为其译稿讲句话，迟疑再三之后还是答应了。

《法律关系总论》一书是葡萄牙民法德国化重要推手曼努埃尔·德·安德拉德教授的代表性著作。该作品于 20 世纪 40 年代（1944 年）定稿以来一直是葡萄牙科英布拉大学民法课的标准教材以及司法实务的权威参考。更重要的是，在安德拉德以及其同代法学家的推动下，葡萄牙展开了"第二次法典化"运动，将原来充满法国法味道的《塞亚布拉法典》替换成德国式的五编制民法典。

在这个过程中，《法律关系总论》一书发挥着重要的作用。1966 年葡萄牙民法典总则草案的主要起草人鲁伊·德·阿拉尔考（Rui de Alarcão）教授正是安德拉德的学生，在其带动下，安德拉德的理论与术语直接进入了这部诞生于 20 世纪后期的德国式民法典。

出于上述原因，在新的民法典生效后，安德拉德的这一部经典著作依然没有因实证法的变迁而沦为废纸。更重要的是，科英布拉大学在 20 世纪后期出版的两部新的民法总论教材［也就是由卡洛斯·莫塔·平托（Carlos Mota Pinto）及奥兰多·德·加华尤（Orlando de Carvalho）所著，后来在澳门被翻译成中文的两部民法总论教材］均是以安德拉德的这一部著作为蓝本或母体而完成的。平托的《民法总论》有大量内容直接引述此书；而奥

1

兰多的《民法总论》直接声明只补充安德拉德所未竟之事，并叮嘱学生必须继续以安德拉德的教材为基础学习材料。

经过其学生的传播，安德拉德的民法思想和理论基本已经在澳门生根，然而不无遗憾的是安德拉德的原著一直没有被翻译成中文。

曼努埃尔·德·安德拉德教授的《法律关系总论》作为"葡萄牙法律经典译丛"第一批著作出版既是理所当然，也是偶然。说理所当然，是因为该书确为葡萄牙民法著作中的经典，译丛不将其纳入有负经典之名。

说偶然，是因为该书的翻译之所以能够早早完成并率先出版，可以说并不是编委会的原计划，而是由译者吴奇琦个人执着所促成的结果。

由于对学术的好奇，吴奇琦尚在本科学习阶段便在没有出版保证、没有报酬承诺、没有他人帮助的情况下展开了对该书的翻译。一段时间后，经艾林芝老师的推荐，其部分译稿传到我手里。我随即被这位年轻人所表现出的法律素养和语言表达能力所吸引。若干年后，吴奇琦以极优异的成绩完成了硕士论文（该论文获得答辩委员的高度评价），留校任教之余，也进入了博士学习阶段。正是在这个时候，澳门大学法学院与法律出版社开展了"葡萄牙法律经典译丛"的出版计划，我立刻就想起吴奇琦以前的译稿，因而与其商谈翻译全书的可能性。吴奇琦爽快答应并非常有效率地完成了全书的翻译。这本书也就赶得及作为第一批译著出版了。如今，澳门大学法学院又与社会科学文献出版社开展了译丛的扩大合作，本书也因而在此新计划中再版。

唐晓晴

序

　　在曼努埃尔·德·安德拉德辞世将近两年后的今天，我们把他的这部作品公之于众。它与这位大师为法学院二年级编写的教材，在版本上并无二致。部分为印刷版、部分为复印版的这些教材，不但广传于学生之间，甚至在校园之外，亦见其踪。

　　阐述法律关系的概念与结构，以及其主体与客体的上述著作，由曼努埃尔·德·安德拉德于 1944 年以"民法（法律关系总论）·第一卷"［*DIREITO CIVIL（Teoria geral da relação jurídica），Vol. I*］为题付梓（由 Casa do Castelo，Coimbra 出版）。此等教材的出版，由当时的学生波菲里乌斯·奥古斯托·容凯罗（Porfírio Augusto Junqueiro）负责。然而，如该书导言所述，它们"乃出自课程导师之手"，所以只需要"保留编撰及印制上的原有纰漏，因此无论是原版本身，还是排字校样，他都没有再加以校勘"。

　　一晃数年，在重新编撰上述著作后，曼努埃尔·德·安德拉德开始出版该著作的第二版。但该版亦尚未完整，因为它还没有包括"法人的消灭"与"法律关系客体"的部分（更准确而言，新版只包括了本书第一卷截至第 168 页的内容）。

　　至于探讨法律事实总论的五部印刷版分册，最终亦相继出版。作者在书中概述了法律事实后，便继而对法律行为理论进行剖释（概念、元素与分类）。法律行为理论的余下内容——此乃内容最广和最重要的部分——还有关于时间对法律关系的影响的课题，也公诸大众，虽然那只是陆续以各式复印版为之。而最后一次，就在 1953 年［出版工作托付于里卡多·维尔拉（Ricardo Velha）］。

　　长久以来，曼努埃尔·德·安德拉德一直有意对或以印刷版，或以打字机打印版流通的教材进行修订，以便完全以印刷版的形式出版一部《法律关系总论》。唯羁身俗务，却使这个愿望迟迟未能实现——直到，那无从规避的永诀之日终于来临。

如果这位让人怀缅的大师，其当初出版本书的未了夙愿，在当下又再无法实现，让其作品能依原貌印行的话，那真的是一件不可宥恕的事。这部作品的精言辟论，确立了它在葡萄牙法学理论中毋庸置疑的首席地位，亦堪让本作有着迫切的出版需求。

不过，是次出版并不仅仅是激励了我们为葡萄牙法学文献作出杰出贡献的理念而已。与此同时，它也让我们能以一种很特别的方式，在回忆里，对身为葡萄牙历来最伟大法学家之一的他，再度致以崇敬之意。随着我们把曼努埃尔·德·安德拉德的声线——那是一种卓尔不凡、备受欢迎和敬重的声线——以这种方式传扬开来，我们再一次怀着最深切的钦佩之心，以及弥久不衰的思念之情，拜服其前。

请容我们再多说两句。如前所述，本版本仅限于再现那些已经问世的文本，尽管它们大部分都只是复印版而已。因此，第一卷自第 168 页起，不外是前述 1944 年作品的再版。至于该页之前的内容，也只是重现了上述未完成的第二版作品而已。而第二卷截至第 68 页，则尽为前揭五部印刷版分册。其余内容，也是悉数再现上述的 1953 年复印版本。

前面讲过，这一众文本乃是只字未改地示于人前的。唯应注意，在一些问题上——但并不多，而且重要性相对不大——今天必须考虑新的法律规定。但读者们也将不难察觉到这一点。无论如何，我们要尤其记得以下法律的修改：《行政法典》（特别是 1959 年 9 月 28 日第 42536 号命令的修改）、1954 年 5 月 20 日第 39660 号命令（主要关于法人认可的事宜）、1948 年 6 月 22 日第 2030 号法律、新的《道路法典》（由 1954 年 5 月 20 日第 39672 号命令核准，并经 1954 年 11 月 24 日第 39929 号命令、1955 年 8 月 8 日第 40275 号命令修改）、《物业移转税与继承及赠与税法典》（由 1958 年 11 月 24 日第 41969 号命令核准）、最新的《民事登记法典》（1958 年 11 月 22 日第 41967 号命令）、《物业登记法典》（1959 年 10 月 8 日第 42565 号命令）以及《公证法典》（1960 年 4 月 20 日第 42933 号命令）。

A. 费雷尔·科雷亚（A. Ferrer Correia）

鲁伊·德·阿拉尔考（Rui de Alarcão）

Contents

目　录

第三部分　法律事实总论（尤其法律行为总论）

第一编　法律事实概说

第三部分
法律事实总论
（尤其法律行为总论）

第一章　概念与分类

53. 法律事实的概念

法律事实（facto jurídico），是指一切产生法律效果（efeitos jurídicos）的现实生活（尤其是社会生活）事实（行为或纯属事件），亦即一切具有法律意义（juridicamente relevante）的现实生活事实。与它相对的，是单纯事实、实质事实或称中性事实（facto simples, material ou neutro）。后者乃一切在法律上无关紧要的现实生活事实，也就是说，法律秩序并未将它们与任何后果联结起来。诸如人眼的颜色、偏好哪一个香烟品牌或哪一支足球队、有人在他人家中放下一封为其已往生亲属而写的吊唁信、晚饭后信步闲逛，凡此种种，均属其例。这些事实本身，法律是毫不在乎的。因此，它们是没有法律意义的事实，亦即不产生法律效力（eficácia jurídica）的事实。换句话说，以法律角度观之，它们都是中性事实，亦即法外事实（facto ajurídico）。

54. 法律事实的分类·Ⅰ）以"有否意思介入"及"意思与所生法律效果之间的关系"为标准观之·Ⅱ）以其他标准观之

Ⅰ）以"有否意思介入"及"意思与所生法律效果之间的关系"为标准观之

就法律事实与人的意思（vontade）之间的关系而言，我们可以分两个不同层面来思考法律事实（虽然后一层面从属于前一层面）：首先，视乎法律事实是因为意思而发生（意思在这里是作为有法律意义的因素），还是与此相反，亦即独立于、不取决于意思；若是前者，则再根据该项意思与所生法律效果之间的联系进行划分。

意愿性法律事实与非意愿性法律事实*

　　根据上述首项标准，法律事实要么是作为意愿的反映，亦即作为意思的表现或作用而存在，因而是属于意愿性（voluntários）的，要么则是纯粹因自然力量的介入而存在，或者虽然有人的意思共同介入，但这种意思却无法律意义，因而被称为非意愿性（involuntários）事实或自然事实。前者乃人的行动，而后者则纯粹是自然界的产物，或者虽然可以发生在人的身上，却仍被视为自然界的产物（例如，出生、血亲联系、死亡、毗邻而居、时间的流逝、物品的自然衰坏）。

适法意愿性事实与不法意愿性事实

　　运用上述第二项标准，可以将意愿性事实分为适法和不法两类。前者合乎法律秩序的要求，亦即获法律秩序准许。后者则与法律秩序有所抵触，亦即与其相左、受其谴责。这种相符或相悖，会在事实所生的法律效果上有所体现。若是相符，则有关法律效果并不具有制裁行为人的性质，所以有关行为是获法律秩序容许的，并未违反法律义务。若是相悖，则所生的法律效果表现为对行为人的制裁，由此可知，有关行为是被法律秩序禁止、违反了法律义务，而被法律秩序报以制裁。如同一切的制裁那样，这种制裁表现为在实定法上使不法事实的行为人蒙受不利。而该人显然是不希望

---

　　*　一向有人将"factos jurídicos voluntários"译为"有意识的法律事实"，并将"factos jurídicos involuntários"译为"无意识的法律事实"。本书译者认为，这种译法是错误的，理由如下。

　　葡语 voluntário 源自 vontade 亦即"意思"，也就是"意欲"（或称"意愿""意图""意向""意志"），是指希望如何如何。"意思"（vontade）有别于"意识"（consciência）。两者绝不相同。"意识"是指认知，涉及"知道些什么"的问题。

　　简言之，"意识"与"意思"之分，便是汉语法学界惯称的"知"与"欲"之分。

　　葡萄牙与澳门民法学上的"factos voluntários"，是指由人的意思引发的事实，亦即因人的意思而发生的事，也就是人为之事，亦即行为（acto）。若这种事实有法律意义，便是"factos jurídicos voluntários"，亦即法律上之行为（acto jurídico）。这里的标准在于"意思"而非"意识"，故本书译者将"factos jurídicos voluntários"译作"意愿性法律事实"，并将"factos jurídicos involuntários"译作"非意愿性法律事实"。何况，"有意识的法律事实"与"无意识的法律事实"，在汉语上亦不通：意识是一种心理状态，故此，有意识或无意识的，只能是人；事实如何有意识、无意识？

　　"意识"与"意思"的区分相当重要，贯穿了葡萄牙与澳门民法学上多个主题，例如，认知表示（declaração de ciência）与意思表示（declaração de vontade）之分、理解能力（认知能力）（capacidade de entender）与意欲能力（capacidade de querer）之分（关乎可归责性、偶然无能力、受权人能力等问题）、欺诈意识（consciência de dolo）与欺诈意图（intenção de dolo）之分，以及行动意思（vontade da accão）、表示意识（consciência da declaração）、法律行为意思（vontade negocial）之分，乃至同意与知悉之分以及精神失常的概念。——译者注

接受制裁的，易言之，这是违背其意思的。至于适法意愿性事实方面，所赋予的法律后果虽然有可能非被行为人所欲求，但无论如何，它们总不会像前述的制裁那样，与行为人的意思显相对立。说这一分类法是按照上述标准划分，即此之谓。

不法事实的分类

a）民事不法事实与刑事不法事实

不法事实，分为民事不法事实与刑事不法事实。这两类不法事实的区别在于，法律为它们而定的制裁，性质各异。之所以性质各异，其中道理（亦即其根由或者说基础）如下：就民事不法行为而言，被违反的法律义务，是法律秩序为了受害人（相关权利人）的私人利益而施加的；[1] 就刑事不法事实而言，被违反的法律义务，则是为了社会的总体利益而设。

刑事制裁，以刑罚为主。刑罚，则表现为科以恶害（inflição dum mal）。即使是私人性刑罚（pena privada，亦即有利于被害人的刑罚，例如，由被害人收取罚金），科以恶害也并非只是出于"弥补被害人个人所遭受的损害"这一需要。从根本上言之，刑罚目的有二：其一为一般预防；其二为特别预防。一般预防（prevenção geral），是指试图凭借威吓（施以心理上的制约，恫之以刑），遏止其他人实施类似的事实；特别预防（prevenção especial），则是指试图透过威吓以及其他手段（例如，让其得以更生），防范受罚行为人本人再次犯罪。

民事制裁，则仅仅旨在让受害人受损的利益得以恢复，并尽可能让他重返损害发生前所处的状态（参见第2364条）。民事制裁有多种形式，兹重点介绍最重要如下二者。

第一，恢复原状（restauração natural ou restituição em forma específica），是指将事物恢复至原有状态（in pristinum），但前提是实际上有此可能，且法律秩序认为这样做是可取的。易言之，将不法行为所改变的事实状况，重新复原至之前的状态，俨如不法行为从未实施过一样（或几近如此）。例如，拆毁不应进行的工程、强制扣押应交付或被侵占之物并将其交付予被害人。

第二，等价复原（restituição por equivalente），是指就受害人所遭受的

---

[1] 更准确而言，它也是基于总体利益而施加的，只不过总体利益会附属于受害人的私人利益，并与其全面重合，因此后者一旦复原，前者亦随即复原（满足受害人的私人利益，便是满足总体利益）。

5

损害，向其作出金钱赔偿。这些损害，可以是物质性损害，也可以是精神性损害。

若精确言之，精神性损害赔偿其实不是一种赔偿（indemnização）［它并不会使受害人变得安然无恙（indemne），或者说，并不会让他重返——尽管不是以恢复原状的方式——假设他没有受损的话所应处的状况］，并不是一种本义的等价复原，因为精神性损害（所承受的肉体上或精神上的苦痛）基于其非财产性质（非经济性质），并不能真的等值于一笔款项。严格来说，精神性损害无法以金钱来表现或者说代表。精神性损害赔偿，其实是一种弥补，或者说它是一种对受害人的补偿会更好。此类赔偿的基本理念是：不法事实所造成的精神性损害（痛苦、悲伤、不快），能够借由一些满足（甚至是心灵层面上的满足，包括行善之乐）予以补偿，易言之，能够以其互相抵销；而金钱正可以带给受害人这种满足。相较于在受害人承受伤痛后不给予他任何补偿，而对侵害人又没有任何制裁，或没有任何相应于所致伤痛的制裁，那是更为可取的做法。至于这里可能出现的金额估算上的困难，其实在财产性损害赔偿上也会遇到，因为财产性损害赔偿的计算也是极易出错的（例如，一名律师的顾客数量或一名商人的信用，因为遭人诽谤而减损）。[2]

民事兼刑事不法事实、纯民事不法事实、纯刑事不法事实

应当指出的是，同一项事实可以既属于民事不法事实，又属于刑事不法事实（民事兼刑事不法事实）。这样的例子比比皆是，例如，杀人除了会招致一项刑罚——那是最严重级别的刑罚——的科处，还会同时导致事实的实施者（杀人者）必须向那些因被害人死亡而受损的人（父母、配偶、子女）作出赔偿，不论是物质性损害（被害人可能是这些人的经济支柱），还是精神性损害皆然（《刑事诉讼法典》第34条第2附段）。

然而，有些不法行为或事实，只会导致民事制裁，或只会导致刑事制裁。前者如某人占有他人的不动产，即使其为恶意亦然（参见《刑法典》第445条）；又如，让一群牲口通过他人的不动产（无论是否知道自己无相关地役权）并造成后者损失；再如，拖欠债务，即使是故意的亦然。

至于另一类不法事实（纯刑事不法事实）方面，犯罪未遂或实行未遂

---

2 欠债监禁（prisão por dívidas），这种相当另类（sui generis）而且现今几乎已绝迹的民事制裁，前已论及，兹不复赘。

犯，即其适例（《刑法典》第 10 条及第 11 条）。在符合一定条件时，作出这些事实会遭到处罚，但并不会导致行为人须向事实所针对的人作出任何赔偿，因为它们并未造成损失，故无须予以弥补。意见表达犯（delitos de opinião）也是如此，单纯的轻微违反（《刑法典》第 3 条）亦然。轻微违反，只是一种可受某些预防性规范所处罚的违法行为。此等规范，旨在遏止特定行为；这些行为本身，虽然不会对他人造成损失，却有促成其他损害行为的重大危险。无准照使用枪械，即为一例（《刑法典》第 153 条）。显而易见，持械，甚至以其进行射击，只要不朝向某人或某个枪械可毁坏的东西发射，是不会为任何人带来损失的，但它却会引起重大危险：当枪械的持有者是一个不敏锐、不谨慎、暴躁或者心怀恶念的人时，枪械便有可能被用以伤人或损人之财。因此，法律只允许获有权限当局发出准照的人使用这些枪械，而当局会拒绝向上述人士发出准照。法律亦会为这种禁止而设有特定刑罚，作为制裁。

　　b）违法行为（delito）（故意不法事实）与准违法行为（quase delito）［过失（meramente culposo）不法事实］

　　不法事实，视乎行为人是存心犯事、造成损害（蓄意），抑或只是欠缺必要的注意［不谨慎或疏忽，亦即过失（狭义的 culpa）＊］，尚可分成故意与过失两类。故意的不法事实，称为违法行为；过失的不法事实，称为准违法行为。然而，通常仅在讨论非合同不法事实时，方会使用这种术语。[3]

　　客观责任的事例

　　必须说明的是，有一些情形是适用客观责任的。人们把这些情形与过错不法事实等同视之。客观责任，完全不取决于过错（culpa）这个概念（指广义的 culpa，亦即包括故意在内）。在法律承认客观责任的那些情形，只需要存在一项实际上可归责（materialmente imputável）于某人的事实［过错则是指，一项事实在心理上可归责（imputação moral）于某人］，而且这项事实与损害之间又存在因果关联，因而可以说损害是因事实而生，这样便已足够。责任人，亦即事实的实际行为人，必须赔偿意外事件（caso

---

＊　葡语"culpa"一词有广狭义之分。广义的 culpa 是指过错，包括故意与过失。狭义的 culpa，则仅指过失。究竟 culpa 是指过错抑或过失，应视乎语境而定。为清楚起见，往往会在 culpa 前加上"纯粹"（mera、meramente）为修饰语，以指称过失。因此，mera culpa、meramente culposo 便是指过失，无须译为"纯粹过失"。这是因为，中文术语"过错"与"过失"两词不会混用，这一点有别于葡语。因此，译者在这里保留 culpa 不译。——译者注

3　详见本书第一卷，第 126 页注 1。（译者按：亦即中译本第一卷，第 100 页注 123。）

fortuito）所造成的损失。此即客观责任与主观责任（以过错为基础的责任）的区别所在。然而，因不可抗力（força maior）或第三人事实而生的损失，则不必赔偿。当受害人有过错时，行为人的责任原则上亦会被阻却。

葡萄牙法律在交通事故、劳动事故或称劳动灾害（acidentes ou desastres de trabalho）上，确立了客观责任。应当指出的是，在后一领域内，在某些情形下，即使事故是因受害人的过错而造成的，但责任仍然不会被阻却，只要受害人是过失（狭义的 culpa，疏忽）而非故意（亦即蓄意造成事故）即可。这是因为，雇员已对其劳动所带来的危险习以为常，往往会因大意而导致事故发生，而此时由雇主来承担所造成的损失是合理的，因为雇主同样也是从雇员的活动中获益。所以，人们说，劳动事故责任是基于职业风险的。

至于单纯意外事件与不可抗力，两者的区别则在于：前者是指，责任人所用物品或机器的任何自然风险；后者则是指，与这些物品或机器无关的自然力量。后者就仿佛是一项第三人事实，只不过它并非因人而生，而是因自然力量而生罢了。当出现不可抗力时，就俨如缺少了首项责任要件，亦即一项实际上可归责于某人（实际行为人）的事实。例如，一辆汽车被一股旋风卷起，撞向路旁的人或不动产，即属不可抗力；一家工厂遭雷击而焚毁，或因地震而塌毁，造成在厂内工作的工人伤亡，同属不可抗力。

c）合同不法事实与非合同不法事实

最后，应当将合同不法事实与非合同不法事实区分开来。前者是指违反了一项特别义务（技术意义上的 obrigação，亦即债务关系或称债权关系，也就是侵害人与受害人之间既存的法律约束），亦即债（技术意义上的 obrigação）的不履行：不偿付债务（合同过错）。后者则是指违反了一项一般性的义务或法律约束（广义的 obrigação）。这种约束，存在于受害人与侵害人之间，也存在于其他任何人之间，易言之，侵害人对受害人负有这种义务，对其他任何人也负有这种义务，而其他任何人亦同样对受害人负有这种义务。[4]

意愿性适法事实（广义的法律上之行为）的分类：法律行为与单纯法

4　关于这个问题，以及不法事实的概论，参见本书第一卷，第 125 页以下。（译者按：亦即中译本第一卷，第 100 页以下。）

律上之行为 *

意愿性适法事实，又可称为广义的法律上之行为。它分为数个类型。首先，需要区分法律行为与单纯法律上之行为（狭义的法律上之行为）。

法律行为（negócio jurídico），是适法的一种人的行动（意愿性的行为；更精确地说，是意思表示）；这种行动获法律秩序赋予的效果，大致上是与行为人意思相符的。换言之，法律行为的效果，大体言之（grosso modo），与行为人所欲达致或外观上看来其所欲达致的效果相同，而法律之所以决定产生这些效果，亦正是因为行为人希望如此。所以，此等行为的效果是依意思（ex voluntate）产生的，而非仅依法律（ex lege）产生。遗嘱、合同（如借贷合同、买卖合同），便是法律行为的例子。遗嘱人希望其财产有某种归属，而法律则使它们实际上有此归属；这迎合了遗嘱人在遗嘱中所表达的意思。以上所言，经必要变通后（mutatis mutandis），亦适用于合同。

单纯法律上之行为（simples acto jurídico），亦是适法的一种人的行动，虽然其法律效果可能偶然会甚至通常会与行为人意思相符，但这些法律效果并不是由行为人意思的内容决定的，而是直接、强制地由法律决定，故

---

　* 有必要对译语加以解释。在葡萄牙民法上，"negócio jurídico" 与 "acto jurídico" 是不同的概念，分别对应德国民法上的 "Rechtsgeschäft" 与 "Rechtshandlung"。前者（葡语 "negócio jurídico"、德语 "Rechtsgeschäft"）通常作 "法律行为"；为了避免混淆，后者（葡语 "acto jurídico"、德语 "Rechtshandlung"）则被译为 "法律上之行为"（否则后者绝对可以，也更适合译为 "法律行为"）。已有学者提倡将 "negócio jurídico"（以及 "Rechtsgeschäft"）改译为 "法律事务"，一来字面上更贴切外文原本语义，二来可避免上述两个概念的中译发生重叠。唯 "法律行为" 这个名称已使用经年，故本书译者选择沿用约定俗成的 "法律行为" 这种次佳译法（甚至可说是错误译法）。汉语行文可能使人混淆，但实逼不得已。

　　澳门法律界向来有人将 "negócio jurídico" 译作 "法律行为"、将 "acto jurídico" 译作 "法律上之行为"，但同时又将 "simples acto jurídico" 译作 "简单法律行为"，这种译法绝不可取。原因显然是，既然选择将 "acto jurídico" 译作 "法律上之行为"，便应贯彻始终，否则只会导致中译乱上加乱。

　　所谓 "单纯法律上之行为"（simples acto jurídico），是指 "法律上之行为"（acto jurídico）这个类别中撤除 "法律行为"（negócio jurídico）后所余下者，可见与 "法律行为"（negócio jurídico）无关。有鉴于此，本书译者将 "simples acto jurídico" 译为 "单纯法律上之行为"，而非 "简单法律行为"。

　　最后值得一提的是，有学者主张将现今通译作 "法律行为" 的德语 Rechtsgeschäft（其字面上对应葡语 negócio jurídico）改译为 "法律交易"。本书译者认为，"法律交易" 这种译法，实不足采。理由如下：（1）无偿的 Rechtsgeschäft（如赠与），实在难以称为 "交易"；（2）某些单方的 Rechtsgeschäft（如所有权的抛弃、合同的解除），亦难称作 "交易"。——译者注

不取决于上述偶然或通常的相符。说这些行为的效果是依法律（*ex lege*）产生，而非依意愿（*ex voluntate*）产生，即此之谓。根据第711条第2款及其两个附段的规定，债权人向债务人作出的催告，便是如此。不附期间之债（单纯之债）的债权人，乃是借由催告行为，向债务人告知其欲即时获得偿付（第711条第1附段）。法律规定，催告会导致名为债务人迟延（*mora debitoris*）的状况，并产生一众效果。众所周知，其最典型效果有二。

（1）债权人就债务不被及时履行所致的损失与损害获得赔偿的权利（第711条第2款及第720条）。

（2）风险倒置。根据"物之灭失，物主自负"（*res suo domino perit*）原则而由债权人承担的风险，会转而落到债务人身上，而债务持续（*perpetuatio obligationis*）现象亦随之发生，亦即基于迟延，原本一旦物意外灭失（perecimento fortuito）便应归于消灭，因而债务人得以摆脱的债务，会幸免于难般维持下去（第1398条、第1436条第2款、第1731条）。[5] 显而易见，债权人可能而且通常都不曾想过会有这些效果产生，尽管如此，它们还是必然会产生的，因为无论进行催告的债权人是否想过、是否希望这些效果的产生，法律皆在所不问，而是径自决定其产生。

单纯法律上之行为的分类：准法律行为与法律行动

法律行为与单纯法律上之行为，均各自包括多种类型，并尤以前者为甚。关于法律行为的分类，我们暂且搁置不谈，因为稍后下文将会专题详述。至于单纯法律上之行为（又名狭义的法律上之行为），则通常被分成两类：其一为准法律行为［quase-negócio jurídico，又名 acto jurídico quase-negocial（属于准法律行为的法律上之行为）］，其二为法律行动（operação jurídica）*（实作行为，*Realakte*）。

准法律行为，这种单纯法律上之行为，是一项意思或观念（uma

5　除了最为重要的这些效果之外，尚有其他效果，例如第742条所定者（因为没有履行其中一项给付，而导致所有债务给付皆到期）、1919年4月17日第5411号命令第66条所定者（在农用房地产租赁上，实物给付因为没有于限期内履行，而按到期时的价值转化为金钱）。关于债务人迟延（*mora debitoris*）的效果，参见 G. MOREIRA, *Instutuiçoes*, Ⅱ, 第2版, 第131页以下。

*　葡萄牙语 operação jurídica, 是指并非旨在表达意思或观念（因而不构成法律行为或准法律行为）的举止。这种举止不是为了宣示意愿或认知，而是"实实在在地"在做"实事"，故又名 acto material 或 acto real。有将 operação jurídica 译为"法律操作"。本书译者并不反对这种译法，唯认为应当澄清一点：这里所谓"操作"并不是指操作些什么器具，而是指这种意义上的"实操实作"（并非表达意愿或认知）。

vontade ou uma ideia）的表达。除了向债务人作出的催告之外，无因管理（第 1723 条以下）、获法律赋予某些法律效果的通知，如让与的通知（第 789 条）等，亦属其例。

法律行动，这另一种单纯法律上之行为，则表现为获法律秩序赋予特定法律效果的、一项实际或技术结果的产生。例如，加工（第 2302 条）、拾得遗失物（第 413 条以下）或财宝（第 422 条以下），以及创作出艺术、文学或科学作品（行为人因而获得的权利，我们之前已有述及）等。

在上述分类中，至少是在首个分类中，尚可有多个次分类，兹不再阐述。我们会学习法律行为的制度，但不会学习单纯法律上之行为的制度，因为它的实际意义不大，而且学说上的构筑亦未如人意。仅需指出，该制度乃是推衍自法律有所预见和规管的各种法律上之行为的那些个别规定，因此当无此等规定时，便应适用法律行为的一般理论，只要能与单纯法律上之行为的本身性质相适应即可。[6]

II）以其他标准观之

除了前述那种远为重要的分类法之外，学者们还以各种不同标准，提出了另一些可行的分类法。兹扼述当中最重要者。

1）积极法律事实与消极法律事实

积极法律事实，是指既存事物状态或称事实状况出现变更。合同（的缔结）、人的死亡、债务催告、加工，以及大部分非合同不法事实，亦即那些表现为作为（盗窃、抢劫、侮辱、侵犯他人身体、毁损他人之物等）而非单纯不作为的非合同不法事实，均为适例。消极法律事实，则是指先前事物状态持续或者说维持。其例子可见于消灭时效：在某段期间内持续不行使权利（通常是债权），会导致丧失权利；当应为给付是给予某物或做某事（交付一定款项、创作某项作品或进行某项工作）时，亦可见于债（技术意义上的 obrigação）的不履行。唯此区分意义不大，不论是实务上还是理论上皆然。

2）单一法律事实与复合法律事实

单一法律事实，仅由一项元素构成。例如，人的出生或死亡、单方法律行为，即属之。复合法律事实，则是由多项元素，也就是多项单一法律

6　而且在一定程度上，单纯法律上之行为的本身性质，并不会肯定排斥这种适用。法律行为的一般理论，可以广泛地适用于准法律行为。

事实构成。此种法律事实，尚可分为同步或瞬即形成的复合法律事实，和逐步形成的复合法律事实两类。构成前一类事实的各项元素，是在同一时间汇合的。这有时候可见于在场者（presentes）*之间缔结合同的情形。至于构成后一类事实的各项元素，则是陆续汇合或产生的。例如，非在场者（ausentes）之间缔结的合同，即属之；取得时效更是如此，尤其当它是以一项有依据的占有为基础，亦即当时效取得人的占有，是基于一项假如有效即能支持占有、使该人获得占有物所有权的法律行为的时候（如从非物主处买受，compra a non domino）。在此情形，以"时效取得人取得所有权"为效果的法律事实，至少由两项元素构成，而这两项元素是陆续而非同步发生的：依据（título）（法律行为）在先，而持续一段法定时间的占有在后。逐步形成的复合法律事实，只要最后一项法定必要元素尚未产生，即谓之不完整、不完全或处于形成状态中（in itinere，尚在途中）。在这之前，其本身效果仍然不能产生，但已能即时产生某些源自其余元素的、较弱的预先或初步效果。

3）创设性、变更性或消灭性事实

视乎法律事实的效果究竟是创设、变更还是消灭法律关系或法律状况，法律事实分为创设性、变更性或消灭性三种。创设性事实不可与取得性事实混为一谈，这是因为，单单是权利的取得与权利的创设两者就已经显有区别。下文在紧接的编码 55 将专文探讨。

---

* 葡语 presente 往往被译为"对话人"。然而，这种译法并不准确。所谓 presentes，是指身处同一现场的人们。若身处不同地方的两人透过电话沟通，那么，即使两人是在对话，但亦非 presentes。只不过，由于这种情形与两人面对面的情形，实应作相同对待，故有些法律将它们例外地等同视之（如澳门《民法典》第 220 条第 3 款）。澳门《民法典》第 220 条的中译版本，将 presente 译为"对话人"，这会导致其第 3 款的中文版令人费解：如果两人通过电话对话，则已是"对话人"，那么第 3 款又何须再将他们拟制为"对话人"？由此可见，该条的 presente 显然不应译为"对话人"，而应译为"在场者"。因此，本书译者选择将 presente 与 ausente 各译作"在场者"与"非在场者"，而不译作"对话人"与"非对话人"。——译者注

第二章　权利的取得、变更与消灭

55. 概述

法律事实的效果，各式各样。最常见、最适合在一般理论中加以阐述的那些效果形态，终归是属于以下三种根本类型：权利的取得、变更与消灭。本章即旨在概论这三类效果。详言之，我们可以说：这些效果，皆表现为法律关系的创设、变更或消灭；在这里，法律关系是取其广义而言，亦即包括一切获法律赋予某种法律意义（relevância jurídica）的现实生活状况。

56. 权利取得的概念与类型·权利的取得与创设·原始取得与传来取得·传来取得的形态：移转性传来取得与创设性传来取得·所谓的返还性传来取得·传来取得与继受·传来取得与权利移转

权利的取得与创设

权利的取得，与权利的发生或称创设是相当近似的概念。但两者并非确切对应。显而易见，由于不可能存在无拥有人的权利，因此权利的创设必然意味着某人取得这项权利。但反过来说，虽然对权利的原始取得而言是正确的，但对传来取得[1]而言，就不一定是正确的。权利的创设，必然涉及一项新生（ex novo）的权利，哪怕这项权利是以一项既存权利作为基础亦然。然而，权利的传来取得，则除了能以新生权利作为

1　"传来取得"（aquisição derivada），有译作"继受取得"。译者选择前一译法，是为了避免它和"继受"（sucessão）出现混淆。关于传来取得和继受在用语习惯上的分别，作者亦于下文专题论述。

取得对象之外，也能以既存权利作为取得对象，亦即该项既存权利只是转换了拥有人而已，而且这也是通常情形。因此，权利取得是一个比权利创设更宽广的范畴。有时候，所取得（即使是传来取得亦然）的权利，是原本不存在，而于特定的人取得权利的同一时间被创设出来的。但是，传来取得的对象，也能是一项已创设并由他人拥有的权利，亦即这项权利是从先前拥有人移转至新拥有人，并维持其同一性。这是传来取得的典型形态，也是最为常见的一种形态；而传来取得，则又比原始取得远为常见及重要。

原始取得与传来取得

如前所述，权利的取得，有原始取得与传来取得两种。

传来取得，是以先前拥有人的一项权利（同一项权利或一项更宽广的权利，[2] 至少通常是这样）作为前提的。它建基或源自这项权利的存在。伴随着传来取得而发生的，是先前拥有人权利的主观消灭（extinção subjectiva）或者该项权利的限制或压缩。这两种现象之间是有因果关联的，而并非只有时序先后上的关联。因此，在传来取得的情形，先前拥有人与新拥有人之间是有关系的，但这并不是说，必须有先前拥有人意思的共同参与，方可发生传来取得。先前的拥有人，被称为原主（autor）、施予方 [causante；*causam dans*（施因）] 或移转人；新的拥有人，则谓之取得人或接受方 [causado；*causam habens*（受因）]。

至于原始取得，则截然相反。在原始取得发生之前，可以并不存在任何先前拥有人的权利。先占被抛弃或从来没有物主的动产，便是如此。在原始取得发生之前，也可以已经存在先前拥有人的权利；这项权利会基于原始取得而归于消灭，或受到限制或压缩。然而，取得人的权利并非源于先前拥有人的权利。前者并不取决于后者的存在或消灭。并不是因为先前拥有人的权利而取得，而是尽管存在先前拥有人的权利但亦取得。[3] 就算这

---

2 有人认为，在传来取得的某些情形，先前拥有人权利的范围，可以比新拥有人权利的范围狭小。持此论者举例说道，拥有质权的债权人，虽然并非质物的所有权人，而仅对质物拥有一项担保物权，但他有时候却可以变卖质物，从而让买受人获得质物的所有权。然而，由于债权人的权利，又是取决于债务人或创设质权的第三人对质物的所有权，因此我们认为，这种构想至少是相当值得商榷的。

3 参见 COVIELLO, *Manuale*, 第 3 版，第 312 页："当同时符合以下两项要件时，取得即为传来取得：首先，一人取得的同时，另一人的权利丧失或减缩；其次，一人的权利丧失或减缩，是旨在产生另一人的取得，亦即该取得必须可被视为该灭失或减缩的一项效果。"

种取得使一项既存权利归于消灭，而且该项权利与被取得的权利属于相同性质、具有相同内容，既存权利也并非经由其拥有人的变更，在维持其同一性的情形下传给取得人。取得人的权利，是一项新的权利，只是和已消灭的那项权利具有相同性质和内容罢了。因此，即使存在一项先前拥有人的权利也好，取得人与先前拥有人之间也毫无关系。

因此，显而易见，取得时效便是一种原始取得的方法。显然，当取得时效完成时，先前所有权人的权利（它必然需要存在，否则就只能发生先占了——但是必然有物主的不动产，则不能被先占）即归于消灭或受到限缩。当因时效而取得的权利是所有权时，先前所有权人的权利便是归于消灭；当前述权利仅为用益物权时（担保物权是无法以此方式取得的），后述权利则是受到限缩。然而，原始取得的前述概念，必然适用于此，亦即可以肯定地说，时效取得人取得其权利，并不是因为先前所有权人的权利，而是尽管存在先前所有权人的权利，但亦取得其权利（根据 ENNECCERUS 所言）。[4]

传来取得的形态：移转性传来取得与创设性传来取得

传来取得，通常会被区分为移转性传来取得（这是较常见的）与创设性传来取得两种。在移转性传来取得的情形，被取得的权利，便是原本属于先前拥有人的那项权利。例如，一人通过买卖、赠与、法定或遗嘱死因继受而取得一项房地产，便是如此。在创设性传来取得的情形，被取得的权利，则是源于先前拥有人的一项权利（后者范围是较宽广的，参见上文）。前者的形成，是以后者为代价，因为会使后者受到限制或压缩。然而，它并非早已独立地作为这样一项权利预先存在于该人的法律领域（esfera jurídica）＊之内。[5] 例如，房地产所有权人（透过买卖等）为他人创

4　但在传来取得的情形，移转人权利的既存，以及其主观消灭或限缩，则是构成了取得人取得权利的原因。至于在原始取得的情形，先前拥有人权利（如果有的话）的消灭或限缩，却仅仅是新拥有人取得权利之前的先发事件罢了。后一现象为前一现象产生之后随即产生，但并非以前一现象为原因、并非作为前一现象的效果。既存权利的消灭或限缩，才是或者说才可以是这种取得所生的效果。

＊　术语 esfera jurídica 惯常被意译为"权利义务范围"，但本书译者认为宜依字面含义直译为"法律领域"。——译者注

5　因此，在移转人的权利与取得人的权利之间，会存在一种类似父子关系那样的关系。所以，可称前者为父权利［ENNNECCERUS 则称之为母权利（Mitterrecht）］、后者为子权利。

设一项地役权或其他用益物权或担保物权，即属之。[6]

所谓的返还性传来取得

有时候，人们还会谈到返还性传来取得。它是指，一项限制物权（如地役权）的拥有人，单方放弃或通过合同（无偿或有偿合同）放弃该项物权，因此所有权人基于所有权众所周知的归元弹性或伸展力（elasticidade ou força expansiva），而依此事实本身（ipso facto）重获其全部权能。当物权人是单方放弃物权时（真正意义上及本义的放弃），也许称为返还性原始取得会更为严谨。但无论如何，这种取得都总是返还性的，因为它会将事态回复至后来归于消灭的那项物权被创设之前那样。

传来取得与继受

有必要比较一下传来取得和继受这两个概念。继受，是指一人接替他人，进入他人一切或特定的法律关系之中。因此，严格言之，似乎它只能相当于移转性传来取得，而非其他类型的传来取得。但是，我们通常会在一个更广的语义上讲继受，亦即包括任何形态的传来取得在内。不过，"继受"一词尚会被用于债务，以指称原债务人被新债务人取替，而债仍然维持其同一性的情形。虽然这种情形是否能因生前行为而发生尚有争议，但可以肯定的是，当原债务人死亡时，这种情形是会发生的。此即继受的一般概念。然而，人们经常用不加任何性质形容词的"sucessão"（继承）一词来专指死因继受（sucessão mortis causa）。

根据继受客体的范围宽狭，继受分为全面继受（sucessão universal ou a título universal）和个别继受（sucessão singular ou a título singular）。[*] 前者涉及被继受人一切的（积极及消极）财产性法律关系或这些关系的一个整除部分（parte alíquota）（观念上的部分）。后者则仅限于某项或某些被适当地逐一指明的关系。全面继受仅可因死亡而发生，而不可因生前行为而发生，因为一来在生者之间不能移转将来财产，二来除非与债权人有协议，否则

---

[6]　实际上，众所周知，没有人能够对自己的房地产拥有地役权［第 2267 条；*nemine res sua servit*（无人对自身之物拥有地役权）］；而且，其他任何他物权（*jus in re aliena*）亦然。

[*]　在澳门《民法典》中文版中，*transmissão singular de dívidas* 被翻译为"单纯债务移转"，但这似乎是误译，因为这一译名难以与债务的概括移转或称全面移转（如死因继受）相对。在这里，singular（个别、单一）其实是与 universal（概括、全面、普遍）相对的。另外，singular 在此也绝非指"仅"移转债务（而不移转债权）。关于这个问题，亦请参见中译本第一卷第 36 页作者所加的注释（注 19）。——译者注

亦不得透过移转债务，让移转人得以摆脱它。一般而言，继受关系的双方主体，分别称为原主（autor）、前手（antecessor）或施予方（causante），以及继受人或接受方（causado）。然而，这些术语用于生前继受（sucessão *inter vivos*）是更为适切的。至于死因继受方面，则常称其中一方主体为遗产原主、被继承人［de cujus，亦即 de cujus hereditate agitur（遗产被处理者），或 hereditando］，另一方主体为继承人（若为全面继受）和受遗赠人（若为个别继受）。

传来取得与权利移转

最后，我们来扼要比较一下传来取得和权利移转这两个概念。若广义理解"权利移转"，则这两个概念是等同的。然而，狭义的移转，则仅相当于移转性传来取得。

57. 原始取得与传来取得的区分意义

我们已经知道，在传来取得的情形，取得人权利的存在，以及取得的有效性，乃是取决于移转人的权利。移转人的权利，会因为传来取得而归于消灭，或受到限制或压缩。如果移转人的权利不存在，取得人的权利也就不会存在。但在原始取得的情形，取得人权利的存在，则并不取决于先前拥有人的任何权利，甚至完全不存在任何先前拥有人亦可。然而，其实这种依赖关系或独立关系，还体现在取得人权利的范围或者限度上。

在原始取得的情形，取得人权利的范围，仅取决于导致取得的行为（取得事实或称取得依据）的范围。就取得时效而言，法谚"*tantum possessum quantum praescriptum*"（占之几许，则借时效取之几许）即揭示了这个原理。时效取得人的取得，会涵及其所占有的财物，并使其得到这些财物的权利。至于是何种权利，则是根据他所实施的占有行为的性质而定。根据行为的性质，其权利可以是完整的所有权，也可以只是一项有可能通过时效来取得的限制物权。

与此相反，在传来取得的情形，被取得的那项权利的范围，除了取决于取得事实的广度之外，还取决于移转人权利的范围，因此通常不能比移转人权利的范围大。以下著名法谚，即此之谓："res *transit cum onere suo*"（物之负担，随物同移）、"*nemo dat quod non habet*"（自身所无者，无法予人）、"*nemo plus juris in alium transferre potest quam ipse habet*"（无人可移转比自身所拥有的还要多的权利）。因此，买受人仅能取得出卖人欲向其移转的财物，而且该等财物原本必须属于出卖人所有。针对这些财物，买受人不能取得比出卖人[*]所拥有的还要宽广的权利。[7] 如果出卖人不想移转其整项权利的话，那么买受人便只会取得一项范围较狭小的权利。

物业登记制度

然而，上述原则会受到若干限制。当中最主要的（假如那不是唯一的限制的话[8]），乃是物业登记制度的限制（《民法典》第 949 条及第 951 条；《民业登记法典》，亦即 1929 年 7 月 4 日第 17070 号命令，第 180 条及第 274 条）。物业登记制度要求，会影响不动产法律状况的各种行为均须公示，至少当行为导致所有权或限制物权的移转或创设时，有关行为便必须予以公示，亦即将这些行为登记于适当的簿册之内，并指出有关的房地产。没有按要求进行公示，易言之，没有登记须登记的行为，其后果是：这些行为不对第三人产生效力（《民法典》第 951 条）。

物业登记事宜上的第三人的概念

物业登记事宜上的第三人，是指自同一施予方（causante）或称移转人处取得同一项房地产上（完全或部分）互不兼容的权利的那些人。假设 A 将某房地产出售予 B，之后 A 再将其出售予 C，则这两名取得人即互为第三人，因此，先登记的买卖会优先；较后缔结的买卖，也可以是先登记者，哪怕当时房地产所有权人不是 A 而是 B。假设 A 将房地产出售予 B，之后 A 又创设了一项地役权或其他物权（如用益权、抵押权），或者反过来，先创设了这些物权，之后再在没有保留先前所创设物权的情况下，将房地产卖给 B，那么，上文所说的经必要变通后（mutatis mutandis）亦适用于这种情形。但如果 A 作出了上述保留的话，则不然。假设同一项房地产被 A 卖给 B，又被 C 卖给 D，亦非如此。在此情形，B 和 D 并非互为第

---

[*] 原文为"买受人"（comprador），应是笔误。——译者注

[7] 通常认为，在取得时效上，时效取得人取得物时，会一并取得"固有于物的负担，只要在取得时效期间届至之时，其消灭时效尚未同样完成"。因此，看来这也是"*restransit cum onere suo*"（物之负担，随物同移）的情形。但不能因而说，取得时效的完成是一种传来取得的方式。因为这不是两人之间权利移转的效果，而是负担的物上固有性（inerência real）的效果。这些负担的存续，与所有权人是谁无关。正如通过取得时效取得房地产时，会一并取得一切物上利益，如积极地役（servidões activas）（译者按：指需役地所有权人的权利）那样，该人也会取得一切负担，如消极地役（servidões passivas）（译者按：指供役地所有权人的义务）……参见 COVIELLO，前揭出处。

[8] 参见前文就质物出售所述者。

三人，因此在两项买卖中，优先的是由真正所有权人（如果有人是真正所有权人的话）作出的那一项。只有在这最后一重意义上，才可以像通常所说的那样，说登记不给予权利，仅保全权利（o registo não dá direitos, mas apenas os conserva）。

采用上述概念的理由

葡萄牙物业登记制度的组织模式，可以支持上述第三人概念的定义。将房地产登记于特定人名下，仅仅是在移转行为（向其作出的那项移转行为）文书的基础上为之，而并非先听取一切可能牵涉的利害关系人的意见、适当进行审查后才予以登记。因此，登记并不能确保房地产被登记于其名下的人的权利实际上存在，而仅能确保：如果它是存在的话，它仍然维持不动，亦即仍然未移转予他人。

很容易便能从上文中看出，物业登记制度是如何对前述原则造成限制的（那项原则就是：在传来取得的情形，假如移转人并无任何权利的话，取得人便不能获得任何权利，因为取得是无效的；而且，取得人也不能获得比移转人所拥有的还要多的权利）。

58. 权利的变更·概念·种类

权利的变更，是指权利的任何元素出现变易或更动，但权利仍然保持其同一性，亦即虽然权利有所革新，但依旧是同一项权利。一项权利确实可以出现各种变化，而无损其同一性，亦即不会导致该项权利消灭并使新的一项权利被创设出来。这种可能性是可以设想的。同样，一个生命机体从出生直至死亡这段时间内，也会一直保持着其自身个体性，哪怕它会陆陆续续经历种种变化，以至于在某个时刻，起初构成该生命机体的那些细胞可能已经统统不存在。可是，这种转变显然是不能超出某个限度的，否则权利便会归于消灭，而由另一项权利取而代之。只要权利的本质（essência）被触及，或者说，只要其关键元素或特性被触及，那么便是超出了这种限度。这些关键元素或特性，一般而言，便是有关权利自身类型的决定性因素。然而，这也不是很容易就能够清楚说明的事。我们只会指出，为此我们所关注的并不是纯粹的逻辑原理，而是在我们的法律中各种权利所接受的构造模式。这种构造模式的形成，可以是与历史上或其他层面上的某些偶然不无关系的。

主观变更*

权利的变更，可以是主观变更，也可以是客观变更，这视乎所涉及的，是那项被变更权利的一个或多个的主体，还是其客体或内容而定。主观变更，可以因继受而导致，换言之，原主体（一个或多个）全部消失或只有某几个原主体消失，而由另外一个或多个主体接替其位置。此一现象发生之后，权利主体在数目上可以维持不变，也可以减少，甚至增多。最后一种情形，谓之继受型主体增加（multiplicação de sujeitos por sucessão）。权利主体增加的方式，也可以是原主体继续留下、新主体加入，这时候新主体会获移转原主体一部分的权利。此则谓之参加型主体增加（multiplicação de sujeitos por adjunção）。所有权人向他人转让所有权的一个份额，这种情形常被学者们引作其例。

客观变更

客观变更，可以是涉及权利的内容。例如，为债设定新的履行地（债务偿付地）或履行期（债务偿付期），即属之。客观变更，也可以是涉及权利的客体。在此情形，变更可以是质或量的变更，可以是增多了或减少了。常被用作质之变更的例子有：就各种的债而言，如果因为债务人的过错，而使债务给付变为不能，则债权人的权利便会转而以相应的赔偿作为客体，但它仍然保有其同一性（这关系所适用同一时效期间的继续，以及既存人之担保或物之担保的维持不变）；《民法典》第 901 条的情形等，亦为质之变量的例子。应当指出的是，这一类权利变更与物之代位（sub-rogação real）制度有关。我们已经在其他章节略述过后者了。因数量增减而造成的量之变更，其例子则有：为既存的不动产租赁合同协定租金增减、在一块被抵押土地上进行建筑或种植、该等存在于被抵押房地产上的建设或植物因为某种原因而消失。

59. 权利的消灭·概念·种类

广义言之，权利的消灭，是指权利与其拥有人之间的联系断绝。此一

---

* 主观变更（modificação subjectiva），又译作"主体变更"。这种变更所涉及的，正是权利的主体，故单独观之，这种译法似无问题。然而，由于另一种变更 modificação objectiva 除可涉及权利客体外，尚可涉及权利内容，而权利客体与权利内容的概念是大相径庭的，因此并不适宜将其译作"客体变更"，而比较适宜译为"客观变更"。所谓"subjectiva"（主观），是指对权利人而言，至于所谓"objectiva"（客观），则是指就权利本身而言，或者说对任何人而言。有鉴于此，译者选择相应地将前一种变更译作"主观变更"。——译者注

现象，使一项权利脱离其拥有人，亦即既存于权利与该人之间的联结或系着断开，令该人不再是该权利的主体。这种现象发生的形式，可以是权利本身继续存在并维持其同一性，而只是其拥有人换了人；也可以与此相反，亦即权利本身消失、不复存在，无论是对先前所归属的人而言，抑或对其他任何人而言。上述两者，是广义的权利消灭可以呈现的形态。前者谓之权利主观消灭[*]或权利丧失；后者则谓之客观消灭（本义或狭义的消灭）。

主观消灭

不难发现，主观消灭与移转性传来取得是互相对应的；从施予方或称移转人的角度观之，主观消灭便相当于后一现象。导致主观消灭的原因数不胜数，兹不细列。我们只会指出，它的发生可以是：①基于被消灭（所丧失）的那项权利的拥有人的意思使然，例如出售或赠与一项房地产、让与一项债权，甚至在某种意义上，遗嘱继承亦然；②在该拥有人无意如此为之的情形下发生，例如，在某种意义上，在无遗嘱（*ab intestato*）的情形下的继承，便是如此；③违背其意思而发生，如特留份继承，它是强制性或称必然性的，而强制性财产剥夺更是如此。无论是公益征收，还是为债权人利益而在普通执行（个别及部分执行）或集体及全面执行（竞合程序：破产与民事无偿还能力）中所作的皆然。

客观消灭

客观消灭，可以是随着权利客体的自愿或非自愿毁灭而发生，如动产因火灾、所有权人或第三人的行为而毁，也可以是在权利客体并未毁灭、维持完好的情形下发生，如抛弃动产（遗弃，*derelictio*）。值得提的是，权利的客观消灭，可以是行使该项权利所致，例如，行使那些构成一种紧张关系（*Spannungsverhältnis*）、旨在为其拥有人带来有利结果的权利（如自愿性或强制性债务清偿，或行使一项形成权，便是如此），也可以是因为不行使（*não exercício*）该项权利所致［消灭时效、不使用（*não uso*）、失效］。

---

* 主观消灭（extinção subjectiva），有译作"主体消灭"。但这种译法会造成误解，使人误以为是权利的原主体消灭了。extinção subjectiva 此一现象，是指权利主体的更换，但主体更换的原因，显然不限于原主体归于消灭。例如，买卖也会导致此一现象，但出卖人并未消灭。另外，与此对应的客观消灭（extinção objectiva），亦有译作"客体消灭"，但后一译法也同属误译。因为权利客体归于消灭，无疑是 extinção objectiva 的其中一种原因，但绝非唯一原因。例如，抛弃一物会使物的所有权归于消灭，但作为原来所有权客体的物则并未消灭。应当指出，所谓"subjectiva"（主观），是指"对于某一个人而言"，而所谓"objectiva"（客观），则是指"对于一切的人而言"，而不是指主体、客体。——译者注

　　新拥有人的原始取得，可以紧接着客观消灭而发生，例如先占被抛弃的动产（创设性原始取得），或地役权基于不使用或单方放弃而消灭（第2279条第2款及第3款），而供役地所有权人的权利则相应地伸展（返还性原始取得）。另外，客观消灭可以导致返还性传来取得（通过合同放弃地役权，亦即第2279条第3款所称的转让或让与）。然而，客观消灭并不能导致移转性传来取得；虽然在同一客体上，可以创设一项类似于被消灭权利的权利，但那终究是一项新生的权利（如先占被抛弃物的情形）。客观消灭也不能导致创设性传来取得，因为对创设性传来取得而言，父权利并非真真正正地消灭了，而只是受到限制而已，或者这样说会更好：它只是受到压缩罢了，父权利仍然潜在地维持其全部力量。

第一分编　概念、元素与分类

第一章　法律行为的概念与元素

60. 法律行为的概念

法律行为是一项意愿性适法事实，其本质核心由一项或多项私法上的意思表示构成。该等意思表示，旨在产生某些实际或经验效果（efeitos práticos ou empíricos）（这些效果主要以财产性质或称经济性质者居多），并有意让此等效果受法律保护，亦即获得法律秩序的确认；法律亦向其赋予大体而言（grosso modo）按照表意人（行为人或称行为主体）意图而定的相应法律效果。

说法律行为是一项意愿性法律事实，是因为它是将一项或多项意思表示[1]作为其本质核心。说它是一项适法事实，是因为它所产生的法律效果，对行为人而言并不具有制裁性质。这些法律效果，并非表现为法律秩序对所实施事实的谴责。恰恰相反，该等效果笼统而言，是依照表意人的意思而定的。这就表明，表意人所实施的事实乃是获得法律秩序允许。[2] 我们并不是说，这种事实仅仅由一项或多项意思表示构成；我们只是说，意思表

---

[1]　意思表示，是指一切从外观上看乃是将某项意思的内容外显出来的举动。构成法律行为概念的元素的，仅仅是这种法律行为意思的外在表现或外观而已。至于其真实性或者说相应的内在，则只能作为法律行为的有效性要件，哪怕其欠缺有可能导致法律行为绝对无效亦然。

[2]　应当指出，不法的法律行为也是有可能出现的（第671条第4款），但其不法性会导致法律行为无效（第669条）。因此，严格言之，适法性看来并非法律行为概念本身的元素，而是法律行为的有效性要件。

示是其本质核心。因为也有可能出现以下情形：除了意思表示之外，尚需有某些作为致成原因（causa eficiente）而非单纯条件的其他元素参与其中，相应的法律效果才能产生。虽然说，这些元素同样也是由表意人的意思所推动的（至少通常是这样）。

要物法律行为，便是如此。各种借贷合同，即其典型例子。除了贷与人和借用人之间的协议之外，贷与物或贷与款项的交付，也是使法律行为达致完整、其本身法律效果得以产生所必需的。在交付之前，所成立的只可能是借贷的预约，而非真正的借贷。所以，这种物的元素，同样也是该项法律行为的构成部分。

说这种意思表示是私法上的意思表示，是因为表意人必须是私人，或者作为私人般行事、不行使公权力（jus imperii）的公共实体。法律行为，至少是本课程所关注的法律行为，乃是私法领域内的概念，而公共实体本身并不是私法主体。尽管由民法学说所构筑的法律行为概念，公法学家们亦有使用，但公法（如行政法、诉讼法）上的法律行为，是有其自身的法律规范的，虽然说在某种程度上，私法制度也会类推适用于它们。关于我们所采纳的法律行为定义的其他元素，容后详述。

61. 法律行为的重要性

一方面，在诸种法律事实之中，法律行为是现实生活中最常见的一种，而且其法律制度的那套一般理论，也是最博大精深的。另一方面，在整个私法建制里，法律行为更具有一种必须阐明的特殊意义，因为它反映了建基于我们的社会组织模式之上的私法原则其中一个最显著的方面。

由于法律行为依法而生的法律效果与当事人所追求的实际效果之间，有着近似的对应，因此，法律行为遂成为法律秩序交由私人（自然人或法人）用以按意愿塑造其法律关系、根据心目中的利益来处理其法律关系的工具。[3] 如此以私人意思安排法律关系，即谓之私法自治（autonomia privada）。[*]

私法自治在一切法律行为中，或多或少均有所见。就某些法律行为而

3　可见，在法律行为的领域内，法律承认了私人的意思具有创造法律效果的权力。私人首先求诸法律秩序，希望他们所追求的实际效果或结果获得适当的法律保护；然后，法律秩序则满足此一诉求，安排其相应的法律效果。

*　直译为"私人自治"。译者依学界习惯译之为"私法自治"。——译者注

言，相关主体不但有自由选择是否作出，更能决定它所产生的效果；即使后者受到某些限制也好，这些限制也是相当微不足道的。在这些法律行为上，私法自治便有着较高程度的彰显。所谓的债权法律行为——其效果属于债关系（技术意义上的 obrigação）的领域——以及作为最重要的一种继承法律行为的遗嘱，便是如此。至于在另外一些法律行为上，私法自治的彰显程度则比较低：相关主体完全不能决定所生法律效果的那些法律行为，如人身性亲属法律行为（结婚是其典型），以及相关主体只能在极狭窄的范围内决定法律效果的那些法律行为，如创设物权的法律行为（当事人所协定的条款，不得改变法律所承认的各种物权的特征），便是这样。即使决定法律效果的可能性完全遭到抹杀，私法自治显然仍存在，因为是否作出相关法律行为，仍然取决于私人的意思。

最后，应当指出，民法至整个私法的各个部分，均会涉及法律行为的概念。法律行为不仅可见于债、物权和继承的领域，还可见于亲属法的领域。在上述这些私法领域内，都能够以法律行为在一定程度上自由实行私人自决。然而，正如前文在描述法律行为概念时所言，大部分法律行为所旨在产生的效果，都是财产性的效果。

62. 在法律行为上行为人的意思[4]与法律所决定的法律效果之间的关系·法律行为与纯粹情谊行为·法律行为与单纯协议

上文在定义法律行为时，已提及我们对这个问题的看法。然而，有必要再加以阐明。

a）法律效果主义理论

传统学说认为，当事人意思的内容，以及法律为法律行为所决定的法律效果之间，必须有确切、完全的对应。即便是法律行为根据候补性法律规定而产生的那些效果，也能够归因于当事人的意思，因为其乃通过默示协定（tacita conventio）为之。

这种我们可以称之为法律效果主义理论（Rechtsfolgentheorie）的说法，并不正确。因为，一方面，法律行为（如买卖合同、租赁合同、委任合同）的行为人，通常甚至几乎必然不会清晰、准确和完全地对法律秩序赋予其意思表示的一众效果有所认知。有时候，由于法律模糊或有漏洞，就

---

[4]　由于我们在这里讨论的仅仅是法律行为的概念，因此这里所关心的意思，只是指其外显于表示上的外观而已，至于就内在而言之，意思是否存在，则在所不问。

连法律人也都不能胸有成竹地说出这些效果究竟是怎样的。另一方面，规范法律行为效果的候补性规定，只有在当事人表达出相反意思时（即使只是以默示方式表达亦然）才不会适用，而不会因为当事人没有想过这些效果因而说不上希望获得这些效果而不适用，也不会因为假设当事人有想及这些效果的话它们便有可能被排除而不适用。因此，这些规定并非基于当事人的默示意思，也不是基于其假定或可推知的意思。充其量只可以说：法律之所以设立这些规定，是因为法律认为，如果当事人已对有关事宜有所预见和安排的话，他们通常会希望获得这些规定所定的效果。但也并非必然是这样，因为法律设立这些规定，完全也可以只是因为立法者希望在无相反的法律行为协定时，适用其认为更合乎集体的总利益的那种规管方式。[5]

b）实际效果主义理论

这是较新近的学说。它是以上述种种考量，尤其是当中第一项考量为出发点的。此理论认为，在通常情形下，只要当事人的意思表示旨在追求某些适法（否则法律行为便不会有效）的实际、实质、经验效果——尤其是经济效果——就已经足够，然后法律便会向意思表示赋予大致上与这些效果相符的法律效果。这种实际效果主义理论（*Grundfolgentheorie*），同样是有缺陷的。因为，私人的某些意思表示，虽然是旨在追求适法的特定实际效果，但它们并非法律行为，因而不会产生相应的法律效果，因为表意人并不希望这些实际效果受法律保护、并不希望所许下的诺言受法律约束，因而可被诉诸法院，而是希望它们不受法律所规管，并由其他规范（如道德规范）支配。

c）实际暨法律效果主义理论

我们所采取的立场，也是当今研究法律行为理论的最权威学者们所支持的立场，所遵循的是前述两种取态之间的折中路线，因此也许可以称为实际暨法律效果主义理论。

一方面，此理论要求表意人必须具有法律效果意思（*Reschtserfolgswille*），但另一方面，它又放弃将一切法律行为依法产生的法律效果归结于这项意思。

5　但很多时候，甚至通常而言，都并非如此。一般来说，候补性规定都是合乎当事人的通常意愿的，亦即大致上合乎当事人利益的一种合理权衡。因此，应当指出，许多候补性规定只不过是将以往作为惯常条款内容的处理方案确立下来而已。但即便如此，就算根据个案的种种情节可以认为，在个案中另有更加合乎当事人利益和意愿的解决方案，亦即假设当事人有预见和规划有关问题时即会采取的解决方案，这些规定仍然是会适用的。

只要表意人想追求某些实际结果、希望它们获法律确认亦即意欲以法律途径得到这些实际结果、想让它们进入法律的领域以产生相应的法律效果，便已足够，而并不需要对这些法律效果有确切、完全的认知。至于根据表意人所追求的实际效果来精确地决定法律行为所产生的（法律）效果，则是交由法律秩序负责去做的后事。因此，虽然这里要求必须存在一项法律效果意思，但这项意思只需要如上述般概括笼统即可。如果要更好地加以说明，我们会说，这项意思只要指向法律行为的直接、基本效果就可以了，另外，表意人并不需要对这些效果有一种法律人水平的清楚认识，而只需要有一种实际和总括的认识（语出 ENNECCERUS）、一种外行人的认识就够了。

法律行为与纯粹情谊行为

倘若意思是这样子指向法律效果（创设、变更或消灭法律关系*），即为法律行为意思，亦即法律行为所特有的意思；若否，则为非法律行为意思。据此，我们便可以将法律行为与某些现实生活状况或约定区分开来。这些现实生活状况或约定，即使符合法律行为的其余要件，亦未能成为法律行为。此即所谓的纯粹情谊行为（negócios de pura obsequiosidade, *Gefälligkeirsgeschafte*）。它们是一些通常在完全无意受法律所约束的情形下所作的许诺。邀人共进晚膳、一同打猎等，即其适例。向人许诺，答应提供人们通常在不取决于任何特别关系的情形下会无偿给予的某些小小帮助，也许亦然。[6]

法律行为与单纯协议

那些我们可称为单纯协议（simples acordos）的行为，或者英文术语所称的"纯粹的 agreements（协议）"或"gentlemen's agreements（君子协

---

* 原文为"创设、变更或消灭法律效果"（constituição, modificação ou extinção de efeitos jurídicos），应是作者笔误。——译者注

6 有一个教学例子如下：在一列火车上，乘客 A 欲小睡片刻，但担心火车到站时醒不过来，于是请同一车厢的乘客 B 适时唤醒他。无意要睡的 B 答应帮忙。这时候，就有必要知道，这究竟是不是一项真正的法律行为了，因为 B 有可能由于忘记了有这么一回事，或者也一起睡着了，因而没有履行其诺言。在科英布拉（Coimbra）法院曾经讨论过这样一个案例：推销员 A 想把若干箱具有相当价值的货物放在商人 B 的店里，请其帮忙保管，B 同意。这件极为寻常的事情，最后却闹上法院，因为后来 C 派了一名搬运工人前往该店，要取走这些货物，由于看起来那就像是 A 所委托的那样，结果 B 就把货物交给了他，更从中获取了一些利益；A 于是向 B 索赔。在这些情形下，应否认为，那并不是真正的法律行为（合同），还是只应该认为，双方当事人通过默示协定，降低了许诺提供上述帮助的人所应具备的谨慎程度，这是值得商榷的。

议）"，同样有别于法律行为。人们针对这些约定或协议所涉及的事宜，通常都会透过法律行为予以处理，但这些约定或协议是例外地在无前述法律行为意思的情形下作出的。例如，A 贷款予 B，双方说好所贷本金的返还，于 B 而言仅构成一项以名誉担保的信约（compromisso de honra），而不受法律约束，因而 A 不得诉诸司法途径要求偿付。类似情形，亦可见于单方法律行为，例如，遗嘱人在遗嘱内作出某项财产处分，但说其这一愿望的遵行，乃完全取决于其继承人们的忠信（fides），而无意向他们施加任何相应的法律义务。

显然，法律效果意思的这种匮乏，也有可能伴随着表意人对"其所发出的表示欠缺某些法律行为有效性法定要件（如形式、能力）"的确信。如果不存在这样的一种确信，则无任何疑问可言；如果存在这样的确信，而且那又与现实情况相符的话，亦然。可是，若存在这样的确信，但实情却非如此时，便有可能出现疑问了：那究竟是不是一项真正、有效（我们假设一切必需的法定要件全都符合）的法律行为？

我们认为，原则上，由于欠缺了法律行为的概念元素，因而那并不会构成法律行为。仅当表意人预料到该确信可能并不真实，并表示一旦真的如此的话愿意受法律秩序拘束时，才非如此。如果表意人没有预见到这种可能性，但鉴于各种情节，并根据善意原则，可以断言一旦表意人有所预见，即会表达出上述意愿的话，也许亦然。[7]

前述问题上的举证责任（ónus *probandi*）

最后，应当扼要一谈，在此一事宜上，举证责任应当归于何人。在我们看来，如果从意思表示的内容、其发出时的种种情事观之，有关意思表示通常都是伴随法律行为意图的话，那么就是由表意人或他所代理的人去证明在该个案中并不存在这一意图。反之，则是另一方当事人需要证明它确实存在。前一情形，见于单纯协议；后一情形，则见于纯粹情谊行为。

---

7 只有在这些情形下，法谚 *plus in re est quam in existimatione mentis*（应注重事物甚于心中所想）（《学说汇纂》片段 22，6，9，4；参照片段 40，2，4，1）方可适用于此。关于这里所讨论的问题，以及笼统而言，关于作为法律行为概念元素的"法律效果意思"的问题，参见 FERRER CORREIA 教授，*Erro e interpretação*，第 130 页以下。

63. 法律行为的元素·Ⅰ）要素·Ⅱ）常素·Ⅲ）偶素

法律行为元素*的古典三分法，将其区分为法律行为要素（*essentialia negotii*）、法律行为常素（*naturalia negotii*）与法律行为偶素（*accidentalia negotii*）三种。但其实这种三分法是非常值得商榷的，因为它并非以统一的标准来进行划分。[8] 下文将会阐释这种三分法，并按照学者们的惯常方式，运用它来论述随后的问题。

Ⅰ）要素

法律行为要素（*essentialia negotii*），可分为一般性法律行为要素，以及各种个别法定类型法律行为的要素。[9] 在第一种意义上，法律行为要素，是

---

* 有将 elemento 译为"要素"，但译者认为译成"元素"远为妥当，理由如下："要素"会使人认为是指"必要成分"，但葡萄牙法学界使用 elemento 一词时往往只是指"成分"，而非"必要成分"。相关的元素（elemento）是否必要，不能一概而论。在某些情形下，相关的元素的确是必要的，例如，法律关系的元素（elementos da relação jurídica）、法人的构成元素（elementos constitutivos das pessoas colectivas）即为适例。但另一些情形却不然，例如，法律行为的元素（elementos do negócio jurídico）便是如此。法律行为的元素包括以下三种："行为的必然（根本、必要）成分"（*essentialia negotii*）、"行为的自然成分"（*naturalia negotii*）、"行为的偶然成分"（*accidentalia negotii*）。法律行为的这三种成分，其对应的葡语分别是 elementos essenciais、elementos naturais、elementos acidentais。汉语上，三者通常被译为"要素""常素""偶素"。可见，在这三种元素（elementos）之中，只有一种是"要素"（elementos essenciais），亦即必要元素而已。其余二者绝不是必须具备的，相反，当事人可以按其意思在行为中排除或附加。因此，如果把 elemento 译为"要素"，便会造成极大混乱，因为一来会把 elementos 和 elementos essenciais 的上下位概念混为一谈，二来容易使人误以为 elementos naturais 和 elementos acidentais 是一定要具备的。有见及此，译者将 elemento 译为"元素"。——译者注

8 如果我们在讲要素的时候，是仅就文中其讲述的第二种意义而言的话，那么，这种三分法则是在法律行为效果层面上（而不是相关意思表示内容的层面上，这是因为常素的缘故）采取了统一标准。

9 由于法律在很大范围内（至少是在具债权效果的法律行为的领域内）承认了法律行为自由原则或者说缔约自由原则（第 672 条，亦参见第 669 条及第 702 条），因此法律行为约定可以是十分多样化的。在各式各样的这些约定之中，法律抽出了其中的一些，适当地为它们塑造出其抽象类型、给予它们专属名称（*nomen*），并以特别规定规管之，例如其有效性条件、效果等。至于在法律不欲承认法律行为自由的那些事宜上（但显而易见，法律还是必须给予最低限度的自由，这是无可避免的），法律就不得不限定和规管其欲确认的法律行为类型了。与后一种情形相反，在前一种情形，由于类型并没有被限定，因此当事人可以采用其他完全不同或者混合的类型。但无论如何，类型都是便利缔约：一方面，法律提供了这些法律行为类型给当事人加以利用，让当事人只要说出法律行为的名称，再添加上当事人们所构想的或有的条款，便足以作出有关的法律行为，极其量也只需要微调即可。另一方面，在构建这些类型时，法律必须谨慎地定出适当的规定，否则，在当事人的先见有所不足时，便会出现问题。文中所指的，（转下页注）

指法律行为得以有效所必需的那些一般性条件或者说要件：当事人的能力、意思表示（关于其要件，容后详述；视乎属于何种法律行为，其要件亦有某种程度上的不同）、可能的客体（物理上、法律上可能）。至于法律所预示、命名并规管的各类法律行为（如买卖、租赁、委任、遗嘱）的要素，则是指作为该类法律行为的特征、使其与众不同的那些法律行为条款或订定（它们被包含于相关意思表示之内）。它们使有关法律行为得以区别于其余的，尤其是相邻类型的法律行为。它们是每一类这些个别法律行为的概念特点。例如，对买卖而言，在出卖物的所有权移转之余亦向对方交付出卖物的许诺，以及支付价金的许诺，即属之（第 1544 条；参见第 1549 条、第 1555 条、第 1559 条、第 1581 条等）。不难发现，用以界定后一种意义上的法律行为要素的标准，跟前一种并不一样。

应当指出，必素或称必要条款，以及偶素或称偶然条款，尚能以另一种标准，也就是以当事人的意思为标准，加以区别。如果某些条款对双方或其中一方当事人作出法律行为的决意而言具有重要性，亦即假设没有这些条款，当事人便不会作出法律行为的话，那么，这些条款就属于这种意义上的必要条款。其余一切条款，皆是偶然条款。这种区分是有价值的，尤其对法律行为缩减理论而言，更是如此。

上述三种意义的法律行为要素（*essentialia negotii*）之中，只有第一种意义上的法律行为要素，方为民法总则所惯常独立处理者。这是理所当然的。其余两种意义上的法律行为要素，都成不了一般理论的研究对象，这

（接上页注 9）就是这些法律行为。它们可被称为典型或有名法律行为。除了它们之外，在奉行法律行为自由原则的领域中，尚有相当多其他法律没有加以典型化、进行命名和规管的法律行为（但其重要性通常不是很大）。这是因为立法者的预示能力毕竟有限，更何况，有时候这些法律行为约定所追求的利益，是在法律生效之后才在实务上出现的。此一现象，实属无可避免，因为 *natura conditum est ut plura sint negotia quam vocabula*（基于常理使然，事务必多于字辞）（《学说汇纂》片段 19，5，4）。事务必多于字辞，亦必超出立法者之预示。到了某个时候，当这些约定在现实生活中已经屡见不鲜时，便由学说负责将它们加以典型化，而倘若实务上它们尚未有名称，则亦命名之。至于其规管方面，如果没有制定新法，那么它们便适用关于合同的一般性规定（或者所属法律行为的一般性规定），除此之外，还会适用某些典型法律行为的个别规定，只要两者的相似性足以支持这种适用即可，而这些规定在适用上甚至会优先于前述规定。例如，民事委托（以受任人自身名义执行的委任）合同，可适用商事委托（《商法典》第 266 条以下）以及委任（第 1318 条以下）的规定，只要这样做是合理的即可。此乃通说，唯其理据仍值商榷。此等法律行为，可谓之非典型或无名法律行为。"有名"与"无名"二词，常用于合同，以区分有名合同与无名合同。我们在这里则将相应的区分和术语，推而用之于法律行为。但其实，这样做的实际意义是很有限的（参见下文关于单方法律行为的论述）。

是因为适用范围可以很可观的一般理论，乃是适用于一切或至少是大部分的法律行为。首先，各种个别类型的法律行为的要素是在这些法律行为的分论中学习的。至于以当事人意思为标准的法律行为要素，则是一来逐案有别，二来虽然其价值可见诸法律行为总论的某几章，然而，我们在有关章节中对它们的学习，也仅属附带为之而已。

Ⅱ）常素

法律行为常素（*naturalia negotii*），是指不需订定亦会产生，但得以相反条款排除的那些效果。由于这些效果是因候补性法律规定而产生的，因而，任何订定此等效果的条款，均属多余。因此，用以界定法律行为常素的标准在于，法律行为的效果以及在本质上构成法律行为的意思表示的内容之间的关系。

第 1468 条及第 1470 条（买卖）、第 1574 条及第 1583 条第 1 附段（赠与）等，皆为法律行为常素的适例。规管债权法律行为的那些规范，即使不是绝大部分，但也有很大部分是属于候补性质的。它们纯粹是任意法（*ius dispositivum*）[10] 而非强行法（*ius cogens*）。然而，在物权法律行为、继承法律行为和财产性亲属法律行为方面，便不是这样了；至于人身性亲属法律行为，更全然不是如此。法律行为常素，通常并不会放到民法总则中加以处理，因为它们要么专属于各种个别类型的法律行为，要么共通于某些组别的法律行为（债权法律行为、遗嘱处分），而这些法律行为则属于民法的各个分则。

Ⅲ）偶素

有一些法律行为条款或订定，虽然对于法律行为抽象类型（如买卖、赠与）的定性而言，或对于具体存在的一项法律行为的个性化而言，属于可有可无的，但又并非只是把候补性法律规定的内容重申一次，而是对这些条款或订定所追求的法律效果的产生必不可少。这些法律行为条款或订定，便是法律行为偶素。因此，它们是所谓的法律行为附属条款（*cláusulas acessórias dos negócios jurídicos*）。即使它们不存在，也不会导致在抽象上或具体上识别不了法律行为，但它们也是有用的，因为仅当它们存在时，相应的法律效果方可根据法律行为自由原则产生。例如，债之履行地与履行

---

[10] 任意法是指这样的一种规范：它们必须让步于当事人适当地外显、通过解释而得的相反意思。除了候补性或称填补性规范之外，解释性规范亦包括在内。

期（在所适用的候补性规范内已有预设）的订定、有别于法定利息的利息订定，即属之。

　　基于法律行为上利益或状况的多样性，这些条款也是变化无穷的。因此，习惯上它们并不是一般理论的讨论对象，因为一般理论总不能逾越本分而包罗万象。但少数的典型订定，也就是条件（condição）、期限（termo）与负担（modo），则属例外。它们可以被加进大部分的法律行为之中，或至少被加进某些不只隶属一个民法分则的法律行为之中，负担便是如此（它可被附加在无偿法律行为中，尤其是赠与和遗嘱）。习惯上，只有它们才会被放在民法总则内加以处理。

第二章　法律行为的各种分类[*]

64. 概述

之所以说"各种分类"，是因为下文所阐述的，并不仅有一种有着各级分支、涵盖一切法律行为的分类法，而包括了多种分类法。当中，有一些分类法涵盖了一切法律行为，有一些则仅仅涵盖大多数的法律行为。大部分的这些分类法，都是互相独立的，它们会以不同方式互相交错，彼此之间并无层级（上下从属）关系。

65. 单方法律行为与双方法律行为（合同）·区分标准·其他独立的法律行为类型·单方法律行为与双方法律行为（合同）概说·次分类

此乃一切法律行为分类法中最重要者。其划分基准，在于法律行为的结构，亦即法律行为的构成要件（*tatbestand*）；更准确地说，也就是构成法律行为的意思表示的数目和组成方式。

区分标准

关于其区分标准，下文会先按照传统学说进行说明，然后再指出新近学说所提出的一些革新。

在单方法律行为（negócios jurídicos unilaterais）中，仅有一项意思表示，或者虽然有多项意思表示，但它们却是聚合或平行的。这些意思表示（如果有多项意思表示的话），与其表意人一样，都组成了唯一的群组 。无论如何，以意思表示的出发点观之，在这些法律行为中，均仅存在一边或称一方当事人。单方

---

[*]　编者按：本章尚未完成。MANUEL DE ANDRADE 教授仅仅论述了以下的各种分类法。然而，对随后的阐述而言，此等分类法已属最重要者。

33

法律行为之所以具有这种结构特征，是因为在功能层面上，在单方法律行为的情形并不存在彼此对立的利益，这是由于表意人所追求的，是唯一的一项利益，或者若干项类同的利益——也许可以这样说：这些利益是共同的。单方法律行为的典型例子有：遗嘱、遗产的抛弃、委任（授权）的废止或放弃。

在双方法律行为（negócios jurídicos bilaterais）或称合同（contrato）中，存在两项或两项以上的意思表示，或者若干群意思表示（若干组复合的意思表示）。它们的内容是不同甚至相反的，但能彼此协调，俨如同一物件的不同部分般互相契合，因为它们旨在产生单一的法律结果；虽然说这项单一法律结果，对每一名表意人或每一群表意人而言，分别具有不同的意义，甚至从某种角度看，它们更是敌对的。这些意思表示或意思表示群，是汇集在一起的。我们可以形象地把它们想象成指向不同方向（通常是相反方向）的直线。它们会在某一交点汇合，而那一点便是上文所说的单一法律结果。组合成合同的一众法律行为意思表示的这一整合，说明了在相关内容的相异甚至对立之中，存在一项共识。这种整合，称为相互合意，或简称合意。现代意义上的合同，是作为单方法律行为的相对概念，并相当于罗马法上的 *pactio**。罗马法原始文献对 *pactio* 的定义，可见诸以下名言：*est pactio duorum pluriumve in idem placitum et consensus*（*pactio* 是两人或多人就同一事宜所达成的协议与合意）（《学说汇纂》片段 2，14，1，1）。[1]

---

* 在汉语文献中，*pactio* 一般被意译为"简约"，但其字面上实际上没有"简"的含义。为免造成不必要混乱，文中保留拉丁原文不译，下文则视情况译为"协定"，当出现其葡萄牙语化形式（pacto）时亦然。——译者注

1 "*Contractus*"（合同）一词，在罗马法上有着比在现代法上狭窄得多的含义，而且其含义也比 *pactio* 狭窄得多（葡萄牙语的"合同"亦即 contrato 一词，源自拉丁语 *contractus*，而在汉语法学界中，罗马法上的 *contractus* 一般被译为"契约"，但译者选择在此将 *contractus* 和 contrato 都译为"合同"）。它仅仅指产生债的协定（pactos）（协议），而非指产生其他任何效果的协定，哪怕所产生的效果是债权性质的亦然。因此，不提出请求之协定（*pactum de non petendo*）在罗马法上并非 *contractus*（合同）。要成为合同，一项协定必须旨在创设债，而且其缔结必须符合为此目的而规定的形式或者说要式，或者，必须符合某个"法律"所承认的合同类型［单纯以合意（*solo consensu*）作成的合同：如买卖、租赁（*locatio，conductio*）］。而且，也不是一切许诺作出给付的 *pactio* 都会产生法律上的债，因而成为合同：*nuda pactio obligationem non parit*（赤裸的协定不产生债）（《学说汇纂》片段 2，14，7，4）。似乎 *pactio* 指的是协定行为，至于 *pactum* 则是指被作成的协定，两者互有区别。相反，现代法上，原则上任何协定都不取决于特别手续（第 686 条），而且一切旨在创设债（甚至旨在实现其他目的者亦然，至少当同样属于债权性质时是这样）的协定都具有约束力，除此之外，还可以肯定的是，合同这一名称是适用于任何产生其他法律效果的协定的，哪怕有关法律效果不是债权性质而是物权性质［为结婚而作的死因（*mortis causa*）赠与］、继承性质或甚至亲属性质的（结婚与婚前约定）亦然。——译者注

　　根据上文所述，显而易见，在合同中有两边或多边，或者说，有两方或多方当事人。在合同中原则上是有两边或者说两方当事人，而只有很少的例外，因此，人们称合同为双方法律行为，而非多方法律行为。然而，多于两边或者说两方当事人，亦无不可［合营合同（contrato de sociedade）便是如此］。无论如何，在合同的形成上，都会总有其中一项（单一或复合的）意思表示先于其余的一项或多项，哪怕在时间上相隔再短亦然。正是其中一方当事人先向另一方（或其余多方）提议缔结合同的。这项在先的意思表示，名为要约（oferta 或 proposta）。如果另一方（或其余多方）当事人接纳要约，即为作出承诺（aceitação），而随着（符合一定条件的）承诺的作出，合同即告成立。这些法律行为意思表示的这种双方性，除了见于合同的结构（estrutura），同样也——至少是通常地和典型地——反映了相关底层结构（infraestrutura）上或者说所牵涉的诸项利益上（功能层面）一种类似的双方性。各方当事人便是试图透过合同，就他们各自不同甚至相反的利益的规管达成协议。这种协议甚至可以表现为，其中一方当事人为了另一方而完全牺牲自身利益（赠与便是如此）。

　　法律所规管的、日常生活上所从事的法律行为，大部分都是合同。作为上文所述内容的例子，我们只要想想最典型的那种合同，也就是买卖合同即可。

　　其他独立的法律行为类型

　　我们已经论述过传统的区分方式。然而，一部分最新近的学说，除了单方法律行为与合同之外，还区分了其他三类独立的法律行为，有时候还将它们与合同一起归入与单方法律行为相对立的多方法律行为这一类别中，从而使单方法律行为这一类别缩小了。这三个类型是集合行为（actos colectivos, *Gesamtakte*）、决议（deliberações, *Beschlüsse*）与协议（acordos, *Vereinbarungen*）。

　　1）集合行为

　　LEHMANN 认为，这一概念是指，数名共同权利（本义的权利或形成权）或共同利益的拥有人用以处分这些权利或利益的法律行为（以同一项行为或分别以若干项行为为之），如果以全体拥有人的意思才能合法地进行处分的话。若在一项单一的合同（不动产租赁合同或提供劳务合同）中，至少有其中一方缔约人（出租人或承租人、雇主或雇员）是多人，则由这一方所作的单方终止，即为集合行为；放弃一项为共同房地产而设的地役权，或在共同房地产上创设一项地役权，亦为集合行为；行使由数人（例如，在第 2309 条的情形下，一项房地产的数名共有人）所共同拥有的一项优先权（先买权），也是集合行为。一项合同偶然也可能会构成集合行为。另一些人（如 ENNECCERUS）则似乎将一切多于一名表意人，而且不是合同行为，也不属于任何他们所承认的其他特殊类别的行为，视为集合行为。由多人作出的财团创办行为，即其适例。

2）决议

有些人（如 VON TUHR）似乎将决议的概念，限定在以下这种情形：由多人负责以多数决来决定自身共同利益（合伙、共有）或他人利益（如公司），而且这些人实际上也以多数决决定之。也就是说，并不包括由这些人一致通过的情形。其他人（ENNECCERUS、LEHMANN）则认为，决议这一概念同样包括上述第二种情形在内，并认为这一概念的要旨在于：决议并非作为各名参与决议者的意思，而是作为相关集体（共同体）的意思，而且决议所规管的仅仅是该群体的内部关系，至于外部关系，则只可通过相关的代理机关或代理人等所做的法律上的行为或法律行为予以影响。

3）协议

这一类别最初是由公法学者提出的，后来某些人则意图将其移植至私法。关于其定义，通常会指出以下三点：在协议中，有多项具有相同内容（而非相反内容或类似内容）的意思表示汇合在一起；各名表意人并非对立利益主体；协议创设了一般性和抽象性的规范和法律效果规定，因而是法律的一个小组成部分。然而，上述这些特性，甚至是那项肯定了协议内容规范性的特性，是否适宜用来区别决议与前述两个类别以及合同，是有疑问的。协议这一概念在私法上尤其被用以解释和定性社团的创设，更准确地说，是用以解释和定性相关章程的制定行为。

单方法律行为与双方法律行为（合同）概说·次分类

在定义单方法律行为与双方法律行为后，下文将聚焦它们的一些基本概念，并指出它们其中最典型的分类。

a）单方法律行为：构成单方法律行为的一项或多项意思表示，必须旨在独自产生所追求的实际暨法律效果；要产生相关效果，有时候还需要结合其他情事的发生，但必然无须相对人的同意。单方法律行为与合同的要约，两者的区别即在于此。要约人乃是仰赖于要约相对人的首肯，而且他只是指望在这一情形下发生所期望的效果。另外，必须注意的是，对于合同而言（尤其是债权性质的合同），在某些限制下所奉行的是法律行为自由原则，因此，任何法律无特别规定的内容组合都是获得承认的，但常言道，单方法律行为不可能超越法定的情形和类别（此即类型法定原则）。至少，那些不只触及行为人法律领域（esfera jurídica），还触及其他人法律领域的法律行为是如此。因此，原则上不能以单方法律行为创设债，哪怕是为表意人（或表意人）自己创设债也不可以。当所追求的效果可以不利于受意人时，这一处理方案的合理性是显而易见的，但若效果只可能有利于受意人的话，其合理性亦非没有疑问。学者们惯常强调的、非常重要的另一点是，当单方法律行为旨在于他人法律领域内产生效果，而该等效果所取决的嗣后情事已实现，因而导致这项单方法律行为产生该等效果时，这项单方法律行为随即不可废止。因此，单方法律行为的创设与废止方式，并不互相对应。遗嘱的可废止性（第1754条），以及财团创办行为在财团获认可前的可废止性，也并未违反上述原则。

至于单方法律行为的可能分类，上文已提及过某种可行的区分法，我们只想强调最重要和最常见的一种区分法，也就是需受领的单方法律行为（negócios unilaterais receptícios）与不需受领的单方法律行为（negócios unilaterais não receptícios）之分。若属需受领的单方法律行为（或称以需受领的意思表示作出的单方法律行为），意思表示必须向特定人发出和告知，否则不生效。单方终止合同（如不动产租赁合同、提供劳务合同）、废止或放弃授权，即其适例。若属不需受领的单方法律行为（或称以不需受领的意思表示作出的单方法律行为），意思表示一经发出即可生效，而不需要通知特定人（虽然可能还需要连同其他某种事实或者说情事的发生）。不需受领的单方法律行为，在数量上远远少于需受领的。其最典型的例子是遗嘱；其他常举的例子，有财团创办行为等。很多时候，法律会为这些法律行为规定某种形式要求（此即要式法律行为或称庄严法律行为），这样做尤其是为了确保表意人意思表示的严肃性、深思熟虑以及清晰性。

b）合同：应当强调的是，它们并不是由两项（或以上）单方法律行为组合而成的。每一项合同意思表示，都不独自构成一项单方法律行为。[2] 各

---

2 就要约而言，并不能以第653条作出相反推论。就这个方面来说，要约具有单纯法律上的行为（simples acto jurídico）的性质。

方当事人并不希望仅凭其意思表示，引发所追求的效果，而只是希望通过对方的同意而为之。要约人等待着承诺；承诺人则是着眼于先前的要约而发出其意思表示。若欠缺其等待的承诺，或欠缺作为前提的要约，则所期望的效果便不会产生。另外，这些意思表示彼此的合致（acordo），必须由当事人促成，而且其意思表示也必须是为了得到这一合致而发出的。因此，要约和承诺，必须向对方发出和告知；只有在极为例外的情形下，就承诺而言，才不要求如此。由此可知，如果两人各自向一名第三人发出两项互相协调一致的意思表示，而这名第三人又没有被许可代理这两个人的话，显然没有成立合同；亦即，合同并不会在全靠运气的人之间成立。最后要指出的是，从上文关于单方法律行为可接纳性的论述可见，合同是人们创设、变更或消灭法律关系的通常手段。

至于合同的可能分类方面，最重要的一种专属于这类法律行为的分类法，是单务合同（contratos unilaterais）与双务合同（contratos bilaterais）之分（参见第 642 条）。单务合同（一切合同都是双方法律行为*），仅为其中一方当事人带来某些义务。赠与和消费借贷（消费借贷仅在交付所贷款项后方成立），即其例子。至于在双务合同（又名为 contratos sinalagmáticos）的情形中，双方当事人都承担义务，而且两方义务之间存在对应性或者说因果关系。买卖、交换、不动产租赁，便是如此。

通常还会谈及不完全双务合同（contratos bilaterais imperfeitos）这一概念。在不完全双务合同的情形，一开始只有其中一方当事人负有义务，然而，稍后在某些条件下，由于前述义务获得履行，他方当事人也会负上义务。委任（第 1318 条、第 1332 条、第 1335 条、第 1344 条及第 1347 条）与寄托（第 1431 条、第 1432 条、第 1425 条及第 1450 条）便是如此。但在这里，由于两方当事人各自的义务之间，并不存在（完全的）对应性或者说因果关系，因此这些合同并非真正的双务合同。所谓的默示解除条件（第 676 条及第 709 条：若其中一方缔约人不履行合同，他方得废止合同）

---

* 葡语 contratosunilaterais 和 contratos bilaterais，若按字面含义直译，分别为"单方合同"和"双方合同"。而由于合同是指双方法律行为（negócios jurídicos bilaterais），因此在葡语术语上，contratos bilaterais 就是双方（bilaterais）的双方法律行为（negócios jurídicos bilaterais），至于 contratos unilaterais 则是单方（unilaterais）的双方法律行为（negócios jurídicos bilaterais）。但由于译者选择按汉语法学界通行术语，将 contratos unilaterais 和 contratos bilaterais 意译为"单务合同"和"双务合同"，故不会出现葡萄牙法术语的上述现象。——译者注

以及合同不履行抗辩（*exceptio non adimpleti contractus*）［第 1574 条：相互对应的义务，应当同时履行；*inadimplenti non est adimplendum*（不履约者，他人亦不必履其约）］，[3]　都不适用于不完全双务合同。上述两项制度，都是双务合同所特有的。

66. 生前法律行为与死因法律行为·区分标准·为结婚而作的死因赠与的定性·婚约人向第三人所作的处分的定性

这种区分涵盖一切的法律行为，并且像前一种区分那样，以法律行为的目的与内容为标准。所谓目的与内容，这些元素是按照一个特定的角度予以理解的，容后详述。

区分标准

区分标准如下：生前法律行为（*negócios inter vivos*）指当事人所作法律行为在生命存续期间即产生效果，而无须等待表意人或其中一名表意人死亡；死因法律行为（*negócios mortis causa*）则指当事人所为的法律行为仅于相关当事人或其中一名当事人（通常是处分人）死亡后方产生效果。

几乎一切法律行为，都是生前法律行为。由于它们直接在一定程度上影响了在世的人的法律领域（*esfera jurídica*），因此在其规管上，无论是关于有效性条件（意思与表示不一致或意思瑕疵）方面，还是关于所适用的解释准则方面，都必须顾及缔约上的总体利益，亦即法律交易的安全。除此之外，很多时候法律都不要求这些法律行为符合特别的要式，这是缔约上的利益要求使然，而且支持法律行为形式主义的理由亦不迫切地要求这样做。基于相反理由，死因法律行为则不然。但就数量而言，只有一种死因法律行为——但其极为重要——根据法律无疑属于这一类别，那就是遗嘱。将遗嘱定性为死因法律行为，是毋庸置疑的，因为仅于遗嘱人死后，遗产财物方会移转予被指定人（继承人或受遗赠人）（第 1739 条及第 2011 条）。在遗嘱人生命存续期间，被指定人不得处分其继承地位（第 1556 条及第 2042 条）。而且，遗嘱人重新对其财物进行生前处分和死因处分，甚至也不会受限制，因为遗嘱是一项可由遗嘱人自由废止的行为，即使遗嘱人已表

---

[3]　关于这种抗辩（*exceptio*）和留置权的区别，参见 G. MOREIRA，前揭著作，Ⅱ，第 119 页至第 120 页。实务上，两者的区别在于：提起诉讼的债权人可以用担保来排除留置权，但不能排除该抗辩。

示放弃这项权力（第 1754 条）。[4]

为结婚而作的死因赠与的定性

然而，为结婚而作的赠与，是否属于死因法律行为，则有疑问。[5] 其他死因赠与（亦即，旨在令所赠财物仅因处分人死亡而移转的赠与），或者说，一般的死因赠与，肯定都是死因法律行为，因而完全由关于遗嘱的那些规范所规管，所以，相对于遗嘱处分（第 1457 条）而言，它们并无任何独立性，甚至连形式上的独立性（那是以合同实现的）都没有。然而，为结婚而作的死因赠与，则兼备生前法律行为与死因法律行为各自的一些特征。

一方面，向受赠人进行的财物移转，仅于死后方会发生。为结婚而作的死因赠与，旨在仅"于赠与人死后方产生其效果"（第 1457 条唯一附段）。此外，它们是死因处分（deixa）（第 1166 条），此乃前述概念的同义词；它们以赠与人遗产的全部或部分［整除（aliquota）部分或非整除部分］为客体（第 1171 条），至于一个人的遗产，则是因其死亡而遗留下来（deixa）的那些财物的集群（而且，要实现处分这些财物的话，这些财物必须是属于该人的）。因此，当赠与人仍然活着时，受赠人并不拥有任何对赠与人财物的权利（direito sobre os bens）（物权），亦不拥有任何请求交付赠与人财物的权利（direito aos bens）（债权），而只是拥有一项期待，亦即期待最终能够受领财物（我们已知道这一期待是相当可靠的），然而，受赠人不得处分这一期待（第 1556 条及第 2042 条）。可是，这些赠与会限制赠与人自由处分其财物的可能，亦即妨碍其作出新的无偿处分，无论那是生前还是死因处分（以遗嘱或新的类似赠与为之），虽然说赠与人仍可对财物进行有偿处分。因此，它们是不可废止的，而且程度上更甚于不可废止性原则所要求的。因为不可废止性原则只是禁止了赠与人作出新的死因处分而已，而并未限制其作出生前赠与：于生前赠与的东西，不会因赠与人死亡而出现继承，

4　这种放弃，至少当在遗嘱中作出时，名为废除条款（cláusula derrogatória）。在罗马法原始文献中，有一句著名表述，揭示了遗嘱人任意（ad nutum）废止［亦即不指明任何理由，亦即自由（ad libitum）废止］的可能性：*ambulatoria est voluntas testatoris usque ad vitae supremum exitum*（直至生命的最后一刻，遗嘱人意思仍然可变）。

5　"为结婚而作的赠与"素来被理解为，为了一项规划中的婚姻而作［并受制于"一旦后来结了婚"（si nuptiae sequuntur）这项法定条件：第 1168 条］的赠与，但那仅限于在婚约人之间作出（第 1166 条及第 1175 条），或者由第三人向两方婚约人或任一方婚约人作出（第 1175 条及第 1178 条）者，而不包括由两方婚约人或任一方婚约人向第三人所作者。

并且已处于其遗产以外，只有其遗产才构成死因赠与的客体。[6] 因此，这种赠与于在世的人之间，就已经产生了相当重要的一种效果了。

由此可见，从某一方面，亦即从受赠人的角度观之，这些法律行为只在赠与人死后才产生效果，但从另一方面，亦即从处分人的角度观之，它们在处分人生命存续期间已经产生效果了。所以，根据我们的分类标准，这是一种混合性或称混种的法律行为。然而，由于前一方面的意义是比较重大的，因此显然在这一类法律行为上，死因法律行为本身的特征是占主导地位的，所以，它们可以被定性为这种意义上的（hoc sensu）死因法律行为。

婚约人向第三人所作的处分的定性

婚约人在婚前公证书中，向第三人所作的死因处分，其有效性已经由1927 年 12 月 6 日的统一司法见解判例（Assento）予以肯定，虽然其违反了第 1457 条的规定。那么，又该如何定性之？我们认为，它们具有死因法律行为的性质，这是因为它们如同遗嘱处分，是可以自由废止的。这是较不偏离法律规定的见解，而且在解释那些统一司法见解判例时，如有疑义，亦应当取比较贴近法定处理方案的解释。[7]

67. 诺成法律行为与要式或称庄严法律行为·区分标准·所谓的要物法律行为

诺成法律行为（negócios consensuais）[8] 与庄严或称要式法律行为

6　文中就这种赠与中赠与人的处分权力所述的处理方案，乃是以第 1457 条唯一附段、第 1456 条、第 1462 条至第 1464 条、第 702 条及第 1171 条为基础的。第 1171 条可以类推适用于第三人向婚约人所作的赠与。参见 *Rev de Leg.*，第 67 期，第 374 页，以及第 69 期，第 81 页、第 193 页等。因此，受赠人的状况，便是在特留份范围内一名特留份继承人的状况，而且，也可以相应地对赠与人的状况加以定性。参见上述 *Rev.*，第 65 期，第 346 页，该处可以看到关于葡萄牙制度的概述；那真真正正是对继承人或受遗赠人的一种合同性指定（instituição contratual）（且是不可废止的）。

7　M. ANDRADE，载于前揭 *Rev.*，第 69 期，第 242 页、第 257 页、第 289 页、第 305 页、第 321 页及第 337 页。

8　这一名称，仅对合同而言，才算严谨。然而，由于这一名称有其便利性，而且合同又是首要的一种法律行为，所以使用这一名称还是有道理的。（译者按：negócios consensuais，按其字面含义直译，乃是"合意法律行为"。因此，作者会说，这一名称对合同来说方属适切。然而，译者选择按照通译，译之为"诺成法律行为"，故在译文上并不存在作者所指的问题。然而，"诺成法律行为"这一汉语术语仍是未尽合适的，因为虽然某些单方法律行为也是经行为人合意即成立，如公开许诺，但另一些单方法律行为则无"诺"可言，如合同的解除。）

（negócios solenes ou formais）之分，其标准在于：法律行为的有效性，究竟是不取决于任何形式（forma），还是相反，亦即受制于某种形式要件。因此，必须界定法律行为的形式（要式、手续，或称庄严仪式）究竟指何。

（1）法律行为形式的概念

为此首先要知道的是，意思表示是由人所作的——从外部察看时，根据生活习惯、当事人的订定或法律规定——能够让人理解、能够表现或意味着某项意思内容（conteúdo de vontade）的一切举动。当我们谈及法律行为的形式（或称外部形式）时，我们想以"法律行为"这一定语来指称的是，在本质上构成法律行为的一项或多项法律行为意思表示，即使法律行为尚包含其他元素。在某种意义上，一切意思表示总是具有形式的，那就是表示举动（comportamento declarativo）本身，亦即一项或多项的表示行动。它与意思表示的实质（matéria）（基底、内容）相对，而后者是指，上述举动从外观上看来所表达的意愿内涵（teor volitivo）。然而，当我们谈及法律行为的形式时，我们想指的并不是以上所说的；对于诺成法律行为与要式或称庄严法律行为的区分而言，亦非如此。

法律行为形式的概念，就其通常用法而言，是以下述者为前提的：法律[9]并不承认，任何的表示举动，亦即能够外显相关意思内容的行动，都可使法律行为意思表示有效成立。[10] 法律在这方面设了某些限制；法律行为意思表示，仅当以某类表示举动或者说表示行动为之时，方产生效力。构成法律行为形式的，便是这类表示举动或称行动。由此可见，法律行为的形式，可以被定义为：为一项或多项意思表示而规定的特定外部形态（figuração exterior）（根据 VON TUHR 所言）。

然而，应当指出，当法律要求某些法律行为的意思表示必须明示为之。也就是说，正如主流见解所言，必须以表现为旨在直接而非转弯抹角地外显相应法律行为意思的方法为之时，我们习惯上不会说什么形式，因为这种加诸表示自由的限制，是最低限度的限制。当法律要求某些法律行为的意思表示（至少）必须口头为之时，亦然。然而，若法律要求使用某些特

---

[9]　除法律外，还有可能是事前在一定限制和条件下，所作的一项法律行为订定。关于此等限制和条件，下文从略。

[10]　或至少是对其证明而言，法律并非承认任何的表示举动。关于这点，容后详述。

定言词（庄严言词、强制性言词），则非如此；罗马法上的问答口约（*stipulatio*），* 即其典型例子。

（2）现代法上的法律行为形式主义·范围

在古代法上，法律行为形式主义有极其广泛的适用领域。可以说，在某个时期，一切法律行为都是要式法律行为。除此之外，当时的形式主义也是极端严厉的，而且五花八门。就罗马法而言，"铜块与秤衡"式事务（*gestum per aes et libram*）便是如此，而且它还有若干种类，以便适用于不同的法律行为。各种必须以庄严言词为之，而且不允许有丝毫偏差的口头（*verbis*）法律行为，亦属其适例。除了上述手续之外，还有要求以书面文件作出的文书（*litteris*）法律行为。在现代文明国家法律体系中，形式主义已渐局限于一定数量的法律行为，虽然说数量上仍相当可观，但对这些法律行为而言，古时候的排场和僵化已经得到了缓和（精简化），而且其形态的多样性亦已减少（统一化）。现今，表示自由，亦即不要求任何形式，也就是说诺成性（consensualidade）已经成为原则（在葡萄牙法律上，参见第647条、第648条及第686条）。被法律要求遵从某一形式的法律行为，则构成了例外。然而，应当注意，这些例外还是相当多的，且是为了一些非常重要的法律行为而设。

（3）种类

此外，一切针对这些法律行为而设的形式要求，归根结底，都是要求使用书面文件。[11] 在现代法上占主导地位的这种一元的形式主义，还是有一定多样性的，因为文书不止一种。比较重要的基本区分，是私文书（documentos particulares）与公文书（documentos autênticos）之分。前者是纯粹由私人缮立的文书，而后者则是由公务员，尤其是由公证员缮立的文书〔《民事诉讼法典》第527条、第529条、第536条（比照《公证法典》

---

* 有译为"要式口约"。——译者注

11　然而，民事婚姻，这种庄严合同，则是特别庄严的合同。要使该项法律行为有效，所须遵从的要式，乃是婚姻缔结仪式（1932年12月22日第22018号命令《民事登记法典》第304条及第305条）。有趣的是，是法律所指明的某些言词（强制性言词?）构成了仪式的一部分，而不是随后即应缮立的书面文件（记载；assento）（《民事登记法典》第300条、第301条、第302条等）。但为作证明之用，在某些情形下亦要求书面文件。

第 205 条）及第 537 条]。[12] 法律仅要求以私文书为之的要式法律行为有：一定价额以内的消费借贷和寄托（第 1534 条和第 1434 条）、不即时进行交付的动产赠与（第 1458 条第 2 附段）、买卖预约（第 1548 条唯一附段）、放弃（第 815 条唯一附段）等。至于法律要求以公文书为之的法律行为，最重要的是《公证法典》第 163 条所提到的那些，当中几乎都属于不动产物权［所有权与他物权（iura in re aliena）］的创设或移转合同，另外还有遗嘱（第 1910 条以下；其中有一部分被《公证法典》修改）。最后，应当注意的是，就合同而言，有时候法律仅仅要求其中一方缔约人的意思表示必须符合形式，因为该项法律行为会对该方带来较严重的后果（由于所牵涉的利益极度重要）。寄托和借贷（参见前引条文）便是如此，只要受寄人和借用人的意思表示载于文书上即可；可能还有其他情形也是这样。因此，有完全要式法律行为与部分要式法律行为之分。

所谓的要物法律行为

关于所谓的要物法律行为（negócios reais）（根据一个虽然不很严谨，但已经足以概述这类法律行为的定义），是指这样的一种法律行为：要成立这种法律行为，除了当事人们所做的、必须或不须遵从某一形式的意思表示之外，尚须在此之前或同时实施一项实质行为（acto material）。要物法律行为的典型例子是寄托合同（第 1431 条以下），以及使用借贷或消费借贷合同（第 1510 条以下）；此外，还有暴利合同（第 1636 条以下），它是一种有回报的消费借贷（有时候被称为高利

---

[12] 我们将那些被法律称为经认证文书（documentos autenticados）的文书，也归类为私文书（《公证法典》第 356 条及第 205 条）。私文书可以由公证员进行认定，而这一手续则构成了一份真正的公文书，虽然说，在形式上和内容上它都非常简单。认定可以仅仅验证文书的形式真实性（autenticidade formal），亦即验证字迹和签名或仅仅签名乃是来自特定的人（单纯确认，simples legalização），甚至还可以验证由当事人们所作的"文书与其意思相符"的声明（认证，autenticação）。在后一情形下，文书被称为经认证文书。关于公证认定（reconhecimentos notariais），参见《公证法典》第 204 条至第 208 条。当公文书由公证员缮立时，称为非官方（extra-oficiais）公文书，而当由其他公务员缮立时，则称为官方（oficiais）公文书。非官方（公证）公文书，当被缮立于为此目的而由公证员管领的记录簿册内时（通过从中摘录出来的副本来证明其内容），可以是公证书（escritura）（生前行为）或公证遗嘱（testamentos públicos），而当被另行以纸张缮立时，则是记录簿册以外的文书（《公证法典》第 161 条）。公文书，只要有作为公文书的表观，即具有完全证明力，易言之，它们是值得相信的，除非在某些情形下出现反证——acta probant se ipsa（文件证明自身）（《民事诉讼法典》第 530 条及第 621 条）。仅在履行了某些手续（公证认定）或进行了某些审查后，私文书方具有可与公文书比拟的证明力（《民事诉讼法典》第 538 条以下）。

贷）。所须实施的实质行为，是指交付所寄托或出借的物或款项。在作出交付之前，合同尚未完整，而只可能存在一项寄托或借贷的预约而已。此乃法律传统使然，也是因为法律并无向寄托人、使用借贷贷与人和消费借贷贷与人施加作出上述交付的义务，而仅仅提及另一方当事人所承担的返还义务而已。然而，不动产租赁合同（第 5411 号命令第 15 条第 1 款）和动产租赁合同（第 1606 条第 1 款及第 1634 条），则已经不是要物合同了。

要物法律行为，与非要物法律行为相对。后者又可称为诺成法律行为，然而此术语的含义则有别于上文所说的诺成法律行为。

68. 债权法律行为、物权法律行为、亲属法律行为与继承法律行为・财产性法律行为与人身性法律行为・区分标准・区分意义

我们也可以法律行为所产生的法律效果的性质为标准，对法律行为加以分类。按照这一标准，法律行为有许多可行的分类法。当中最适切者，是创设性法律行为、变更性法律行为和消灭性法律行为之分，但除此之外，尚有其他重要性较小的类别。

区分标准

然而，即使分类法乃是着眼于法律行为效果所指涉的法律关系的性质也好，在某种意义上，也算是按照上述标准为之。这样的分类法当中，最重要的是本编码题述的第一种，因为债、物权、亲属权或亲属关系（人身性或财产性的）以及继承，构成了首要的各大私法关系分类。可是，应当予以强调的还有（至少，根据某种学说见解是这样，而且那也是作为法律关系相应体系化的一种表现）：社团法律行为（negócios corporativos），亦即产生社团关系（relações corporativas ou associacionais）领域上效果的那些法律行为，以及以无形财产为客体的法律行为（negócios sobre bens imateriais），亦即以知识产权为客体的法律行为等。此外，以作为法律行为客体的法律关系的性质为标准，还有另一种更简单的分类法，亦即视关系是否属于财产性质，将法律行为分为财产性法律行为（negócios patrimonaisi）与人身性法律行为（negócios pessoais）。各种各样的法律行为，都可被纳入上述最后一种分类法的两个分类之内，而数量最多和最常见的肯定是财产性法律行为，当中又以债权法律行为尤甚。

区分意义

在阐述关于法律行为自由原则（princípio da liberdade negocial）或称自由缔约原则（princípio da livre contratação）涵盖范围的处理方案（第 672 条；参见第 669 条及第 702 条）时，这两种分类法具有相当的重要性。上述自由，对人身性法律行为而言，可谓并不存在，除非提及那种自由时只是指利害关系人可自由决定是否作出法律行为。在这一领域内，仅仅承认像结婚和认领那样，由法律所绝对地限定、塑造和预先安排的某些法律行为类型，它们的人身性效果无法被当事人的意思所形塑。至于财产性法律行为，在继承事宜上，则有一些相当重要的一般限制和特别限制（例如，必须保持倘有的特留份完整；禁止合同继承，但上文所述的"为结婚而作的赠与"的情形除外；禁止超越一级的遗产信托），而且在财产性亲属事宜上，亦受有较弱的限制（婚前协定；第 1103 条至第 1105 条）。然而，尤其对于物权法律行为（negócios reais）[13] 而言，法律行为自由所遭受的限制，显得最为严重。一方面，这是限制物权或称分裂物权（包括用益物权和担保物权[14]）的类型法定原则（princípio do *numerus clausus*）* 使然：根据这项获得主流学说认可的原则，只有法律所预定和规管的那些物权类型，方可

13　在这里，正如文中所言，negócios reais 是指产生物权（direitos reais）领域上效果的那些法律行为，并尤其指创设物权的那些法律行为。然而，由于前一编码所论及的另一些法律行为，也被称为 negócios reais，而且并不容易替该等法律行为找到其他适当的术语名称，因此，为免出现术语上的混淆，我们或者可以将文中所述者称为具物权效力的法律行为（negócios com eficácia real）。（译者按：在葡萄牙语术语上，物权法律行为和要物法律行为，乃是共用 negócios reais 这一名称，但在汉语术语上无此问题。）

14　还有取得性物权（direitos reais de aquisição）。葡萄牙法律在一些情形下（如第 1566 条、第 1678 条第 1 附段、第 2309 条第 1 附段）所承认的优先权或称先买权（也常被称为选择权），便属于取得性物权。类型法定原则（princípio do *numerus clausus*）同样适用于此：这种权利不得以法律行为创设，而只能在法定情形下存在，但这仅仅是就物权性优先权（direito real de preferencia）而言。物权性优先权的特征是：若在物权性优先权人没被给予优先购买机会的情形下，房地产即被移转（出售）予第三人，则物权性优先权人可针对获移转（获出售）房地产的第三人行使这项权利，以取得房地产。至于纯粹债权性优先权（常被称为具人身效力的优先权），则在任何情形下都被容许创设。债权性优先权，只让权利人在权利受侵害时可以请求赔偿损失与损害（第 1568 条第 4 款）。

*　拉丁语词组 *numerus clausus*，按字面含义直译为"数量限定"，但译者跟从学界约定俗成的译法，译为"类型法定"，下文同。"数量限定"比"类型法定"贴切原文。——译者注

被创设；[15] 另一方面，是所有权的配置（organização da propriedade）属于公共秩序事宜这一原则使然（publicum ius privatorum pactis mutari non potest，私人协定不得变更公法）。在民法的这个领域内，可以认为，法律行为自由原则被相反的原则（类型法定原则，princípio da tipicidade）取代，虽然前一原则并非完全被排除（参见第 2201 条）。相反，法律行为自由原则几乎不受限制地适用于债权法律行为（negócios obrigacionais）。债权法律行为，乃是奉行该项原则的主要领域。

关于财产性法律行为与人身性法律行为的区分意义，应当指出的是，法律行为一般理论所主要阐述的，是财产性法律行为。至于人身性法律行为，则有许多非常重要的差异。这些差异，有些是直接明确的条文使然，有些则是相应制度的一般精神，以及所牵涉利益的独特性质使然。

69. 有偿法律行为与无偿法律行为·区分标准·"无偿合同与有偿合同之分"和"单务合同与双务合同之分"的比较·有偿合同的类型：实定合同与射幸合同·所谓的提成法律行为

此分类法和一切后述的分类法，都只适用于财产性法律行为。也许可以说，其分类标准在于法律行为的内容与目的。然而，我们是以一个特定的角度来理解这些元素的。关于这一点，下文在替有偿法律行为与无偿法律行为下定义时，将予以说明。民事上，[16] 此分类法的意义，主要见于债权

15　在《民法典》第 949 条（第 2 款及第 2 附段）的原始文本生效当时，如果要为类型法定原则提供理据的话，可以说：由于只有法律所规定（并在第 2 附段中提及）的那些物权方须登记，故若承认利害关系人能够以其制定、创设其他物权，则此等物权便是无须登记的，但这并不合理。然而，在《物业登记法典》（1929 年 7 月 4 日第 17070 号命令）第 180 条出台以及《民法典》第 949 条被修订后，已经不能再提出上述理由了。可是，有一点是始终不变的：向第三人主张物权（追及，sequela），不仅会影响创设物权者（及其继承人）的法律状况，更会影响其他人。因此，物权创设对每个人而言，都是一项重大的事实。所以，这项事实，仅应在法律适当衡量一切利益后认为适宜的情形下，方被容许发生。

　　另外，由于限制物权会导致作为其客体的物并不完全属于所有权人，因此会损及这些物的价值，进而损及总体经济。最后，限制物权还会导致其拥有人与所有权人之间出现一种类似共同拥有（comunhão）的关系，而众所周知，共享常生纠纷（discordias soletparere communio）。

16　在税务事宜上，这一区分的意义，则见于财物移转的课税方面。不动产有偿移转，须支付物业移转税（sisa）。不动产或动产的无偿移转，无论是属于生前（inter vivos）或死因（mortis causa）移转，皆须支付赠与和继承税。显然，这两种税不但名称不同，而且在制度上亦相去甚远。

人争议之诉（acçãopauliana）——如属有偿法律行为，则这一诉讼的理由成立，乃是取决于恶意这一要件［诈害图谋 "*consilium fraudis*"；债务人的诈害］，但在相反情形下则不然（第 1034 条至第 1036 条）——以及追夺（evicção）制度（第 1046 条）。

（1）区分标准

a）有偿法律行为的概念

有偿法律行为（negócios onerosos）（有偿合同），又称为以有偿名义或对应（给付）名义（a título oneroso ou correspectivo）作出的法律行为（合同）。它以双方当事人各自的给付，以及这两项给付之间的对应、等值或称均衡为前提。是否存在这一对应、等值或称均衡，是以当事人的观点为标准加以判断的。各方当事人既给予又收取，而他们之所以给出回报或者说抵偿，是为了换取他们所收到的东西。每一项给付，都是另一项给付的对价（contrapartida）。在这里，我们看不到某人牺牲自己，向他人提供纯粹的财产上的好处。每一方当事人都从对方那里得到好处（vantagem），但他们都付出了相应的代价来换取。

两项给付或者说好处之间的关系，是以当事人的观点予以判定的。这种说法，究何所指？这一关系，并非由此等给付的所谓真实、客观、普遍或者说通常价值来决定的，也就是说，并非由此等给付对任何人而言都具有的价值，亦即在所考虑的时间和地点，所具有的正常交换价值来决定的。此等给付基于任何经济层面[17]甚至精神层面上[18]的理由，对于当事人而言所具有的特别价值，在这里同样十分重要。这一切皆根据当事人的评价而定。任何他们希望考虑、按他们的标准而被认为有价值的那些可能的评量因素，都是极为重要的。归根结底，关键就是当事人的意思。哪怕其中一方当事人知道，自己给对方的东西（所作的给付），比起自己所收取的东西，价值更高，他还是可以这样做。他可能知道，自己作出的法律行为会使自己蒙受损失，简直就是在挥霍。但他还是做了，因为他基于某种层面上的利益，就是想要从对方那里收取给付，并为了从对方那里收取给付而这样做，而

17　例如，房地产买受人有另一项毗邻的房地产，或者某物品的买受人有另一件物品能与其凑成一对。

18　此即所谓的钟爱利益（interesse de afeição）（钟爱价值或称感情价值）：例如，一件本身可能无足轻重，却是曾经由买受人的祖先所拥有的物品；又如，作者不希望流通的文学作品复本。关于上述价值的各种形式，参见 FERRARA，*Tratatto*，第 857 页至第 858 页。

且不能或不懂以没那么苛刻的条件来取得这项给付。经必要变通后（*mutatis mutandis*），以上所言亦适用于他方当事人。他可能明知，相关法律行为对于自己而言是有利可图的，甚至是捡到便宜了，但他就是基于某种理由，无意为了所收取的东西多付出一点，或者他就是基于某种理由，而不欲乘机受惠于一些特殊事由［例如（他方缔约人）情况紧急、不精明；这些特殊事由，使他方缔约人同意比正常情形下牺牲更多来换取所希望得到的给付］。无论如何，当事人是想要通过交换两项给付进行一笔交易（*negócio*、*transacção*），无论这笔交易是好是坏，而不是完全或部分地作出和受领一项慷慨行为（*liberalidade*）。因此，也许可以说，在两项给付之间，存在一种因果目的（*causalidade-finalidade*）关系。[19]

b）无偿法律行为的概念

无偿法律行为（*negócios gratuitos*），或者说，以无偿名义（a título gratuito）作出的法律行为，又名非牟利性法律行为（*ex lucrative causa*，并非出于牟利的目的）。现在，只需对照一下有偿法律行为的概念，便可知道何谓无偿法律行为。无偿法律行为，涉及慷慨心理，亦即所谓的慷慨意图［*animus donandi*（赠与心态），*animus beneficandi*（施惠心态）］。这并不是说，慷慨行为的行为人必然是出于利他动机（出于大方）而为之。行为人也可以出于利己动机（从他方当事人那里得到更大的好处）甚至险恶的动机（连累他方当事人）而为之。只是，这些动机都无关法律行为的内容。慷慨意图仅仅表现为，在无（完全或部分）对价的情形下，给予和收取一项给付或者说一项好处的法律行为意识与意思（consciência e vontade negocial）。

（2）例子

有偿法律行为的典型例子有：买卖合同、交换合同、不动产租赁合同。无偿法律行为的典型例子则有：无附设负担的赠与（亦即非有偿赠与）、无回报（通常都是无回报的）的寄托和委任（第 1331 条及第 1432 条）。关于有偿赠与（第 1454 条第 3 附段）——相关负担可以是有利于赠与人本人，也可以是有利于第三人的——以及在类似条件下的死因处分的定性方面，从上文可见，它们并不构成纯然的无偿法律行为（参见第 1455 条）。出于

19　最后要强调的是，这两项互为对待给付（contraprestaçao）的给付，可以是同时作出，也可以是相隔一段时间。

慷慨意图而以较低价格进行出售，也是如此（*negotium mistum cum donatione*，混有赠与的法律行为）。前文的分析，让我们能将真正的买卖——这种典型的仅具有偿性质的法律行为，区别于上述的其余两个概念。[20]

（3）"无偿合同与有偿合同之分"和"单务合同与双务合同之分"的比较

显然，由于笼统而言，本分类法适用于财产性法律行为，因此，它也同样适用于财产性合同，甚至可以发现，只有合同才能构成有偿法律行为。宜将无偿合同与有偿合同的区分，跟单务合同与双务合同的区分作一比较。这两种区分是重合的吗？第 642 条的设想是：是的。但人们通常指出，至少就要物合同而言，立法者的设想是错的，[21] 要物合同必然是单务合同（极少数是不完全双务合同），但可以是有偿的。暴利合同亦然。它是单务合同，原因如下：由于它是要物法律行为，故仅在交付所贷本金之后方告成立，而使消费借贷借用人负上义务，且只有他才会负上义务。然而，它并不因而是无偿的，因为消费借贷借用人付出了利息作为回报，向贷与人换取好处。

（4）有偿合同的类型：实定合同与射幸合同

有偿合同，可分为实定合同（contratos comutativos）与射幸合同（contratos aleatórios）。在射幸合同中，要么仅存在一项给付，它须由其中一方当事人作出，至于须由哪一方作出，则取决于一项不肯定事件（例如，打赌、某些形式的赌博）；要么存在一项肯定给付和另一项不肯定给付，而后者则比前者（价值）巨大得多（各种风险保险，如火险便是如此）；要么存在两项就本身而言是肯定的给付，但其中一项给付在金额上则是不肯定的，最终可能大于或小于另一项给付（如人寿保险）。[22] 无论如何，各方当事人都不会像实定合同那样，知道当合同发生效果时，自己会给予和收取，并知道给予多少、收取多少。射幸合同的双方当事人所着眼的是，或得或失的可能（possibilidade de ganho ou perda）。这里所谓得或失的可能，指的是"仅仅收取"或"仅仅给予"，或者"所收多于所给"或"所收少于所

---

20 但要区别这两个概念，则有难度。

21 文中之所以说"至少就要物合同而言"，是因为有回报的委任和寄托，亦是如此。虽然是有偿合同，但在某种处理方案上，同样应当被定性为单务合同。参见 RUGGIERO, *Istituzioni*，Ⅲ，第 251 页。

22 这类保险属于终身定期金合同（《商法典》第 455 条）。

给”的可能。双方当事人便是以这两种可能来赌一把，并以此设立作为有偿合同特征的均衡或等值。[23]

实定合同与射幸合同的区分，固然有理论上的价值，却失去了其最明显的实际意义，因为葡萄牙法律并不承认“（重大）损失”［lesão（enorme）］制度（第1582条）。关于这一制度，容后详述。

（5）所谓的提成法律行为

最后，应该一提有偿法律行为的一个独特次分类，那就是所谓的提成法律行为（negócios parciários）。它是指这样的一项合同：一方当事人许诺作出某项给付，换以分享他方当事人试图以这项给付获取的那些利润。其例子有：农佃分益合同（contrato de parceira agricola）（提成垦殖，colonia parciária）与畜牧分益合同（contrato de parceria pecuária）、约定由经理或雇员（他们乃利害关系人）分享企业利润的分益合同，以及约定作者出售作品出版权换以分享相关利润的分益合同等。

70. 纯粹管理法律行为与处分法律行为·区分意义·提及他人财物管理权力或自身与他人财物管理权力的法律规定的非尽数列举·纯粹管理行为的概念·处分行为的概念·处分法律行为与转让法律行为的区别·如何实施有利于被管理财产的处分行为

我们在这里讨论的是法律行为（negócios jurídicos），因为这样才切题。但应当指出，财产的经营，尚可透过单纯（法律上）的行为（simples actos）为之，而它同样可被定性为管理性质的（例如，在一块土地上耕作、收取孳息）或处分性质的（例如，拆除一幢建筑）。另外，应当澄清的是，学说上，以及有时候在立法上，会用单纯、普通或纯然管理行为这些别称来指称纯粹管理行为（actos de mera administração）。

---

[23]　射幸合同的法定定义，见于第1537条。不难看出，这个定义是有很大改善空间的。相反，法国与意大利债法典草案（第8条）中的定义，则远为妥善。该处所称的射幸合同，是指“双方缔约人着眼于或得或失的可能（alea，风险），并使债的存在或范围取决于这一可能”的合同。射幸合同的例子，除文中的那些外，尚应一提风险合同（contrato de risco）（《商法典》第626条以下），它是借贷的一种形式（fenus nauticum，海运有息借贷）。通常还会指出，emptio spei（买希望），亦即购买一件未知最终会否存在的物，如购买一次撒网所捕捞上来的鱼（captus piscium，渔获），同样也属于射幸合同。此外，emptio rei speratae（买所希望之物），亦即购买预料最终会存在，但不知其数量多少，亦为射幸合同（例如，因一回播种而收获的小麦、由某个葡萄园出产的葡萄酒。在这些情形下，如果最终没有小麦或葡萄酒生产出来的话，合同即不生效果）。

（1）区分意义

经常会发生以下情形：根据法律规定或法律行为（亦即以法律行为予以确定）甚至判决，某人获赋予经营（gestão，或一般意义上的 administração）他人整体财产或特定财产组成元素的权力（如监护人、概括受权人），或经营自身与他人财产的权力（公司的行政管理机关成员、作为夫妻共同财产管理人的丈夫）；某人管理自身财产的权力，其范围因为无能力而受限制（因挥霍使然的禁治产人）。在这些情形下，管理他人财物的人、管理自身与他人财物的人，或仅仅管理自身财物的人，其权力常被法律（明示或默示地）局限于所谓的纯粹管理行为，虽然有时也有例外。

（2）提及他人财物管理权力或自身与他人财物管理权力的法律规定的非尽数列举[24]

第 59 条规定，"临时保佐人，其权力仅限于纯粹管理行为，并须每年就此等行为提交账目"；第 137 条、第 146 条、第 150 条及第 152 条，提到了父母对子女财物的权力，而父母仅能管理它们而已（或者如上述条文所言，父母只是它们的"纯粹管理人"）；第 243 条第 1 款笼统地提及监护人对未成年人财物的管理权力，而随后的大量条文则详加指明；第 1117 条、第 1118 条、第 1119 条、第 1127 条、第 1128 条、第 1189 条、第 1190 条、第 1191 条、第 1215 条、第 1216 条、第 1219 条及第 1223 条，皆提及丈夫对夫妻财物和自身财物的权力，以及在例外地由妻子进行相关管理的情形下，妻子对夫妻财物和自身财物的权力；第 1266 条、第 1268 条及第 1270 条，规范了合伙财物的管理；第 1325 条规定，"概括授权，仅允许（受权人）作出纯粹管理行为"；[25] 第 2208 条及第 2083 条，规范了遗产管理人对

24　即使法律不说"纯粹管理"而只是说"管理"也好，在任何情形下，若相关管理涉及他人财物、自身与他人财物，或仅仅自身财物，而且管理人的能力又受到限制，则通常都必须认为，法律原则上只是想指纯粹管理而已。

25　概括受任人（mandatario geral）是指，获授权以他人名义实施任何法律行为（并无指明是什么法律行为）的人（第 1324 条第一部分）。特别授权（procuraçao especial）（第 1324 条第二部分）是指，虽未具体指明是什么法律行为，但有抽象地指明之（指出其种类；只需说出相关法律行为类型的名称即可）。例如，通过授权，向受任人赋予处理委任人任何法律行为的权力（就这部分而言，授权是概括的），包括处理出售、买受、贷款或借款等（就这部分而言，授权则已是特别的）。极特别授权（procuração especialíssima）则是指，并非仅仅指明有待受权人作出的法律行为的种类，而是作了更详细的指明。最典型的情形是，授权指明了具体一项法律行为的一切细节，如"以某某价格，向 F 出售某某房地产"。然而，看来那已经不是真正的受权人（代理人），而只是通传人而已（纯粹是意思传送机关）。

遗产财物的管理权力；第 2179 条提及共有物或共有权利的使用与管理；第
2191 条则提及房地产共有人代表的权力。[26]

相关区分的实益，在上述法律规定中显得格外清楚，因为它们都提到
了纯粹管理。但在其他情形下，该区分还是有实益的，因为在遇有疑义时，
应当认为，相关管理人的权力仅限于纯粹管理；仅当有法律规定，或有理
由认为不限于此时，方有例外。

另外，在某些情形下，葡萄牙法律规定，精神错乱（局部精神错乱）
或挥霍可导致未成年人无能力，并交由法官订定这一无能力的范围。在这
些情形下，举例而言，法官可在判决内判令："被告（被声请禁治产人）因
挥霍而成为禁治产人，并被禁止实施任何不属纯粹管理行为的行为，而且
其他行为必须得到保佐人的许可（autorização）。"

（3）纯粹管理行为的概念

之所以对管理他人财物者的财产经营权力予以限制，是出于以下考量：
假如容许管理他人财物者拿他所管理的财产来冒险的话，他可能很容易因
为事不关己，而真的这样做。此外，由于关乎某人财物的某些决定（转让、
进行某些工程）涉及伦理或感情层面的利益（如家庭回忆），因此只可由他
自己作出，因为这些利益的评价仅应交由他自己为之，这是不难理解的。
而之所以因为任何精神上（精神错乱者）、身体上（聋哑人）或性格上亦即
意思上（挥霍者）的缺陷或失常，而对管理自身财物者的财产经营权力予
以限制，则是出于以下考量：这些人的敏锐程度、经验或控制力，不足以
好好地从事某些较大风险的法律行为，或者说从中获利。

纯粹管理行为，相当于有限度和谨慎的财产经营。进行这种财产经营
时，并不允许进行某些可能有高度好处，但也可能对被管理财产造成严重
损失的大胆而危险的活动。纯粹管理人被禁止做一些虽然可能带来非同寻
常的利润，但同样可能导致焦头烂额的好高骛远和冒险之事。

通说认为，下述者皆属纯粹管理：①促使被管理财物得以保全的一切
行为；②促进其正常产益的一切行为。

另外，如果某项法律行为改变了被管理财产本身的实质（substância）、

---

[26]　正如前述，文中所作的并非尽数列举；而且，同样也要考虑自身财物管理人的权力。关于
　　　文中论题的法律规定，尚有第 75 条至第 77 条、第 83 条至第 85 条、第 91 条、345 条、
　　　第 349 条、第 1822 条、第 2028 条及第 2054 条。

导致该财产被另一些财物取而代之，一言以蔽之，亦即拿被管理的资本（capital）来进行全新的不一样的投资，因而影响、危及这一被管理的资本，那么该项法律行为也不属于纯粹管理。例如，管理人把构成受托资本的房地产出售，以图将买卖价金用于其他用途；以作为资本组成部分的金钱来购买房地产（参见第76条、第150条、第224条的第10款、第13款及第16款，以及第2085款；《民事诉讼法典》第1489条）。

学说上存有疑问与分歧的是以下行为：那些促进被管理财产的非正常（非同寻常的）产益，或者优化被管理财产的行为，即使是以所得收益为之亦然。我们首先来说明一下，上述各类法律行为究何所指。

a）被管理财物的保全行为，旨在对财物进行必要修缮，以免其变坏或灭失。

b）旨在促成正常产益的行为，所谓正常产益是指，对被管理财物而言属于惯常的产益。这类行为的例子有：旨在以通常方式促成土地耕作的行为，或旨在促成出租的行为。[27]

c）旨在促成非正常产益的法律行为，其例子有：将一片松树林转变为葡萄园或播种地，或将一块播种地转变为橄榄林；在一块耕地上开设采石场。

d）旨在促成被管理财产优化的行为，其例子有：开井；在没有迫切需要的情形下，在农用房地产四周筑起围墙；在非必要的情形下，取得一项地役权，或取得一块邻近土地来补充被管理的房地产，或在一块建筑用地上兴建房屋。[28]

现在，是时候问：旨在促成被管理财产非正常产益或优化的那些法律行为，纯粹管理人是否被允许为之？民法学界倾向认为可以（虽然不是普遍承认非正常产益这一中间类别）。在我们看来，当上述法律行为的开支乃是以收益为之时，这一取态是可以接受的，而且我们认为这也是普遍见解；当优化并非表现为新取得财物（例如，购买新的房地产），而是表现为在被

27　然而，受登记制度约束的租赁（第949条第2附段e项）则不属之，也就是说，纯粹管理人不被允许为之。法律也禁止作为管理人的丈夫本人为之（第5411号命令第10条），虽然他的权力是格外广泛的。关于受监护未成年人的财物出租方面，参见第224条第14款、第243条第6款及第265条。这些法律规定也适用于因精神错乱（第321条）或聋哑（第339条）使然的禁治产人（第321条），亦参见第5411号命令第11条。

28　也许可以说，被我们界定为非正常产益行为的那些行为，归根结底也就是优化行为，因此严格而言，前一个类别是不必要的。

管理财物上进行任何工程时，我们也接受上述取态。[29] 然而，我们认为，除非法律针对特定管理人（主要是丈夫）有相反的特别说明，否则在此等条件下，纯粹管理人是否可以实施这些法律行为，简言之，其是否可以逾越正常产益，这一点不无疑问。其中的理由，如前所述：纯粹管理人，由于事不关己或欠缺正常能力，因而必须被限于进行非常节制和谨慎的经营。在被管理财物的经营上，纯粹管理人只是负责日常的经营事务。一言以蔽之，即做平常之事，而不是兵行险招、好高骛远。

（4）处分行为的概念

不属于纯粹管理行为的，亦即一切超出纯粹管理本身的上述功能或目的者，皆为处分行为（actos de disposição），但前提是该等行为涉及被管理财产的经营（gestão ou gerência）。由于有这种限制，所以赠与既非管理行为，亦非处分行为，这是因为赠与和赠与人的财产经营无关，也跟纯粹管理行为与处分行为的区分无关。然而，有一些行为看似是赠与，但它们可以是管理行为，例如，给雇员的赏金、（商业上）给顾客的馈赠。[30]

（5）处分法律行为与转让法律行为的区别

跟许多人所想的相反，处分法律行为与转让法律行为，并不是同一回事。纯粹管理人可以实施转让行为，只要这些转让行为属于其管理范围即可（保全与正常产益，还有前述情形下的非正常产益和优化）。因此，纯粹管理人可以出售果实、干松木、牲畜、某些要被汰旧换新的器材等。纯粹管理人不可以转让的，是财物的本体（casco），亦即具有纯粹管理人受托管理之时那种形式或结构的资本。纯粹管理人不仅被允许转让，还被允许买受，只要这项行为属于上述目的范围即可，例如，购买种子、肥料、牲畜（那是在相应限度内转让收益的一种方法）。

（6）如何实施有利于被管理财产的处分行为

并非一切有利于被管理财产的行为，都属于纯粹管理。然而，实施这些行为，对被管理财产而言，可以是很有用的。难道财产拥有人不应该得到这一好处吗？假设一名未成年人是某房地产的所有权人。一名富有的巴

29　关于被管理财物的优化，参见第224条第14款。

30　关于管理行为究何所指这个问题，尚待阐明的一点是：在这里，当可以把内部关系（管理人与被管理人）和外部关系（管理人与被管理人一同作为一方，而另一方则是跟管理人打交道的第三人）区分开来时，难道不应该作这样的区分吗？

西人出高价希望购入房地产。出售房地产，是可以为未成年人带来利益的。这样的合同难道不可以缔结吗？如果可以，又是在什么条件下才可以？若财产并非因被管理者自身意思行为而受制于纯粹管理，亦即在他人财物、自身与他人财物或仅仅自身财物的法定管理的情形下，法律要求必须得到某些比管理人更具资格的实体许可，以避免管理人滥用（管理权力）或轻率行事。这些实体的例子有：亲属会议、另一方配偶或法院［《民事诉讼法典》第 1489 条（失踪）；第 76 条（失踪）、第 150 条（亲权）、第 224 条第 13 款及第 16 款（监护）、第 1190 条、第 1191 条及第 1193 条唯一附段（由夫或妻进行的管理）］。例如，监护人不得独自实施处分行为，而是必须（就每一项行为）得到亲属会议的许可（第 224 条第 13 款至第 17 款）后，方可为之。若为法定管理，所适用的就是上述处理方案。

然而，如果他人财物管理者的权力乃是源自被管理人的意思，换言之，若是意定管理，又是如何？法律并无规定。那么，应当怎样解决？通常的做法是：由授权人自己来实施此等行为，或者由授权人向受权人赋予新的权力。然而，授权人可能无法这样做，因为他可能下落不明或者去旅行，而且人们不能与其进行可靠的联络，或者他身处或居于十分遥远的他方，因而无法及时作出安排。《立法与司法见解评论》（Rev. de Leg.）[31] 认为，在这些情形下，受权人只要得到另一实体的许可，即可实施必需的处分行为。这就跟法定代理的情形相类似。虽然前揭《评论》并未指明是哪一实体，但明显那是指法院。为了论证这种解决方案，《评论》提出的理由包括：其一，这种解释方案，类似于为法定管理人而设的规定；其二，就失踪（技术意义上的 ausência*）而言，仅在经过相当时间后，法律方允许设立保佐（第 55 条及第 64 条）。《评论》说到，这意味着，法律认为通过委任已经足以维护失踪人的利益，而其前提则是，受权人可以在另一实体许可下实施必需的管理行为。这种处理方案可取吗？乍看之下（prima facie），它无疑是相当吸引的。但经认真分析后可以发现，它会引起一些相当大的问题。在我们看来，在下落不明的情形下，当符合《民事诉讼法典》第 1489 条的要件时，亦即当所实施的处分行为"乃是为了避免财物变坏或灭失、清偿债务、支付必要或有益改善之费用，或解决其他紧急需要，因而属于合理"

31　第 68 年期，第 247 页。

*　葡萄牙语法律术语 ausência，有时纯粹解作不在场、缺席，而非失踪。由于汉语上难有合适词语能同时表达此等含义，故译者在此保留原文不译。——译者注时，上述处理方案的合理性是相当确凿的。不过，若是其他不同情形（例如，授权人身处远方、去旅行），这种处理方案便显得十分有疑问，而且无论如何，仅在上述第 1489 条规定的情形下方属可取。

71. *财产处分与财产给予·财产处分·财产给予（Zuwendungen）*

在葡萄牙以及其他拉丁语系国家，财产处分是个惯用术语。但财产给予则不然，它是个德国法的术语。然而，财产给予这一术语（以及相关概念）并非没有用处，故其含义亦应一提。

（1）财产处分

财产处分（disposições patrimoniais），是指财产权人处分财产权的行为。处分一项权利，是指直接或间接地影响其内涵或归属。可以这么说：处分一项权利，是指对权利"为所欲为"。这可以不同形式发生：改变权利的内容、将权利移转予他人、在权利上设定负担（压缩一项权利，从而向他人创设另一项新权利，亦即这项新权利乃是以被压缩权利为代价而形成的）、为了相应义务人的利益而消除权利、单纯放弃权利，或以其他任何方式消灭权利。因此，归根结底，那是指因某人（通常是权利人）的意思而发生的权利丧失或权利内容改变。然而，应当指出的是，当权利内容的变更导致该项权利的增长或强化时，这种变更不被称为处分。仅当没有得到什么时，尤其当导致相反效果时（缩减或弱化），该变更才被称为处分。

因此，取得一项权利，从取得人的角度而言，并不是对权利进行处分。权利的取得，其逻辑上（传来取得）或时序上［某些原始取得，例如，先占被抛弃物（res derelicta）］的在先者，则可以是由另一人所作的一项处分。权利处分的对极，乃是义务承担。义务承担（assunção de obrigações）行为，* 可以是旨在为一项将来的处分作准备，如买卖预约便是如此（第 1548 条），但该行为本身并不是一项处分。

财产处分的概念，已如上述。最后，关于财产处分行为双方当事人的名称，众所周知，处分的行为人，亦即其意思引发了作为处分特征的那些效果的人，名为处分人；但倘有的另一方当事人，则尚未有既定的适切术语，也许可称之为处分受益人。

---

* 汉语法学界一般称之为"负担行为"，其意译自德语 Verpflichtungsgeschaft。该词的 verpflichtung 源自 verpflichten，指"使人负担（给付）义务"。——译者注

（2）财产给予（*Zuwendungen*）

财产给予（atribuições patrimoniais；*Zuwendungen*），是指一人（给予人，atribuinte）以自己的牺牲来增加他人（被给予人，atribuído）财产的行为，亦即牺牲自己使另一人财富增多，无论是以什么方式来产生这一结果：移转一项财产权（债权、物权、社团权、无形财产权）、借由限制或者说压缩给予人的一项权利来向被给予人创设一项新权利、消灭被给予人的物上的物权负担、解除被给予人的债务、承担义务、给付任何具有财产价值的劳务。例子甚多，兹不赘述。因此，那是指一人有意地以自己所作出的牺牲[32]向他人提供财产性好处。这一效果，可以在没有被给予人意思参与的情形下发生，尤其可以通过与第三人缔结法律行为来引发：偿付被给予人所欠的债务，或通过主体更新来消灭该项债务（第747条及第804条）；为了身为第三人的被给予人的利益而缔结的合同。

（3）财产处分与财产给予的比较

不难看出，这两个概念虽有相似，实不相同。可以有处分而不给予（disposição sem atribuição）：单纯放弃一项权利，便是如此。也可以有给予而不处分（atribuição sem disposição）：承担义务、给付具财产价值的劳务，即其例子。

（4）财产处分与财产给予的共通特性

财产处分与财产给予，两者皆有别于上文已述的转让。要说明这一点，甚至用回上文曾举过的例子即可。另外，应当指出的是，这两个术语及相关概念，可以涵盖非法律行为性质的行为（actos de natureza não negocial），但由于它们主要用于法律行为，因此我们可以姑且撇开这一点不考虑，亦无大碍。而且，只有作为法律行为的财产处分与财产给予，方为本课程这个部分所关注者。最后，显而易见，相应的两种法律行为分类法，由此而生。

---

[32]　虽然说这一牺牲，可以因为被给予人相应地向给予人作出给予，而得到补偿。例如，买卖便是由相互对应的两项给予所构成。然而，如果单独考虑每一项给予的话，则给予人仍然是以自己的牺牲为代价来使被给予人财富增多的。

第二分编　法律行为的要素

第一章　法律行为能力

72. 概念与类型

我们已经知道，一切法律行为的要素，亦即对其有效性而言必不可少的那些要件，是当事人的能力、意思表示与可能的客体。

现在我们来讨论这些元素中的第一种，亦即能力。

（1）概念

在探讨法律主体，亦即法律意义上的人时，我们已经概述过法律能力的基本概念了。毫无疑问，它同样也涉及法律行为，而且那也是其主要领域。因此，法律能力包括且首要地包括法律行为能力（capacidade negocial），亦即一人借由法律行为（*ex negotio*）取得权利或负上义务的可能性，或者更准确言之，是仅以自身活动而在其法律领域（esfera jurídica）内接收任何源自法律行为的效果的可能性。也就是说，独自或透过意定代理人，作为表意人或受意人，发出或受领相应意思表示，从而作出这些法律行为的可能性。但法律能力的内涵不止如此。其范围也涵及其他法律事实或法律效果，尤其是不法事实及作为其后果的责任。因此，与法律行为能力并列存在的，尚有其他形式的法律能力，尤其是违法行为能力（capacidade delitual）*（包括准违法行为能力），其主要依据是第 2361 条；而且，违法行为能力，可以不与法律行为能力互相重合（第 2377 条及第 2379 条）。[1]

---

*　或依汉语法学界的习惯，译为"侵权能力"。——译者注

[1]　文中所指的，是民事违法行为能力。至于刑事违法行为能力，则被学说和法律称为可归责性（imputabilidade）（《刑法典》第 42 条及第 43 条）。

然而，本章节所关注的，只是法律行为能力而已。其概念亦已如前述。但为了厘清这一概念，必须一提法律行为上的无权利能力（incapacidade negocial de gozo），以及法律行为上的无行为能力（incapacidade negocial de exercício）。* 为此目的，下文对两者进行论述时，将会把法律行为能力限定为"作为表意人或受意人参与法律行为的可能性"，因为这是其最重要而且几乎是唯一的方面。

（2）类型

法律行为能力（capacidade negocial），可归结为权利能力（capacidade de gozo）与行为能力（capacidade de exercício）两个类型。与它们相对的，是相应的两种无能力。

法律行为上的无权利能力（incapacidade negocial de gozo），是指某类人（相关的无能力人）被绝对禁止实施某些法律行为；若违反该禁令，法律行为即属无效。之所以禁止这样做，确切而言，并不是由于法律行为客体的缘故，而是由于无能力人的人身地位或状态，或者由于无能力人与他方当事人之间关系的缘故。如前所述，之所以说是绝对禁止，是因为该等法律行为既不能由他人以无能力人的名义来实施，也不能由无能力人自己在另一人的许可下实施。

法律行为上的无行为能力（incapacidade negocial de exercício），是指非绝对禁止实施某些法律行为；若违反该禁令，法律行为亦属无效。这种禁止，同样不是基于法律行为客体而规定的，而是基于无能力人的人身状况（通常所说的人身状况，或仅相对于构成法律行为客体的财物或利益而言的人身状况），或者无能力人与他人之间的关系。这一禁止并不是绝对的，这是因为被禁止的法律行为，虽然不能由无能力人独自或通过意定代理人来实施，但却可以由其法定代理人以其名义实施，或由无能力人在法律指定的另一人或实体的许可或批准下自己实施。

人身性法律行为方面的无行为能力，是可以设想的。在结婚能力上，法律便向我们给出了这样的例子：已达法定（16 岁和 14 岁，参见 1940年 7 月 25 日的第 30615 号命令第 5 条）结婚年龄的未成年人，可以缔结

---

* 由于译者跟随学界习惯译法，将葡萄牙语上无用词重合的 negócio jurídico 和 capacidade de exercício 分别译为"法律行为"和"行为能力"，故为用语统一，只能将 incapacidade negocial de exercício 译为"法律行为上的无行为能力"［否则可译为"无行使性（法律）事务能力"］。译语上的混乱，实逼不得已。——译者注

婚姻，但必须得到其代理人的许可；因缺乏这项许可而招致的制裁，是该法律行为无效（参见上引条文，以及 1910 年 12 月 25 日第 1 号命令第 5 条、第 6 条及第 13 条）。因此，这些未成年人在结婚这项人身性法律行为（结婚固然也会带来财产性效果，但那是附带性的）上是无行为能力人。

可见，无权利能力是不可弥补的。它所涉及的法律行为，既不可以由他人以无能力人的名义来作出，也不可以由无能力人在另一实体的许可下自己作出。

然而，无行为能力是可弥补的。它所涉及的法律行为，虽不可以完全地仅由无能力人自己（或由其意定代理人）实施，但可以透过某些旨在弥补无能力的方法，由无能力人自己为之。

借以弥补无行为能力的方法，有代理制度（instituto da representação）与辅助制度（instituto da assistência）。后者又可分为本义的辅助，以及单纯准许或称单纯许可。

①借由代理制度，无能力人可由他人代为作出行为。该人不是由无能力人自己指定的，而是由法律指定，或由其他实体（公共甚至私人实体）依法指定的。他也就是无能力人的法定代理人。他有时候是完全独立地作出行为，有时候则需要得到另一实体的许可。

②借由辅助制度，无能力人可以自己作出行为。只是要有效地实施相关法律行为的话，他必须得到另一人或另一实体的同意。在辅助制度下，负责辅助无能力人的人，不可以独自作出相关法律行为；必须是由无能力人决定实施相关法律行为。但代理则不然。

代理的功能，乃是积极性的。辅助的功能，则只是抑制或者说补足被辅助人的意思（根据 DE PAGE 所言）。也就是说，如同罗马法上监护人的准许（auctoritas）那样，介入无能力人的一方。

a）当无能力至少是部分地为无能力人本身的利益而设时，称为本义的辅助。

b）当无能力并非为了无能力人本身的利益，而是为了确保另一些人的利益（这些利益乃是与相关法律行为相抗衡的）而设时，则称为单纯准许或称单纯许可。明显，所要求的准许或者说许可，便是由这些人亦即相关利益主体所作出的，或者由法律委派代表该等利益的另一人所作出的。

（3） 代理的例子

未成年人的无能力，一般都是由代理予以弥补。关涉未成年人利益的法律行为，不可由无相应能力的未成年人自己实施或通过意定代理人实施，而是原则上应由其法定代理人，亦即父母或其他监护人实施。然而，在某些特别严重的情形下，法定代理人必须得到法院或亲属会议的许可。但这项许可并不真正是辅助的一种形式，因为许可是向代理人作出，而非向未成年人作出的：这项许可补足了代理人的权力，而不是直接补足了未成年人的能力。

（4） 本义的辅助的例子

已达结婚年龄的未成年人无缔结婚姻的能力，这一例外情形，即其例子。处于此状态的未成年人，虽然可以结婚，但必须得到其法定代理人的许可，或更准确言之，必须得到由法律指定的某些人或某些实体的许可（第30615号命令第5条、第1号命令第5条、第6条及第13条），否则该法律行为无效。显然，那并非代理，而是辅助。而且，那不是单纯准许或称单纯许可，而是狭义（*stricto sensu*）的许可：之所以要代理人介入未成年人一方，是因为顾及并为了确保被辅助人本身的利益，而非代理人或其他人的利益。

更多例子，见于相关判决以如下方式（或其他类似方式）判令精神错乱者或挥霍者为无能力人：一般而言，精神错乱者（或挥霍者）可实施法律行为，但某些法律行为（如一切处分法律行为）仅在监护人或保佐人的许可下，方可实施。

（5） 单纯准许或称单纯许可的例子

因婚姻而导致的无能力（配偶无能力，incapacidades conjugais），便是如此。[2]

关于丈夫的无能力方面，第1191条规定："如无妻子准许，丈夫既不得转让不动产，亦不得因不动产之所有权或占有问题而上庭。"

至于妻子的无能力方面，第1193条规定："如无丈夫许可，妻子既不得取得或转让财物，亦不得缔结债务……"

因此，无论是丈夫的无能力，还是妻子的无能力，都是透过另一方配偶的许可或准许而得到弥补的。另一方配偶的介入，并不是为了确保实施

2　　至于无能力缔结婚姻（无能力结婚），我们则可称为无结婚能力（或无婚姻能力）

法律行为的那方配偶的利益，而是为了维护可被该法律行为触及的自身利益，以至于其亦有权代表的整体家庭利益。

人们说，在一定限度内（这些限制是各式各样的），丈夫和妻子都是无能力人。然而，这些完全只是因婚姻而导致的无能力，不能与因无能力人（基于身体、精神或意思上的缺陷，或者因不成熟或欠缺经验）完全或部分地无法处理自身利益，从而导致与其他无能力相混淆。法律之所以规定丈夫无能力实施某些法律行为，并不是因为其现实上或者说实际上无力处理相关利益，而只是考虑到该等行为严重影响妻子的利益或整体家庭利益。因此，法律规定，这种无能力可以借由妻子的同意或许可（妻子的准许）予以弥补。经必要变通后（*mutatis mutandis*），以上所言亦适用于妻子的无能力。它是以丈夫的同意或许可（丈夫的准许）予以弥补的。[3]

73. 法律行为上的无权利能力的界定

自然人和法人，在这方面相当不同。因此，下文将分开探讨这两种法律上的人的权利能力。

1）自然人

原则上，自然人是有权利能力的。自然人必然或多或少地具备这种法律行为能力，否则，即不具备法律人格；对其他各种法律事实而言，自然人原则上同样有这种能力；当法律规定其无能力时，方无能力。上述处理方案的根据，是第 644 条。该条规定，清晰地在合同事宜上确立了上述方案，而且关于各种合同或法律行为的一众法律条文，亦是如此，例如，参见第 1476 条、第 1477 条、第 1559 条、第 1560 条及第 1763 条。这一点毋庸置疑。因此在立法上，权利能力是以普遍、间接或者说消极的方式予以界定的，而非特定、直接或积极地为之。法律甚至并无指明这种能力的范围有多广。法律只规定，它所受的限制有哪些，亦即相关的无权利能力有哪些。这些作为例外的无权利能力情形，仅能由法律规定。我们无须全部都提及，只需一提当中的某些即可，这要么是因为它们特别重要，要么是因为我们在本书其他章节中必须回想起它们。

3　就妻子的无能力而言，所考量的还有另一点：确保夫妻利益统一领导的需要（家庭统一原则，princípio da unidade da família）；自然地，这种统一领导原则上被认为应交由丈夫为之。

它们包括以下四方面。

a）婚姻方面的无权利能力（无结婚能力，又常被称为结婚障碍），各式各样。它们见于 1910 年 12 月 25 日第 1 号命令第 4 条，以及其补充法例（例如，年龄障碍、血亲障碍、姻亲障碍、约束障碍）。

b）关于遗嘱方面，则适用第 1764 条的规定：14 岁以下的未成年人，以及任何不完全具备心智官能的人，都不得立遗嘱。

c）至于赠与方面，应特别指出的是第 1480 条的无能力：已婚男性不得向其姘妇作出赠与。

d）在买卖方面，法律规定了各种不同的无权利能力。当中只需记住第 1562 条的那些无权利能力、第 1563 条的无权利能力（争讼物之买卖）及第 1564 条的无权利能力（禁止配偶间之买卖）即可。非常重要但不适合归入这个领域的是，禁止父母或祖父母在未经过其他子女或孙子孙女同意的情况下，向某个子女或孙子孙女进行出售（第 1565 条）。

2）法人

通常会在相当不严格的意义上说，原则上法人有权利能力。从前文关于法人民事能力的论述可知，仅在同时符合以下要件的法律行为方面，法人方有权利能力：

a）不以相关主体肉体上的人格（personalidade física）为前提；

b）并非与其章程所定宗旨的追求无关。

因此，法人权利能力受到这两种一般性（亦即普遍共通于法人）的严格限制。此外，尚有一些特别（亦即专为某种法人而设的）的限制。我们已经指出了最重要的那些，其余的不谈亦无妨。

74. 法律行为上的无行为能力的界定 · 总说

法人和自然人，在这方面亦不相同。兹分述之。

1）法人

乍看之下，对这类人而言，无行为能力乃是绝对原则。由于欠缺身心独立性（individualidade físio-psíquica），所以法人不能亲自作出行为，而是通过其机关或代理人作出行为。只有以这一方法，法人方能实施其权利能力所涵盖的法律行为。因此，一切法人似乎皆无法律行为上的行为能力。

然而，若采纳机体说（teoria organicista），处理方案则会相当不同。既然我们采纳此说，便不得不认为，法人具备法律行为上的完全行为能力。

2）自然人

原则上，自然人是有这种能力的。法律对自然人行为能力的界定，同样是以积极的方式为之，而并未规定这种能力的范围有多大。相反，法律是以纯粹消极的方式规定哪些人无这种能力，而相关范围又是如何。其余的人都是有能力人，不受法定限制。不属于无能力的法定范围以内的，即为行为能力所及的领域。是否可以从第644条得出这种处理方案，至少是有疑问的，因为至少从表面上看来，该条文指的是权利能力。然而，在第687条可以找到充分的法律依据，这是毋庸置疑的。除非法律排除行为能力，否则行为能力是自然地伴随着权利能力而来的。

75. 无行为能力·列举·无行为能力所为确保的利益

葡萄牙法律所规定的无行为能力如下：

a）因未成年使然的无行为能力；

b）因精神错乱使然的无行为能力；

c）因聋哑使然的无行为能力；

d）因挥霍使然的无行为能力；

e）因结婚使然的无行为能力（配偶无能力）；

f）因偶然丧失理智使然的无行为能力（偶然无能力）。

下文将分述之。但首先要探讨的是，无行为能力所为确保的利益，亦即促使法律规定无行为能力的利益有哪些。

有时候，无行为能力是为无能力人自身的利益而设的；有时候，是同时为无能力人与第三人的利益而设的；有时候，则是完全为第三人的利益而设的。[4]

未成年人的无能力，以及精神错乱者和聋哑人的无行为能力，属于第一种情形。[5]

挥霍者的无能力，是为其他人（配偶或特留份继承人）的利益而设的；然而，它同时也是服务于挥霍者利益的，因为其财产没有被乱花费的话，显然对他自己而言也是好事。

---

[4] 参见前文所述的无行为能力弥补方法。

[5] 显然，这些无能力同样有利于另一些人，尤其是无能力人的推定继承人。然而，这种利益并没有体现在该等无能力的法律规范上。

配偶的无能力，则被认为是仅仅为了确保他人的利益而设。法律之所以规定每一方配偶只因结了婚便会无此能力（双方无能力的范围各不相同，而且无能力的范围亦会因为其他情事而有所不同），是为了确保另一方配偶的利益，以及整体家庭利益。法律所考虑的，并不是无能力配偶自身的利益，因为法律肯定不会认为，该配偶因为结了婚而无力管照其人身及打理其财物。

76. 未成年人的无能力·范围·持续期·如何弥补未成年人的无能力

（1）范围

这是一种一般性的无能力，也就是说，原则上它涵及任何人身性或财产性的法律行为。然而，它也受有某些限制。为了某些范围相当狭隘的特定目的，未成年人获承认具有行为能力。这可见于第 147 条第 1 款及第 2 款、第 2299 条、第 1535 条、第 1536 条及第 1764 条第 2 款。根据上述条文：未成年人可自由管理其因自身劳动及手艺而取得的财物（当未成年人在父母许可下独自生活时才是如此）（第 147 条第 1 款及第 2 款、第 1536 条第 2 款），以及因文武两行（armas，letras）或自由职业而取得的财物；未成年人在其专业技艺或职业事宜上作出的法律行为，是有效的；未成年人使用欺诈手段佯装成年人而作出的法律行为，也是有效的，此即所谓"一旦狡诈即补足年龄"（*si malitia supleat aetatem*）（第 299 条第 1 款及第 2 款），但未成年人单纯声称或表明自己已经成年或解除亲权，并不构成诈欺（第 299 条唯一附段），而是必须使用某些诡计或欺骗手段，如伪造身份证（或年龄证明书）；未成年人可以在欠缺代理人时，有效地为维持生活而借贷（或缔结其他债务，如赊赎买受），但前提是这样做有必要，即不得不为之（第 1536 条第 3 款）；[6] 未成年人一旦年满 14 岁，即可立遗嘱（第 1764 条第 2 款）。

由于有这些例外，所以未成年人的无能力虽然是一般性的，但并不是完全的。正如所见，能力在范围上有层级之分。它可以是完全或部分的，而后者尚可以是一般或特别的。

CARNELUTTI 同样在强度上区分了若干层级，亦即本义的能力、超能力（hipercapacidade）以及亚能力（hipocapacidade）。的确，某些行为由一

6　任何其他借贷，都不使未成年人负上法定债务（obrigam civilmente o menor），而只是使其负上自然债务（naturalmente）：一旦未成年人偿付了因消费借贷而受领的款项，即不得主张错债清偿而请求返还（第 1535 条唯一附段）。

般人实施时，有某些效果。此即其通常效果。但由某些人实施时，即有较强的效果，而由另一些人实施时，则有较弱的效果。最后两种情形，便分别是超能力与亚能力。

这种区分在刑法上是可以接受的，但在民法上我们则找不到相应现象。

（2）持续期

未成年状态，持续至 21 岁为止（第 97 条及第 311 条）。[7] 然而，这一状态可以因为解除亲权（emancipação）而提早终止。解除亲权制度的最重要规定，是《民法典》第 304 条至第 306 条、《民事登记法典》（1932 年 12 月 22 日第 22018 号命令）第 364 条以下，以及《民事诉讼法典》第 1461 条。解除亲权主要基于下述原因而发生：

a）基于父亲、母亲（当无父亲时）、行使监护权的祖父或祖母，或亲属会议（当无父母及祖父母时）的许可，在某些情形下甚至是基于有权限收容所的许可（第 304 条第 2 款、第 346 条及第 1461 条）；

b）基于结婚（第 304 条第 1 款）；

c）基于父母离婚（1910 年 11 月 3 日命令第 60 条）。

原则上，仅当未成年人年满 18 岁时，亲权的解除方获承认。然而，因结婚而导致的亲权解除，在某些情形下（第 306 条）则可以更早发生，这是因为，结婚年龄低于 18 岁（亦参见第 289 条）。这种解除亲权，如同因离婚而导致的解除亲权那样，完全是在法律上自动发生的，只要未成年人达到结婚年龄以及结婚获得适当许可即可。

亲权一经解除，未成年人的无行为能力即告完全消除。此时，未成年人等同于成年人（第 305 条）。但一些外国（法国、比利时、意大利）立法例则非如此：亲权已解除的未成年人，乃是处于未成年和成年之间的一个中间状态。其能力是有限的，相应地，其无行为能力也是有限或者说特别的。他可自由实施平常的行为（纯粹管理行为）。至于其他行为（处分行为），则须经某些实体的许可。因此，那是一种过渡性的制度，就如同未成年与成年之间的实习期或见习期那样（根据 DE PAGE 所言）。

（3）如何弥补未成年人的无能力

适用于此的弥补方法，主要甚至几乎完全是代理制度。可是，就缔结

7　在婚姻事宜上亦然（第 1 号命令第 5 条）。但以前和现今的一些立法例则相反，它们规定，婚姻事宜上的未成年状态，甚至比其他事宜上的更晚终止。因此，在葡萄牙法上，婚姻事宜上的未成年和一般而言的未成年是重合的。

婚姻这一目的而言，未成年人的无能力，则是由辅助制度予以弥补。但应当强调的是，这些制度，仅在未成年人无能力而且单纯是无行为能力的情形，方有适用余地。若无权利能力，则无任何方法弥补；若有行为能力，则未成年人可以独自行事，自己实施法律行为而无须得到任何辅助。遗嘱便是如此。

但谁是未成年人的代理人？原则上，未成年人的无能力是由亲权予以弥补的，而亲权乃是归属于父亲，若无父亲或其因障碍而不能视事时，则归属于母亲（第100条、第137条及第139条）。如果无父无母，或父母皆因障碍而不能视事时，亲权（制度）即无法运作，此时则有监护权（制度）的适用（第100条及第137条）。

（4）父亲的权力

父亲（或母亲）的权力是一般性的。无论就何种目的而言，他都是子女的代理人（第137条、第141条及第146条）；但他也受第150条的限制。除这一限制外，再无其他限制，但若滥用亲权，则亲权可被撤回（第141条；《民事诉讼法典》第962条以下）。第150条规定："父母不得转让、抵押子女之财物，或以其他任何方式使子女之财物受有约束，而只能作为上述财物之纯粹用益权人或管理人，但当有紧急需要，或对未成年人显然有利时，若事先得到司法许可，并经听取检察院意见，则可为之。"《民事诉讼法典》第1488条，为此项许可设立了所须遵循的程序。

（5）监护人的权力

监护是一个复合机制（organização complexa）。不只监护人从属于此机制，亲属会议和其他较不重要的机关亦然。监护人可以独自实施纯粹管理行为，而无须得到亲属会议的许可（第243条及第244条）。如果要实施处分行为，法律则要求得到另一监护机关，亦即亲属会议的许可，甚至有时候还要求某种司法介入（第265条、第267条及第268条）。

在监护机制上，可区分下列两者。其一是执行机关（órgão executivo），亦即监护人。此人原则上负责实施任何法律行为，但若实施非纯粹管理行为则须事先得到亲属会议许可。其二是决议与管控机关（órgão deliberante e de controlo）（它仿佛是一个立法机关那样），亦即亲属会议。亲属会议，由受监护人最近亲的一定数目血亲组成，负责就较重大的法律行为进行决议，另外还负有其他较不重要的职责。

由此可见，亲权比监护权范围更广。其宽广之处，前已述及。至于个中原因，亦不难理解：普遍而言，作为血脉之情的父母之爱，能可靠地确保父母懂得如何妥当地维护和管理未成年人的利益。法律正是以此为出发点。

77. 精神错乱者的无能力·绪说

因精神错乱（demência）而导致的无能力，如同聋哑人和挥霍者的无能力那样，仅仅见于成年人。至于未成年人，即使他们同时是精神错乱者也好，也只会一般性地适用未成年无能力制度。然而，法律允许在成年前的一年内，便以精神错乱为由声请宣告禁治产（第314条第2附段），以便在精神错乱者成年时随即产生其效果。

因精神错乱而导致的无能力，仅由第314条以下的法律规定予以规范；但在某些问题上，则尚适用《民事诉讼法典》第944条以下条文。

78. 作为无能力原因的精神错乱的概念

在这一事宜上，精神错乱是指任何使人不能妥善地关照其人身或管理其财物的心智失常（anomalia mental）。[8]　这一心智失常，可以导致某人无能力实施一切或某些关乎精神错乱者利益的法律行为。申言之，精神错乱可以是：

a）完全的：当心智失常导致精神错乱者不具备足够的判别能力，以妥善管治其人身及财物时，即为完全的精神错乱；

b）局部的：亦即心神虚弱或者说耗弱；当心智失常未使精神错乱者无力实施一切法律行为，而只是使其无力实施某些法律行为（想当然尔，是那些最重要的法律行为）时，即为局部的精神错乱。

精神错乱，表现为这样的一种心智失常：它是指心智上的紊乱或者说失调，或者仅仅是心神上的乏弱。当某人的理智或生活经验匮缺，但又未明显达致失常亦即病态的地步时，就不可因此而被视为精神错乱者。另外，事态必须是惯常的，因而必须是持续的，以至于表现为该人的通常状况或者说常态。如果该人仅仅是心智暂时紊乱，即使很严重，在法律能力事宜上亦不能被定性为精神错乱者。然而，惯常并不是指绝对的、无休止或无

8　说心理失常（anomalia psíquica）也许更加严谨。在我们看来，精神错乱也包括意思（vontade）上而非真的是理智（intelecto）上的失常。

间歇的，亦即无任何中间清醒期（intervalos lúcidos）的持久或连续。最后，失常必须是现时性的：它必须已经存在，也就是说，如果只是出现了一些早期表现或者说征兆因而有失常之虞，是不够的。

因此，总而言之，一旦某人因为持续和现时的心智缺陷，而完全地或局部地无力管理其人身及财物，亦即独自处理其人身与财产利益，即为精神错乱。所以，法律意义上的精神错乱，并不等同于精神病学意义上的精神错乱。它是根据实际社会性标准（critério prático-social），按照上述方式加以定义的。

因精神错乱而导致的禁治产

法律允许通过司法途径声请宣告（只要符合精神错乱的那些前提）某人因精神错乱而成为禁治产人，亦即声请宣告精神错乱者无能力。这项精神错乱者无能力的司法宣告，称为禁治产（interdição）。

根据第 314 条结合《民事诉讼法典》第 954 条，因精神错乱而导致的禁治产，可以是：

a）完全的：如果待禁治产人的失常状态，使其完全无力管理其人身和财物，即为完全禁治产；

b）局部的：如果待禁治产人的失常状态，只使其无力实施某些在相关判决内以某种精确程度加以指明的法律行为，则为局部禁治产。

完全禁治产，就像未成年那样，会导致一般性的无能力。然而，这种无能力在范围上更甚于未成年人的无能力，因为未成年人的无能力所受的限制，并不适用于精神错乱者，这是很容易理解的。所以，因这种禁治产而导致的无能力，不只是一般性的而已，更是完全的。至于部分禁治产，则同样地只导致部分的无能力，而无能力的范围则由相关判决予以指明。判断应在何等程度上宣告精神错乱者禁治产的人，乃是法官。划定禁治产范围的，正是法官在判决内所宣示的意思（第 314 条第 1 附段及第 954 条）。在财产性行为方面，法官通常会运用纯粹管理法律行为与处分法律行为的前述区分来划定禁治产的范围。

79. 如何弥补因精神错乱使然的禁治产人的无能力

为此必须将完全禁治产与局部禁治产区别开来。

a）若为完全禁治产，精神错乱者的无能力，是通过代理制度予以弥补的。法律为禁治产人设置了适当的监护。这一监护类似于未成年人的监护，其主要机关是监护人和亲属会议。归根结底，上述机关各自的职务，也是适用未成年人监护的那些规范。两者之间的这一等同处理，清楚见于第321条及第328条。然而，这样的处理方案也有一些例外，它们被规范在第322条及随后的一些条文。当中，最重要的独特之处是，对禁治产人的监护，若由父亲或母亲为之（应该尽可能如此：第320条第2款），则由他们如同禁治产人尚未成年那样行使亲权。

然而，在这里还是可以看到，因精神错乱使然的禁治产人以及未成年人之间另一种形式的等同处理。

b）若为局部禁治产，则由于监护的范围和限制都会在禁治产判决内指明，因此，禁治产判决可以决定，某些关乎精神错乱者利益的法律行为，亦即所宣判的无能力所涵盖的那些法律行为，须由代理人作出；禁治产判决也可以决定，禁治产人能实施任何法律行为，但某些法律行为（亦即在判决内以某种精确程度加以指定的那些）必须得到某个为此目的而被指定的人许可。在第一种情形下，禁治产人的无能力，乃是通过代理制度予以弥补；在第二种情形下，则是由狭义（*stricto sensu*）的辅助制度来弥补。负责代理或辅助的人，都总是被称为监护人，即使禁治产人的无能力也许仅关涉其财物（财产性法律行为）而不关涉人身（人身性法律行为）亦然。实际上，第314条第1附段便不加区别地提及监护，而第954条也是不加区别地提及监护和监护人。

"监护人"一词，传统上被用来指称负责弥补人身方面无能力的人，至于"保佐人"一词，则指称负责弥补财物方面无能力的人（*tutor datur personae，curator bonis*；监护人为人身而设，保佐人为财物而设）。但葡萄牙法律并不总是忠于这种术语传统。的确，别的都不必多谈，我们看到，被指定以任何方式来弥补因精神错乱导致的无能力的禁治产人，总是被法律称为"监护人"，即使该无能力只是关乎财物方面的亦然（虽然说发生这一情形的可能性比较小）。

80. 由精神错乱者实施的行为的价值·Ⅰ）在宣告禁治产之后实施的行为·Ⅱ）在宣告禁治产之前，但在提起禁治产诉讼及此事以法定方式公示之后，所实施的行为·Ⅲ）在声请禁治产及此事以法定方式公示之前实施的行为

在这个问题上，必须将三个时段区分开来。

Ⅰ）在宣告禁治产之后实施的行为

在宣告因精神错乱而导致禁治产之后，判决须登录于民事登记上（《民事登记法典》第 369 条以下）。然而，似乎无须公示之（以往是要求这样做的；例子比照第 319 条），因为现行《民事诉讼法典》并无规定这样的手续；相反，它给人的感觉是，并不需要进行公示［第 945 条Ⅲ的反面推论（*a contrario*）］。但确凿无疑的是，至少在判决以上述方式被登记之后（假设不必将判决予以公示），判决随即产生其效果。[9]

这些效果是指哪些？禁治产人从那时起所作出的法律行为，其价值如何？对此，第 334 条规定：“由禁治产人自禁治产判决被登记及公示之日起，所作之一切行为及合同，在法律上无效（nulos de direito），但前提是判决已转为确定。”其唯一附段则规定：“如属根据第 314 条第 1 附段宣告之禁治产，则仅禁治产人被禁止作出之行为，方为无效。”

由此可见，在禁治产判决被登记之后（以及被公示之后，假如认为这一手续是必需的话），由精神错乱者在禁治产范围内实施的行为，皆在法律上无效。因此，若为局部禁治产，则不属于禁治产范围的那些法律行为，丝毫不受禁治产所影响。但其他的法律行为，以及在完全禁治产情形下的一切法律行为，则在法律上无效。那是指怎样的一种无效？

绝对无效（nulidade absoluta），是完全在法律上自动起作用的，并可以由法官依职权宣告，而且是不可补正的，也可以随时由任何利害关系人声请宣告。相对无效（nulidade relativa），则仅当特定的一人或多人在一定期间内主张时，方会起作用，而且可以因利害关系人（亦即，可以主张相对无效的一人或多人）的确认而得到补正。

第 334 条的“在法律上无效”这一表述，指的是绝对无效吗？绝非如此。第 687 条规定，“若无效是因缔约人之无能力所致，则本法典内无能力人相关规定所容许之情形下，以无效为由取消（rescisão）（法律行为）之诉，可按下条所指方式提起”。第 688 条又补充道：“以无能力为由（法律行为）取消之诉，对无能力人而言，经过五年时间而完成时效，该五年从以下时刻开始起算……二、如属因禁治产而导致之无能力，则自禁治产终止之日开始起算。”

9　至于禁治产判决转为确定之日（亦即该判决开始不再接受上诉之日）和禁治产判决于民事登记上登录之日，两者之间的那段期间，则会引起疑问。

从这些条文可知（尚参见第 695 条及第 696 条），由无能力人实施的行为，并非绝对无效，而只是相对无效。因精神错乱使然的禁治产所导致的无能力，也是如此。

那么，"在法律上无效"这一表述究何所指？它只能是指，由禁治产人在禁治产判决作出并适当地予以登记（及公示？）之后，所实施的任何属于禁治产范围的行为，无须作进一步调查，即属相对无效。在宣判禁治产之后，禁治产人的精神错乱或者说无能力，即不可动摇地被确立。就这一问题，是不容许再作任何辩论的；一切相反的主张和证明，皆不被接纳。葡萄牙法律并不采纳所谓的中间清醒期说，而是采纳了精神错乱绝对连续说。只要禁治产一经宣判，相对无效即必然基于判决而发生。这一无效，不能借由证明禁治产人在作出法律行为时处于中间清醒期或已不再精神错乱，从而予以排除。与禁治产人缔约的第三人，同样不能借由证明其不知悉禁治产宣告，从而不受无效所影响。最后，亦不容许证明禁治产人从来都没有出现过精神错乱，因而禁治产判决并不公正。这最后一种排除，乃是因为判决所获赋予的既判力本身使然的；所以，其实相关表述看来也并非特意认可这一排除。因此，那是一种绝对和不容反驳的法定推定；它所推定的是，自宣判禁治产起，禁治产人即不间断地精神错乱。精神错乱者，其包含间歇清醒期或称中间清醒期的自然无能力，由一种连续不断的无能力取而代之。

另一方面，无效并不取决于证明精神错乱者受有损失。

可见，就这一时段而言，并无疑义。然而，下文即将论述的前两个时段，则非如此。

Ⅱ）在宣告禁治产之前，但在提起禁治产诉讼及此事以法定方式公示之后，所实施的行为

一经向法院声请宣告特定人因精神错乱而成为禁治产人，亦即相关起诉状一经向法院提交并获接收，也就是说，相关诉讼一被提起，此事须以《民事诉讼法典》第 945 条Ⅰ所指方式予以公示，亦即在特定地点张贴告示，并在乡区总署（sede da comarca）或最邻近地方的一份报章上刊登公告。假设某人被声请宣告禁治产，此事亦被适当地予以公示，并在此一时刻起直至禁治产宣判为止这段时间内，作出了一项法律行为，那么在法律上要如何解决（*Quid iuris*）？

a）如果最终没有宣判禁治产（或如果只是宣判了局部禁治产，而该法律行为又不属于禁治产范围），则毫无疑问可言。该法律行为显然是有效的。

b) 但如果最终宣判了禁治产，则"由被声请人（禁治产人）自公告刊登日起，所实施之属于禁治产范围之行为，可在禁治产诉讼中予以撤销，只要情况显示，行为使禁治产人遭受损失即可"（第945条，Ⅱ）。

总而言之，这些行为是相对无效的，[10] 而且禁治产人在行为时是处于精神错乱状态还是处于中间清醒期这一问题，以及与禁治产人缔约的人是否知悉对方精神错乱或知悉禁治产诉讼已被提起这一问题，也不会有任何辩论和调查。就这些方面而言，行为即属第334条意义上的法律上无效。然而，正如上文所强调的那样，仅当情况显示，行为对禁治产人造成损失，行为方属无效。因此，就这另一方面而言，行为即非上述意义上的法律上无效；在前述时段内，亦即在禁治产判决作出后所实施的行为，则是相反。对于后者，法律并无这样的要求（参见第334条），而且法律也没有对其他任何无能力人（如未成年人）所作出的行为，有这种要求。只不过，如果行为并非从一开始（*ab initio*）就使禁治产人遭受损失，或者行为基于嗣后事由而没有使禁治产人遭受损失，则禁治产人的代理人（或当禁治产终止后，禁治产人本人）便不可以主张无效。

然而，应该如何理解所谓的对禁治产人造成损失？我们认为，应该以法律行为作出之时为参照时点判断之。所以，只要在上述时刻，行为是在完全正常的条款及条件下，或者说，是在一个明智审慎的人所会选择的条款及条件下实施，那么，即使行为基于嗣后情事而使禁治产人蒙受不利（这里指偶然事件，而非待禁治产人后来的行为）也好，也是无关紧要的。

根据旧法，我们现在所论述的那些行为也是无效的，而且无效的态样就等同于宣判禁治产之后所实施的那些行为那样，也就是说无需有情况显示（行为）对禁治产人造成任何损失。然而，这种制度是有很大弊病的。因为这样的话，就没有人会愿意跟已被声请宣告因精神错乱而成为禁治产人的人缔约了。因此，禁治产人便会缚手缚脚，变得无法作出必需的法律行为，适当处理其利益。这一后果是严重和不可忍受的，尤其当最终确认

10　绝无理由认为相关无效是绝对无效，这尤其是因为，就连在前述时段内所实施的行为，也不是绝对无效的。

了禁治产人精神上完全健康，因而驳回禁治产声请时，更是如此。为了避免这样的弊病，现行法决定变更上述制度。由此可见，作为禁治产人在此时段内所实施行为撤销要件的损失，是应该这样理解的。[11]

然而，如果证明了行为是在精神错乱状态（而非在清醒的时候）下作出，则是否必须证明它对禁治产人造成了损害？根据法律的行文（第945条Ⅱ），这样的证明是充分的，但不是必要的。他方缔约人倘有的善意，亦无须考虑（参见第335条以及下文即将阐释的处理方案），这是因为禁治产诉讼的提起已经被公示了。

Ⅲ）在声请禁治产及此事以法定方式公示之前实施的行为

规范这一时段的，是第335条。应当注意的是，显而易见，该条文主文部分所涵盖的范围，现今已因为法律（第945条Ⅱ）针对前一时段的规定而变小了。

第335条区分了两种情形：其一，最终宣判了精神错乱者禁治产（该条文的主文部分）；其二，精神错乱者最终没有成为禁治产人（唯一附段）。

a）如果最终宣判了禁治产

在这第一种情形下，由精神错乱者实施的法律行为，其价值如何？根据第335条，当同时符合下列要件时，这些行为是无效的（是指相对无效，这很容易理解）：

1）在法律行为作出期间，已存在精神错乱状态；

2）精神错乱显为人知，或被他方缔约人知悉。

但何谓精神错乱显为人知（notória）？显为人知，既可以是指众所周知（geralmente sabido），又可以指本身是明显的（de per si evidente）。然而，在我们所探讨的课题上，这两种含义实际上可以不重合。

一方面，精神错乱，可以由于精神错乱者十分清晰地表现出其精神错乱，因而是明显的，却不是众所周知的。当精神错乱者生活在一个狭窄的圈子之中，而当中的那些人又没有将此事传扬出去时，便是如此。在此情形，精神错乱是明显的，却只有那些人才知悉。另一方面，精神错乱可以是众所周知，但却是不明显的。当精神错乱者极少显现其失常的症状，但与其一起生活的人们却将此事散布开来，因而此事成为众所周知时，便是

---

[11]　第945条唯一附段的规定，已针对先前制度的弊病作出某种补救（尚参见第954条）。但这种补救被认为是不够的。

如此。

那么，法律的真正含义是什么？

可以认为，法律想关注这样一种情形：与精神错乱者打交道的人，虽然不知悉其精神错乱，但因处于某种状况，以至于他应当知悉。因此，第335条的思想便会是：如果他方当事人知悉（心理意义上的恶意）或无论如何应当知悉（伦理意义上的恶意）他是在跟一个精神错乱者打交道，则精神错乱者的行为可被撤销。

这样的话，借由一些非常清晰的外部征象展现出来，因而对于跟精神错乱者来往的人而言，属于明显的精神错乱，便是显为人知的。因此，如果他方当事人，基于合同磋商和缔结之时，或他先前与精神错乱者交往之时所发生的事情，注意到或应当注意到精神错乱的那些清晰征象，则便会发生第335条所规定的无效。这是正确的，因为该人即便不知悉，也是应当知悉自己在和一名精神错乱者打交道。如果相关法律行为被撤销了，他也毫无争议。

虽然不明显，但众所周知的精神错乱，也同样是显为人知的，除非他方立约人基于某些情事而忽略了这样一种显为人知的精神错乱，而且是无过错地忽略的，尤其是因为其所生活的地方缺乏（知悉的）途径。[12]更准确地说：如果精神错乱是明显意义上或众所周知意义上的显为人知，则会产生第335条所指的效果，除非他方当事人无过错不知悉这一精神错乱。

这种处理方案据称是最合理的。它旨在保护纯粹善意地与精神错乱者打交道的第三人。它也是一些外国立法实际上所确立的处理方案，如意大利法便是如此（1865年《民法典》第336条，1942年《民法典》第428条Ⅱ）。

的确是可以这样认为的，而且这也是本课程以往所教授的见解。然而，现今我们则倾向于摒弃这一见解，而对该法律条文作出另一番不同的解释。根据这种新的解释，当精神错乱众所周知时，即属于显为人知。主张无效的当事人仅需证明，在法律行为作出期间（tempo）或者说时期（época），精神错乱状态已经存在，而且是显为人知或被他方缔约人知悉。他并不需要证明，精神错乱者不处于中间清醒期。

12　试想精神错乱者与其他地域的人缔结合同的情形。

但这并不意味着，仅当发生了该等事实时，法律行为方可被撤销，而且也不意味着，当发生了该等事实时，无效是不可避免的。即使精神错乱并非显为人知或被他方当事人知悉，但只要证明在法律行为作出的时刻，精神错乱状态仍然存在和起作用，则法律行为也是可被撤销的。即使精神错乱是显为人知或被他方当事人知悉，他方当事人也可以借由证明在上述时刻精神错乱状态暂停了，亦即出现了一段中间清醒期，从而阻却无效。

从第643条第2款推论得出的前述第一种解决方案，在第353条规定的比照之下，显得确凿无疑，因而无须对推理过程多作解释。另一种解决方案，虽然有某些弊端，但其优点是，不会完全置精神错乱者在倘有的中间清醒期内可以处理的那些利益不理。要为这种解决方案提供理据支持的话，可以比照一下第334条的用词，因为法律只在第334条规定由精神错乱者实施的行为和合同"在法律上无效"，而在第335条则没有；而且，第335条也只是说，该处所规定的法律行为"可被撤销"而已。[13]

因此，精神错乱地显为人知，或对方当事人对精神错乱的知悉，在某种意义上，就如同禁治产判决或经适当公示的相关诉讼的提起那样起作用。但仅仅是在某种意义上如此而已。它仅设立了一项可推翻的推定（presunsão iuris tantum）（可反驳）：推定在法律行为作出的时刻存在精神错乱状态；而不是一项不可推翻的推定（presunsão iuris et de iure）（不可反驳），亦即在法律上视之为真确（certeza legal）。

至于第335条的要件或称条件的证明，必须由希望撤销法律行为的人为之。但关于精神错乱的证明方面，则必须考虑《民事诉讼法典》第954条I的规定。它规定，禁治产判决应尽可能定出无能力起始的可能日期。判决的这一部分有何价值？虽然它没有绝对性的价值，因为精神错乱的起始日期只是作为可能日期定出而已，但看来它会设立了一项推定，从而免除了主张精神错乱的当事人证明精神错乱的存在，然而这一推定是容许推翻的。要不是有这种价值，也看不出它有什么价值了，而且也不应该假定法律会提出一项无

13　关于这最后一点，应该注意的是，在法国也有相似的讨论，而法国《民法典》第503条也有类似的表述。根据该等表述，人们认为，法律行为的无效乃是取决于法官的判断，因为当出现了一些被认为是充分的理由时，法官可以不宣判无效。其中一项理由是，精神错乱者没有遭受损失。就这最后一点，在葡萄牙法上，人们可以问道，《民事诉讼法典》第945条II的规定，是否不可类推适用于现在所谈论的时段。

用的要求。相同的方案，亦见于《民事诉讼法典》第 957 条的规定。[14]

b）如果最终没有宣判禁治产

这一情形受第 335 条唯一附段的规范。它是在 1930 年改革时增订的（第 19126 号命令）。依此条文，仅当出现以下情形时，精神错乱者的行为及合同方归于无效（相对无效）：

1）"在作出行为及缔结合同之日"，已存在精神错乱状态；

2）该状态"显为人知，或被他方当事人知悉"。

这一条文究何所指？

一种可能的解决方案是，像解释前述条文那样去解释它，亦即将两个条文之间的细微不同，视为并非有意为之，因而是没有意义的。这样的话，该唯一附段就只是想将该条文主文部分的处理方案，扩展至该附段所处理的情形。然而，并不应该如此理解。如果立法者的想法真的是这样的话，那么，立法者只需要相应地改动前一条文，或在第一附段中规定，该条的主文部分的处理方案同样适用于"最终没有被宣判为禁治产人之精神错乱者所作出之行为及所缔结之合同"即可。因此，用相关表述来表达上述想法，是极不适当和极不寻常的。另外，两个条文有一处不同却是非常重要的：该条的主文部分，说的是作出行为或缔结合同的期间（tempo），而该条的唯一附段说的则是作出行为或缔结合同之日（data）。"期间"一词所指的是一段时期（época）、一个时段（período），而"日"一词则意味或暗示着一天或者一个确切时刻。最后，鉴于下文即将阐述的一些理由，立法者希望为该唯一附段所指的行为，设立一个有别于前者的制度，也是完全可以理解的。因此，基于以上所说的这一切，必须摒弃前述解决方案。必须承认，与该条的主文部分所确立的处理方案不同的另一种处理方案，才是正确的。那是怎样的一种处理方案？我们认为，这一方案的依据在于，上述唯一附段所提及的日（data）一词［既是考虑到该词本身，也是比照了前一条文的相应表述亦即期间（tempo）一词］的含义。因此，该唯一附段是要求，如果要使该处所指的

14　CUNHA GONÇALVES 博士（*Tratado*，XIV，第 516 页）认为，判决内的这一宣告，并不对第三人构成裁判已确定的案件（caso julgado）（译者按：或直译为"既判案"。澳门法上，通常译为"裁判已确定的案件"）。然而，根据文中所述的学说，该宣告则以某种方式约束了第三人，亦即针对第三人设立了一项可推翻的推定：推定自判决内所定的时候起，即存在精神错乱。关于这一论题，参见 ALBERTO DOS REIS，*Cód. de Provesso Civil anot.*，第 2 版，第 643 页；1948 年 1 月 16 日最高法院合议庭裁判（*Boletim do M. J.*，第 5 期，第 263 页）。

法律行为成为可撤销的行为，就必须证明精神错乱状态在法律行为作出的确切时刻仍然存在和发作；必须证明精神错乱者在作出法律行为时，已失去其心智官能，而不是处于清醒期间。至于其他要件，亦即精神错乱地显为人知，或他方当事人对精神错乱的知悉，则没有不同。

因此，在这里，一方面，当精神错乱并非显为人知或被他方当事人知悉时，便不可能在某些条件下（参见上文）使法律行为同样成为可撤销；使其有效的情形也是如此，即使已证明了该等要件。另一方面，在该条的唯一附段的情形下，比起在该条的主文部分的情形下，更难使法律行为成为可撤销。但这也是可以理解的。这里会涉及一些仅在精神错乱者死后方由其继承人主张无效的法律行为，因为我们现在所讨论的是，精神错乱者"最终没有成为禁治产人"的情形，若广义言之，其亦包括精神错乱者"生前从来没有成为禁治产人"。[15]

在一众立法例上，都存在一种倾向，也就是严格限制提出这一主张的可能性。这种倾向建基于两点考量。一方面，仅在假定精神错乱者死后，方记得对其心智官能不全提出争辩的继承人，其请求被认为是可疑、有疑问、不认真的。另一方面，人们认为，这样会鼓励了精神错乱者的父母声请宣告其禁治产。该唯一附段的规范，正是遵循了这一倾向，但并不像其他立法例那样严格。其他立法例仅在"精神错乱……因被质疑之行为本身而获证"时，方容许撤销法律行为。[16]

上述处理方案，普遍适用于最终没被宣告禁治产的精神错乱者的那些行为和合同。但遗嘱则由第1763条及第1764条第1款规范。因此，仅需证

15　至少，那是该条文所主要关注的情形。看来甚至还是唯一的情形。既然必须证明在作出法律行为的时刻存在精神错乱状态，那么，原则上是没有理由还要求证明它是显为人知或被他方当事人知悉的。此一见解，有第643条第2款以及第353条的规定可资佐证。无论如何，显而易见，在尚未成为禁治产人的精神错乱者在生时，无效即被主张的情形下，上述证明是充分的（也是必要的），如果承认这一情形不属于该唯一附段的范围之内的话。

16　法国《民法典》第504条的要件，便是如此。相同的规定，参见1865年意大利《民法典》第337条。葡萄牙的上述唯一附段，并没有限制最终未被宣告禁治产的精神错乱者所作出的法律行为的可撤销。但这一分别也不是非常重要。证明在法律行为作出的确切时刻的精神错乱或清醒，在大部分个案中，实际上都归结为证明该项行为的精神错乱性（demencialidade）或精神健全性（sanidade）。无论如何，我们认为应该将该唯一附段解读成，在前引条文所规定的情形下仍然允许法律行为成为可撤销。在这种情形下，精神错乱是很难不被他缔约人知悉的。但是，当精神错乱实际上不被知悉时，也会是可认知的，以至于对相关法律行为的对待仍应相同。最后，应当指出的是，上述那些条文的处理方案，仅当禁治产没有被声请时方适用，而葡萄牙的上述唯一附段则仅规定了禁治产最终没有被宣告的情形。根据该条文的行文，就是如此。但该条文的精神是否如此，则尚待研究。

明遗嘱人在立遗嘱的时刻精神错乱即可，至于其精神错乱是否显为人知，甚至是否被继承人或受遗赠人知悉，皆在所不问。根据上述条文，看来可以可靠地认为，关于最终被宣告禁治产的精神错乱者的遗嘱方面，至少，允许证明遗嘱是在精神错乱状态间歇期间订立的。[17][18]

81. 精神错乱者的无能力何时终止

如果精神错乱者最终没有成为禁治产人，则当他不再精神错乱时，其无能力即告终止。其证明依一般规定为之。[19]

如果最终因为精神错乱而宣告了禁治产，则无能力并不会随着精神错乱实际上终止而结束。仅当证明禁治产人恒久地恢复正常（而非只是处于中间清醒期），并通过专门诉讼宣告了解除禁治产时，禁治产状态才会消失：参见第336条、《民事诉讼法典》第954条。[20]法律并未为此规定任何期间。一切都交由审判当局判定。但显而易见，如果禁治产尚未持续一段相当的时间，那么是不可能知道，究竟精神错乱状态是终止了，还是仅仅暂时中断（中间清醒期）而已。

82. 聋哑人的无能力·无能力的原因与范围·无能力的司法核实与确定（禁治产）·无能力的弥补方法·无能力何时终止·由聋哑人实施的行为的价值

因聋哑而导致的无能力，由第337条、第338条及第339条，以及《民

17　关于以遗嘱人精神错乱为由撤销遗嘱的必要条件或者说要件，参见：1939年3月3日（*Col. Of.*，第38期，第79页）以及1948年1月16日（上文曾经引述过）最高法院合议庭裁判；CUNHA GONÇALVES 博士，*Tratado*，IX，第656页；PAULO CUNHA 授教，*Sucessões*（由 I.T. 出版），II，第90页。

18　为了更好地说明精神错乱人的状况，应该指出，就不能被代理的行为而言，其无能力不只是无行为能力，而且是无权利能力。结婚（第1号命令第4条第4款）和立遗嘱（*testamenti factio activa*）（第1764条第1款；参见第1740条），便是如此。

　　关于婚姻方面，应当注意的是，局部精神错乱的情形亦会导致婚姻无能力（即使判决仅指明了财产性行为亦然）。参见 PIRES DE LIMA，*Direitos de Família*（由 BRAGA DA CRUZ 教授所辑录的版本），第2版（I），第108页。然而，无论如何，绝不能承认这些精神错乱者有完全的婚姻能力；他们至少是无行为能力（第1号命令，第7条）。

19　基于前文的阐释，这一切应当灵活地予以理解。

20　由于现今禁治产可以不是完全，而只是局部的，因此就会有以下问题：可否声请解除完全禁治产，但仍然维持着局部禁治产？也就是说，可否声请局部解除完全禁治产？CUNHA GONÇALVES 教授认为可以。这一见解看来是正确的，至少从立法论的角度而言（*de iure condendo*）是如此。至于可否声请及宣告一名已受局部禁治产制度约束的人成为完全禁治产，我们的立场也是相同的。

事诉讼法典》第 959 条界定和规范，并准用第 944 条至第 958 条（因精神错乱而导致的禁治产）。

(1) 无能力的原因与范围

根据第 337 条，显而易见，仅当聋哑致使聋哑人无力打理其财物时，聋哑方构成无能力的理由。[21]

因此，聋哑人的无能力似乎只限于财物方面，或者说只限于财产性法律行为方面。然而，法律在第 1 号命令第 7 条，设立了聋哑人在人身行为上的一种无能力：结婚。

可是，原则上，聋哑人的无能力仅仅局限于财物方面。在这一方面，其无能力甚至还可以仅限于某些财产性法律行为（第 338 条）。不过，看来无论如何都必然适用第 1 号命令第 7 条。

所以，因聋哑而导致的无能力：其一，原则上仅限于财物方面；其二，作了这样的限定后，它尚可以是一般性或只是特别性的。

(2) 无能力的司法核实与确定（禁治产）

当聋哑实际上使聋哑人完全或部分地无力打理其财物时，这一事实可以通过可适用的诉讼（第 959 条，并准用第 944 条以下）予以司法核实，并界定相应的无能力范围。

对作为无能力成因的缺陷进行预先调查后，所作出的这种无能力的司法确定，名为禁治产。显然，禁治产可以是一般或特别的，这视乎聋哑在多大程度上使人无力处理事务。如果禁治产只是特别禁治产，则判决须明确指出相关的范围和限制（第 339 条；第 950 条，并准用第 954 条）。

(3) 无能力的弥补方法

上文就精神错乱所述的处理方案，亦适用于此。

原则上，因聋哑而导致的无能力，是以代理制度予以弥补的。但就结婚这项人身行为而言，无能力则是以辅助制度予以弥补。

如果无能力只是特别的无能力，则肯定可以判令无能力完全或部分地

---

[21] 实际上，即使是先天的聋哑人，也有可能因为经过指导，或者因为其本身的敏锐，而能够处理其利益。因此，这里的关键并不真正是作为生理缺陷的聋哑，而是它可能对聋哑人的心理官能所造成的影响。在现代法上，如同在罗马法上那样，所奉行的原则是，法律能力仅取决于人的心理状态，而非直接取决于其生理条件、取决于其肉体疾患或缺陷（根据 FERRARA 所言）。这一原则是正确的，因为归根结底，在法律行为上，关键乃是当事人的意思。

以辅助制度予以弥补，从而使禁治产表现为：聋哑人可以亲自作出一切或某些被无能力所涵及的行为，但必须得到监护人或其他监护实体的许可。

虽然原则上该无能力仅限于财物方面，甚至那可以是财物方面的部分无能力，但在这里法律条文说的却是监护。然而，正如前文所言，葡萄牙法律并未忠于传统术语用法。

至于监护机制方面，前文就未成年人和精神错乱者所述的制度，亦适用于此。

这一切处理方案，除见于前引的那些条文之外，尚见于第 339 条："……如可适用，则须尽可能遵守前编之规定。"这里所说的前编，乃是关于因精神错乱而导致的禁治产的规定，而且，在该编中也有一个条文（第 321 条）规定，因未成年而导致的无能力的诸项规范，亦适用于因精神错乱而导致的禁治产人。

（4）无能力何时终止

当无能力的理由（聋哑）消失，并且借由专门的诉讼，通过司法途径宣告此事，因而相关禁治产获判令解除时，无能力即告终止（第 339 条及第 336 条，第 959 条及第 958 条）。

（5）由聋哑人实施的行为的价值

根据第 339 条，在宣告禁治产之后所实施的行为，由第 334 条规范。而第 334 条的处理方案，前文已述。

但在宣告禁治产之前所实施的行为方面，聋哑人的状况又是如何？

根据第 339 条及第 959 条，在宣告禁治产之前，经必要变通后（mutatis mutandis）适用前文就精神错乱者所述的处理方案。根据前引条文，可以可靠地认为，该处理方案至少适用于禁治产之前的那个时段，只要已经向法院提起禁治产之诉，而且此事已经以法定方式予以公示即可。

83. 挥霍者的无能力·无能力何时发生·无能力的范围·无能力的司法核实与确定（禁治产）·无能力的弥补方法·由挥霍者实施的行为的价值·挥霍者的无能力何时结束

这种无能力的定义和制度，见于第 340 条至第 352 条，以及《民事诉讼法典》第 960 条及第 961 条。

（1）无能力何时发生

导致这种无能力的原因是惯性挥霍（habitual prodigalidade）（第 340

条）。"惯性"这个定语的含义不难理解。它的意思是，个别、偶然的挥霍行为是不够的。必须存在一种状态、一种清晰的挥霍倾向。然而，显而易见，这也并不代表，一定要等到挥霍者已经糟蹋掉其一切财产方可。救济（使挥霍者成为无能力人）必须在这种病态尚未招致灾难性结局时便即为之。

最重要的是，尽可能厘清"挥霍"一词的含义。但这并不容易。法律并未定义它，而是在这一领域援用正常人（pessoas razoáveis）的认知或标准。

精神错乱，归根结底是一种心智失常（紊乱或缺失），而聋哑则是一种感官缺陷，至于挥霍则主要甚至完全是一种意思缺陷或性格缺陷。那是浪费、糟蹋掉自身财产，亦即以不合比例、没有赢利而且无理的开支去耗费自身财产的一种倾向。

所要考量的，并不真正是开支本身或者说开支的量，而是开支与作出开支者的财富之间的比例。因此，常言道，不耗费资本而只耗费收益的人，并不是挥霍者。另外，亦应关注这些开支的目的。仅当这些开支是用作无聊以及社会上或伦理上不被认可的用途时，方属挥霍（根据 FERRARA 所言）。如果一位科学家或发明家，耗费其财富或以其财产孤注一掷，以求在所投身的研究上取得良好成果，则不能因此而将他定性为挥霍者。[22] 此外，原则上，对自身财物管理不善、为了经营自身财产而进行交易时不谨慎甚至愚蠢透顶的人，也不能被定性为挥霍者。此乃比照第 340 条至第 341 条以及第 1219 条后得出的结论。

因此，挥霍者是指"过分大方而毫无益处地"消耗财富（根据法案评议委员 TARRIBLE 在讨论法国《民法典》时所言）、以疯狂和不理智的开支消耗财富（根据 AUBRY 与 RAU，以及 FERRARA 所言）、如同一名不当评估金钱价值的人那样真正地虚耗财富（根据 FERRARA 所言）的浪费者；用葡萄牙《律令》（Ordenações）（IV，103，6）中虽然空泛但相当富有启示性的表述来说，挥霍者是一个"胡乱无度地耗费"或"毁掉自己资产"的人。

然而，惯性挥霍仍然不足以导致相关的无能力。挥霍者尚需已婚或已有特留份继承人（第 340 条），即使那些特留份继承人是因为非婚生血亲关

---

[22]　因为宗教上的动机而耗费自身财产的情形，看来也要按相同逻辑予以解决。

系，而具备这一身份亦然（参见第 340 条的原文本）。

因此，挥霍者的无能力，看来并不是一种旨在保护无能力人本人的无能力；它仅仅旨在维护其配偶或特留份继承人的利益而已。然而，也可以认为，无能力一旦获得确立，它便被法律塑造成和视为旨在保护无能力人本人的无能力。这是由于，其制度似乎（第 688 条第 2 款、第 695 条及第696 条）（在可以主张无能力的人方面、在容许主张的期间方面，以及在通过确认予以补正的可能方面）被等同于因精神错乱或聋哑而导致的禁治产人无能力。而且，一旦认为，挥霍者不得仅仅因为不再与人维持婚姻关系，或不再有特留份继承人，而获解除禁治产［这是最贴近条文（第 352 条及第 961 条）的解决方案］，那么上述结论便更加可靠了。

（2）无能力的范围

由于这种无能力的原因仅仅关涉无能力人的财物，故这种无能力仅限于财产领域，而通常不涵盖那些关涉人身的行为与法律行为（actos e negócios）（第 345 条）。但这种仅属财产性质的无能力，仍然可以分为一般的，以及仅仅特别的，亦即限于某些最重要的行为与法律行为（第 344 条、第 345 条及第 960 条唯一附段，并参照第 954 条）。然而，应当注意的是，挥霍者的无能力是涵及一项人身性质的行为，那就是结婚（第 1 号命令第 7条），至于最重要的一项（通常属于）财产性质的行为，亦即遗嘱（第1783 条及第 1764 条），则并不包括在无能力范围之内。

（3）无能力的司法核实与确定（禁治产）

当无能力所必需的那些前提都一并符合时，即可向法院声请宣告确定这种无能力，亦即声请宣告挥霍者禁治产，而一旦呈交了相关证明，便可进而获此宣告。这种禁治产可以是全部或局部的。在后一情形下，判决须尽可能指明禁治产的范围与限制（前引条文）。

（4）无能力的弥补方法

如果禁治产是一般的，挥霍者的无能力乃是通过代理予以弥补；如果是特别的，则通过辅助予以弥补（第 344 条）。无论是代理还是辅助，都是由一名保佐人来实行的，因此，旨在弥补挥霍者无能力的制度，总是被称为保佐。当负责代理挥霍者时，保佐人就只拥有失踪人财物保佐人的那些权利而已（第 351 条），因而只能作出经司法许可的那些行为或法律行为（《民事诉讼法典》第 1488 条）：保佐人仅在得到上述许可后，方可作出行为。

（5）由挥霍者实施的行为的价值

在宣告禁治产之后，适用的是第 349 条最后部分所指的处理方案。它就类似于前述的第 334 条。在此之前，但又在禁治产诉讼提起而且此事经适当公示之后，则是根据 960 条唯一附段，适用第 945 条Ⅱ的规定。这第 945 条Ⅱ的制度，上文亦已有论述。至于截至最终所指时刻之前实施的行为，则仍然完全有效，因为在这里无疑不存在相当于第 335 条的规定。

（6）挥霍者的无能力何时结束

挥霍者的无能力，仅于相关禁治产被解除后，方告终止。至于禁治产人是否已经不再是挥霍者，则在所不问。当禁治产没被解除时，他在判决范围内所实施的行为是无效的。

但在挥霍者无能力的这一方面，应该注意的是解除禁治产的那些法定要件。为此目的，必须同时符合以下两项要件：其一，证明已经终止挥霍；其二，自宣判禁治产时起算，已经过 5 年时间（第 352 条）。此一要求，理由何在？

理由在于，挥霍主要或甚至完全是一项意思缺陷，而挥霍者的理智官能可以是健全甚至是优异的。因此，并不容易即时和可靠地核实其已终止挥霍，因为挥霍者可以十分狡猾地佯装他已经改过自新。

有见及此，法律便要求必须经过 5 年期间。如果是因聋哑或因精神错乱而导致的禁治产的话，是相对容易知道那人是否继续聋哑或精神错乱的。但如果是挥霍的话，禁治产人可能诡诈地伪装导致其禁治产的恶习或者说缺陷已经终止。因此，法律便为此要求经过一段长时间的考验期。正常来说，挥霍者是装不了很长时间的。

然而，当证明挥霍者婚姻已经解销，或已不再存在其特留份继承人时，又可否同样解除禁治产？这个问题近来在法院和学界皆有讨论。法院认为不可解除禁治产。[23] 但学界则主张可以，并援引第 340 条最后部分的规定为论据。[24] 学界的见解，看来难以不予认同。如果挥霍者仅当有配偶或特留份继承人时，方可被宣告禁治产的话，那么自然地，当这些人不再存在时，禁治产亦告终止。

---

[23]　那似乎是最贴切条文（第 352 条及第 961 条）的见解。
[24]　ALBERTO DOS REIS 教授，载 *Rev. de Leg.*，第 78 期，第 198 页；PALMA CARLOS 教授，载 *Rev. da Ordem dos Adv.*，第Ⅴ年，第 1 册及第 2 册，第 342 页。

然而，法律的本意也未必如此。这种无能力尚关乎挥霍者自己的利益，甚至关乎社会利益。因此，如果要说，在宣判相关禁治产之后，法律便不再考虑那些禁治产宣告要件，从而一直让禁治产存续下去，这也是可以理解的。无论如何，如果追随前述学界取态，那么合逻辑的推论是：禁治产会自动终止，而无须作出判决命令解除禁治产；另外，在禁治产终止后，挥霍者行为的无效可由配偶及特留份继承人主张，但不可由挥霍者自己主张。

84. 配偶的无能力·无能力的范围：Ⅰ）丈夫的无能力·Ⅱ）妻子的无能力·如何弥补配偶的无能力

结婚也会在一定程度上导致配偶无能力。

这种无能力，并不是由于（立法者）认为配偶无力或不适合治理其人身与财物，因而为每一位配偶自己的利益而设，而是旨在保护另一方配偶以及总体家庭利益。

的确，基于结婚在配偶之间所建立起来的联系，以及所生的后代，结婚使每一方配偶的行为，都将影响或可能影响到他方配偶的利益，以及他们已有或将有的后代的利益。因此，法律便对结婚人的能力设立限制，而视乎是丈夫还是妻子，这些限制会有所不同。并不是说，结婚本身导致配偶的官能和才能遭受减损，或者说出现了一种像是自然能力衰退（*capitis deminutio* natural）* 的状况，而只是顾及结婚会导致配偶彼此利益相互一致罢了。

无能力的范围

下文将只探讨配偶在财产法律行为方面的无能力。严格而言，这种无能力只关涉这些法律行为而已，因为很难找到一种真正的人身性法律行为，是被这种无能力所涵及的。

为此目的，必须将丈夫的无能力与妻子的无能力区分开来，这是因为两者的范围非常不同。

Ⅰ）丈夫的无能力

丈夫的无能力，只是部分或特别的。丈夫负责管理夫妻财物（第1117

---

*　在罗马法上，拉丁文术语 *capitis deminutio* 指的是某种法律上资格的褫夺，一般被译为"人格减等"。然而，此处作者加上"自然"（nutural）这一限定语，指的是自然能力的衰退，与法律能力无关。——译者注

条及第 1189 条）。配偶双方的财产利益，被认为应当服从于统一的领导，而且丈夫被认为更适合进行这一领导，因为通常丈夫都更有资格担当这一角色，这是由于他更富有经验，而且不负责担当其他有时非常耗竭精力的、专门由妻子担当的角色，甚至是因为根据我们的风俗习惯，原则上，交由其他人来管理夫妻财产，会有损丈夫的尊严。可见，这是一项公共秩序的规定，因而不能以法律行为上的订定予以排除适用。这一见解，也有第 1104 条的规定可资佐证。[25]

但应当注意的是，丈夫的权力是比一名纯粹管理人广泛的。这些权力笼统地包括经营配偶双方财产（共同财产与专属任一方的财产）的任何行为（第 1114 条、第 1118 条及第 1191 条）。此项原则有一些限制，而这些限制就正划定了丈夫无能力的范围。例如，丈夫不得独自缔结债务，使共同的或妻子个人的不动产承担责任（即使这些债务没有受惠于这些不动产上的任何物权担保亦然），除非这些债务是为夫妻共同利益而缔结的（第 1114 条）。[26] 然而，最重要而且严格而言也是唯一值得记住的限制，则是第 1119 条及第 1191 条的限制。上述条文禁止丈夫在未经妻子准许的情形下，转让夫妻不动产，包括妻子个人的不动产。"转让"一词应作广义理解，以包括单纯为这些财物设定负担（创设用益物权与担保物权）以及对在这些财物上创设的任何物权予以放弃。[27]

---

[25] 然而，人们已经承认，就那些向妻子作出的无偿处分而言，丈夫的管理是可以被排除的，只要遗嘱人或赠与人有订立这样的条款即可。虽然并无条文直接有此规定，但至少有第 147 条第 3 款及第 197 条唯一附段，可资佐证。然而，如果在有偿合同内，加入类似的一项订定，则该项订定却不被认为是有效的。例如，如果在设立有限公司的公证书内，写道某名女股东的股必由她自己来管理，而且即使日后结了婚，亦不由其丈夫管理。参见 PIRES DE LIMA，载 *Rev. de Leg.*，第 78 期，第 278 页，以及该处所提到的 M. ANDRADE 的意见。

[26] 普遍认为，在这一情形下，连妻子个人财物也要负责；但这并非没有疑问：第 1114 条第 2 附段；参见第 1113 条及第 1116 条。

[27] 应该强调的是，根据第 5411 号命令第 10 条，须登记的租赁（超过 4 年的租赁；当有预付租金时，仅超过 1 年者，亦为须登记的租赁）被视为转让。未经妻子准许，丈夫不得有效地进行此等租赁。然而，显而易见，当丈夫在合同中身为承租人或者说租客时，即使无上述许可，亦可缔结租赁合同。然而，科英布拉中级法院（Relação de Coimbra）却有不同的裁决；为支持其见解，法院所援引的是前述条文的反面推论（argumento a contrario sensu），但这种推论实属激进。该见解并不合理。如果丈夫可以有效进行任何买受及缔结任何债务（无论价额多高亦然），但又认为他不得承租财物（无论出租期间多长）的话，是荒谬的。

Ⅱ）妻子的无能力

妻子的无能力，是一般性的（第 1193 条）。妻子原则上被禁止实施任何财产性质的法律行为；根据第 1193 条，[28] 未经丈夫许可，妻子不得取得或转让财物，亦不得缔约债务。然而，她可以立遗嘱（第 1764 条），也可以实施该类型的其他某些法律行为。[29]

然而，仅当妻子没有被赋权管理夫妻财物时，方是如此，而那也是通常情形（第 1189 条）。否则，大体而言（grosso modo），妻子的无能力可谓等同于丈夫的（第 1116 条及第 1190 条）。在前述情形下，妻子的无能力之所以范围较大，纯粹是丈夫负责管理（夫妻财物）的自然结果；而由丈夫负责管理，则乃是基于前述的家庭统一原则（princípio da unidade da família）。

但即便如此，"治理家庭"或者说所谓的治家（governo da casa），则由妻子为之（第 1 号命令，第 29 条）。因此，妻子可以有效地作出相关的法律行为。[30]

如何弥补配偶的无能力

配偶的无能力，以另一方配偶的许可或称准许予以弥补（第 1191 条及第 1193 条）。然而，当这一准许被拒绝作出或不可能作出时，该项准许本身又可以经由司法途径获得弥补（第 1191 条第 1 附段及第 1193 条唯一附段）。

法律规定，如果因为丈夫失踪或因障碍不能视事，[31] 而由妻子管理夫妻财物，则在未经亲属会议许可的情形下，所作出的不动产转让行为非属有效。

所以，适用于此的并非代理制度，而是准许或许可形式的辅助制度。

这一准许，根据法律意旨（ratio legis），如同规范丈夫所作出准许的第 1194 条所表明的那样，原则上应当逐一就每一项行为特别地给出。[32]

28　亦参见第 820 条（保证）、第 1668 条（长期租借，emprazamento）及第 2024 条（接受与抛弃遗产）。

29　参见第 1104 条、第 1116 条、第 1128 条、第 1129 条第 4 款及第 1478 条；1927 年 6 月 3 日第 13725 号命令（《文学产权法典》）第 10 条。

30　以往，由于有《民法典》第 1194 条的规定，所以这些法律行为是否有效，极有疑问。

31　是否如同从第 1117 条唯一附段所得出的那样，由丈夫同意赋权妻子进行管理，便已足够？根据第 1189 条及第 1194 条，以及《民事诉讼法典》第 18 条Ⅰ，这至少是非常值得商榷的。然而，在实务上，丈夫向妻子作出的一定范围的概括授权，通常被视为有效，因而使这些条文所规定的处理方案得不到落实。

32　根据法律意旨（ratio legis），并基于对第 1194 条的类推适用，就本义的辅助而言，同样理应如此。

85. 偶然无能力

前述的那些无能力，都具有一定程度的持续性，或具有恒久性。除了这些无能力之外，法律还规定了偶然无能力（incapacidades acidentais），亦即偶发的、零星地发生的（esporádicas）、一时的无能力。偶然无能力见于第353条："因谵妄（delírio）发作、酒醉或其他类似原因，而在作出行为或缔结合同之时偶然无法运用其理智之人，所作出之行为或所缔结之合同，可被取消（rescindidos），但此等人士必须在其恢复后紧接十日内，在两名证人在场之情形下，于任何公证员面前提出反对，且在随后二十日内提起适用之诉讼。"该条唯一附段规定："倘若上述人士在理智未有恢复之情形下死亡，或在应提出反对之十日届满前死亡，则此诉讼仅可惠及上述人士之继承人，但前提是必须在死亡后二十日内提起此诉讼。"

由此可见，因偶然无能力而导致的无效，其制度是非常独特的，因为这一无效仅当在极短期间内被主张时，方会起作用。其中理由何在？正如DIAS FERREIRA所言，[33] 当有人主张恒久性、持续性的无能力（即使是在无能力尚未经宣判之时便予以主张亦然），希望这种无能力导致法律行为并非有效（invalidar）时，即便相距法律行为作出之时已有相当一段时间，在这一主张并非真实的情形下，要采取必要手段进行相应的举证，也是相对容易的：认识假装无能力的人的那些人，可以说他们从来都没有察觉到这一无能力。然而，显而易见，当被援引的只是偶发的无能力时，即非如此。在这种情形下，一旦距离法律行为作出之时已经过了相当长的一段时间，那么，他方当事人要反驳对方所提出的证据，从而证明这一无能力从未存在过，则十分困难。这正是由这一无能力的偶然性、瞬时性、短暂性所致。认识假装无能力的人的那些人，在法律行为被争议的时期，鲜能断言无能力并不存在，以及断言在法律行为作出的时刻，假装无能力的人完全清醒。[34]

---

[33]　*Cód. Civil anotado*，第1版，Ⅰ，第355页至第356页。

[34]　看来，第353条并不适用于遗嘱。在此条所定情形下订立的遗嘱，根据第1764条第1款，是无效的，然而无效的制度却有所不同，因为它所适用的是一般制度。

　　关于可导致第353条无效的那些原因，显然第353条的列举仅属例示性质，而值得一提的是，DIAS FERREIRA（第356页）认为，连单纯的愤怒（*ab irato*，一怒之下）也可以导致这种无效，只要愤怒的程度足以使其无法运用理智。

86. 由无能力人不当实施的法律行为的价值·Ⅰ）无权利能力的情形·Ⅱ）无行为能力的情形

当无能力人实施了一项属于其无能力范围内的法律行为时，会对这项法律行为的价值和效力造成什么后果？

Ⅰ）无权利能力的情形

在此情形，其后果是：由无能力人不当实施的法律行为绝对无效。法律虽无明文如此规定，但此乃主流学说见解。[35]

如果未成年人在未满订立遗嘱或缔结婚姻所需的法定年龄时，实施了此等行为，则这些法律行为是绝对无效的。关于结婚方面，这明文见于1910年12月25日第1号命令第11条，亦参照第4条第3款。至于遗嘱和其余行为，则并无这样的规定。然而，此乃被普遍遵循而且原则上应当接受的学说见解。我们认为，实际上这些行为都应当归于绝对无效。无权利能力，看来通常都是基于一些相当值得重视的公共利益理由。然而，不应放弃仔细地根据法律规定、斟酌相关利益、逐案考量。的确，我们也可以找得到，无效只是相对或者说非完全绝对的情形（例子参见第1480条）。

为了能更好地理解上文，宜预先扼要概述法律行为无效理论。

法律行为无效，是指法律行为基于一项内部缺陷而不生效力（ineficácia）；这项内部缺陷就仿佛是一项结构上的缺陷一样，是一项关乎法律行为某些要素的缺陷。

无效分为绝对无效与相对无效，这视乎无效具有怎样的特性或者说特质。大体而言，这种制度上的差异，其背后的理念如下：绝对无效，是基于公共利益的理由而设的；相对无效，则是为了维护某些人的私人利益而设的。

绝对无效的专有特性或特质如下：无效可由任何利害关系人主张；无效可由法官（在裁判取决于法律行为有效性的任何诉讼中）依职权宣告；主张无效，不受期间限制；无效不可通过利害关系人的确认加以补正。相对无效则有相反的特性或特质：无效仅可由特定人在一定期间内主张；无效可被利害关系人的确认所补正，而在这种情形下，法律行为自始（ex tunc）有效，仿佛无效从未存在过一样。

显然，以上只是这个课题的理论概要而已。进一步的必要阐述，容后专论。

---

[35]　GUILHERME MOREIRA 便是持此见解。参见 GUILHERME MOREIRA，I，第511页。

Ⅱ）无行为能力的情形

在此情形下，由无能力人不当实施的法律行为是相对无效的。这一无效，乃是为无能力人自己或其他人的利益而设。普遍的无行为能力（未成年人与禁治产人），都是为无能力人自己的利益而设的。因婚姻而导致的无行为能力，则是为他人的利益而设。如果无效是为了特定人的利益而设的话，那么，显然，无效仅可由他们主张。实际上也是如此。根据第 668 条[36] 及第 695 条，因未成年人或禁治产人的无能力而导致的无效，仅可由这些人（当无能力的原因已告终止时）或其代理人（当无能力的原因仍然存续时）予以主张。至于配偶无能力方面，根据第 1191 条第 2 附段及第 3 附段，以及第 1200 条，相关无效仅可由另一方配偶或其继承人或代理人予以主张。[37] 根据第 696 条第 10 款唯一附段、第 1201 条第 1 款及第 1536 条第 1 款，无效可以经由利害关系人的确认而获得补正。上述条文所没有提及的情形（欠缺妻子的准许）亦理应如此，这是因为，如果只有某些人可以主张无效的话，那么自然而然，倘若这些人表示批准行为，从而放弃撤销法律行为的权能（这是一项形成权），则无效亦告消失。

另外，如果相对无效仅可由某些人主张，则理应为其主张设下期间，因为所牵涉的只是这些人的利益而已。实际上，在未成年人或禁治产人的情形下，第 688 条便设立了 5 年期间，这 5 年期间自无能力终止时起算；第 1201 条第 2 款，则为妻子在无丈夫许可的情形下所作行为的无效，设立了 1 年期间，其自婚姻关系解除时起算；想当然尔，相同的处理方案也适用于相反的情形（丈夫在无妻子许可的情况下实施法律行为）。然而，应当注意的是，上述期间仅适用于通过起诉主张无效的情形，因为无效是可以随时通过抗辩（防御）予以主张的（第 693 条）。

87. 破产人与民事无偿还能力人[38]·破产的概念·民事无偿还能力的概念·从作出法律行为的可能性的角度看破产人与无偿还能力人的状况·由破产人或无偿还能力人所作的法律行为的价值

破产人与民事无偿还能力人，各指经司法宣告处于破产或民事无偿还

---

36 这一条文规定，取消之诉（acção de rescisão）针对无能力人（contra o incapaz）以一定期间完成时效，因此给人的感觉是，无效仅可由无能力人（或其代理人或继承人）主张。

37 应当指出，第 1191 条第 2 附段的撤销之诉（acção anulatória）乃是一种债权人争议之诉。

38 参见 PINTO COELHO（J. G.），*Efeitos da falência sobre a capacidade civil do falido*，载 *Rev. da Ordem dos Advogados*，第Ⅲ卷，第 1 册及第 2 册，第 176 页至第 216 页。

能力状况的人。

破产与民事无偿还能力，两者非常相似，但并不全然相等。破产，专门适用于商人；民事无偿还能力，则关涉非商人。

两者的效果，从根本上而言是相同的，因为都是针对身为债务人的破产人或无偿还能力人的财物，提起一种集体性和全面性的执行。那是一项对债务人整体可合法扣押的财产的总括执行，因此是全面性的；而且，那是为了全部债权人的利益而进行的，因此是集体性的。之后，债权人的竞合（concurso）即告确立。这一竞合，原则上奉行的是"债权人同等对待"（*par conditio creditorum*）规则。也许是因为这样，所以德国人常将破产或无偿还能力程序，称为竞合或竞合程序。

（1）破产的概念[39]

招致上述集体性和普遍性执行的破产与无偿还能力，这两种状况如何定义？

大体而言，我们可以将破产状况定义为：身为商人的债务人的经济困窘状态（estado de impotência económica），其典型表现是该人不能切实如期履行商业或非商业债务（《民事诉讼法典》第 1135 条）。它有别于经济亏损状况、有别于资产少于债务（《民事诉讼法典》第 1148 条第 9 款）。这两种状况可以不同时发生。身为商人的债务人，可能无法偿付其债权人，但在其财产中却有一些有价物，而且它们的价值高于所负债务。他可能在当下没有流动资金，但有一些财物，就其价值而言，对还债来说是绰绰有余的。相反的情形，也可能发生。一个人在某个时刻资产少于负债，但他却有信用；也就是说，可能会有人借贷给他，让他在债务到期时能够还债；或者，他的债权人们可能会给予宽限期，等他在不再有财产亏损时，再偿还已到期的债务。

法律规定了这一经济困窘状态的种种迹象。一旦出现这些迹象，即可以此为由，判令破产（《民事诉讼法典》第 1136 条）。首要的迹象，乃是终止支付（cessação de pagamentos）。一名商人终止支付，只因为他想这样做，但其实他却有足够资金切实如期偿还债务，这种情形是可以想象的。然而，无论如何，终止支付必然构成破产的理由（第 1136 条第 1 款）。法律是以

39　参见 1935 年《破产法典》（10 月 26 日第 25981 号命令）立法理由书。

下述原则为出发点的：一个人这样做，便是因为他不能信守承诺。[40]

破产状态这一概念，便是基于上述理念。然而，第 1136 条第 1 附段，则属例外。这项例外是关于有限责任公司（股份有限公司或有限公司）的。就这些公司而言，破产尚会在资产不足的情形下发生（尚参见第 1148 条第 9 款）。

破产的概念，其法律依据（justificação legal）就在于前引诸项法律规定；至于其理性依据（justificação racional）则是：商业活动要求切实如期作出支付，这是因为每一名商人除了有其债务人之外，同时还有其债权人，因此其债务人的不切实如期履行，便可能使他也不能切实如期向其债权人履行，这一效应会在商业活动领域内蔓延开来，造成严重后果。因此，当商人将会偿付债务时，并无理由宣告其破产，因为其资产的不足可借其信用（值得赞赏的个人品德表现）予以弥补，而当他资产充裕却不予支付时，担忧则是有理由的。假如允许把一名将会按时作出支付的商人宣告为破产，那么其效果便是，允许对那些他所作出的法律行为进行审查，这可能会对其正当利益造成巨大损害；然而，就有限责任公司而言，由于人的元素不起作用，因此破产应该同样以资产不足为依据。

（2）民事无偿还能力的概念

民事无偿还能力的概念，见于《民事诉讼法典》第 1355 条。无偿还能力，归根结底，便相当于一种财产亏损状况，亦即资产尚不足以偿还负债。

从作出法律行为的可能性的角度看破产人与无偿还能力人的状况。

在阐述这一问题时，宜分开探讨破产人的状况与无偿还能力人的状况。

a）破产人

破产一旦由有权限的法院予以宣告或公开，则破产人的一切现存财物，以及将来会获得的财物，即整体地不得再由破产人管领，并被交托予法庭，此乃是为了债权人的利益而为之。也就是说，这些财物会被司法扣押；为了达到破产执行本身的目的，它们是或者说应当是被查封的对象（《民事诉讼法典》第 1153 条）。法院随后会对这些财物进行保全、管理与清算，以便债权人能够尽可能以这些财物获得受偿（《民事诉讼法典》第 1156 条、

---

[40]　然而，如果商人不支付债务，是因为有重要的理由这样做，则不构成终止支付，即使这一理由最终被裁定为不成立（第 1148 条第 6 款）。商人针对债的存在、有效性、金额或其他条件提出反驳，便是如此。

第 1173 条、第 1175 条及第 1205 条以下）。被如此扣押或应被如此扣押的整体财物，被称为破产财产（massa falida）。然而，有些财物是不能够被扣押为破产财产的。那些在普通执行程序[41]中不得被查封的财物，便是如此（《民事诉讼法典》第 1153 条第 2 附段）。显然，破产人不得对已被扣押或应被扣押的财物，作出任何管理或处分行为，从而损害破产财产。可是，就人身性法律行为，以及关于其他财物（无被扣押而且不可被扣押为破产财产的那些财物）的财产性法律行为而言，破产人仍然保持着完全的能力（《民事诉讼法典》第 1158 条及第 2 附段）。此等财物的管理，由破产管理人负责（《民事诉讼法典》第 1133 条第 2 附段、第 1173 条及第 1174 条），而此等财物的处分，则由破产管理人或法院负责，这视乎情况而定。至于其具体内容如何，兹不赘述（《民事诉讼法典》第 1174 条、第 1207 条、第 1208 条、第 1209 条以下）。

然而，法律对破产人所作出的这项禁令，其确切内容为何？这个问题归根结底就是，破产人违反这项禁令而实施的行为，其价值到底如何？

举例而言，假设破产人将一项已被扣押或可被扣押为破产财产的房地产出售了，或者向人借贷或缔结其他债务（例如，赊账买受），则这些行为的价值如何？相对人拥有和可以行使何等权利？

要回答这个问题，所应该记住的是，破产可以分为意外破产、过错破产与诈害破产（《民事诉讼法典》第 1300 条至第 1303 条）。在第一种情形下，破产人只是不幸运而已；在第二种情形下，他是不谨慎或不精明；在第三种情形下，他则使用了诈害手段：他不是真的不精明，反而简直是过分精明了。然而，破产人的状况，就现在所关注的角度而言，无论在上述任何一种情形下都是相同的，而且显而易见，至少在第一种和第三种情形下，法律之所以设立破产状况，都不可能是旨在保护法律认为不适合打理自身财产的破产人，以免他害了自己（像是未成年人、精神错乱者以至于挥霍者那样）。因此，之所以禁止破产人作出特定法律行为，不可能像那些无能力般（也许挥霍者的无能力是个例外）是基于维护破产人自身利益这一理念。而只能是基于维护破产财产的利益，或者说，基于被召唤到相关诉讼中主张权利，以便尽可能以破案财产受偿的那些债权人的利益，亦即破产宣告之前的那些债权人的利益。这种禁止的用意，只能是为了避免破

产人管理那些构成破案财产的财物、转让它们或缔结须以它们负责的债务，从而对上述债权人们造成损失，让他们通常原本就相当不可能以那些财物受偿的债权，更加不可能或完全不可能受偿。[42]

因此，这种禁止应当与其存在理由相称，亦即与债权人利益的保护需求相称。既不能比这少，也不能比这多。要维护这些利益，并不需要绝对禁止实施上述行为，并使它们相应地无效。这样的一种制度，对前述一切无能力而言，才是必需的。即使是对配偶无能力而言亦然。可是破产却不然。当破产财产尚未因一切债权人都已受偿而不复存在时，只要破产人不得实施任何影响构成破产财产的那些财物的行为，或者说，不得实施以这些财物为代价的行为，那么债权人的利益，便已经完全得到满足。简言之，当破产财产仍然存在，亦即债权人仍有利害关系可言时，只要由破产人实施的财产性法律行为，对破产财产而言不生效力即可。

也就是说，使这些法律行为无效，是没有必要的；使它们不生效力，而且是相对不生效力（ineficácia relativa），便已足够。相对不生效力，仅针对破产财产（或者说针对相关债权人，在这里两者终究是相同的）起作用，而就其他的任何方面而言，法律行为都维持生效。使相关法律行为不再潜在地有效（potencialmente válidos），亦即不再根据其本身内容而产生一切其旨在产生的权利义务，是不必的。只需要使该等效果不得实现或者说落实，因而损及破产财产即可，然而，在不发生这种损害的情形下，这些效果仍然完全可以起作用和实现。

加诸破产人的上述禁止，其意旨（ratio）只能让人推论出这种法律规制方案。

如是者，在前述例子中，如果在房地产被出售之前，其他构成破产财产的那些财物所产生的收益，已经足以偿付一切债权人，因而所出售的房地产最终没有在破产诉讼中被清算，或者如果破产人能够在限制以外（如遗产、中头奖）获得资金偿还债权人，使他们不再作为利害关系人，那么买卖就应当完全地被履行，这是因为这样做是不会损害到破产财产的，所以买受人可以向法院声请判令交付房地产。如果房地产有被清算，即买受人因此未能获得房地产交付，或因此被迫为破产财产的利益交出房地产，[43]

42　参见1935年《破产法典》（10月26日第25981号命令）立法理由书，编码8。

43　除非买受人知悉情况，而且出卖人没有许诺过会跟债权人们协商保留这项房地产。

而有权请求损害赔偿。在任何时候，当出卖人取得在债权人受偿后，可以用来对损害赔偿负责的部分财物时，（买受人）都可以向法院声请判令损害赔偿。如属借贷债务或其他任何债务，债权人同样有权请求支付相关款项，但仅当债权人受偿后，仍然有所需的财物剩余或者说残留时，方可从破产人处取得这些款项。

上述学说的法条依据与利益依据

破产是为债权人利益而设的，而前揭学说便是最符合这一理念的学说。因此，它是最合理的，因为法律的意旨只能是这样。但它同样是立法上所规定的处理方案吗？由于这是最合理的解决方案，因此只要法律并非另有规定，我们就应该采纳和认可它。然而，法律在某些地方设有不同的解决方案。相反，《民事诉讼法典》第 1158 条则采纳了上述学说，因为它只规定："破产宣告导致破产人被禁止……"在这个条文中，并没有像以前（旧法）那样说是"禁治产"（interdição），[44] 而只是说破产人被"禁止"（inibição）管理与处分其现有或将来会获得的财物。另外，《民事诉讼法典》第 1159 条也有相同规定："在破产宣告判决之后，所作出之行为及所缔结之合同，对破产财产不生效力。"

应当注意的是，该条文补充道："且不取决于司法宣告。"也就是说，无须在专门（*ad hoc*）的程序中向法院声请宣告这些行为或合同不生效力；在处分破产财产时（如扣押财物、将这些财物变卖）可以把这些行为或合同当成不存在；这些行为或合同可能会与破产财产（的利益）相左，当出现这种情形时，即可主张其不生效力。

显然，根据法律规定及其反面论据（*argumento a contrario*），可以得出以下推论：法律是希望认可上文所提倡的见解的。这一见解，早在旧法生效期间，就已经是正确的，并且有一众坚定的支持者。

如何定性或者说理解破产状况？

它不可能是一种无能力，因为"无能力"（incapacidade）一词被学说专门用以指称禁止实施特定法律上的行为（这些禁止是为被禁止者或第三人的利益而设的），而相关制裁则是这些法律行为无效。然而，正如我们所知，破产人的状况明显是不一样的。由破产人作出法律行为，甚至连只

44　显然，该词会让人有依据认为，相关法律行为是无效的，因为看来破产人的状况被等同于禁治产人（如因精神错乱使然的禁治产人）的状况。然而，这一点并不被认为意味着上述依据是决定性的。

有破产财产可以主张的相对无效都不是。破产财产绝不可导致这些法律行为无效（invalidar）。它只可以主张这些法律行为对其不生效力（ineficazes）。要保护破产财产，并不需要给予此等法律行为最严厉的对待。因此，有人建议使用"inabilidade"一词。可是，从根本上而言，它还是与"无能力"同义，甚至可以认为，它显然会令人联想起残障无能者（inábil）的自然无能（inaptidão），但破产人却不是这样，所以并不妥当。那么，该如何定性破产人的状况？根据其他国家的学说，我们建议采用的术语和概念是：相对不可处分（indisponibilidade relativa）构成破产财产的那些财物。[45] 虽然破产人对这些财物的处分权被剥夺，但这种剥夺只是相对性的，也就是说，破产人只是不可以处分其财物，以避免产生损害破产财产的效果。

b）无偿还能力人

无偿还能力人的状况，本质上与破产人的相同。这一结论得自《民事诉讼法典》第 1357 条。第 1361 条看来好像是确立了我们所摒弃的见解，因为它是说"无能力"。然而，这样的一种解释，有悖于上文就合理性所述的那些考量。因此，当法律在这里说到无能力时，我们应当认为，法律并非在本义上使用这个术语。因此，立法者所采用的术语是有缺陷的，而在葡萄牙法律上，这也不是首次有理由进行这种修正了。

如果民事无偿还能力人的状况，无异于上文所述的破产人的状况，那么我们便同样应该将其定性为：相对不可处分那些构成无偿还能力人财产（massa insolvente）的财物。[46]

88. 能力、可处分性与正当性[47]

前一课题的阐述，几乎完全是按照传统为之。只有关于破产人状况与无偿还能力人状况的部分，才非如此。然而，现今出现了一种相当显著的倾向，认为在这一课题上需要进行一些重要革新。

在德国法上，[48] 除了能力这一概念之外，人们很早就开始使用处分权力

---

[45]　如果要直接针对破产人本人而言，则最贴切的用语是无正当性（ilegitimação ou ilegiimidade）。参见下文，编码 88。

[46]　参见上注。

[47]　参见 ISABEL MAGALHÃES COLAÇO，*Da legitimidade no acto jurídico*，载 *Boletim do Ministério da Justiça*，第 10 期，第 20 页至第 112 页。

[48]　例子参见 ENNECCERUS-NIPPERDEY，*Allgemeiner Teil*，§ 135。

（poder de disposição, *Verfügungsmacth*）或称处分权能（faculdade de disposição, *Verfigungsbefugnis*）这一概念。然而，人们认为，这项新的要求，并不适用于一切法律行为，而只适用于处分法律行为，亦即前文在定义财产处分与财产给予的概念时，所论述的那种意义上的处分法律行为。为求简练起见（*brevitatis causa*），我们可称之为可处分性（disponibilidade），并将其欠缺称为不可处分性（indisponilidade）。它与能力有何区别？

能力是"人自身的一项身份资格（qualidade）"。相应地，无能力也是无能力人因其意思存在缺陷，而具有的一项身份资格。处分权力，则是一个地位、"一项与被处分权利之间的关系"。[49] 那是指处分该项权利的权力。原则上，这样的一项权力，只属于该项权利的拥有人而已。然而，例外地，它可以被移转给他人（有时候是与权利拥有人竞合拥有，因而两项权力会以各种形式互相牵连）或取决于他人的许可。这样的情形有：法定代理、妻子要处分其财物必须得到丈夫的准许（德国《民法典》第 135 条）、受（债权人）竞合程序约束的债务人的地位与相关管理人的地位、被法律或判决禁止进行转让的人的地位。欠缺处分权，会使法律行为不生效。那可以是绝对不生效或仅仅相对不生效，亦即客观兼主观地[50]不生效，或仅仅主观地不生效。

我们可以容易地将处分权这个概念，与法律行为上的行为能力（capacidade negocial de exercício）区别开来。但要将它与法律行为上的权利能力（capacidade negocial de direitos）加以区分，以及要将它与某些财物基于它们本身而非基于其拥有人的因素使然的不可处分性[51]加以区分，却并不容易。另外，处分权只适用于处分法律行为（处分性法律行为），而非那些借以取得财物的法律行为（取得性法律行为）与借以承担债务的法律行为（约束性法律行为，negócios vinculativos*）。

在意大利法上，主要因为 CARNELUTTI 的著作而出现，并已经相当普及的正当性（legitimação）这个概念，原本是民事诉讼法的概念，后来被其他法

49　ENNECCERUS-NIPPERDEY，出处同上。

50　主观不生效是指，法律行为仅仅不在某些方面产生效果，也就是不产生可损及某些利益的效果而已。而且，只可以由相关利害关系人主张其不生效。

51　假如不希望将这一情形纳入处分权本身的概念的话，ENNECCERUS- NIPPERDEY，前揭著作，§135，I，也许便是不希望如此。一旦承认将其纳入，那么，没有任何形容词修饰的"可处分"与"不可处分"这两个词，便会变得语带双关，因而同样应当适用于上述情形。

*　汉语法学界一般称之为"负担行为"，其意译自德语 Verpflichtungsgeschaft。该词的 verpflichtung 源自 verpflichten，指"使人负担（给付）义务"。——译者注

律学科所采纳，并变成了法律一般理论的一个概念。在葡萄牙法上，所使用的名称则是 legitimidade（正当性）与 ilegitimidade（无正当性）。这两个术语，在立法上和学说上都已经沿用多年，但仅限于民事诉讼领域而已。

在这里我们按照 CARNELUTTI 的讲解来为正当性下定义，并把它与能力相区别。依其之见，能力 "取决于一项身份资格，亦即主体本身的存在方式（modo de ser）……而正当性则源自一个地位，亦即源自相对于其他人而言的存在方式"。[52] 接下来，我们最后要探讨的是，如何准确地界定法律行为[53]的这一前提。正当性属于谁？在这个问题上，我们只限于论述我们认为比较可靠的见解。基本原则如下：法律行为的主体，[54] 应当是该项法律行为旨在创设、变更或消灭的关系的主体[55]本身。也就是说，应当是该项法律行为旨在解决的利益冲突的主体（此乃法律行为作为私法自治主要工具的典型功能：私人利益的自我规管）。或者说，应当是该项法律行为旨在产生的效果所触及的关系或法律领域（esfera jurídica）的主体。因此，通常而言，如果缔约人意图借由合同，为他人而非为自己引发法律效果，那么他便欠缺正当性。处分他人财物或权利的法律行为，以及为他人取得财物或权利、为他人承担债务的法律行为，便是如此。因此，出售他人之物[56]遗嘱人希望在遗嘱中指定他人的继承人、许诺由他人作出一项事实[57]为不是身为买受人的他人买受财物，或者为不是身为受赠人的他人接受赠与，皆其适例。

然而，上述原则有其例外。有时候，一个人可以处分他人的部分财物或权利，或取得将构成他人法律领域的一部分财物或权利，或者承担将构成他人法律领域一部分的债务。有时候，一个人则是完全或部分地不可能为自己有效地作出法律行为，因而不可能处分自己的财物或权利，或者自己的法律领域。要不然，就是这样的一种可能性遭到限缩或削弱。上述各

---

[52]　*Teoria geral do direito*（译本），第 364 页。

[53]　不只是处分法律行为。CARNELUTTI 认为，正当性这一概念尚适用于其他任何的意愿性法律事实，即使是那些不法的意愿性法律事实，甚至还包括刑事违法行为。

[54]　用 CARNELUTTI 的术语来说，则是形式意义上的当事人，也就是意思表示的行为人与相对人，亦即法律行为的 "施动者" 与 "被动者"。

[55]　用 CARNELUTTI 的术语来说，则是实质意义上的当事人。

[56]　因此，这一出售并不约束真正的物主（*verus dominus*）。然而，这并不妨碍该项出售在双方当事人之间产生债的效果。

[57]　上注所言，亦适用于此。

类情形的例子并不难找：法定代理与意定代理、[58] 债权人代位之诉[59]配偶的状况、破产人或无偿还能力人的状况。[60]

然而，就一个人不能自由作出关乎自己利益的法律行为的那些情形而言，如何区分无正当性与无能力？

如果（法律）禁止作出该等法律行为，乃是旨在维护他人利益，因而法律行为可以由利益主体（或其代理人）作出，或者经其同意作出的话，那便肯定是正当性的情形。[61] 如果（法律）禁止作出该等法律行为，乃是鉴于被禁止者的自然能力衰退（*capitis deminutio* natural）[*]（那归根结底表现为意思缺陷），因而旨在保护被禁止者本人，那则是无能力的情形。

当相关禁止并不属于上述任何一种定性时，究竟应该视该种情形为无正当性还是无能力，则成疑问，有待思考。[62] 关于欠缺正当性的后果方面，现有的学说并不明确。在葡萄牙法上，要解决这个问题，可参见上文的论述，[63] 以及本课程其他章节的进一步论述。[64]

将能力这个概念的涵盖领域加以限缩，这种倾向尚可见于法国。这一点可以参考 HOUIN 近期的一篇著作。[65] 在法国法上，人们提出并论证了保护型无能力（incapacidades de protecção）（旨在维护无能力人本人的利益）与不信任型无能力（incapacidades de desconfiança）［旨在确保他人的利益，即使不是特定人的利益亦然（总体利益）］这一区分，并总结道，只有上述首个概念才有教义学上（dogmática）的用处，因为法律对该等情形的处理几乎是完全一致的。[66]

58　代理人的状况，便表现为一种正当性的现象［所谓的代理正当性（legitimação representativa）］。若为法定代理，那么被代理人的状况，则是一种无能力的情形。

59　在承认这种诉讼的那些立法例上，方为如此。债权人通过这项诉讼，以自身名义（甚至也是为自身利益）行使债务人的权利。这种状况被称为替代（substituiçao）。替代人的地位，便是一种正当性的情况［所谓的替代正当性（legitimação substitutiva）］。

60　归根结底，任何债务人相对于在普通执行程序中被查封的财物而言的状况，同样如此。

61　因此，第 1565 条的情形看来是关于正当性的。

*　在罗马法上，拉丁文术语 *capitis deminutio* 指的是某种法律上资格的褫夺，一般被译为"人格减等"。然而，此处作者加上"自然"（natural）这一限定语，指的是自然能力的衰退，与法律能力无关。——译者注

62　为此目的，要考虑的有第 1480 条及第 1564 条的情形。

63　亦即本分篇的内容。

64　亦即后文将会探讨的法律行为不生效力与无效。

65　*Les incapacités*，载 *Revue trimmestrielle de droit civil*，第 46 期（1947 年），第 383 页以下。

66　这种一致，甚至见于国际私法领域：这些无能力，都是由无能力人的属人法所规范的（比照葡萄牙《民法典》第 24 条及第 27 条）。

第二章　意思表示

第一节　概　论

89. 意思表示之作为法律行为要素

意思表示（declaração de vontade），与法律在第 643 条第 3 款所称的互相合意（mútuo consenso）有相同之处，但有以下区别：法律说互相合意，是因为它仅仅在谈合同；我们说意思表示，是因为我们所讨论的是一切法律行为。

如果说，能力与可能的客体，乃是法律行为的要素（elementos essenciais），那么意思表示便是更为必要（mais essencial）的要素。倘若连至少要有的意思表示的外观（aparência）都没有，则甚至无法律行为可言。换言之，意思表示除了是法律行为有效的条件之外，还构成了法律行为概念本身的一项元素，因而是法律行为的存在本身的一项元素。[1]

关于法律行为的存在与法律行为的单纯有效这一区分，以及法律行为不存在与法律行为单纯无效的这一对应区分，容后专论。

---

[1]　因此，意思表示是真正构成或组成法律行为的东西（quid），是法律行为名副其实的最严格意义上的元素。除了意思表示之外，尚有内容（conteúdo）和原因（causa）这两项元素。然而，仅仅对承认原因具有独立性的学说（法国和意大利学说）而言，原因才是元素。能力、正当性和客体的适当性（可能性），则是法律行为的要求（requisitos）或前提（pressupostos），因为它们并不构成法律行为的结构，亦即并不构成其不可化减的架构（esquema irredutível）。上述见解，参见 BETTI, *Istituzionidi diritto romano*, I, 2.ª ed., § 51 及 § 52；但亦参见 CARIOTA-FERRARA, *IL negozio giuridico*, 编码 30 对这一取态的批评。根据我们在这里所遵循的传统体系，这些要求或前提，同样是法律行为的要素，因为要素这一名称在此是指有效性的一般要件或条件。这一含义，十分类似于通常所称的法律关系的元素（参见第一卷，编码 3）的含义。然而，当欠缺正当性仅导致法律行为不生效力时（假设有时候欠缺正当性确实可以导致真正的无效的话），则应当把正当性排除在要素之外。

90. 法律行为意思表示的概念

我们可以将法律行为意思表示（declaração de vontade negocial）定义为：根据生活习惯、利害关系人的协定，甚至有时候根据法律规定，人的一切在外观上显得（aparece）是旨在（直接或间接）将某一法律行为意思的内容外显出来，或无论如何是将其显现和表露出来的举动（通常是写下来或说出口的言辞，或者是标记或信号）。

法律行为意思（vontade negocial），是旨在追求实际效果（通常是经济效果）并希望使这些效果在法律上受到保护及具有约束力的意思。简单来说，这项意思笼统而言对应法律行为的概念，而特指而言则是对应个别具体的特定法律行为。

另外，人们强调，要存在一项法律行为意思表示，只需要人的任何举动在外观上显得是这样就够了。所以，为此必须由外观察（visto de fora）这项举动，必须从外部考量（considerado exteriormente）这项举动。如果由此角度观之，这项举动从外观上看是具有法律行为的意涵（significado negocial）的话，它便是一项作为法律行为存在元素的意思表示。在这一"外在"的背后，是可以欠缺相应的"内在"的。我们可以说，在这个上层结构（super-estrutura）之下，是可以不存在相应的底层结构（infra-estrutura）的。简言之，作出举动者可以不具有任何真实意思，或其真实意思可以有别于那项举动从外观上看来所反映或呈现的意思。但这已经是另一个问题了。

我们可以将上述举动称为表示举动（comportamento declarativo）。这项举动的行为人，称为表意人（declarante）。被外显出来的法律行为意思内容的发送对象，或在其法律领域（esfera juídica）内产生表意人所追求的效果的人，则称为受意人（declaratário）。显然，受意人可以有多名，表意人亦然。

91. 狭义（stricto sensu）的意思表示或者说法律行为，以及单纯的意思执行或实行（Willensbetätigungen）或者说意思型法律行为（Willensgeschäfte）·区分概述·区分意义

（1）区分概述

广义言之，"意思表示"一词也包括那些单纯的意思实行（simples actuaçoes de vontade）。但狭义上则不然。

狭义（stricto sensu）的意思表示，其表意人的举动从外观上看是旨在将

某一法律行为意思的内容外显，使它变得为人知悉。它们是从外观上看具有通知目的（escopo notificativo, *Kundgebungszweck*）的意思表达或外显，即使并非特别地指向特定人。至于单纯的意思实行，其表意人的举动将某一法律行为意思的内容外显或者说显露出来，但从外观上看并非旨在公开该项法律行为意思的内容，而是旨在实现它，亦即旨在实施或者说执行它。这项举动，并非（甚至也不间接地）表示（declara）* 相关的意思内容，而仅仅实行或执行（actua ou executa）了相关的意思内容，因而把它显现出来，从而事后地（*ex post facto*）构成了它的迹象［如果不至于完全表明（demonstração）它的话］。在此并无通知目的可言。

通常来说，法律行为是以狭义（*stricto sensu*）的意思表示作出的。在法律生活上，这种表示的例子数不胜数。遗嘱、合同的要约与承诺、委任的废止或放弃、劳动合同的单方终止等，皆属其例。即使是遗嘱，遗嘱人的举措，或者说遗嘱行为所包含的，也不仅仅是显现某一意思内容，而且从外观上看也是有意把这一意思的内容表达出来，让利害关系人适时知悉。

然而，人们多少也识别出一些符合单纯的意思实行这一概念的、具有法律意义的举动。

人们常举的例子，各式各样。最常举的其中一个是：继承人开始经营、享用或利用遗产财物，仿佛实际上自认为是继承人并因而希望接受遗产那样（作为继承人进行经营，*gestio pro herede*）。然而，在葡萄牙法上，由于有第 2027 条第 2 附段，因此这一说法是值得商榷的。人们用以说明单纯的意思实行的例子还有：先占动产、抛弃或遗弃动产、通过撕毁相关文件来废止遗嘱（参见第 1943 条）等。然而，凡此种种，是否直接符合单纯的意思实行这一定性，（至少）是相当有疑问的。[2] 值得特别一提的情形是：获寄送某种商品（如一本书）并收到要约指其能以一定条件购买该商品的人，对它进行消费或利用（将书打开并阅读），仿佛实际上希望对要约予以承诺，从而缔结合同那样。我们认为，这一举措，即使是出于"对要约予以承诺"这种意图而为，亦绝不构成承诺，因为根据葡萄牙法律，对一项合同要约予以承诺的表示，是须受领的（receptícia），亦即必须知会要约人。

当法律在某一事宜上只要求作出单纯的意思实行时，学者们称之为意

---

* 在此将 declara 译为"宣告"应该更加贴切。译者之所以译为"表示"，是为了能对应通用的汉语术语"意思表示"（declaração de vontade）。——译者注

2　根据第 1943 条的规定，甚至应该毫不犹豫地否定文中所述最后一种情形。

思型法律行为（negócios de vontade）。它与表示型法律行为（negócios de declaração）相对。

（2）区分意义

区分两者的意义在于：相较于只构成单纯意思实行的举动而言，一项从外观上看是旨在使某一法律行为意思为人知悉的举动，对行为人的约束会更强，这是完全可以理解的。这一点，可用以佐证下述见解：意思表示的表意人，须对一项不符合其真实意思的表示负责，但实行性举动（comportamento actuativo）的行为人，则总是可以证明其意图并非所显示出来的那样，例如证明自己实际上不欲接受遗产、抛弃动产。即使实行人（actuante）意识到，其他人可以向其举动赋予的那种不同内涵，似乎亦是如此，虽然也有人持相反意见（NIPPERDEY）。由于该举动从外观上看并非旨在公开某项法律行为意思，因此对第三人而言，并不存在坚实信赖基础（base de séria confiança），作为行为人受约束的理据（根据 LEHMANN 所言）。

我们所探讨的这一区分，乃源自德国学说。然而，其学说构筑仍然是相当不完美和有争议的。[3] 所以，我们只会轻轻带过这一课题，并在下文仅仅关注真正的意思表示。

92. 法律行为意思表示的构成元素·Ⅰ）本义的表示（外在元素）·Ⅱ）意思（内在元素）·它所分解出来的诸项次元素·两项元素不一致的可能性·外在元素的首要性

我们可以从意思表示中识别出下列不同元素。

Ⅰ）本义的表示（外在元素）

意思表示的外在，亦即其形式［广义（lato sensu）的形式］，便表现为前述那样的一项举动，兹不复赘。

意思表示的真正本质，同样是基于这项法律行为举动，亦即只有这项举动才是法律行为存在的要件。

Ⅱ）意思（内在元素）·它所分解出来的诸项次元素

正常来说，作为外在表现的表示举动（comportamento declarativo），其

3　大部分学者都拒绝接受这一区分。他们否认单纯的意思实行构成一个独立的类别，并且认为，常被这一区分的支持者归类为单纯意思实行的那些情形，终究是单纯法律上的行为或默示意思表示。作为例子，参见 CARIOTA-FERRARA，前揭著作，编码 98。

行为人是有相应的内在态度或者意愿。

此项举动在外观上显得（aparece）是表露了某项法律行为意思的内容。正常而言，这种外观（aparência）并不是虚有其表的。正是以这种正常真实性（normal realidade）为基础，法律行为发挥了其典型功能，亦即作为私人用以塑造、构建其法律关系，从而规管自身利益的工具。此即法律行为意思表示的内在元素。然而，这项元素是复合性的。它可以被划分为若干项次元素。[4]

a）行动意思（vontade da acção；*Handlungswille*）*

行动意思，是指表示举动的意识与意思。某人跟别人说，对其合同要约予以承诺，或者点一下头，而根据生活习惯这一点头意味着承诺。

---

[4] 这一分解源自德国学说。例子参见 LEHMANN，*Allgemeiner Teil des bürgerlichen Gezetzbuches*，第 6 版（1949 年），§ 24，IV，1，b）。

* 在澳门《民法典》中文版第 239 条中，vontade de acção 被译为"行为意思"。笔者认为，这种译法会导致相当值得重视的术语乱状。

如本书作者所述，意思被划分为三个层面：vontade da acção、vontade da declaração（consciência da declaração）、vontade negocial。第三个层面的 vontade negocial，乃是葡萄牙学者移译自德语术语 Geschäftswille。德语 Rechtsgeschäft 就等于葡萄牙语 negócio jurídico。由于学界普遍按照主流的（但值得商榷的）译法，将 negócio jurídico（以及 Rechtsgeschäft）译为"法律行为"，因此，negócio（以及 Geschäft）的对应词便是"行为"。于是，按照这种处理方式，vontade negocial 只能被译为"行为意思"或"法律行为意思"。如是者，若再如澳门《民法典》中文版第 239 条的译者般将 vontade da acção 译为"行为意思"，在汉语上便会无法区分这两项不同层面的意思。虽然民法典没有使用 vonade negocial 一词，但 negócio jurídico（法律行为）一词则是经常出现。从汉字字语的字面上看，根本无法看出"行为意思"的"行为"与"法律行为"的"行为"有何区别。然而，两者在葡萄牙语原文上却是泾渭分明（acção 与 negócio）。

因此，译者认为，vontade da acção 宜被译为"行动意思"，以区别于 vontade negocial（法律行为意思）（葡萄牙语 acção 的英语对应词是 action，通译亦为"行动"）。

实际上，在汉语法学界，亦有学者正是与译者持相同见解，将 Handlungswille 与 Geschäftswille 分别译为"行动意思"与"法律行为意思"。在日本法学界，也有学者将 Handlungswille 与 Geschäftswille 分别译为"行动意思"和"行为意思"。虽然这些学者并未给出任何解释，但相信正是为了避免造成上述的混淆。

Geschäftswille 这一概念，尚有其他别称，如 Erfolgswille（效果意思）、Inhaltswille（内容意思）。似是受台湾法学界的影响，在汉语法学界所通常采用的是"法效意思"这个术语。从字面上看，与"法效意思"相对应的，是德语 Erfolgswille（或 Rechtsfolgenwille）。然而，很常见的现象是，学者们标示在"法效意思"一词后面括号内的德语却是 Geschäftswille，两者显然在字面上有所出入。之所以不使用字面上对应于 Geschäftswille 的译法"（法律）行为意思"，似乎正是为了避免与 Handlungswille（一般译为"行为意思"）在汉译术语上相混淆。在汉语上使用"法效意思"，并如学界长期以来的做法般将德语 Handlungswille（相应于葡萄牙语的 vontade da acção）译为"行为意思"，虽然在同一组术语上（行为意思、表示意识、法效意思）免却了混乱，但此译法终究只是权宜之计，因为始终无法清楚说明 Handlungswille 中的 Handlung 并非指称法律行为（Rechtsgeschäft）。

——译者注

某人在家里的窗户上放一面某种颜色的旗子，并事先和他人协议好，这样做意味着，同意从他人那里受领的*特定合同要约或任何合同要约。行动意思便是指，这些行为是被有意识地和自愿地（consciente e voluntàriamente）实施的。有时候，可能会欠缺行动意思。某人收到他人的一项要约，提议其作出法律行为，而前者可能因为正在想着其他事情，而心不在焉地点了头或者说好，而且甚至并没有察觉到自己所实施的行为或所说出口的话。5 在此等情形下，都不存在行动意思。行动意思，意味着有一项被意欲的、自愿的行动。因此，在后文将会说明的绝对强制（violência absoluta）的情形下，同样是欠缺行动意思的（甚至不仅欠缺行动意思）。

b）表示意思，或者说，"以行动作出表示"的意思 [vontade da declaração ou vontade da acção como declaração；*Erklärungswille*（表示意思）]

表意人可以是有意识地和自愿地实施表示举动，但并无向它赋予这样的一种内涵，亦即并不是想以此作出一项法律行为意思表示，甚至并未察觉到（该项举动）具有那种内涵的可能性。

某人走进一场拍卖会。由于他的一位朋友也来了，于是他做了一个手势向这位朋友致以问候。然而，根据该场所的惯例（这一惯例甚至也许是他不知悉的），这一手势意味着出价竞投正被拍卖的物品。

在这种情形下，行动意思是存在的，但并不存在表示意思。仅当表意人实际上希望实施构成表示举动的行为，并且带着法律行为意图来实施这些行为时，或至少是意识到这样的意图可被赋予该项表示举动时，方存在表示意思。有时候，它被更加准确地称为表示意识（consciência da declaração；*Erklärungsbewusstsein*）。*

---

*　原文为"他人所受领的"（que esse outrem recebesse），应属作者笔误。——译者注

5　例如，因为神经抽搐而点了头。

*　澳门《民法典》第239条的葡语原文本，其标题中的"falta de consciência da declaração"被《民法典》中文版的译者译为"无意识之意思表示"；其内文第1款b项的"não tiver a consciência de fazer uma declaração negocial"被译为"作出无意识之法律行为意思表示"；至于第2款的"a falta de consciência da declaração foi devida a culpa do declarante"，则被译为"该意思表示之欠缺意识系因表意人之过错而造成"。

然而，此乃误译。原因如下。

（1）葡萄牙语 consciência da declaração（字面上完全对应德语 *Erklärungsbe-wustsein*）与汉语"表示意识"，在葡萄牙和汉语法学界都是约定俗成的通行术语，有其特定内涵。而且，作为术语的"表示意识"，在字面上与 consciência da declaração 完全吻合，并无值得诟病的翻译问题。因此，将 falta de consciência da declaração 译为"欠缺表示意识"即可，不宜无视既定术语，另有过度创作。否则，将使人难以在学说上找到对应。　（转下页注）

以下情形，也许亦属其例：某人写了一封邀请信或接受邀请信（或者写了一封恭贺信或吊唁信），另外又写了一封信，用来作出一项合同要约，或对一项合同要约予以承诺，但之后在寄送给相对人时，却把两封信搞混了。[6]

c）法律行为意思（vontade negocial；*Geschaftswille*）、表示内容意思［vontade do conteúdo da declaração；*Inhaltswille*（内容意思）］或称结果意图［intenção do resultado；*Erfolgswille*（效果意思）］

它是指实施一项内容相符于相关表示外在意涵的法律行为（而不是别的法律行为）的意思。它是这项特定法律行为的意思，因此，是一项特指和具体的法律行为意思，而不仅是一项泛指和抽象的法律行为意思（表示意思则是泛指和抽象的）。相关表示的内容，根据具体情况，在客观上会具有某种含义，但表意人实际上可能向这些用语赋予了不同的含义。例如，A说向 B 购买房地产 C，但他所想的其实是真正名为 D 的房地产，而他之所以说 C，并不是由于他想这样说，而是由于他在讲或写时混淆了两者［口误（*lapsus linguae*），笔误（*lapsus calami*）］［在这一情形下，行动意思本身就

_____

（接106页注＊）（2）更重要的是，"无意识之意思表示"这种"意译"是错误的，因为"无意识之意思表示"这个词组所涵盖的外延（所指称的对象范围），绝不等同于 falta de consciência da declaração 的。由于澳门《民法典》中文版将 falta de consciência da declaração 译为"无意识之意思表示"，而根据"无意识之意思表示"这个汉语词组的词义，其所指称的只能是"某人在无意识的情况下作出的意思表示"，因此，它便包括了不应包括的欠缺行动意思的一些情形（例如，某人因神经抽搐而作出的举动）。由此可知，将原文 falta de consciência da declaração 译为"无意识之意思表示"，会导致原本的概念外延不当地扩及"欠缺行动意思"的一些情形，无法贴切原文，所以这种译法绝对是错误的。

个中关键在于"意识"（consciência）这个概念。不同事宜上的意识（对此事的认知与对彼事的认知），不能混为一谈。如上所述，无论是"行动意思"还是"表示意识"，都涉及"意识"的问题，但两者所谓的"意识"（或者说"当事人所意识到的事情"）显然各有所指。作为术语的"表示意识"，其所称的"意识"是有特定含义的：它是指某人"意识到其举动有法律行为的意义"，也就是第 239 条第 1 款 b 项所说的"意识到（自己）作出了法律行为意思表示"（此乃译者改译，原文为：tiver a consciência de fazer uma declaração negocial），亦即第二款所说的"察觉到其正在发出一项具有法律行为意义之表示"（此乃译者改译，原文为：se teria apercebido de estar a emitir uma declaração com valor negocial），而不是意识到其他别的什么（例如，纯粹意识到自己作出了一项举动；此乃"行动意思"的要件之一）。——译者注

6 文中之所以语带疑惑，是因为这种情形有可能被界定为行动意思上的偏差。
   LARENZ, *Vertrag und Unrecht*，第 I 册，§8.°，II 所举的另外一个毫无疑问的例子是：在某个社团的大会上，有两张名单在社员们之间传阅，让有意的社员们在上面签署。其中一张是写给某名人士的贺文，而另一张则是订阅一本社团出版物的声明；其中一名社员只听说过贺文的事情，因而误以为另一张名单是贺文，在上面签了名。

已经存在偏差（*desvio*）了]，因为他误以为该房地产的名称是 C。

以下情形，也许亦属其例：某人写了两封交易信件，但之后却误将其中一封放进了用来装另一封信的信封。还可以举的另一个例子（这个例子则是毋庸置疑的）是：某人只写了一封交易信件，并把收信人的姓名和地址写成了另一个人的。

（3）两项元素不一致的可能性

可见，意思表示的外在元素，可以与内在元素不一致。它可以与构成内在元素的任一项次元素不一致。这一瑕疵，可以是某项次元素的绝对欠缺（falta absoluta）或单纯偏差（desvio）。

就法律行为意思而言，假设先前的那些次元素都存在，则法律行为意思只可能存在偏差，而不可能绝对欠缺。

至于表示意思，则只可能绝对欠缺。

关于行动意思方面，则两种情况都有可能出现。在上文所附带提及的口误（lapsus linguae）和笔误（lapsus calami）的情形下，便发生了行动意思的单纯偏差。

最后，行动意思的欠缺，显然会导致其后的次元素亦随之而欠缺。表示意思的欠缺，也是如此。

（4）外在元素的首要性

在内在元素与外在元素中，最重要的是后者，因为如果它不存在的话，甚至无法律行为可言。所以，意思表示的外在元素，是法律行为的存在条件。内在元素，充其量可以是有效条件。如果存在外在元素（表示举动），我们便已经可以说有法律行为了。至于法律行为的内容是什么（解释的问题）、它有效或无效以及如果是无效的话，是绝对无效还是相对无效（意思与表示不一致的问题），容后专论。

93. 明示意思表示与默示意思表示[7]·概说·区分标准

概说

原则上，意思表示以任何方法为之，皆为有效，只要该等方法符合表示

7　参见 ENNECCERUS-NIPPERDEY, *Allgemeiner Teil*，第 6 版，§ 144，II；LEHMANN，前揭著作，§ 30，II；COVIELLO, *Manuale di diritto civile*，第 3 版，§ 112（两部分）；CARIOTA-FERRARA，前揭著作，编码 97。

举动的概念，亦即该等方法根据生活习惯、当事人协定或法律规定，从外观上看是旨在将某一意思内容外显出来。学者们会说，意思表示得以任何方式（modo）为之。此乃表示自由原则（princípio da liberdade declarativa）。不应该将它与法律行为自由原则相混淆。

这些方法可以是各式各样的：写下来或说出口的言词、标记与信号、身体动作或其他性质的行为。它们可被用以表达其典型、通常、客观的意涵，也可被用以表达其非典型、异常、主观的意涵。同样，从外观上看，它们可以是旨在直接公开相关意思内容，也可以是旨在仅仅间接地使相关意思内容变得为人知悉。但无论如何，法律行为都会是有效的。[8] 这一见解，至少主要是从第 647 条及第 648 条得出的。

然而，有时候，就某些法律行为而言（现在先撇开表示自由的最重要限制，亦即法律行为要式不谈），法律要求意思表示必须是明示（expressa）的，例如，第 869 条、第 1125 条、第 1181 条第 2 附段、第 1467 条、第 1169 条第 1 款及第 1176 条。因此，需要先知道何谓明示的意思表示，并将其区别于和它相反的默示（tácita）意思表示（作为例子，参见第 2027 条）。

显然，视乎法律的意旨何在，"明示"和"默示"这两个术语的含义，在不同情形下也可能有所不同。必须就每一情形，对相关条文进行解释。有时候，甚至可以得出这样的结论：法律规定必须存在一项具有某种含义的明示表示，只是想规定说，必须要有任何一项具有该种含义的意思表示[9]而已。第 1467 条及第 1468 条，也许便是如此。

然而，一般来说，当法律要求一项明示表示时，如果没有依据显示法律另有所指的话，看来就应该认为，法律想指的是一项尽可能不含糊的表示，亦即一项没什么疑义可言的表示、一项格外清楚和可靠的表示。

区分标准

然而，用以区分明示表示与默示表示的标准何在？在这个问题上，有两派理论。

1）客观说

根据这一最近的学说，如果在相关个案发生之前，用以实施意思表示

8　就表示方法被用以表达非典型意义的情况而言，需要对这一见解作一些修正。个中理由，参见后文关于意思与表示不一致问题，以及法律行为解释问题的阐述。

9　也就是说，相关法律效果并不被推定发生；在这种情形下，相关法律效果并不构成法律行为常素（naturalia negotii）。

的表示方法，其含义（根据生活习惯、当事人先前的订定或法律）已被固定（sentido está fixado），而不取决于该个案本身的情节的话，那么这项意思表示即属明示。如果用以实施意思表示的表示方法，其含义并非预先和客观地被固定，而是连同该等情节才被推知的话，则意思表示即属默示。

因此，与表示举动的（这个意义上的，hoc sensu）典型客观内涵相符的法律行为意思，即被认为是被明示地表示出来。至于其他意思，则只可被认为是被默示地表示出来。

这样的话，某人登上一辆电车，这一事实看来尚构成一项旨在以价目表定价缔结运送合同的明示意思表示，因为这是该项事实的通常含义，是人们为了达到相关目的会作出的举动的惯常方式。至于默示意思表示，其典型情形是：某人说要向他人出售其图书馆的一本书，但其实他想指的是其酒窖的一瓶酒。[10] 在这一情形下，出卖人在使用这些词语时，是以不同于其通常含义的一种含义来使用它们的。然而，举例而言，假设他之前才刚使用过这一术语来与买受人交谈的话，那么其意图是可以从买卖情节中推知的。

2）主观说

根据这一传统理论（SAVIGNY、WINDSCHEID、ENNECCERUS–NIPPERDEY 等皆持此论），仅仅或主要旨在外显某项法律行为意思的表示（亦即直接或称无间的表示），是明示的。如果一项表示仅仅或主要旨在达到另一目的，但可以使人相当可靠地从侧面（a latere）推断出某一法律行为意思，则这项表示是默示的（亦即非直接或称间接的表示）。

与所用表示方法的直接含义（即使那是主观的亦然）相符的法律行为意思，是被明示地表示出来的；只符合该举动非直接含义的法律行为意思，则是被默示地表示出来的。应当指出的是，这一见解并非无可挑剔，但要修正它也并不十分困难，只要阐明默示表示的概念，从而避免（如果真的有这种可能性的话[11]）默示表示和单纯的意思实行互相混淆即可。另外，根据主观说属于默示的一项表示，对客观说而言，至少几乎总是同样属于默示的，这一点看来十分显然。然而，却很容易出现以下情形：根据主观标准属于明示的一项表示，根据客观标准却属于默示。

---

[10]　这是在德国于不同课题上都相当常用的教学例子。

[11]　CARIOTA-FERRARA 是反对有这种可能性的人之一。参见 CARIOTA-FERRARA，前揭著作，编码 97，注 6。因此，他亦以此作为论据反对主观说。

批评·本书立场

客观说会面临一个严重的难题，而且我们看不出来这一难题可以如何被克服。那就是，同一情形通常会同时构成两种表示方法：客观或称一般性表示方法，以及主观或称个别性表示方法（根据 ENNECCERUS-NIPPERDEY 所言）。这足以让我们认为，不应该摒弃传统的主观说，在下文中将会更深入地阐释这个问题。但尚需厘清的是，应该以怎样的方式来采纳主观说。

根据主观说，如属默示表示，则表示举动从外观上看并不是旨在直接（公然地）外显那项被认为以此形式表示出来的意思。相反，只是从表示举动推论得出，表意人是间接地、侧面地希望同样外显这项意思的，或至少具有这样的意识。[12] 人们通常称为可用以推断（concludente）的举措，或者可用以推断的事实（*facta concludentia*）（*facta ex quibus voluntas conclude potest*，可用以推断出意思的事实），并补充道，该等事实必须是不含糊的。

现在，我们便进入了这一问题的关键点。应当随即指出的是，表示举动的含义是从外部予以确定的，亦即依受意人的观点来确定的（法律行为解释上的客观主义立场）[13] 另外，应当注意到，在默示表示的情形，可用以推断的事实（*facta concludentia*）的所谓单义性（univocidade），是以实践与经验准则，而非逻辑准则予以判定的。只要根据生活习惯，相关事实的实施完全有可能具有某一法律行为意涵（这种程度的可能性，在实践上足以让明智的人作出这一判断），那么便存在这种单义性，即使不可绝对排除（该等事实具有）其他意涵的可能性。[14] 在这一情形下，即须认为该项意思是被默示地表示出来的。如是者，如果高利贷（暴利性消费借贷）的贷与人接受了相应于尚未届满时段的利息的话，那么根据上述准则，该项举措便明显具有"在该时段终结之前本金并不到期"这样的单一含义（参见《学说汇纂》片段 2，14，57）。如果出租人受领了预付的租金，则他便是默示同意租赁会持续到与这些租金相对应的期间，即使那超出了合同内的协议期间。经必要变通（*mutatis mutandis*），还可以有下述的另一些例子，虽

12　所以，默示表示的概念，并不完全合乎该词的词源学意涵，亦即表意人的沉默表示（*de tacere*，沉默地）。

13　因此，与我们立场相反的 CARIOTA-FERRARA，其批评并不能成立（前揭著作，编码 97，第 410 条）。依其之见，主观说的弊病在于，必须"对表意人的目的，预先进行一种心理上的探求"。

14　显然，为此目的，必须综合地考量表意人的举动。参见 CARIOTA-FERRARA，前揭著作，编码 97，第 411 页。而且，对明示表示的解释，亦应如此。

然它们也不是完全具有说服力的：有质权担保的债权人将质物返还（第 871 条）；未获偿付的债权人，向债务人返还债务文件（至少当那是私文书时）；[15] 授权人为了相同的唯一目的，指定另一名受权人（第 1365 条；参见第 1341 条）；继承人免除了一项他人向遗产负有的债务（这是 WINDSCHEID 所举的例子）；继承人将属于遗产的房地产出租，或购买设备以便在房地产上进行耕作，或聘请工人在房地产上施工[16]（第 2027 条第 2 附段）。[17]

最后，为了更好地界定明示与默示的区分标准，值得注意以下几点。

1）明示表示，不必是特别或称独立的。它可以在同一时间直接表达两项被混杂地包含在单一表述内的不同法律行为意思。

2）明示表示，并不代表无须解释。正如一切法律条文皆需解释那样，对明示表示也必须进行解释活动（actividade interpretativa）。只不过，这可能会是轻而易举，无须煞费思量，仅此而已。[18] 所以，"倘若清晰，不作解释"（in claris non fit interpretatio）这句法谚，在此同样显得有欠严谨。

3）在默示表示的情形，可用以推断的事实（facta concludentia）完全可以是具有不同内容的明示表示。前述的某些例子便是如此。

4）如属要式法律行为，（至少某些）可用以推断的事实（facta concludentia）须符合法定形式。

5）明示表示可以是不需受领的，例如，在遗嘱的情形便是如此。另外，根据主流学说，默示表示可以是需受领的；[19] 看来如果采纳客观说的话，这一见解会不那么有争议。

94. 作为意思表示方法的沉默的价值

法律技术意义上的沉默（silêncio），有别于通常意义上的：法律技术意义上的沉默，不但是什么都不说，而且还是什么都不做。它是完完全全不

15　某些立法例明文规定，这一行为会导致债务被免除，例如法国《民法典》（第 1282 条）与意大利《民法典》（第 1237 条；1865 年《民法典》第 1279 条已是如此），至于在葡萄牙法上，参见《民法典》第 2437 条及《民事诉讼法典》第 542 条唯一附段。

16　假设继承人在缔结这些合同时，是将房地产视为属于遗产的。

17　根据文中所引条文以及第 2028 条，仅当租赁是长期租赁，以及工程并非纯属保全性时，这最后一种情形才得以明确。尚应注意的是，第 2027 条第 1 附段的规定，可以用来支持客观说。

18　关于这两点，以及本编码的整个主题，参见 Rev. de Leg.，第 62 期，第 315 条。在明示与默示的问题上，该处所探讨的是赠与承诺。根据第 1169 条第 1 款、第 1176 条及第 1466 条，赠与承诺必须是明示的。

19　参见 CARIOTA-FERRARA，出处同上。

作为性质或者说消极的一项举动。现在要探讨的问题是：应否总是（或在某些时候和情形下）向某人一项纯消极的举动，赋予意思表示的价值。

假设某人口头或书面向他人作出合同要约，受意人什么都没有说，也什么都没有做，保持沉默，单凭这一事实即会构成对要约的承诺吗？

要约人在一项书面合同要约内表示，如果相对人在某一日期前没有回复的话，要约人将视相关法律行为已经缔结。这样的话又是如何？某些企业经常向其客户甚至非客户寄送商品，并表示假如在某一日期前不将它们退回的话，将视对方以特定条件接受了这些商品。通常来说，所寄送的主要都是分册或成套出版的书籍，以及期刊（报章、杂志）。这样子寄送演出门券、非商业目的（如慈善）彩券，也相当普遍。收到这些商品的人，其纯粹不作为的态度，应被解释为承诺吗？

诸家学说

人们提出了三种可能的解决方案。

1）对一项合同要约保持沉默的人，被视为对它予以承诺（*qui tacet consentire videtur*，沉默者视作同意）。

2）当可以并应当说话时，保持沉默的人被视为作出了承诺（*qui tacet, ubi loqui potuit ac debuit, consentire videtur*；既可说话，又应说话，却沉默者，视作同意）。

3）保持沉默的人，既不否认，又不承认；既没有说是，也没有说不；既不拒绝，又不承诺（*quid tacet neque negat, neque utique fatetur*；沉默者，既不否认，又不承认）。

本书立场[20]

原则上，我们赞同最后一种解决方案。

针对第一种解决方案，应该提出以下两点决定性的批评，予以反驳。

1）对一项法律行为要约保持沉默的人，可以有许多理由这样做。因此，就沉默者的心态而言，沉默可以不意味着承诺。

2）如果单纯沉默会构成承诺，那么当任何人向他人发出一项法律行为要约时，便都会迫使他人开口说话或作出行为，示意自己不对要约予以承诺，否则，必须履行法律行为。那么任何人都可以随心所欲地向他人施加

---

[20]　参见 COVIELLO，前揭著作，第 357 页；GUILHERME MOREIRA，*Instituições*，第 1 册，编码 171。

相应的义务了，任何人都可以乘他人的羞怯、心不在焉、不谨慎（或种种习惯）之时，伺机缔结交易攫取利益，这是不可接受的。在许多时候（如果说并非总是如此的话），那都是严重的和明显的不公正的。这一结果，必然有违我们的社会组织模式在原则上所奉行的个人主义精神。

如果事情是发生在两个已有交易关系的人之间，而且其中一人同意（在特定条件下）如果自己什么都不说，其沉默即等同于承诺，这才是可以接受的。而且，甚至可以说，在上述情形下，那并不是真正的沉默，亦即纯粹消极的举动。

第二种解决方案即时会面临一个难题：如何知道相对人何时必须说话。

除此之外，应该指出的是，仅当必须认为，法律行为要约的相对人在可以并且必须说话时，什么都不说、什么都不做，便是想借其沉默对要约予以承诺时，这种解决方案才会是正确的。这样的话，合同的确便会被缔结，因此沉默者必须对合同负责，并在不履行合同时，就不履行所导致的损失和损害，向他方当事人赔偿。

然而，并不是这样的。可以并且必须说话的人保持沉默，只代表他违反了该项（说话的）义务，而不代表他想同意要约。因此只能说，他必须对因违反该项义务而导致的损失及损害负责，也就是说，对因最终没有形成合同而导致的损失及损害负责。

因合同并无形成而负上的责任（消极合同利益）与因不履行合同而负上的责任（积极合同利益），两者相当不同。关于这一区分，容后详述。

因此，唯一可以接受的是第三种解决方案。

纯粹的沉默，并无意思表示的价值，除非法律有这样的规定，或者法律行为有这样的订定。然而，该项法律行为的订定应当是这样的：它并非仅仅是为全体当事人或其中一些当事人创设了在某些情形下说话的义务（dever de falar），而是尚需被解释为是规定了沉默具有某一内容的意思表示的价值。[21] 仅在某些极为独特的情况下，才可以不是如此，但严格而言，这些情况亦难以被定性为纯粹沉默。

因此，基本思路是：如无法律规定或特别条款，即不能正当地将相对人纯粹消极的态度，理解为对一项合同要约予以承诺。

归根结底，这涉及以下问题：沉默是否可被定性为具有"对要约予以

21　而且，这样的一项订定，仅在相当受限的情形下方可被接受，兹略之。

承诺"这一含义的可用以推断的事实（*facto concludente*）（默示表示）。通常而言，答案必须是否定的。仅当同时发生了十分独特的情事时，答案才可以是肯定的。在这个问题上，值得想一想，在已经着手开始的磋商过程中作出要约的情形。

相同的处理方案，同样适用于相对人在场的法律行为要约；只不过，这时候，就"将沉默视为可用以推断（concludente）的事实"的那些必要条件而言，这一处理方案可能是不太严谨的，尤其是当要约人留下商品的时候。

那么，如果要约所指的商品，连同要约一并被寄送的话，就该商品而言，在法律上要如何解决（*quid iuris*）？

肯定的是，相对人没有义务退回它，然而，一旦要约人请求取回，而相对人仍然管有它，则必须将其返还。

但要约人是否还必须保全它？看来是的，然而，他所被要求具备的小心谨慎，并不会像假如他预先应诺保管它的话（例如，在寄托、动产租赁或使用借贷的情形下受领商品）所必须具备的程度那样高。我们更认为，他甚至不必像他通常对待自己的物那样慎重。他只是不得故意毁灭它或令它变坏，以及任由其灭失或损坏而已。也许，他还必须因为重大疏忽（又名重过失）而承担责任，此乃基于"重过失等同过错"（*culpa lata dolo aequiparatur*）这一传统原则。

上述处理方案，现今至少部分地在 1927 年 6 月 3 日第 13725 号命令（《文学、科学与艺术产权法典》）第 66 条第 2 附段，得到立法上的确认。该条文针对期刊或连续以册、卷、编、页方式出版的刊物，以及相关的文献或书籍订阅合同（contrato de assinatura），规定如下："不退回由作者或出版者寄送之第一卷或第一编（刊物），不构成对全部作品之默示接受，而如属期刊，则不构成对最低限度期数期刊之默示接受；然而，相对人有义务保全（刊物）不受损害，并有义务退回或返还所受领之书籍。"

显然，这一条文，至少就符合前述处理方案的部分而言，应被类推适用于其他类似情形。[22]

---

[22]　关于"保全义务"，第 66 条第 2 附段并未指明，所应尽谨慎程度为何。如果认为，在这里无故意或无过失地行事是不够的话，这项规定便是着眼于这些情形中最为通常的那些，因此不能延伸适用于其他不常发生的情形。至于"退回或返还"义务方面，显然相对人无须寄回书籍，而只需在寄送者自己或通过他人要求取回时，把它交出来即可。

　　该条文没有解决的另一个问题是：举例而言，在缔结了期刊订阅合同后，沉默可否意味着同意合同续期；如果可以，又是在符合什么条件时才可以。

上文的阐述，尤其聚焦沉默是否构成对法律行为要约的（默示）承诺。然而，我们所主张的准则，经必要变通后（mutatis mutandis）尚应延伸适用于沉默作为具有特定含义的法律行为要约的可能性。为此可以想一想以下事例：一名父亲在其未成年儿子购买东西时在场（这也许是因为他跟儿子一起进入相关场所）。[23]

最后，应当注意，无论是上述两类问题中的哪一类，当不与先前或同时发生的情事，尤其是他方当事人或其他人的举动一并加以考量时，沉默都不可能有什么意义。毫无疑问，沉默本身是"一项无色的（incolor）、模棱两可的事实"（语出 CARIOTA-FERRARA），因而是绝对没有任何意涵的。

95. 推定意思表示·拟制意思表示

推定意思表示（declaração de vontade presumida）是指，法律向特定举动赋予（具有某一含义的）法律行为意思表示的意涵，但并非不容反证 [可推翻的推定（presunção iuris tantum）、相对推定，或者说可驳倒的推定，参见第 2518 条]。例如，我们知道，在出质的情形，原则上质物必须交由债权人管领（第 855 条及第 858 条）。有鉴于此，并因为当事人的意图通常都是如此，第 871 条遂规定，返还质物等同放弃质权，但仅"若债权人并无相反证明"时才是这样。

尚可比照第 1943 条的规定（撕毁遗嘱）。然而，这一情形是相当自成一格（sui generis）的，因为仅仅在严格条件下方接受反证。所以，那是现在所探讨的类别与下文即将探讨的类别之间的一种过渡（quid medium）。[24]

拟制意思表示（declaração de vontade ficta）与推定意思表示的区别只在于：法律并不容许任何反证。因此，那是一项不可推翻的推定（presunção iuris et de iure）（绝对的、不可驳倒的推定，参见第 2518 条最后部分）。其例子相当鲜见。也许下列者即为其例：第 1365 条（参见第 1341 条）、《商法典》第 625 条第 4 附段、1919 年 4 月 17 日第 5411 号命令第 29 条的情形。在民事诉讼上，同样有这类情形，例如，被告欠缺答辩，即被视为自认原告所主张

23　参见 LARENZ, *Vertrag und Unrecht*, §8, II。

24　跟文中最后一种情形有点相似的，还有《商法典》第 497 条唯一附段所指的那种。推定意思表示，是一项真正的法律行为意思表示，因而其生效取决于表意人的能力，故可因瑕疵错误、欺诈或胁迫而被提出争执。看来，不一定要以作出举动者的真实意思与其不一致为由提出争执（主张无效），因为任何与推定相反的证明，均获承认。参见 LEHMANN, *Allgemeiner Teil*, 30, IV。

的那些事实，而且（这项推定）不可被驳倒（《民事诉讼法典》第 488 条）[25]。

严格而言，在此类情形下，并无一项真正的法律行为意思表示，因而并无一项真正的法律行为。[26]

96. 申明与保留

某项举动，可以通常构成具有某一含义的意思表示，也可以并不意味着具有某一含义的意思表示，然而，其行为人却担心该项举动会被有效地解释成这样。

为避免发生这种情形，该人可以清楚地提醒或声明道，其意图并非如此。

这被称为申明（prot esto）。我们可以将它定义为这样的一项表示：恐防自己的某一举动被有效地赋予特定法律行为意涵的人，提请注意或声明说该举动并无这种法律行为意涵。因此，它仿佛是一项相反表示（contra-declaração）。

广义言之，申明包括保留。归根结底，保留只是申明的一种。我们可以将它定义为：用以防止申明人的某项举动可被有效地解释为承认他人一项权利或放弃自己一项权利的申明表示。例如，某人认为他人欠了自己一定款项，但债务人却认为所欠的债务并没有那么多；债权人接受了债务人所给的较少金额，但表示并不放弃行使其对余下金额的权利。又如，出租人认为自己有权以某一理据诉请（承租人）搬迁，但受领了租金，并表示

---

[25] LEHMANN（出处同上）将拟制表示分为两类。在第一类的情形，充当拟制的基础（并被法律规定，会发生具有某一含义的法律行为意思表示的那些效果）的那项举动，仅被视为实质事实或外部举措。德国《民法典》某些条文（例如第 108 条）所规定的如下情形，便是如此：某人在一定期间内的沉默，等同于拒绝批准某项由他人作出的法律行为（参见《商法典》第 625 条第 4 附段，以及《民事诉讼法典》第 488 条）。在第二类的情形，该项举动通常都会相应于作出举动者的意思，而且被法律视为所推定意思的外显（参见前引葡萄牙法的另一些条文）。仅在第一类的情形下，作出举动者的能力才是可有可无的，而且亦排除了以意思欠缺或意思瑕疵为由提出争执（亦即主张无效）的可能（就葡萄牙《民法典》第 488 条的情形而言，并参见第 146 条）。至于第二类的情形方面，LARENZ（出处同上）（在我们看来）阐述道，虽然不可能以意思欠缺为由提出争执（这理所当然的是法定拟制的不可避免的效果），但以意思瑕疵为由提出争执，却是可以接受的：他指出，可能会有一项实际的表示（而不是在说那项拟制表示）被作出；在此种情况下，上述争执是不可被拒绝的。

[26] 除了已经引述过的 LEHMANN 与 LARENZ 之外，尚参见 MANIGK, *Irrtum und Auslegung*, 第 38 页。然而，某些关于法律行为的法律规定，至少有时候是应该适用的。参见上注。LARENZ（出处同上）将拟制表示的那些情形（看来他只是指上述第二类的拟制表示）定性为具有法律行为效果的典型举措。

这不意味着放弃该项权利。

申明条款［广义的（*lato sensu*）申明条款］原则上可以针对任何表示举动为之。然而，在此通常会被认为有一个重要的限制。法谚"违背事实之申明，不起任何作用"（*protestatio facto contrario nihil relevat*），即精炼地表达了这一限制，是指，当相关举动完完全全只能被解释为与该项申明相悖时，申明即无价值。[27]

退而求其次，[28] 其例子也许有：诉讼当事人表示，某项有利于对方的事实是真的（例如，案件所争论的债务已被偿付），但他不想承认此事。这项表示［简直是反抗性的（protestatória）*］并不妨碍就《民事诉讼法典》第565条及第569条而言，事实被视为已获自认。

97. 意思表示所须遵从的手续[29]·法律行为形式的概念及其在葡萄牙法上的态样

前文在区分诺成法律行为（negócios consensuais）与庄严法律行为（negócios solenes）时，已述及法律行为形式的概念，并提到在葡萄牙法上仍然存在的法定法律行为形式主义，其事例有哪些、内涵如何。[30] 回顾前文，这一形式主义实际上可被概括为，要求使用具备一定要件与庄严性的文书，而且被法律规定必须如此为之的法律行为，虽然数量极多，亦十分常见，但它们只构成例外，至于作为一般规则的，则是表示自由原则，或者说诺成主义原则（princípio da consensualista）。现在，我们只会再作一些补充说明。

1) 我们现在所探讨的是必要（essencial）形式，亦即法律行为如果要产生其自身的大部分效果，便必须符合的形式。除了必要形式之外，尚有另一种形式：符合这种形式要求，只是使法律行为在当事人之间产生某些效果，或使法律行为可对抗第三人。其例子可见于第5411号命令第34条（适用于农用房地产租赁）；[31] 尚参见《民事诉讼法典》第46条第3款及第

27　UNGER, *System*, Ⅱ, 107. 在拟制意思表示的情形，便肯定是这样。

28　因为那不是一项真正的法律行为，而是一项单纯法律上的行为。

*　葡萄牙语 protesto 可作反抗。此处的 protestatória 即此之谓。——译者注

29　参见 CARIOTA-FERRARA，前揭著作，编码100至编码106。

30　参见上文，编码67。

31　它对应《民法典》第1619条，并且是买卖破除租赁原则（princípio *emptio tollit locatum*）的例外。

4款（作为法律行为的执行名义）。它可被称为附加（acidental）形式。

2）而且，我们所关注的，是法律行为意思表示被要求符合的形式，而不是所谓的公示形式（formas de publicidade）。公示形式，仅仅旨在使第三人知悉已被合规范地作出的法律行为，如让与的通知（第789条）、物业登记上的登录（第949条以下）。[32]

3）我们现在也只是着眼于要使法律行为有效，或要证明法律行为，所必须符合的形式，而不是可被定性为构成性［这个意义上的（hoc sensu）onstitutiva*］形式的那种形式：该种形式构成了某类法律行为概念本身的元素，因而其欠缺会导致相关法律行为不存在。其例子（虽然这有争议）有民事婚姻的仪式或者说典礼（《民事登记法典》第305条）。遗嘱的要式，也许是另一个例子。

4）最确凿肯定的原则之一是，在葡萄牙法与其他现代立法例上，并不会要求使用强制性言词（palavras sacramentais）。我们认为，严格而言，民事婚姻（参见前引条文）并非这项原则的例外。然而，由1930年6月7日的《日内瓦公约》核准的《统一法》中关于汇票的第1条及第2条规定，则非如此。上述条文规定，没被加上"汇票"一词的证券不具有票据的价值。

5）为法律行为而规定的形式，不但其必要条款需要具备，而且其（典型或非典型的）附加订定也需要具备。这两种条款的嗣后修改亦然，虽然这一解决方案也许受有某些限制。然而，这一要求并不会延伸适用于那些旨在撤销、废止或摧毁一项先前的庄严法律行为或其所生法律关系的所谓消除性（abolitivos）法律行为。

6）除了法定形式之外，尚应注意的是约定形式或称意定形式，亦即当事人们自己加以订定并协议遵从的形式。学说虽然承认这类订定，但也并非不加区别地一律予以承认。仅当这些订定所关涉的是当事人正在磋商的

---

[32]　意思表示的公示是指，应该通过登记、公告、告示等方法，使公众可以知悉已发出或待发出的表示。它可以有不同的种类。①通告性公示（publicidade de notícia）：不遵从之，并不会使法律行为无效或不生效力（invalida ou torma ineficaz），而只会导致违反者遭受某些制裁。有时候，在法律行为形成之前便应为之。结婚的公布或者说预告，便是如此。②创设性公示（publicidade constitutiva）：如无公示，法律行为即不产生任何效果。抵押的登记，便是如此。③对抗性公示（publicidade de oponibilidade）：一旦欠缺公示，法律行为即不对第三人产生效果，而只会在当事人之间产生效果。例如，大部分被要求进行物业登记的法律行为的物业登记、让与的通知、废止委任的公布。

*　葡萄牙语 constitutiva 有"构成性"与"创设性"的含义。作者所指的是前者。——译者注

一项合同，或当事人在一项既存关系的发展中后来会缔结的法律行为时，这类订定的有效性，才是毫无疑问的。

98. 法律行为形式主义的优点与不便[33]

法律行为形式主义的优点本身，同时也就是让法律决定打破诺成主义原则（princípio consensualista），要求某些法律行为必须符合形式的理由或目的。

通常来说，它有以下数个优点。

1）它避免了当事人受自己的轻率或鲁莽之害。当事人决定作出要式法律行为的时刻，与要式法律行为最终被有效作出的时刻，两者之间一定有时间差，那就是遵从法定要式所需的时间。当法律要求使用公文书时，这一点尤其明显。

2）它使意思得以清晰完整地表达出来，并因而迫使当事人注意其书面表述。

3）它标志了法律行为的单纯磋商与最终完成之间的分离。

4）它使意思表示的证明更加容易，免却了采用人证的危险。众所周知，人证是极不可靠的。证人可能会出错（认知有误或记忆有误）或说谎（可能是出于恶意或受指使而这样做；可能是在被操纵，或想为了自己而耍手段）或终告失却（可能是死了，或去了一个难以再听其证言的地方）。显而易见，法律行为的形式化（书面化）免除或大大减少了有上述固有缺陷的人证的使用。[34]

法律之所以要求某些法律行为使用文书，可以是尤其出于上述其中一项

33　参见 LEHMANN，前揭著作，§31，Ⅱ。

34　参见 1942 年 5 月 22 日第 32032 号命令的立法理由书（由 VAZ SERRA 教授所撰写）。该立法理由书指出了文中没有述及的另一个好处，即"只要不可能专门地设立那些旨在达到公示目的的手续，而且法律上的行为又旨在创设第三人应当尊重的状况"，那么，庄严形式的要求便"在一定程度上，弥补了欠缺适当公示的不便"。在该立法理由书中，尚有另一点与法律行为形式主义学说有关。上述法规规定，为了担保银行债权而作的出质，其所须遵从的形式是私文书。就这一部分而言，该法规重新设立了《商业诉讼法典》第 150 条第 5 附段的规定（它被新的《民事诉讼法典》的序言性命令所废除）。但该法规并没有复辟其另一部分，亦即并未规定，上述出质所须遵从的手续，乃是向非商人所作的银行借贷所须遵从者（那是对《民法典》第 1534 条及《商法典》第 396 条的制度的偏离）。被（立法理由书）援引来支持这样做的理由是，"既然使用债权证券的可能性，会让人们没有必要遵守民事法律所要求的要式……"，那么问题便并不紧急。此乃对主流学说的官方确认。根据主流学说，对金钱借贷而言，签署汇票，在一切意义上皆构成足够的法定形式，无论金额多少。然而，要为该学说寻找理据，所面对的难题却是不少。

或某几项理由或目的，但一般来说，是出于上述全部的理由或目的而这样做。

至于其不便，应当指出的是：

1）形式（的要求）会导致相关法律行为的有效作出，因为形式所致的延迟以及所带来的开支和麻烦而受阻挠；

2）当事人实际上作出了法律行为，只不过法律行为（因为当事人们不知情、疏忽，或为了节省开支而）欠缺遵从法定形式，仅因如此就导致其无效，可能是不公正的。

面对上述种种优点和不便，法律试图根据相关利益的性质与重要性，以对每类法律行为而言最适合的方式来解决形式主义的问题。一般而言，在规定形式主义的必要性以及所要求的严格程度时，法律更关注的是法律行为所追求的那些利益的质的方面的超然性，远超过该等利益的量；[35] 另外，法律所考量的是，生活上是否对作出某些法律行为的快捷性有所要求。

99. 实质性手续与纯证明性手续·区分标准·证明性手续不被遵从的弥补方法·葡萄牙法是否承认此区分

1）区分标准

学说常将实质性手续（formalidades *ad substantiam*）与纯证明性手续（formalidades simplesmente *ad probationem*）区分开来。其区分标准是什么？

前者，又名 formalidades substanciais，是指必须遵从，否则即导致法律行为无效的那些手续。一旦缺少了它们，法律行为便不是有效的。其欠缺是完全无法补救的。简言之，它们是绝对不能以任何其他种类的证据代替的。

后者，又名 formalidades probatórias，是指非绝对性地要求遵从，而只是为了法律行为的证明而要求遵从的那些手续。如果缺少了它们，法律行为并不会真的无效，而只不过是将会较难被证明而已。因此，这种手续的欠缺，可以通过其他较难获得的证据方法予以弥补。实务上，基于上述困难，欠缺这种手续几乎便等同于欠缺实质性手续。

2）证明性手续不被遵从的弥补方法

通常的弥补方法（在这一区分被确认的情形下），是自认与宣誓。这两种证据方法很难运用，因为它们乃是取决于他方当事人的诚实正直。然而，法律也承认其他较易获得的证据方法，虽然并不是直截了当地允许，而只

---

[35]　但亦参见第 1434 条及第 1534 条。

是在特定条件下或在某些措施作出后才允许。根据葡萄牙以前的法律，一旦获得王室裁判所（Desembargo do Paço）的准许或者说豁免，则甚至可以使用人证。[36]

3）葡萄牙法是否承认此区分

普遍认为，一切手续都是实质性（ad substantian）的，因此，其欠缺会导致法律行为无效。[37] 此乃主流见解。它试图将第 686 条的规定作为依据。从该条规定可清楚得出，合同的有效取决于任何法定的手续，无论法律宣称它们是实质性的，还是只宣称它们是为了法律行为的证明而设。因此，根据这个条文，不遵从法定要式，在任何情形下都会导致相关合同无效。而且，该条文的处理方案，肯定可被类推适用于其他法律行为。

JOSÉ TAVARES 则持相反意见。[38] 他是这样子承认这两种手续的区分的：当法律要求使用公文书时，手续即属实质性；当法律只要求使用私文书时，手续则纯属证明性，因此其欠缺可通过决案宣誓（juramento decisório）（第 2523 条）（现今已被废除）予以弥补，或通过（自发性或诱发性）自认予以弥补。[39]

为支持自己的观点，JOSÉ TAVARES 援引了第 2428 条及第 2523 条以作佐证［这两个条文的反面（contrario sensu）解释］；另外，还有第 2412 条第 1 款，因为法律并没有说，对那些被要求以文书为之的法律行为而言，对事实（法律行为）的自认是不足够的。

毫无疑问，上述一切理由，假如是无可反驳的话，都倾向于表明前述见解是对的，无论是就"对私文书的要求纯属证明性（ad probationem）"

---

[36]　参见 SEABRA 子爵，*A propriedade*，第 270 页。

[37]　作为例子，参见 GUILHERME MOREIRA，前揭著作，编码 165、编码 253 及编码 264。

[38]　参见其 *Os principios fiundamentais do direito civil*，Ⅰ，第 455 页至第 456 页，及第 2 册，第 427 页至第 428 页。尚参见 CABRAL DEMONCADA，*Liçoes*，Ⅱ，第 218 页至第 219 页。

[39]　诱发性自认，是在他方当事人的声请下发生的。借此，他方当事人要求被声请人，就该声请所指明的一个或多个事实问题作证。被声请人所作的表示，构成所谓的当事人陈述（depoimento departe）。至于宣誓，其与自认的区别如下（撇开其他较不重要的独特性不谈）：在宣誓具有约束力的任何情形下（如第 2522 条、第 2527 条、第 2529 条），宣誓既可以是不利于宣誓人的，也可以是有利于宣誓人的；然而，自认因性质使然，则是一项不利于自认人的表示，因为是承认后果不利于己的一项事实属实。因此，在宣誓被声请作出后，总是会达致决定性的结果；但在当事人陈述被声请作出后，仅当陈述人自认而不否认时，结果才会是决定性的，因为只有自认才构成完全证明（prova plena）（第 2412 条），而否认则是由法官自由心证予以评断。

这一看法而言，还是就欠缺这种手续的弥补方法而言。然而，立即可对它予以反驳，因为众所周知，反面论据（*argumentos a contrario*）是不可靠的。就第 2412 条第 1 款而言，则可以说，自认的不足乃是得自第 686 条本身，而且从该条文所得的论据，尚可适用于法律要求使用私文书的那些情形。更何况，现在新的《民事诉讼法典》第 580 条也已经废除了宣誓。因此，再也不可援用第 2534 条作为论据。至于他的其他论据则不受影响，因为它们相当于《民事诉讼法典》的第 532 条及第 565 条第 1 款。

可是，在《民事诉讼法典》内，看来根据某些条文可合理地得出如下结论：实质性手续与证明性手续之分，以某种方式得到了承认。

第 488 条规定："倘若被告……不答辩，即被视为自认由原告分条缕述之事实。"至于第 489 条第 4 款则规定，"当对事实之证明，被要求以公文书或经认证文书为之，但该文书并无被呈交时"，不适用上条规定。因此，如果一项法律行为被法律要求以无须经认证的私文书为之，但却欠缺该文书的话，则倘若被告不提出答辩，法律行为即被视为已获证明。而且，第 494 条的规定可以使这一结论更加有力。虽然这一条文直接规范的是答辩，但它同样可适用于嗣后诉辩书状[40]（《民事诉讼法典》第 511 条）。该条文规定，被告在答辩时，应当就原告起诉状所分条缕述的那些事实表达立场；没有"被逐一争执"的事实，会被视为"被同意承认"，"除非……（该等事实）仅得以文书予以证明"。法律并无将这一规定局限适用于那些要求使用公文书或经认证文书的情形，因此，只要文书是私文书便已足够。而且，比对第 489 条的规定后，亦可得出这一结论。

总而言之，可以说，当要求使用私文书时，现行法承认私文书是证明性（*ad probationem*）手续，并且承认对这项手续的不遵从，可以因欠缺答辩而获得弥补。[41] 然而，此结论却是相当奇怪的，这是因为，这样的话，对

40　亦即反驳（réplica）、再答辩（tréplica），以及有时候还会出现的再反驳（quadrúplica）。

41　然而，可以认为，当法律要求使用私文书，并将其视为是实质性的，也就是法律行为有效所必不可少时，即不适用这一处理方案。接下来，最后要知道的是，其欠缺是否同样可以通过明示自认予以弥补？我们倾向于认为不可以。

　　针对上述处理方案，人们可以反驳道，对于被告不提出答辩的情形而言，从第 488 条及第 489 条第 4 款只可以推论出，须以私文书为之的法律行为被证明真的有被作出，而不能推论出它是有效的，仿佛被规定的文书有被使用那样。因此，所确立的是法律行为的实际上的存在（existência material），而非其（用我们的话来说）法律上的存在（existencia juridica）。然而，这种解释看来是不可取的，因为假如是这样的话，便没有理由将私文书与公文书或经认证文书区别开来了。

该项手续的不遵从可否获得弥补，便取决于主张法律行为因不符合适当形式而无效的那方当事人，其诉讼地位如何（是原告还是被告）。

第二节 意思与表示不一致

§1. 问题概说

100. 意思与表示不一致的可能

我们知道，意思表示由两项元素构成：外在元素（本义的表示；所示意思）与内在元素［表示的基底（substrato）；真实意思］。这两项元素通常是一致的。

正是以这种通常的一致为前提，法律允许人们从事法律行为。法律行为这一机制，显然旨在让私人可以按意愿塑造其法律关系，从而（具约束力地）自我规管其利益。

然而，上述两项元素，亦即真实意思（vontade real）与所示意思（vontade declarada），两者之间可以例外地出现不一致。之所以会这样，是因为在真实意思所分解出来的诸项次元素中，有某一项欠缺了或有偏差所致。这一点我们在其他章节（编码92）已有论述，并将会因为下文的阐释而得到更好的说明，兹不复赘。

101. 意思与表示不一致所可能呈现的形态

关于这种不一致的那些可能类型或态样方面，最典型的区分是故意不一致（divergência intencional）与非故意不一致（divergência não intencional），而两者又可以各有多种不同形态。故意不一致是指，这种不一致是自愿的，因而是有意识和自由的。虽然表意人意识到这种不一致，但又自由地发出表示。表示（表示举动）是他想要作出的，至于该项表示的公开内容，虽然为其知悉，但并不是他想要的，或者说，他不想它具有法律行为意涵。非故意不一致则是指，表意人没有察觉到这种不一致，或者是被强制发出表示。

1）故意不一致

a）虚伪

在虚伪的情形中，表意人发出了一项他自知与其真实意思相违的表示，意图欺骗第三人，并为此目的而与受意人合谋。例如，表意人与他人一起佯装前者向后者出售其一切或部分财物，以摆脱债权人（针对表意人的财物提起执行之诉）的侵略权力（poder de agressão）。这被称为虚构出售（v enda fantástica），其在罗马法原始文献中则名为 *imaginaria venditio*（虚假出售）。

因此，虚伪可分解为三项元素：其一，使意思与表示不一致的意图；其二，欺骗第三人的企图；其三，表意人与受意人之间的串通（虚伪协议）。

b）真意保留

在真意保留的情形，并不存在表意人与受意人之间的串通，而且，表意人想要欺骗的是受意人，而非第三人。因此，真意保留仅由两项元素构成：其一，使意思与表示不一致的意图；其二，欺骗受意人的企图。[42]

例如，某人处于经济困境，想要自寻短见；他的一位朋友闻之，许诺不日筹措款项借给他，让其纾困；但其朋友这样说，只是为了让他冷静下来，打消寻死的念头。另一个例子是：某人口头向他人表示，向其出售某项动产，但其实只是想欺骗他，因为前者误以为法律规定这一出售必须以公文书为之，因此合同会因为形式瑕疵而无效。

c）非认真之表示：为了开玩笑而为者（*ludendi causa*，因诙谐而作的）、为了教学而为者（*demonstrationis causa*，因演示而作的）或为了戏剧而为者

这一类别的根本特征是，在这里并不存在欺骗受意人或第三人的意图。表意人在行事时，乃是期待着受意人察觉到促使表意人作出表示的非认真意图。[43]

为了开玩笑而作的表示（declarações jocosas），是指那些只是说着玩的表示。例如，某人身无分文是众所周知的，其向一名富有的庄园主说俏皮话（无论是擅长说还是不擅长说），说道准备给庄园主数千康多*来换取他的一个庄园；这个庄园的价值，则相距该数额甚远。

为了教学而作的表示（declarações didácticas），是指那些用于教学目的

---

[42]　这样说会更好：并不排除表意人同样希望第三人上当，但这种情形应该相当罕见。

[43]　如果根据情节，观乎所用词语，这一意图是显露出来的，则可以说，此种情况甚至不符合法律行为意思表示的概念。

*　亦即 conto，葡萄牙货币名称。——译者注

的表示。例如，一名教师为了说明汇票法的某项原则，在课堂上向一位同学签发了一张汇票；或者一位同学做了类似的事情。

为了戏剧而作的表示（declarações cénicas），是指演员们在剧场上演戏时所作的那些表示。

有时候，人们还会提到，那些为了吹嘘而作的表示（declarações jactanciosas）（吹牛）或为了做广告而作的表示（declarações publicitátias）（宣传），也属于这一类别。然而，表意人在行事时必须是抱持如下想法：其表示将不会被当成是认真的。否则，那就是真意保留了；而且，那也将会是旨在欺骗和戏弄人的所谓恶意玩笑（jocosidade malévola；*böser Scherz*）的情况。

2）非故意不一致

障碍错误或称表示错误专论

这一类型，就算不是唯一的一种非故意不一致形态也好，也是远较其他形态重要的。

在这里，表意人因为疏忽大意、搞错了或者误解，而说了他不想要发生效果的话。他不为意地发出了与其真实意思不一致的表示。

不应将这一概念与意思瑕疵错误（erro vício da vontade）相混淆。在障碍错误（erro-obstáculo）的情形，表意人想要某样东西（或甚至没有想要任何东西），但却说了想要另一样东西，而且没有意识到这一异常情况。例如，A 想向 B 购买房地产 X，但疏忽大意地表示说，要向其购买房地产 Y；A 之所以这样，或者是因为口误（*lapsus linguae*），或者是因为弄错了这项房地产的真正名称。至于在意思瑕疵错误的情形，表意人说了他想要什么；但他之所以有这一意思，是因为他不知道对他这一决意而言属关键性的某种事态，或者是因为他对该事态的认知出了问题。假如他对事情有充分了解，他就不会想要他现在所想要的。因此，并不存在真实意思与所示意思之间的不一致，而是存在实际意思（vontade efectiva）与假设意思或称假定意思（vontade hipotética, conjectural）之间的不一致。并不存在表示上的瑕疵，而是存在意思本身上的瑕疵。他所想要的和他所表示的，两者之间并无分歧。有分歧的是，他所想要（和所表示）的和他假如对事情有充分了解便会想要的。例如，钨矿商人 A，购买了一块土地，因为他以为在地下土层有丰富的黑金属矿脉，但后来事情却被证实并非如此。

非故意不一致，可能尚包括那些通过绝对强制而获取的表示。然而，这一问题，容后专论。

102. 从立法论的角度（*de iure constituendo*）考察意思与表示不一致的问题·Ⅰ）问题所在·Ⅱ）所牵涉的利益

Ⅰ）问题所在

顾名思义，这一问题在于：笼统而言，意思与表示不一致所导致的法律后果是什么；这种不一致有（法律）意义（releva）吗；在何种限度上起作用；如何起作用。

所以，其中一个问题是：法律行为会否以相当于真实意思的内容为准而有效；所示（o declarado）[44] 与所欲（o querido）之间的不协调，是否有积极（法律）意义（relevância positiva）。然而，通常不会在此探讨这一问题，而是会在法律行为解释理论中为之。在这里，我们只会探讨，意思与表示不一致的所谓消极（法律）意义（relevância negativa）。它会否导致法律行为无效；或者说，这一瑕疵会否使表示不生效力，在何种条件下会，以何种方式。此即我们的问题所在。

这个问题可以从立法论的角度（*de iure constituendo*）加以考察，也可以从实定法的角度（*de iure constituto*）加以考察。在上述首个层面上，我们想知道的是，最合理的解决方案，亦即最合乎公正（justiça）而同时又是最便宜（oportunidade）（实务上最便利）的解决方案是什么。可取的指导方针是，应当平衡地满足这两项基本要求。为此，必须以最公平和最便宜的方式，对牵涉其中的那些利益予以考量。

Ⅱ）所牵涉的利益

这些利益是方方面面的：当事人的对立利益、从当事人那里获得权益的那些第三人的对立利益，以及法律交易（comércio jurídico）［*das Verkehr*（事务交往）、贸易、缔约、业务往来］的总体利益。

假设，A 表示向 B 出售房地产 C，但实际上 A 心里所想的是房地产 D。再假设，这项合同的每一方当事人都有其债权人，或者，A 由于认为该项法律行为会因为上述事由而无效，所以后来将房地产 C 出售或赠与给另一个人，同时 B 由于认为该项法律行为有效，故亦将同一项房地产出售或赠与

44　我们以此指称表示的客观含义。

给其他人。

显然，通常而言，上述的意思与表示不一致，如果会导致合同无效（invalidar o contrato），那么是有利于 A 的；反之，则对 B 有利。对当事人各自的买受人与受赠人而言亦然，因为相关移转都取决于第一项合同的无效或有效。然而，仍然必须考虑该等利益，因为它们可能比当事人的利益更值得受保护。的确，相较于第三人而言，当事人是能够更好地在个案中维护自身利益的，因为他们对真正的事态有及时的了解。在当事人与他们各自的债权人之间，亦有可能是这样；而且在某种意义上，甚至必然如此。

最后就是缔约上的总体利益了。把法律行为规定为有效或无效，[45] 将会对交易安全有所影响，从而影响交易的方便性与快捷性。

显而易见，上述第一种解决方案，亦即将法律行为定为有效，至少在某种程度上，是有助于这种利益的。相较于单纯地（*sic et simpliciter*）将法律行为定为无效的处理方案而言，任何折中方案都是如此，只是程度之别的问题而已。显然，一旦采纳这第一种解决方案的话，想要（跟对方）作出法律行为的人，便会有如下的想法："即使对方的表示与意思之间可能出现不一致也好，法律也向我保障法律行为是有效的，因此，我并不需要担心这种有可能出现的不一致。"

相反，如果采纳将法律行为定为无效的解决方案，我们便会看到，缔约安全以及缔约的方便性与快捷性都受到了损害。这样的话，打算缔约的人知道，则自己必须更为小心，以免后来法律行为因为对方的表示与其真实意思不符而无效。因此，在缔结合同之前，他便必须进行一些得花一定时间而且有一定难度的调查。由此可能产生延误和不便，甚至可能导致法律行为最终无法做成。然而，也不应该过分夸大这个问题的严重性。通常，这些调查都可以归结为询问一些合适的问题。[46]

103. 从立法论的角度（*de iure constituendo*）考察意思与表示不一致的问题（续）·Ⅲ）旨在解决这个问题的诸理论

我们在这里所依循的论述顺序，不仅是逻辑上的顺序，更应当是本诸

45　对有效的方式（是以主观含义为准，还是以客观含义为准）的规定亦然。然而，这一问题且留待我们探讨解释问题之时再论。

46　唯一真正重要的例外，是真意保留。它被公认不构成无效事由（参见下文，编码 103 及编码 121）。

各个理论在历史上的出现先后。然而，必须注意的是，在历史时序上，我们将只着眼于可追溯至 19 世纪的民法法典化时代。

1）意思理论

意思理论是由 SAVIGNY 提出的（我们在法学的多个重大分歧上都会一再看到这个名字）。它是在上述时期被提出来的首个理论，因此可被视为古典学说。

依此理论，在意思与表示不一致的情况下，真实意思和所示意思都不是有效的，因此法律行为无效。在罗马法原始文献中，有一个著名的段落被援引来支持这一理论：*qui aliud dicit quam vult*，*neque id dicit quod vox significant*，*quia non vult*，*neque id quod vult*，*quia id non loquitur*（《学说汇纂》片段 34，5，3）。[47] 法律行为不能以所欲内容（conteúdo querido）为准而有效，因为所欲内容没有被表示出来，但也不能以所示内容（conteúdo declarado）为准而有效，因为所示内容并非（当事人）所欲。

如果将此理论适用于我们的前揭例子，那么合同便并非作为出售房地产 C 的合同而被有效缔结，也并非作为出售房地产 D 的合同而被有效缔结。它是无效的。

真意保留则是例外，因为就真意保留而言，上述学说承认法律行为是有效的。然而，许多持此论者都尝试将这一解决方案与意思主义原则互相调和。[48]

2）缔约过错（*culpa in contrahendo*）理论（由 IHERING 提出）

它与前一理论的区别，只在于以下这一点：一旦法律行为被撤销，则如果（意思与表示）不一致是因表意人的故意或过失所致，而受意人一方并未同时发生类似瑕疵的话，表意人即须就所谓的合同消极利益（interesse negativo do contrato；*Negativesvertragsinteresse*）作出赔偿。[49]

---

47 译文：所言有别于所欲之人，既未说出其言词所意指者，因为此非其所欲，亦未说出其所欲，因为其并无谈及之。

48 参见 FERRER CORREIA，*Erro e interpretação na teoria do negócio jurídico*，第 61 页至第 65 页。该处提到，人们普遍使用的方法是，强调真意保留者的欺骗意图。这一意图会使其行为变成是道德上可受谴责的。然而，容我们谦恭地反驳说，对无害的真意保留（reserva mental inocente）而言，这种方法是没用的（参见下文，§3.0）。我们认为，之所以有那种不能与意思主义原则互相调和的解决方案，乃是因为一项仅适用于欺诈（纯欺骗意图）情形的责任原则。

49 但应当注意，IHERING（该理论的创立人）本人倾向于推定这一过错，即使事实上不存在过错亦然，因此他倾向将表意人的责任视为客观责任。普遍认为，德国《民法典》的处理方案便是如此。

　　所以，此学说承认，除了传统的合同过错（*culpa in contractu*）（过错地不履行一项有效法律行为）之外，尚有缔约过错（*culpa in contrahendo*）（过错地作出了一项无效法律行为）这种过错。两者都表现为，对一项相应的注意义务的违反。在缔约过错（*culpa in contrahendo*）方面，这项义务关涉法律行为的作出本身，而非其履行（对源自法律行为的那些义务的遵行）。因此，任何打算作出法律行为的人，都必须小心调查己方是否存在任何导致无效的事由（意思的欠缺或瑕疵、标的不能[50]）。假如存在的话，便不应作出该项法律行为。

　　这两种过错，都会导致损失和损害（perdas e danos）的赔偿责任，但两者的责任内容则相去甚远。[51] 为了定出任何损失和损害的赔偿的量，必然需要进行差别假设（hipótese diferencial）。须予赔偿的损失和损害，相当于受害人的实际财产状况以及在特定假设下（亦即，假如没有发生导致损害的不法事实，因而相应义务得到履行的话）他所会处于的财产状况之间的差别（差额）。如果这项不法事实是积极性的话，那就置之不理、假设它没有发生（抽离性假设，hipótese abstractiva）；如果这项不法事实是消极性的话，则假设发生了相反事实（添加性假设，hipótese aditiva）。

　　因此，在合同过错（*culpa in contractu*）的情形，这种差别假设所假设的，是合同有被执行，那通常（因为相关义务一般是给予义务或作为义务）是添加性假设。所须满足或恢复（等价恢复）的，是所谓的合同积极利益（interesse positivo do contrato；*Positivesvertrag - sinteresse*）或称履行利益（interesse no respectivo cumprimento；*Erfüllungsinteresse*）。在缔约过错（*culpa in contrahendo*）的情形，则是假设合同没被缔结；因此，那是一种抽离性假设。它所牵涉的是所谓的消极利益，或者用不那么贴切的话来说，是信赖法律行为被有效作出的利益（interesse da confiança；*Vertrauensinteresse*）。一言以蔽之，那是指要让受害人重新回到，假设法律行为最终没有被作出、他最终也没有信赖法律行为被有效作出的话，他所本应处于的财产状况。他因为相信法律行为被有效作出而丧失或耗费的［所受损害（dano emergente）尤其是所作的开支］以及所没有得到

50　显然，经必要变通后（*mutatis mutandis*），欠缺正当性亦然。

51　关于这一点，文中所探讨的是赔偿金额的问题。但在其他方面，对这两种责任的处理也可以并不一样。笼统而言，因缔约过错（culpa *in* contrahendo）而生的责任，究竟是合同责任还是非合同责任（阿奎利亚责任，culpa aquileana），这个问题是有争议的，而根据传统学说，两种责任的法律制度正有着诸多不同之处。

的收益（所失收益，lucro cessante），都必须偿还给他。

消极利益甚至可能高于积极利益。例如，如果 A 向 B 购买商品，本可让 A 获利 500 元（假如最终受领了商品的话），而且，A 由于这项合同而没有购买另一些本可让其获利 1000 元的商品的话，便是如此。然而，缔约过错理论认为（那也是德国《民法典》的处理方案；其他的处理方案都不会是合理的），表意人绝对无须支付高于积极利益的赔偿。[52]

3）责任理论

根据责任理论，如果表意人有过失（或故意），而受意人是善意（亦即无过失或故意）的话，则法律行为是有效的。[53] 否则，就如同意思理论那样，法律行为是无效的。

在第一种情形下，法律行为之所以有效，其理据在于以下这句法谚在追夺（evicção）问题上所揭示的公正原则：*quem de evictione tenet actio eundem aentem repellit exceptio*（提起追夺之诉，自己却因而必须负责者，其起诉因抗辩而被驳回）（参见第 1054 条）。如果我有权请求交付正由他人管领的物，但另外，最终重获该物又会使我必须向他赔偿，那么，倒不如就别允许我重获该物，这会是更为简单和公正的做法。[54]

归根结底，这一理论和前一理论都是建基于相同的概念（表意人的过失或故意）。只不过，在这里所要求的并非等价赔偿，而是回复原状。[55] 将这一理论适用于一开始所举的例子里，并不会出现什么问题。[56]

4）表示理论

a）原始极端形态

根据这一类型的表示理论，法律行为必定是以表示的确切内容的法定

---

[52] 文中自前注开始所阐述的那些概念，参见 HECK, *Grundriss des Schuldrechts*，§11，编码 4。某些因缔约过错（*culpa in contrahendo*）而生的责任，参见 697 条第 1 附段及第 2 附段、第 896 条、第 1555 条及第 1558 条，但上述条文所规定的，都只是一些过错者属故意或恶意的情形。

[53] 某些学者，例如 FERRARA，认为仅当表意人属故意或重过失（亦即拙劣的过失、不可宥恕的过失）时，法律行为方会有效。如果过失不是那么严重的话，这些学者有时候会像前一理论那样解决问题。

[54] 尚有另一句法谚可资佐证。根据这句法谚，不得获付必须即时返还的东西：*dolo petis quod statim redditurus est*（索要须立即归还的东西，乃属欺诈）。

[55] 参见 *Rev. de Leg.*，第 61 期，第 412 页。

[56] 由于欠缺了法律行为的一项要素，亦即意思，因此，追随这一理论和前一理论的学者们，通常认为该种无效是绝对无效。然而，接受这一理论，但在某些（意思与表示）不一致的情况下，认为所导致的无效是相对无效，这种做法也是合理的。

含义（那是一种被预先固定了下来的含义，就像是仪式性或例行性的那样）为准而有效。即使表意人的意思相去甚远，亦在所不问，哪怕受意人知悉或应知悉此事亦然。此乃法律演化上最原始阶段的处理方案。在古罗马法（十二铜表法，Ⅵ，1：*uti lingua nuncupassit*，*ita ius esto*；因口舌所言如此，故权利即为如此）[57] 与古日耳曼法 ［*ein Mann*，*ein Wort*；男人一言（为定）］上，便是这样。

b）现代缓和形态

只有这一形态的表示理论，才是我们所关注的，因为前一形态现今无论在立法上或学说上，都已不受重视。我们只会探讨那种我们认为是最广受接纳而且最值得赞同的类型。它常被称为信赖理论（doutrina da confiança；Vertrauenstheorie）。根据这一理论，对表示的解释，应当以下述含义为准：受意人如果在行事时具备可被合理地要求的谨慎与敏锐的话，他根据表示的内容，以及所知悉或应知悉的那些伴随发生的情事，[58] 所合乎常理地向表示赋予或应赋予的那种含义（客观含义）。表示应当以这一含义或者说内涵为准而有效，即使表意人的真实意思并非如此，只要表意人不知悉而且按常理亦不应知悉该（意思与表示）不一致即可。因此，表示优于真实意思。如果受意人是善意的，亦即行事时既无故意又无过失的话，法律行为即为有效。仅当受意人是恶意时，亦即仅当（意思与表示）不一致被知悉或可被认知时，法律行为方为无效。不难发现，这一理论同样是基于责任原则的。然而，在这里，此种责任乃是客观责任。

57　BETTI, *Istituzioni di diritto romano*，第Ⅰ册，第 2 版，§ 59，注 14，将这个文本和下述的《学说汇纂》片段 41，1，19 联系了起来：*nec interesse quid senserit, sed quid facerit*（所想的是什么，都无关紧要，关键是做了什么）。

58　表示的内容（termos da declaraçao），是指从外观上看是表意人用来（至少是间接地）使其法律行为意思被人知悉的那些词语或其他表示行动。伴随发生的情事（circunstancias concomitantes）［必须灵活地（*cum grano salis*）理解"伴随发生的"这个性质形容词］，是指任何伴随着法律行为的实施的那些事态、表示的内容所发生其中的环境，尤其是双方当事人之间的预先磋商，亦即意大利人所称的 *trattative*（谈判）。在磋商的进行上，一个很重要的时刻，是德国人所称的 *Punktation*（草约）。我们可以把这个词移译为 punctação、pontualização，但也许 minutação（草拟）会是更好的译法。它是指，将当事人所商定的某些点（pontos）或者说条款记载于书面，然而，当事人并不希望在就整项合同达成协议之前，便给予其约束力（参见德国《民法典》第 154 条第Ⅰ款）。

　　预先磋商，无论有否草约，都非常有助于厘清双方表示的含义。这种厘清，应当由各名当事人参与进行，而不只是由一名非身为当事人的观察者（法官）来进行。这一点自不待言。

这样的话，在一开始所举的例子中，如果 B 既不知道亦非必须知道 A 的真实意思不是出售房地产 C 的话，合同便作为出售房地产 C 的合同而有效。反之，合同则要么无效，要么作为出售房地产 D 的合同而有效。如果 B 只是知道或应知道 A 所想的并非房地产 C，而不是知道或应知道 A 所指的是房地产 D 的话，合同是无效的。[59] 如果 B 知道或应知道 A 所指的房地产是房地产 D 的话，合同则作为出售房地产 D 的合同而有效。然而，法律行为的要式性，可以使这最后一种解决方案不被适用。[60]

另一个可用以说明这一理论和先前那些理论的例子是：A 以 1000 法郎向 B 出售某些商品；然而，A 想指的是瑞士法郎，而 B 却以为他是指法国法郎。

104. 从立法论的角度（*de iure constituendo*）考察意思与表示不一致的问题（续）·Ⅳ）诸理论评析

1）意思理论是必须被摒弃的，因为它完全牺牲了受意人以及从受意人那里得到权益的第三人的利益。另外，它也同样不利于缔约上的总体利益。如前所述，如果在表示与意思之间出现最轻微不一致的情况，表意人也可以使法律行为无效（invalidar）（甚至无须作出任何赔偿）的话，交易流通便会受到阻碍和遭遇风险。因此，现时学界与一众立法例的取态皆非如此，这便不足为奇了。

2）缔约过错（*culpa in contrahendo*）理论，虽然已对受意人与从受意人处得到权益的第三人的利益有所顾及，但它对这些人的保护仍不足够，因而可受批评。这种不足相当明显：根据这种理论，当表意人属故意或过失时，方须就消极利益作出赔偿。然而，在任何情形下，[61] 作为对上述利益的保护，这种赔偿都是很少的。在实施了法律行为后，受意人便会对其有所期望，但最终所遭受的损失可能比消极利益还要多。另外，因性质使然，对任何利益的保护而言，赔偿可能是一种并不奏效的手段，这是因为赔偿请求权是一项债权，而如果债务人无偿还能力的话，这项债权就只能小部分地得到实现，甚或完全不能实现。

最后，这种理论也损害了缔约上的总体利益，这正是因为它对受意人

59　这是因为，对法律行为进行解释，并不必然得出清晰的结论（第 684 条）。而且正因为这样，无效是绝对性的。

60　除了文中所考量的那些之外，尚可以有更多的假设情形，容后再论。

61　根据在某种意义上确立了这种理论的德国《民法典》，表意人的合同消极利益赔偿责任，被视为客观责任。

利益的保护不足。[62]

3）责任理论同样不足以保护受意人与相关第三人的利益。从这一角度来看的话，公正的解决方案是：只要受意人行事无过错，法律行为即为有效。至于表意人是否亦无过错，则在所不问。

这一理论同样损及了缔约上的总体利益，因为它对受意人与相关第三人的利益所给予的保护并不足够。

4）表示理论是本课程一直以来所教授的理论。现今我们并不十分肯定它是否为一种好的取态，也不十分肯定责任理论（在意大利和葡萄牙，这是主流意见）甚至缔约过错（*culpa in contrahendo*）理论是否不比它好。然而，在有可能更仔细地审视这个问题之前，我们仍然会继续遵循这一理论。

要为这一理论提供理据支持的话，可以说，首先，善意受意人与相关第三人的利益，相较于表意人与相关第三人的利益而言，是更值得保护的，这是因为：其一，表意人要避免表示与意思不一致，比受意人与相关第三人要察觉该表示与意思不一致来得容易，除非该不一致是经合理解释表示的内容与情事后即可得知的；[63] 其二，期望表示有效的那些第三人，相较于期望表示无效的那些第三人而言，其利益是更为正当的，因为他们的信赖乃是基于由表示与那些伴随发生的情事所创造的表象（aparência）。[64]

另外，这一理论是有利于缔约上的总体利益的，因为它比其他理论都更有益于交易的快捷与安全。最后，可以说，它将表意人虚假地证明表示与真实意思不相符的可能性降到最低，同时也避免了关于该不一致的争议丛生。

此乃我们所遵循的总方针。但在某些情况下，这一总方针即应退让，这要么是因为它会过分地损害表意人，要么是因为它所试图满足的利益并

---

[62] 人们同样可能会说，它不可能与法律行为的无效，以及有义务向受意人赔偿的表意人主张无效的可能性相兼容。的确，法律容许表意人撤销法律行为，但同时又规定，如果他这样做的话，即须负上责任，这种做法乍看之下似乎是令人费解的。然而，这种反驳并不成立。表意人的责任，并非真的源自法律行为的撤销，而是基于他以"使法律行为成为无效"的方式作出法律行为。更何况，根据这一理论（以及前一理论），这种无效是绝对无效。

[63] 可以对此反驳道：受意人是不难借由发问一些合适的问题来弄清情况的；至于第三人，即使不是难以知悉表示的内容本身，也总是难以知悉那些伴随发生的情事的。

[64] 与此同时，期望表示无效的那些第三人，其信赖则是建基于由表意人本身所给的、与所存在的表象相反的那些资讯。因此，他们本可避免蒙受法律行为的有效对他们所造成的损害，在表意人促成并获（法院）判令撤销之前，不与表意人缔约。

　　除了文中所述的那些理由之外，我们也已经提及了以下这另一个理由：表意人只有一名，但受意人与相关第三人则有多名。然而，也不应忘记从表意人那里得到权利的那些第三人。但是，就某些法律行为（移转性法律行为）而言，这些第三人应该比另一种第三人罕见。

不值得受保护：

a）当表意人完全欠缺行动意思或仅欠缺表示意思时，我们倾向于认为法律行为是无效的，而且仅此而已。在第一种情况下，这一看法似乎是毋庸置疑的。在第二种情况下，也许应该对这一看法作某些修正，兹不赘述。

b）在无偿法律行为，甚至包括那些生前无偿法律行为（尤其是赠与）方面，尤其就遗嘱处分而言，意思理论看来是更可取的。在此并不会牵涉缔约上的总体利益。基于法律行为的无偿性，受意人的利益亦应当退让于表意人的利益。

就遗嘱而言，可以说，任何人都会同意应当采纳主观解释（因这种法律行为的要式性所生的那些限制，则另当别论），亦即遗嘱以遗嘱人的真实意思为准而有效。人们引以佐证的，主要是所谓的"遗嘱人（意思）优先"（*favor testamentorum*）（这是个不令人满意的概念；我们还会在其他问题上使用到它）。在生前法律行为的情形，如果表示与意思不相符，因而使法律行为无效的话，表意人尚可重新作出法律行为，并使它合乎表意人的真正意图。然而，在遗嘱的情形中，如果它不是以遗嘱人的真实意思为准而有效的话，遗嘱人是不可能再重新订立遗嘱的，因为（意思与表示的）不一致通常都是在他死后才被发现。因此，如果因为人们只知道遗嘱人的真实意思与遗嘱内容不相符，但其真实意思是什么则不为人知，或者因为法律行为的要式性，导致遗嘱不能以遗嘱人真实意思为准而有效的话，看来遗嘱同样应当是无效的。[65]

c）在其他情况下，亦应当偏离前述的总方针，而这种偏离则与上面所说的那种相反，亦即表现为表示优于真实意思。真意保留便是如此，而在某种程度上，虚伪亦然。仅当真意保留被受意人实际知悉时，真意保留才会使法律行为无效。它可被认知是不够的。至于虚伪，则是不可向虚伪法律行为假如有效便会因而受惠的善意第三人予以主张。[66]

65　学者们还提出了其他的一些论据，来支持文中所述的见解。当中，由 ANTUNES VARELA 教授于其 *Ineficácia do testamento e vontade conjectural do testador* 中编码 4 所指出的一项论据，看来现在值得一提。那就是：由遗嘱的客观含义所造成的期待，并不能作为反驳（该见解的）理由，这是因为，特留份继承人以及根据遗嘱人真实意思而被指定的继承人的期待，都与上述期待相对立，而遗嘱人的意思没有在遗嘱中被完全忠实地表达出来，并不是特留份继承人以及根据遗嘱人真实意思而被指定的继承人的错。然而，我们则认为这项论据是不成立的。

66　在婚姻的情形，同样可以看到表示理论的立场得到巩固，因为根据主流学说，虚伪在此并不构成无效事由。相同的解决方案，尚适用于被知悉的真意保留，自不待言。

105. 从实定法的角度（*de iure constituto*）考察意思与表示不一致的问题·Ⅰ）总的立场·Ⅱ）若干限制

Ⅰ）总的立场

在葡萄牙民法学界，责任理论乃是主流见解（G. MOREIRA、BELEZA DOS SANTOS、CABRAL DE MONCADA）。

此说主要以第 695 条为据。依此规定，若错误是不可宥恕的，则错误人不得主张其错误，因为在这种情形下，是他过错地促成了该项瑕疵。我们认为，这个相当含糊的条文并不是决定性的。它虽然有悖于意思理论，但丝毫不与表示理论相左。实际上，它并没有说，一切可宥恕的错误都已经足以构成无效事由，而无须符合更多的要求。

表示理论是本课程一直所采纳的理论，这是因为它对葡萄牙民法而言是合适的。我们会继续教授这一理论，因为并无其他重要的理由遵循别的见解。但应当指出的是，表示理论只不过是一个总方针而已。当我们在探讨意思与表示不一致所可能呈现的各种个别形态的法律上处理方案时，我们必须在一定程度上偏离表示理论。

我们的这一立场，理据何在？

既然我们认为（无论此意见是好是坏），从立法论的角度而言（*de iure constituendo*），表示理论是更可取的，那么，只要不存在明显与这一理论相左的条文，我们便必须同样在实定法的层面上（*de iure constituto*）继续遵循它。而且，的确并不存在这样的条文，相反，我们可以看到有某些条文可用以佐证该理论。有些条文明显如此，有些则不那么明显。

1）看来与表示理论相左但事实上不然的条文

某些条文，上文已经引述过了。下文将关注那些主要的条文。

a）第 643 条第 2 款、第 647 条及第 648 条

然而，容易看出，这几个条文所提及的合意或同意，可以是指真实的，也可以只是指所表示出来的。

b）第 684 条

然而，这个条文并没有说，合同应当按照立约人的真实意图（主观含义）予以解释。相反，如果我们对这个条文（间接地）要求在解释合同时必须考虑的那些元素予以考察的话，看来更可取的是相反的解释准则。

此条文只是说，如果在对合同进行解释后（在这一领域所应遵循的取态是什么，也不是明确无疑的）无法得出清晰的结论，让人知道合同的主要客体是什么的话，则合同是无效的。仅此而已。否则合同不会无效。显然，如果在对某项法律行为进行解释后，我们不能向它赋予单一含义的话（亦即，并非含糊不清或模棱两可得无从补救的含义），那么结论自然就只能是法律行为无效（*nullum negotium*）。

因此，第684条的处理方案，与我们的问题毫不相干。

c) 第659条

暂且撇开其他理由不谈，只需指出，对这个条文的解释，必须相当偏离其文义。下文将在其他章节对此进行阐述和论证。根据这样的解释，也许除了某些次要的特殊情况之外，这个条文是不妨碍表示理论成立的。

2) 在一定程度上支持表示理论的条文

a) 第660条、第661条及第662条

虽然这几个条文并非明确地针对我们的问题，但它们表明了，仅当错误涉及对表意人的缔约决定而言属于重要的元素，而且受意人根据法律行为的内容与相关情事而知道或应当知道这一重要性时，错误方有（法律）意义（releva）。因此，这几项规定顾及了受意人的以下利益：如果受意人不知悉一项表示存有缺陷或者说瑕疵，而且也不可以合理地要求他知悉或至少怀疑其存有缺陷或者说瑕疵，那么，他就可以相信这项表示是正常的。另外，虽然上述条文可能看起来只是规范瑕疵错误，但它们同样涵盖障碍错误（意思与表示不一致所可能呈现的其中一种形态），至少，它们无论如何也是涵盖其主要类型的。

b) 第663条

这个条文规定，由第三人对其中一方缔约人所实施的欺诈，不得被援引为法律行为无效事由，以对抗另一方缔约人。这一处理方案，只可能是巩固了表示理论的立场。虽然该条文并没有明确指出上述处理方案，但这一方案可以十分可靠地从该条文推论出来。下文将于适当的时候阐述之。

c) 第353条

这个条文乃是关于由偶然丧失心智官能的人所作的法律行为。该条文的处理方案，前文已述。由于它所规定的法律行为撤销期十分短，因此它

几乎是让该等法律行为都成为有效。究其原因，这是由于，在表意人的地位不太值得受保护的那些情形下，法律希望使法律行为有效，是理所当然的。此乃上述规定的意旨（ratio）所在。[67]

Ⅱ）若干限制

关于从立法论的角度而言（de iure constituendo）这一理论的前述那些限制，我们看不到有任何决定性的理由，妨碍首项限制在葡萄牙实定法层面上获得承认。

至于第二项限制方面，就赠与而言，也许找不到任何充分的理由可资佐证。[68] 但就遗嘱而言，我们认为，意思理论在葡萄牙法上是首要地得到确立的理论。何以见得？

遗嘱的解释，所奉行的是主观准则，虽然基于这项法律行为的要式性，该准则会受某些限制。实际上，第 1761 条规定，在遗嘱处分的解释上一旦存疑，则以根据遗嘱的语境（contexto）看来最合乎遗嘱人意图者为准。一方面，该条文规定应当符合遗嘱人的意图（主观准则）；但另一方面，看来该条文又规定，这一意图只能借由遗嘱的语境予以重构（客观准则）。

那么，法律所确认的，究竟是这两个取向中的哪一个？真正的解决方案，乃是同时顾及客观角度与主观角度，但又坚定地以主观角度为优先的这么一项准则。

实际上，这个法律条文是可以被这样解释的。而且，这种解释所导向的结论，就类同于从立法论的角度而言（de lege ferenda）我们认为正确的结论，因此这是让我们认为该解释是一个优良解释的决定性理由，更何况，其他解释因素都没有让我们得出相反的见解。这一解释如下：遗嘱应当根据遗嘱人的意思予以解释，但这一意思不但应从遗嘱的语境亦即遗嘱的用词推导出来，而且尚应借由任何其他能让人重构遗嘱人意图的手段为之。遗嘱人的意图，应当以一切适当的方法予以探究。然而，仅当遗嘱人的意图能够被认为在相关文书的用词上得到或好或差的表达或至少是反映时，才会被视为遗嘱的决定性含义。遗嘱人意思与遗嘱用词，无须有精确的对应；只需要有某种模糊和不完全的对应，便已足够。[69]

---

[67] 明确地支持我们表示理论立场的，尚有根据某种解释予以理解的第 335 条，但我们是拒绝接受这种解释的（参见上文，编码 80，Ⅲ）。

[68] 然而，参见第 14 条、第 1034 条及第 1035 条。

[69] 关于此点，容后详述。

例如，一份遗嘱看起来是指定了"António的那个儿子"（o filho de António）（作为受遗赠人）。可是，António是有两个儿子的。究竟António想关照的是哪一个，遗嘱的用词，对此什么都没有说。然而，借由遗嘱用词以外的其他途径可以知道，遗嘱人想指的是António的大儿子，因为在两个儿子当中，只有他经常与遗嘱人来往，而且遗嘱人又表现出自己特别偏爱他，更多次说到在立遗嘱时必定会记得他。他才是受遗赠人，因为这一遗嘱人意思（voluntas testatoris）可被认为在该文件中得到了反映。尤其是当遗嘱人一向都习惯称他为"António的那个儿子"时，更是如此。

又如，一名遗嘱人将其财物遗赠给他的"legítimos的兄弟姐妹"（irmãos legítimos）*。然而，他也只有legítimos（婚生）的兄弟姐妹而已，或者他仅仅有ilegítimos（非legítimos）（非婚生）的兄弟姐妹。可是，在其兄弟姐妹当中，有一些是同父同母的兄弟姐妹，另一些则只是同父异母或同母异父的。在这种情况下，一切都立刻让人相信，遗嘱人的意图乃是将其财物遗赠予同父同母的兄弟姐妹；这一意图应当被认为在遗嘱的语境中有足够的对应，因为legítimos一词完全可以指（而且在日常语言中便是如此）真正的、纯然的，[70] 而在这个争论点上，这些定性只能够与同父同母的兄弟姐妹相互对应而已。

如果说，遗嘱人的意思在遗嘱解释上有这种重要性，那么，当遗嘱不能根据遗嘱人的意思予以解释时，看来它显然亦应当使遗嘱无效（invalidar o testamento）。[71]

---

* 葡语legítimos可以指"婚生的"，也可以指"真正的"，但在汉语中并无单一词组能同时表达这两个含义，故保留葡语不译。——译者注

[70] 另一个取自葡萄牙司法见解的同类例子是：遗嘱人将其财物遗赠予其外甥子女，亦即他的那个姐姐（a sua irmã）Maria Estefânia的子女；然而，遗嘱人并无任何姐姐叫这个名字，而只有两个分别名为Maria和Estefânia的姐姐。两级法院都裁定受遗赠人是这两个姐姐的子女。参见1911年9月20日洛伦索马贵斯中级法院（Relação de Lourenço Marques）合议庭裁判，载 Gaz. da Rel. de Lx.，第26期，第275页。

[71] 一旦认为，当真实意思并未载于遗嘱时，遗嘱应当以通常的客观含义为准予以解释，那么，文中这种情况是可以因为遗嘱语境的限制而发生的。然而，在这些情况下，是否不应认为遗嘱经由解释而归于无效（nulo por interpretação），则相当成疑问。解释无法让人得出清晰的结论。当可以证明遗嘱的用词并无表达出遗嘱人的真实意思，但又不能确切地知道该真实意思是什么时，也是如此。

106. 后续内容的说明

接下来，我们将会探讨意思与表示不一致所能呈现的各种个别形态。我们将从虚伪开始。在某种意义上，虚伪可谓是当中最重要的一种。

§ 2. 虚伪[72]

107. 概念

虚伪的法定定义，见于第 1031 条唯一附段："如当事人在行为或合同中，虚假地表示或承认实际上并无发生之事，或当事人并无约定之事，则该合同或行为即为虚伪合同或虚伪行为。"然而，这个定义虽然已经相当确切，但未突出那些使虚伪与最近似的一些概念得以区分开来的各种虚伪典型元素。

虚伪的真正概念

虚伪是出于表意人与受意人之间的协议、意图在于欺骗第三人的意思与表示故意不一致。

108. 诸项元素

前述定义，已包含了构成虚伪并使其区别于一些最近似概念的诸项元素。兹分述如下。

1）意思与表示不一致的故意

这一故意首先表现为，表意人意识到他发出了一项与其真实意思不相符的表示。然而，表意人不仅知道所发出的表示有别于其真实意思，而且他还是希望发出这样的表示。因此，这是一种自由的不一致，亦即有意地、蓄意地实施的不一致（语出 CARIOTA-FERRARA）。

上述的最后一个方面，是应当予以强调的，因为不一致有可能是有意识的，但表示却是基于不可抵抗的外部力量，亦即基于绝对胁迫（coação absoluta）而发出。实际上，表意人可以是无从回避地被强制发出他人希望

72　BELEZA DOS SANTOS 教授，*A simulação em direito civil*，全 2 册；FERRARA（F.），*La simulazione nei negozi giuridici*，第 5 版（1922 年）；BUTERA，*Della simulazione nei neg. giur.*（1936 年）；Pugliese（G.），*La simulazione nei neg. giur.*（1938 年）；CAMARA，*Simulación de los actos jurídicos*（Buenos Aires，1944）；VERDERA，*Alguns aspectos de la simulación*，载 *Anuário de derecho civil*，Ⅲ，1，第 22 页至第 54 页。

以此手段逼得的表示。此即人身强制或称人身胁迫，它使被胁迫人沦为一个机器人［绝对强制力（*vis absoluta*）；与其相对的是仅属难以抗拒的强制力（*vis compulsiva*）］。某人以武力完全支配另一人，并抓着他的手强迫他写出或签署一项法律行为意思表示，例如在一封信上签名。

（意思与表示）不一致的故意这项元素，使虚伪区别于意思与表示非故意不一致的一切可能形态。

2）虚伪协议

这种意思与表示不一致，应当出于表意人与受意人之间的协议（虚伪协定，*pactum simulationis*）。这一串通，通常都先于表示，但也有可能是与表示同时发生的。该串通使虚伪区别于真意保留。在真意保留的情形，并不存在这样的协议，虽然受意人有可能察觉到这种不一致（被知悉的真意保留）。

因此，真意保留与虚伪的区别是十分显然的。然而，虽然有此区别，但两者仍然极其相似。所以，有时候人们会说，真意保留是一种单方虚伪（simulação unilateral），而虚伪则是一种双方真意保留（reserva mental bilateral）。但显而易见，这些表述只在某种意义上才是正确的。

在此值得问一个问题：虚伪是否仅有可能见于合同，还是尚可见于单方法律行为。虚伪可见于合同，自不待言。至少几乎一切虚伪法律行为都是合同，这一点也没有人会质疑。然而，虚伪是否可能尚出现在单方法律行为？就无需受领（não receptícios）的单方法律行为而言，学界通常都否定这种可能性，可是就需受领（receptícios）[73]的单方法律行为而言，学界则承认有此可能。我们同样认为，至少在那些需受领的法律行为的情形，是有可能发生真正的虚伪的。实际上，在需受领的法律行为的情形，表意人与受意人串通好要发出一项与真实意思不相符的表示，这是完全可以想象的。雇主假装解雇某位雇员，以取悦某位顾客，便是如此。

将这些情况下的瑕疵定性为虚伪，而非被知悉的真意保留，其实益也许在于：那些也许可被认为获法律承认的、为"虚伪人自己主张虚伪"而设的限制，便应当适用于此。

---

73 有人则称为 *recipiendos*（有待受领的）（GALVÃO TELES 教授便是如此）。但我们认为文中所用的表述是更可取的，因为就语言学的层面而言它更令人满意，而且还有一个优点，就是能够与在意大利所使用的表述（*receptizzi*）相对应。

3）欺骗第三人的意图

不应将欺骗第三人的意图与损害第三人的意图相混淆。欺骗，是指使人搞错了些什么。想欺骗第三人，但之所以这样做，并非为了损害他，而是为了保护自身的正当利益，甚至为了使该名第三人受惠，这是有可能发生的事情。后文将会为此举例说明。同样地，一名缔约人有可能想要欺骗他方当事人，但不是为了损害他，甚至知道这样做有利于他，或者更希望他受惠。例如，一名商人欺骗顾客，以说服他购买某项商品，然而，该名商人相信这项法律行为是有利于买受人的。[74]

因此，构成虚伪的元素的，是欺骗或者说使人出错的意图（欺瞒心态，*animus decipiendi*），而非损害或者说不法地使人受损的意图（加害心态，*animus nocendi*）。

这一元素同样使虚伪区别于真意保留。在真意保留的情形，存在欺骗受意人的意图；在虚伪的情形，则存在只欺骗第三人的意图，而且，欺骗受意人的意图，是与"必须有虚伪协议"这一要求不相兼容的。[75] 这一元素，也使虚伪区别于非认真之表示，因为在后者的情形，是欠缺欺骗意图的。

109. 虚伪制度在实务上的重要性

其实务上的重要性在于：人们经常希望借由虚伪来达到各式各样的目的，[76] 而且这一领域的规管与解释是十分独特和困难的。容后详论。

110. 虚伪所可能呈现的形态

在这个问题上，经常会对两种基本的分类法加以分析。

1）无害虚伪（simulação inocente）与诈害虚伪（simulação fraudulenta）

当虚伪不但意在欺骗第三人，而且意在（不法地）损害第三人或意在

74　假设是商人急于出售，因而以极好的条件将它卖给顾客。显而易见，这个例子无关虚伪，而是涉及其他瑕疵（欺诈）。该例子只是用来说明，有欺骗意图而无损害意图，是有可能的。

75　上述三项元素的说明，以及它们所构成的虚伪的概念，乃是按照传统学说进行论述的。最近期的论著，参见 CARIOTA-FERRARA，前揭著作，编码 116。然而，某些当代学者则对虚伪制度有不同的阐述。作为例子，参见 PUGLIESE，前揭著作，编码 4 至编码 7。对这一新见解的解说与批评，参见 CARIOTA-FERRARA，前揭著作，编码 99。

76　*Materia simulationis est utilis et quotidiana，et saepe in judiciis tractatur，quia fraudis plena sunt omnia*（虚伪情事，既有利可图，且司空见惯，亦常被审理，因其尽是全然诈骗）。参见 VALASCO（ÁLVARO），转引自 BELEZA DOS SANTOS，前揭著作，Ⅰ，第 62 页。

违反任何法律规定时（加害心态，*animus nocendi*），即被称为诈害虚伪；*
当虚伪仅仅意在欺骗第三人，而非意在损害第三人时（欺瞒心态，*animus
decipiendi*），则谓之无害虚伪。

通常，虚伪都是意在损害（第三人），因而都是诈害虚伪。例如，债务
人假装出售一项房地产，以图使它得以摆脱债权人的诉讼（从而免受查封
变卖）；父亲假装向陌生人出售财物（但实际上是想赠与给他），以损害其
子女的特留份；一名已婚男士实际上是向情妇赠与财物，但假装是向其出
售，借以规避第 1480 条的规定。

然而，近来最经常以虚伪来谋求的利益，乃是损害国库。在出售不动
产时，使买卖公证书上所声称的价金低于真实价金，以支付低于应付的物
业移转税，损害国库，这种事情极为常见。之所以这样做，以前是因为当
价金超出载于房地产记录的价格时，这种税项就会以价金为基准予以计算。
自从 1947 年起，便已经不再是这样，因为物业移转税从此便转而必然以载
于房地产记录上的价值（这一价值会按照某种方式被修正）为基准予以计
算。可是，人们在希望作出赠与时假装出售，或在希望出售时假装赠与，
以回避一部分本应支付的移转税，这种情况仍然经常发生。因出售不动产

---

*　澳门《民法典》第 234 条第 1 款后半部分的 "a simulação seja fraudulenta" 被译为 "该虚伪
行为具有欺诈性质"。然而此乃误译，原因如下。

　　如本书作者所述（这也是毫无争议的通说），simulação fraudulenta 是指，既有 "欺瞒
心态"（*animus decipiendi*），又有 "加害心态"（*animus nocendi*）。而 "欺诈" 一词，只能
表达 "欺瞒"（欺骗），而无法表达 "加害"（损害）。欺诈（dolo）这个概念本身，只意
味着 "欺骗他人"，而不是指 "为了损害他人而欺骗他人"（dolo fraudulento）。实行欺诈
完全可以并非 "为了损害他人"。为了损害他人而实行的欺诈（dolo fraudulento）只不过是
欺诈的其中一种类型而已。参见本书编码 136（欺诈的分类）的 c 点。因此，澳门《民法
典》第 234 条第 1 款中文版将 fraudulenta 译为 "具有欺诈性质的"，实属误译，因为 "具有
欺诈性质的" 这个中文词组，只表达了 "诈"（欺骗），而表达不了原文 fraudulenta 的重点
"害"（意在损害）。换言之，《民法典》中文版的译者，是误将下位概念 dolo fraudulento 与
上位概念 dolo 等同视之。

　　更何况，欺骗他人的意图，本来便是虚伪的要件之一。凡属虚伪，必然意在欺骗他
人。因此，根本不应如澳门《民法典》中文版般，将第 234 条第 1 款的 "ainda que a
simulação seja fraudulenta" 译为 "即使该虚伪行为具有欺诈性质亦然"，否则便相当令人
费解。

　　译者之所以主张将 simulação fraudulenta 译为 "诈害虚伪"，正是为了同时表达 "诈"
与 "害"："诈" 即指作为虚伪要件的欺骗意图（汉语上，诈 = 欺 = 骗）；"害" 则是指这
类虚伪乃是意在损害第三人（或违反任何法律规定）。而且，在汉语法学界，亦早有使用
"诈害" 一词（如债务人脱产以诈害债权），并非译者自行重新造词。至少，simulação
fraudulenta 也应译为 "旨在损害他人的虚伪"。——译者注

而应付的是物业移转税，而因赠与（不动产或动产）而应付的则是继承与赠与税。两种税项的金额是不一样的，而且两者的关系会视乎情况而有所不同。有时候，因出售不动产而应付的税金，比因赠与同一不动产而应付的为多；有时候，则是相反。自然而然，人们便会假装合同的种类是应付税金较少的那种，以图损害国库。

在大量的个案中，促使人们进行诈害虚伪的另一利益是，使第三人不欲行使或无法拥有优先权。为此目的而普遍使用的方法是，让相关买卖公证书上所声称的价金远高于真实价金，虽然说自从 1947 年起买受人便须支付一项更高的物业移转税了。在另一些时候，人们则会将出售假装成赠与，这是因为在赠与的情形下（法律）是不会赋予优先权的（例子参见第 1566 条）。

最后，应当指出，诈害虚伪尚可以是旨在钻一条为其中一方虚伪人而设的法律规定的空子，因此，虚伪在某种意义上是有损该名虚伪人的。例如，房地产的承租人以虚伪方式向出租人承担一项债务，因为这样的话，当出租人不同意继续租赁时，就可以迫使承租人迁离房地产（参见 1919 年 10 月 17 日第 5411 号命令，第 114 条）；[77] 在消费借贷文件上所声称的款项高于实际借款，使贷与人所能够收取的利息高于法定利息（参见 1932 年 10 月 14 日第 21730 号命令，第 5 条）。[78]

然而，虚伪也可以并非意在损害第三人，而只是意在欺骗第三人。此即无害虚伪。这种意图，仅仅是为了保护自身或他人权利［ut tuentur sua vel aliena（为保护自身或他人）；《学说汇纂》片段 4.3.2.1］，或满足虚伪人自身或第三人的某种并非不正当的利益。其中一种情况是，旨在炫耀或夸示的虚伪［honoris causa（为求荣誉）或 ad pompam（为求炫耀）］。例如，父亲假装向女儿赠予巨款，想让人以为他家财万贯。又如，某人实际上想将房地产赠与另一人，却假装向其出售，以免可继承自己财产的父母反感。即使其父母不是其特留份继承人，或者尽管是其特留份继承人，但该赠与是在可处分份额的限度内为之，因此本来可以公开地这样做，而无损任何人的权利亦然。又如，虚伪是出于某方虚伪人的谦虚，或旨在维护虚伪取得人的信用，或维护虚伪取得人甚至第三人的任何正当的个人情感。上述

---

[77] 为了便于理解这个例子，值得一提的是，法律原则上是不允许出租人在约定期间届满时诉请承租人搬走的。

[78] 如果有物权担保的话，合法约定的最高利率是 8%；如果没有，则是 10%（第 21730 号命令，第 2 条）。

最后一种类型的例子有：作出虚伪买卖或赠与，以便虚假买受人或受赠人嗣后将相关财物，赠与不能从虚假转让人那里接受相关财物的第三人。

然而，上述事例皆极其罕见，虽然亦非完全不可能发生。实务上，虚伪几乎都是诈害虚伪。

2）绝对虚伪（simulação absoluta）与相对虚伪（simulação relativa）

在绝对虚伪的情形，双方虚伪人假装实施某一项法律行为，但实际上他们并不想实施任何法律行为。所谓的虚构出售（venda fantástica）（虚假出售，*imaginaria venditio*），便是如此，这样做主要是为了损害虚伪转让人的债权人。在相对虚伪的情形，双方虚伪人则是假装实施一项法律行为，而它有别于实际上想作出的那项法律行为。例如，伪装成赠与的出售、伪装成出售的赠与；人们旨在以这种虚伪来达到的目的五花八门，上文亦已有例示。

在绝对虚伪的情形，只存在虚伪法律行为。在相对虚伪的情形，除了虚伪法律行为（negócio simulado）（又名公开法律行为、显性法律行为、掩饰性法律行为、表见法律行为或虚假法律行为）之外，尚有一项非公开的法律行为（又名隐性法律行为、被掩饰法律行为、真实法律行为），亦即隐藏法律行为（negócio dissimulado）。

因此，昔日的法学家们说道：绝对虚伪法律行为是 *colorem habet, substantiam vero nullam*（有色，但无任何实质）；相对虚伪法律行为则是 *colorem habet, substantiam vero alteram*（有色，但有别的实质）。

上述两种分类法的重要性

上述首个分类法，就虚伪人自己主张虚伪的可能性而言，具有某种重要性。无害虚伪可以由虚伪人自己予以主张，这是毋庸置疑的。然而，若是诈害虚伪，则成疑问，虽然根据比较可取且广受认可的学说，诈害虚伪亦可以由虚伪人自己予以主张。但这个问题现时已无意义，因为已经有统一司法见解判例（Assento）确认了那是可以的。从那时起，虚伪究竟是无害虚伪还是诈害虚伪，只在刑事上才有分别而已。

上述第二个分类法，其重要性则在于：如果是绝对虚伪的话，双方当事人之间并不存在任何有效的法律行为，因为双方虚伪人本不想认真地作出任何法律行为；在相对虚伪的情形，虚伪法律行为并非有效（invalidado），但隐藏法律行为在双方当事人之间则有可能是有效的。

111. 虚伪与若干类似概念的比较·Ⅰ）虚伪与所谓的信托法律行为·Ⅱ）虚伪与所谓的间接法律行为·Ⅲ）虚伪与法律规避

上文已经指出了虚伪和意思与表示不一致的其他形态之间的根本区别。现在，我们则将虚伪与某些属于其他类型但仍然和虚伪相当近似的概念进行比较。

Ⅰ）虚伪与所谓的信托法律行为[79]

信托法律行为是指，将财物或权利移转，而实际上双方当事人是希望这一移转对第三人而言甚至就双方当事人之间而言是有效的，但取得人有义务只为了某种目的而行使其权利［*pactum fiduciae*（信托协定）；信托条款］。[80] 主要而言，这一目的可以是管理目的（如租赁），也可以是转让目的，亦即为信托人的利益而转让相关财物（*fiducia cum amico*，与友人之间的信托），因为他认为只有以这种方法才能合适地达致该等目的。[81] 这一目的亦可以是担保目的（*fiducia cum creditore*，与债权人之间的信托），也就是说，身为受托人的债权人期望在不获偿付时能免却司法诉讼的费时与风险。[82] 因此，信托法律行为向受托人赋予的法律地位，其范围乃是超出了达到所追求的目的通常所需的。这是由于该等法律行为乃是基于信赖原理；信托人信赖受托人只会为了所约定的目标，亦即只会按照由后者实施法律行为可更适合地追求的那个目的，而使用其权力。因此，学者们说道，在信托行为的情形，相较于所追求的目的，所使用的手段是过度的。

这种法律行为与为了类似目的[83]而作的（相对）虚伪的区别在于：双方当事人事实上希望信托条款只产生债权效果，因此不排除对第三人而言或就双方当事人之间而言，相关财物或权利是真正地移转予受托人的。双方当事人的意愿是，如果受托人不履行该条款，则信托人只能依据该债，对

79　参见 CARIOTA-FERRARA，前揭著作，编码 65。

80　"信托法律行为"一名由此而来，因为这种条款在某种意义上，会使移转行为人信赖取得人只会按照所追求的目的而使用其（法律）地位。

81　这可能是因为，如果由信托人露面亲自或通过一名受权人进行租赁或出售的话，这些法律行为即不能以较优厚的条件作出。下文在稍后论述所谓的间接代理时，将作阐释。

82　另一个优点是，如果是动产的话，它可以由身为信托人的债务人进行管领（占有改定，*constituto possessorio*），而这原则上在出质的情形是不被允许的（第 858 条）。

83　那可以是管理目的或转让目的，也可以是担保目的。管理与转让可被归结为委任的概念，或正如人们通常所说的那样，可被归结为广义管理的概念。为收取债款而作的［通过（债权）让与或通过背书进行的］债权信托移转，便属于这种广义管理。

受托人采取行动，因而信托人必须承受纯粹债权人地位所固有的风险。[84] 然而，在为了类似目的而作的虚伪的情形，双方虚伪人实际上并不希望作出移转，而且，这一移转只对善意第三人而言是有效的，因为虚伪不得被援引向善意第三人予以主张（参见下文，编码118）。[85]

以上所述的都是关于双方当事人意思层面的事情。但尚需知道的是，法律是否承认这种信托法律行为的有效。

在德国式立法例上，承认信托法律行为有效，并不会有问题。在这种立法例上，该项移转是抽象法律行为，亦即乃是纯粹依据一项也许具有某种形式（文书，至少就不动产而言是这样）并由某些行为（对不动产而言，是登记；对动产而言，是交付）所补足的移转意思。根据这些立法例，移转［在当事人之间（inter partes）或对第三人］的生效，是抽离于相关原因（causa）的；其开始生效和持续生效，独立于促使当事人作出移转的直接与间接的动机或目标、独立于移转所必然牵涉的那些范围较宽广的法律行为手段（如出售、赠与）（因为没有人会为移转而移转）。对这一原因（移转的直接或间接的动机或目的；移转所必然牵涉的那些范围较宽广的、以移转作为补充部分的法律行为手段）的考量，并不会否定取得人获得相关的财物或权利，而只能使取得人受其对移转人负有的相关债务所约束而已。它并不影响移转本身的效果，哪怕债务层面上的效果全都受到影响亦然。可见，就像其他移转一样，出于信托原因而作（fiduciae causa）的移转，根据当事人的意思而完全有效。

然而，在葡萄牙法上，正如在其他拉丁式立法例上那样，并不存在抽象移转性法律行为（但也许债权证券是例外）。只存在有因移转性法律行为（negócios translativos causais）。一切移转都包含其原因，无法与该原因分离。对相关原因的考量，会影响移转本身的效果（包括移转所旨在产生的新的

---

[84] 如果所追求的目的只是管理目的，则受托人必然应当适时将相关财物或权利重新移转予信托人。如果是转让目的，则受托人必须在最终转让不了相关财物或权利时，将其重新移转予信托人（也许尚需向信托人赔偿），或必须将变卖所得返还给信托人。若为担保目的，则一旦受托人的债权获得清偿时，受托人即须向信托人重新移转相关财物或权利，而当债权不获清偿时，则须将超出其债权金额的那部分变卖所得返还给信托人。在某些国家，司法判决可以取代相关文件，判令向信托人作出强制重新移转。在这种情况下，纯粹债权人地位的风险便仅限于：在上述司法判决作出之前，受托人可能会违反信托协定（pactum fiduciae），将相关财物或权利移转予第三人。

[85] 信托移转则不一样，因为它（原则上）即使对恶意第三人而言也是有效的。

归属），而且排除的不仅是那些债务性质的后果。在法律上，正如在现实生活上那样，并不存在纯然的移转，而只存在诸如出售移转（*venditionis causa*，出于出售原因而作）、赠与移转（*donationis causa*，出于赠与原因而作）、消费借贷移转（*credendi causa*，出于信贷原因而作）、清偿移转（*solutionis causa*，出于清偿原因而作）等移转。

现在，一切便都取决于，葡萄牙法律除了其他各种有因移转之外，是否还认可同属有因[86]的信托移转。传统学说认为，答案是否定的。实际上，根据传统学说，所有权与其他权利[87]的移转手段，仅仅限于法律有规定的那些，因此，在此并不奉行法律行为自由原则（第 702 条），而是奉行类型法定（*numerus clausus*）原则，这一点就类似于葡萄牙法律体系内的物权类型。在葡萄牙法上，并无任何条文规定，可以进行出于信托原因而作（*fiduciae causa*）的移转，无论是就（移转）所有权还是其他权利（物权或对人权亦即债权）而言。[88]

因此，在葡萄牙法上信托法律行为不是有效的，这样的话，如果利害关系人想要实现的目标，类似于可借由信托法律行为实现的目的，则便（必然或几乎必然[89]）必须借由虚伪为之，假装作出某种法定的有因移转性法律行为（例如出售、赠与）。[90] 个别来说，就以担保为目的的信贷移转而言，应当注意的是，债权人是必须诉诸司法程序的（但就质权而言，参见第 864 条），这是一项强行法的要求，旨在保护债务人与其他债权人。[91] 至

---

[86] 但只是在一个相当有限的意义上是这样。实际上，不履行信托条款，并不会影响移转的有效性，这是因为当事人希望如此。移转的有效性，只会因为信托条款的倘有无效而受影响。

[87] 尤其是物权。

[88] 虽然，也没有任何条文规定不可以。

[89] 当是以担保为目的时，也许还可以在某种程度上借由间接法律行为这一机制为之（附有某些条款的出售）。

[90] 因此，会适用为虚伪而设的处理方式。

[91] 在诉诸司法程序的情形下，用作担保的财物，是以所可能获得的最高价金进行变卖的，而扣除债务数额（*quantum*）后所剩的余额，则是直接由法院（买受人便是按法院的指示寄存价金）向其他被召唤的债权人或（当无被召唤的债权人时）向债务人作出支付。在信托移转的情形下，作为取得人的债权人，就算获得比满足其债权所需的更多的价金也好，也不能从中获利，因为余额还是需要归还的。债权人可能最终因为无偿还能力，而无法向债务人支付这一余额。债务人在获支付这一余额后，则可能会隐瞒此事或把它花费掉，从而损害其他债权人。

于以管理或转让为目的的信托移转方面，假如这一手段并非不合法，[92] 则我们认为，为虚伪而设的处理方式，已经足以满足当事人或第三人的正当利益了。[93]

Ⅱ）虚伪与所谓的间接法律行为 [94]

当事人们之所以作出一项其效果是他们实际上想要的典型法律行为（如买卖），他们的终极动机或者说终极目的，可以是有别于这类法律行为的特征性功能（原因，causa），而相当于另一项典型或可被典型化的法律行为（如赠与、任何种类的债权担保）的。

此即间接法律行为。然而，其确切技术含义是什么，人们却有很大分歧。有些人（如 ORTEGA）认为，要构成间接法律行为，该终极目的必须并无被明示或默示反映在当事人适当的订定上；而且，该目的必须是仅仅借由当事人所用的手段法律行为（negócio-meio）所属法律行为类型的本身效果来达致。以赠与意图用低价（但无论如何这一价格是认真的）作出的友情出售（venda amigável），即其适例。另一些人（如 CARIOTA-FERRARA）的见解，则正好相反：当事人必须在手段法律行为中附加一些条款，以使该法律行为能够实现所想达到的终极目的，亦即能够实现目的法律行为（negócio-fim）的经济功能，但又不因而改变手段法律行为的类型（原因）。为担保而作的出售，亦即附有回购条款（cláusula de retrovendendo）的出售，即其适例，至少当这种条款是以某种方式附加于出售时是这样。[95]

然而，无论如何，间接法律行为并非一种教义学上（dogmática）的

---

[92] 仅当相关管理行为或转让行为依法不能由信托人直接与跟受托人缔结法律行为的第三人缔结时，才具有不法性。

[93] 之所以可以满足当事人的正当利益，是因为对后来作为管理性法律行为或转让性法律行为缔约人的第三人而言，虚伪转让人并不表现为相关财物或权利的拥有人。之所以可以满足第三人的正当利益，则是因为，当第三人为善意时，虚伪是不得针对其予以主张的。

[94] 参见 CARIOTA-FERRARA，出处同上；ORTEGA, *Negócio indirecto, liberalidade e negócio misto*。

[95] CARIOTA-FERRARA 认为，在此并不存在虚伪（相对虚伪；隐藏法律行为是一项具担保的消费借贷），也并没有违反禁止流质协定（pacto comissório）的法律规定（参见葡萄牙《民法典》第 864 条），只要该条款是纯债权性质（因此它不对第三人起作用），而且不约束出卖人而只约束买受人即可。在相反的情况下，出卖人的债务，便没有被买卖价金所抵消，而是仿佛变成了回购义务而存续下来。在葡萄牙法上，还有一项因素需要考虑，那就是对回购买卖（venda a retro）（第 1586 条至第 1587 条）的禁止。然而，可以认为，这一禁止只是妨碍回购协定具有物权效力（对第三人起作用）而已，而不妨碍它纯具债权效力（在双方当事人之间起作用）。

类型，而只是一种经济类型而已。这是因为：根据上述第一种见解，该终极目的只是一些实际效果，而非任何法律效果；[96] 根据第二种见解，旨在使该法律行为能够实现该终极目的那些条款，并没有打破手段法律行为的结构形态，因此并没有创设出新的一个法律行为类型。无论如何，既然当事人是真真正正地想作出手段法律行为，产生该法律行为本身的效果，而只不过他们所希望以该手段法律行为实现的实际结果，并非通常的那种实际结果，那么，间接法律行为必然也是有别于（间接）虚伪的。[97]

Ⅲ) 虚伪与法律规避

有时候，法律禁止了它所指明的某些法律行为，但忽略了其他一些导致相同结果的法律行为，以及一些结果虽然不同，但相似得实际上并无分别的法律行为，以至于人们可以借由这些法律行为来使法律的禁止性规定的目的落空。人们便是以这些法律行为来转弯抹角地实现法律所希望禁止的相同或实际上相同的结果。此等法律行为，便是为了规避法律（fraude à lei）而作的。

在某些条件下（容后详述），法律的禁止性规定，会延伸适用于这些法律行为。至于相关的制裁，也会一并延伸适用于之。该制裁通常都是法律行为无效。然而，法律规避是有别于虚伪的，因为当事人们虽然是为了达致规避目的[98]而行事，但他们实际上是希望法律行为的那些法律效果发生的。法律规避的例子也许有：为担保（债务）而在某种条件下所作的出售。仅就广义而言，法律规避这一概念，才可以且应当包括诈害虚伪这种最常被用来钻法律禁止性规定空子的方法。

112. 绝对虚伪的效果

绝对虚伪的效果，是虚伪法律行为绝对无效。*Quae simulate geruntur pro infectis habentur*（虚伪地所作之事，被视为不曾为之）。在意思与表示不一致的问题上，我们认为应当采纳的那种理论，可用以支持法律行为无效这

---

[96] 手段法律行为可以因为构成法律规避而并非有效；但这是一项典型的法定效果，而非法律行为的意定效果（亦即依当事人意思而生的效果）。

[97] 要理解文中所述见解的话，应当注意，手段法律行为本身的效果，与一项追求同一目的的直接法律行为的效果，并不完全一样。就为担保而作的出售而言，仅需指出一点即足矣：买卖标的意外灭失的风险，是由买受人来承受的。

[98] 通常都是如此；可是，这一目的并不是必不可少的，仅需发生规避的结果本身即可。

一处理方案。这一点自不待言，兹不赘述。既然受意人不可能不完全知悉虚伪的话，[99] 那么，对我们所遵循的那种形态（信赖理论）的表示理论而言，虚伪情形中的（意思与表示）不一致应当影响法律行为，便是再明显不过的。

至于为何是绝对无效？经斟酌相关的那些利益后，亦不难知其所以然。并不存在任何值得保护的利益能妨碍我们认为，虚伪可以由任一虚伪人予以主张，或由权利受影响的其他人予以主张。只有对虚伪法律行为信以为真的第三人的利益，才可以构成这一无效不能针对善意第三人予以主张的理由（参见下文，编码118），因此，并不妨碍"虚伪可由任何利害关系人向任何人予以主张"作为一般原则。另外，同样不存在任何值得保护的利益能妨碍我们认为，上述无效在方方面面都应被视为绝对无效来处理。

接下来，我们需要看看相关的那些条文的规定；看看它们是否用以佐证上述见解，或至少不会否定上述见解。

a）原则上，虚伪以及相应的无效，可由双方当事人以及受损的第三人予以主张。第1031条可用以支持这种看法。[100]

并无任何条文表明，虚伪可以由双方当事人自己予以主张。这是因为，仅在极为罕见的情况下，虚伪人才有必要诉诸法院。虚伪人双方是彼此之间存在最大程度信赖的人，因此，他们几乎总是会友好地协商解决问题。可是，他们闹不和并且闹上法院，也是有可能发生的事情。原则上，在这种情况下，我们看不到有任何理由，要禁止因这样做而受益的那方虚伪人主张虚伪。至于另一方虚伪人，则肯定提不出任何让他可以信赖虚伪法律行为有效的正当理由来予以对抗。如果是诈害虚伪的话，昔日（在前述的统一司法见解判例出台之前）尚且还可认为，第692条是禁止这样主张无效的。但就无害虚伪而言，（要承认虚伪可由虚伪人予以主张）并不会遇到这一疑难。

并不存在与上述解决方案相左的条文，而且，更有某些条文以资佐证，因为它们为某些法律行为确立了这一方案。此外，也没有充分理由认为其

---

[99]　这是因为，虚伪协议正是虚伪的构成元素之一。

[100]　这一条文虽然相当宽泛，但也许可以说，它并不直接地完全确认文中后述的见解，而只是就虚伪所针对的第三人方面作出规范而已。然而，在这些情况下，是可以进行类推的。可是，对《民事诉讼法典》第778条及第780条第2款而言，使用这种方法是否妥当，不无疑问。

他法律行为应适用别的处理方案。

其中一个条文是第 5411 号命令第 114 条（关于不动产租赁合同）。从该条文可知，双方当事人自己是可以主张该条文所指的虚伪的。另一个条文是第 21730 号命令第 5 条（关于高利贷的限制）。还有一个条文是《民事诉讼法典》第 306 条。它容许虚伪人废止自认、认诺、诉的撤回、请求的舍弃以及和解，这是因为，想当然尔，废止肯定是只可由双方当事人而非第三人作出的行为方式。按照这一思路的话，《民事诉讼法典》第 621 条也可被用作理据，而且，这个条文也表明了，受损的第三人可以主张虚伪。

b）虚伪既可借由起诉予以提出，亦可借由抗辩予以提出。并无任何条文或理由与我们的这种见解相悖。另外，法律行为无效所适用的规则也是：无效可以借由这两种方式予以主张（参见第 693 条）。[101] 接下来，最后要阐释的是，借由起诉提出虚伪法律行为无效，以及借由抗辩提出，两者区别何在。

借由起诉提出虚伪法律行为无效，是指其中一方虚伪人（或第三人）*主动诉诸法院*，声请宣告法律行为因虚伪而无效。借由抗辩提出虚伪法律行为无效，是指其中一方虚伪人把虚伪法律行为说成是真的，并以此为据提起诉讼，而另一方虚伪人（这一争议中的被告）则以该项法律行为无效为由进行*辩护*。

在第一种情况下，该项法律行为通常都已被履行，而且，我们可以说，在双方当事人之间已经形成了相应的事实状况，而诉讼原告期望在法律行为被宣告无效后，事情可以重新回复到先前的状态（参见第 697 条），让被告交出已受领的一切给付。例如，A 向 B 虚伪出售一项房地产，而且为了更好地让这一出售表面上看起来是认真的，A 更将房地产交由虚伪买受人管领，后来由于虚伪买受人拒绝将房地产返还予 A，所以 A 诉诸法院，声请宣告该项买卖因虚伪而无效，并判令被告向他返还房地产。

然而，即使事实状况没有被改变也好，但其中一方虚伪人（至少是虚伪转让人）诉诸法院，声请宣告虚伪法律行为无效，这样做对其有利，也是可以想象的事情。实际上，虚伪法律行为可以载于文书，或者以任何方式被公众知悉，而且，由虚伪法律行为所创造的表象（aparência）得以由一

---

[101]　虚伪可借由抗辩予以主张，这一见解尚有第 5411 号命令第 114 条作为依据。亦参见《民事诉讼法典》第 1037 条第 2 附段。

项司法判决予以摧毁，好让双方虚伪人对该项法律行为无效一事不再存有任何疑问，因而使双方虚伪人能处于假设该项法律行为不存在时所本应处于的状况，这对某方虚伪人而言可以是有利的。假设在刚才那个事例中，房地产继续由虚伪出卖人管领，但该项买卖载于公证书，而 A 想将房地产出售或抵押予他人，但这名第三人却拒绝在该项买卖被宣告为无效之前与 A 缔约；或者，A 担心以后虚伪买受人（或其继承人）会以公证书为据，请求交付房地产，到时候（对 A 或其继承人而言）要证明虚伪便会更加困难。在该等情形下，A 可以选择诉请宣告买卖因虚伪而无效，以便得到解救。

要借由抗辩主张无效，其前提是法律行为尚未被履行（至少原则上是这样），亦即先前的事态仍然维持着，但其中一方虚伪人（虚伪取得人）却期望改变这一事实状况，使法律行为被履行，如同该项法律行为是真实的那样。此时，另一方虚伪人则以虚伪及作为其后果的无效予以对抗，进行辩护。例如，在上述那个事例中，房地产继续由 A 管领，而 B 以买卖公证书为据，请求交付房地产，A 则以合同虚伪为由进行辩护。

c)（因虚伪而导致的）无效随时都可以被主张。以抗辩来主张是这样〔因为任何无效都可以随时以这一途径予以主张，参见第 694 条；*quae temporalia sunt ad agendum，perpetua sunt ad excipiendum*（只能在限期内提起诉讼"予以主张"，但永远都可以提出抗辩"予以主张"者）〕，而且以起诉来主张也是这样。第 1031 条可资佐证。[102]

然而，应当注意的是，就像其他宣告法律行为无效之诉或撤销法律行为之诉那样，法律没有为虚伪之诉定出（起诉）期间，并不代表不可以适用取得时效的规定，因此，虚伪之诉是可以因取得时效而被阻却的。可是，当期望以虚伪之诉从虚伪取得人处重获被假装转让并（为了更好地粉饰该表象而）交由其管领的任何财物时，通常都不会被取得时效阻却，因为相关占有乃是以他人名义所作的占有。根据当事人的意图，虚伪取得人只不过是一种受任人或受托人而已，其负责保全（也许还要管理）只是被假装

[102] CUNHA GONÇALVES 认为，虚伪之诉应当适用第 1045 条的期间（1 年）。然而，不可能是这样的。这一条文所指的期间，仅适用于由债权人提起的诉讼。这项诉讼归根结底便是第 1033 条以下所规范的债权人争议之诉（acção pauliana）。而且，第 1031 条都已经十分清楚地说道，虚伪之诉是可以随时被提起的。持文中见解的有：1935 年《破产法典》的立法理由书，编码 13；1935 年 2 月 23 日最高法院合议庭裁判（载 *Bol. Of.*，V，第 64 页）与 1946 年 6 月 22 日里斯本中级法院合议庭裁判（载 *Bol. do Min. da Just.*，第 3 期，第 245 页）。

转让的物，并在他方请求返还时返还该物。受任人与受托人，便是以他人名义进行占有的占有人的典型例子，因为他们的占有依据（título）*并不向他们赋予排他的所有权，甚至在这种情形下也并不向他们赋予限制物权，或者像在租赁那样赋予债权（物的交付请求权）。而且正如所知，只要相关的（占有）依据尚未转变，那么，以他人名义进行的占有，无论持续多久也好（etiam per mille annos，纵达千年），都不会使占有人借由取得时效制度取得所有权（第510条）。[103] [104]

113. 相对虚伪的各种形态

在相对虚伪的情形，存在两项法律行为：一项是显性法律行为亦即虚伪法律行为，另一项是隐性法律行为亦即隐藏法律行为。视乎在显性法律行为中显得被扭曲了的隐性法律行为的元素是什么，相对虚伪会有下文所述的各种形态之分。

1）主体虚伪（人的虚伪，主观虚伪）

法律行为的双方主体本身，都可以是虚伪的。至少，像通常情况那样，其中一方主体可以是虚伪的。例如，A 希望向 B 进行出售或赠与，却假装向 C 出售或赠与相关财物，以便 C 随后将它们交给 B。此即虚假中介（interposição fictícia de pessoas）。

促使人们进行虚假中介的动机，在某些罕见情况下，可以是无害的。然而，那几乎都是为了钻一些禁止或限制或妨碍某些人之间作出某些法律行为的法律规定的空子，而实施的诈害虚伪。这种规定的例子有第 1480 条及第 1565 条。甚至法律也预视到了人们有可能使用人的虚伪来回避这些规范（第 1481 条及第 1567 条）。

---

* 有将 título 译为"名义"。但值得一提的是，这种译法会使 título 和"以某人名义"（em nome de...）的"名义"在汉语上无法区分。然而，实际上两者含义有别。这也是译者选择将 título 译为"依据"的理由之一。——译者注

103 参见 BELEZA DOS SANTOS，前揭著作，II，第 76 页至第 81 页；MANUEL RODRIGUES, *A posse*，第 249 页；*Rev. Leg. Jur.*，第 64 期，第 328 页。

104 本编码所阐述的理论，普遍适用于各种法律行为。但就结婚而言，民法学者们一般认为（与教会法学者们相反），虚伪是没有（法律）意义（irrelevante）的。这种意见遭到许多人的反对，而且看来对真正意义上的虚伪而言是相当成疑问的，虽然这种意见对教会法上的局部虚伪（simulatio partialis）而言是正确的。局部虚伪是指，结婚人希望排除结婚的某些（非绝对必要的）通常效果，例如生育或者配偶忠诚义务。作为例子，参见 DE LUCA, *Sull'invalidità del matrimonio civile per simulazione*，载 *Il foro italiano*，第 75 期（1950 年），I, col. 1393。

人的虚伪，不但可以借由"加插一方表见主体（sujeito aparente）"这一方法为之，同样可以借由"消除一方真实主体"这一方法为之。例如，由 A 向 C 所作出的出售是假装的，实际上存在的是一项由 A 向 B 所作出的出售，以及另一项由 B 向 C 所作出的出售。在这类情况下，之所以虚伪，举例而言，其意图可以是为了免却支付应付的前述两种物业移转税的任一种。

虚假中介与真实中介的比较

在一切中介的情形下，都存在三方的人。例如，A 将某些财物移转予 B，以便 B 随后将它们移转于 C。虚伪中介与真实中介的区别在于：如果所有这些人都是串通起来的话，即为虚假中介；如果只是 A 与 B 协议随后移转予 C，则是真实中介。真实中介由一项委任构成，但那并不是《民法典》第 1318 条以下所规定的委任，因为受任人（B，亦即处于 A 与 C 之间的中介人）应当以自身名义而非以委任人的名义作出行为。相反，它是《商法典》第 266 条至第 277 条所规定的名为行纪（comissão）的那种类型的委任，但是，为了民事目的而作出这种委任，亦无不可，此乃法律行为自由原则（第 672 条）使然。尚应指出的是，真实中介也有可能是基于 B 与 C 的协议的。这一协议也同样表现为一项委任。在这种情况下，该委任则是用于取得而非转让（该等财物）。

因此，总而言之，在虚假中介的情形，中介人只是一个挂名的人（presta-nome）（稻草人、代人出面的傀儡）；然而，在真实中介的情形则不然，因为中介人乃是后来与相关缔约人进行的法律行为的真正当事人。

2）法律行为内容虚伪（客观虚伪）

法律行为内容虚伪，又可根据前述标准（亦即视乎虚伪所涉及的元素是什么），而分为若干个别形态。

a）法律行为性质虚伪

在这一情形下，虚伪所涉及的那部分法律行为内容，乃是该项法律行为类型所必不可少的那些条款［这个意义上的（hoc sensu）必要条款或称要素］。人们假装作出这个类型的法律行为，但实际上想要作出的则是另一个类型的法律行为。例如，将赠与伪装成出售（例如，为了规避第 1480 条而这样做）或将出售伪装成赠与（为了规避第 1565 条的规定，或为了使一项优先权落空）。在这两种情况下，虚伪都可以意在（作为唯一意图或连同其他意图）损害国库，避免支付比较重的、那种适用于隐藏法律行为的移

155

转税。

b）价格虚伪

价格虚伪，仅仅涉及双方当事人所协定的任何金钱给付的数额。[105] 大部分的价格虚伪都是价金虚伪（simulação de preço），这是因为虚伪尤其见于买卖。然而，价格虚伪发生在借贷合同、不动产借赁合同的情形，也是可以想象的。例如，在缔结消费借贷合同时，可以假装其数额高于真实数额，使贷与人处于较优地位，损害借用人的其他债权人；或者，借由这样做来掩藏一项高于法定最高限度的利率（参见上文，编码 110）。

价格虚伪的两种形态以及促使人们进行这两种价格虚伪的理由或者说利益

有时候，是将价金伪装成低于真实价金。昔日，在这种情况下，所谋求的目的通常是（也不排除可以是为了其他各式各样的目的）诈害国库，支付比应付的为少的物业移转税，因为正如我们已经知道的那样，以前，当合同中所声称的价格比载于房地产记录上的价格为高时，这一税项是以合同中所声称的价格为基准予以计算的。然而，根据 1946 年 12 月 28 日的《预算法》（第 2019 号法律）第 5 条，该税项转而以载于房地产记录的价格再加上一定的修正百分率（视房地产的性质是什么，亦即究竟是农用房地产还是都市房地产，以及视乎估价日期是何时，而有所不同）为基准予以计算，至于约定价金到底是多少，则在所不同。后来出台的那些预算法中，仍然有这一规范，而现时它则见于 1950 年 12 月 23 日的《预算法》（第 2045 号法律）第 10 条，它准用了 1949 年 12 月 28 日第 2038 号法律的第 6 条。有鉴于此，将价金假装成低于真实价金的这种虚伪，就没有多大实益了。可是，举例而言，在印花税、公证与登记手续费方面，这种虚伪仍然是有用的，因为上述税费都是在一定程度上以（当事人）所声称的价格为基准来计算的。

有时候，则是将价金伪装成高于真实价金。在这种情况下，人们一般是为了损害在相关买卖中获赋予优先权的第三人，并希望达到以下两种结果的任一种：要么优先权人放弃行使优先权；要么优先权人必须支付相当于虚伪价金的价额，因而使双方或其中一方虚伪人获利，也就是得到扣除

---

[105]　或涉及其他由双方当事人为了达到某种目的而订定的价格。例如，在进行协议分割时，所用作计算的那个价格，有别于其中一名共同分割人获给予的那些财物的真实价格，以隐藏一项赠与（他身为这项赠与的赠与人或受赠人）。

真实价金后的差额。然而，促成人们进行这种虚伪的利益，也可以是别的（参见上文）。

114. 相对虚伪的效果·一般处理方案·旨在损害国库的法律行为性质虚伪·就要式法律行为而言相对虚伪的效果

(1) 一般处理方案

这方面的传统学说，可以用一句法谚予以概括：*plus valet quod agitur quam quod simulate concipitur*（价更高者，乃所为之事，而非虚构之事；实际上想要实施的行为比虚伪行为更有价值）。所作所为（*quod actum*、*quod gestum*）（所做的事），优于所言（*quoddictum*）。隐藏法律行为"完全胜过虚伪法律行为"。[106]

虚伪法律行为是无效的，就像在绝对虚伪的情形那样。至于另一项法律行为，则适用假如它被公开作出的话所适用的处理方案。因此，假如符合了其法定有效性要件的话，它便是有效的。否则，即为无效。

如果虚伪属于诈害虚伪，则隐藏法律行为几乎总是无效的，因为假如这项隐藏法律行为是被直接和公开地实施的话，它几乎总是无效的。例如，当期望钻第 1480 条或第 1565 条的空子时，便是如此。然而，隐藏法律行为有可能是可以公开地作出的，人们只不过是想借由虚伪来获取某些好处，或避免蒙受某些不利而已。在这种情况下，即使虚伪被主张及证明了也好，虚伪法律行为亦应当是有效的，只不过，它会受当事人们希望借由虚伪来回避的那个法律制度所约束。例如，如果在一项买卖中所声称的价金高于真实价金，以图使一项优先权落空或受妨碍，则优先权人是可以以真实价金为准行使优先权的。又如，在第 2019 号法律生效之前，如果所声称的价金低于真实价金，以图支付较少的物业移转税的话，亦必须支付相应于真实价金的物业移转税。而且，根据税法，尚须支付一笔相当于虚伪价格四分之一的罚款（1899 年 12 月 23 日规章，第 99 条第 1 附段），这一罚款须由双方虚伪人连带负责（参见上述条文），而且仅可在自虚伪发生时起计 5 年内科处（上述规章，第 123 条）。

(2) 旨在损害国库的法律行为性质虚伪

上述处理方案适用于大部分情况，但亦有例外。其最重要的例外，见

106　参见 FEDA 与 BENSA，转引自 WINDSCHEID，*Pandette*，Ⅰ，第 932 页。

于法律行为性质虚伪：在这种情况下，隐藏法律行为，即使根据民法是有效的[107]也好，但当人们所支付的是一项低于应付金额的移转税，因而使国库受损害时，隐藏法律行为即属无效（上述规章，第 99 条第 2 附段）。[108] 例如，想作出赠与，但假装作出买卖，从而使所支付的赠与及继承税的金额低于缔结隐藏合同所本应支付的，便是如此。

　　这种无效，属于相对无效。然而，仅可在由检察院相关人员在 5 年期间内（上述规章，第 124 条）提起的诉讼中宣告之（上述规章，第 111 条）。[109] 而且，虚伪人会被科处罚款，其金额相等于他们所本应支付的税捐的双倍（上述规章，第 99 条第 2 附段）。[110]

107　参见上文。

108　根据 BELEZA DOS SANTOS 教授于其前揭著作，Ⅱ，编码 99 所言，只需国库受损即可，而无需当事人在行事时有此损害意图，甚至无需他们意识到这一损害。因此，只需要有一种客观诈害即可。

109　显然，任何一方虚伪人都可以检举虚伪并提供证据，促使检察院提起此诉讼，甚至虚伪中介人亦可为之。当赠与人假装出售，以图损害国库，后来与受赠人闹不和时，便会实际发生这种情况。

　　检察院可提起虚伪之诉的另一个情况，见于 1937 年 4 月 12 日的第 27649 号命令（劳动灾害）第 84 条："任何因劳动事故或职业病而须支付应有抚恤金或赔偿之人，其为了损害苦主而作出或缔结之虚伪行为或合同，可应检察院人员向有权限法院所作之声请，根据一般法予以撤销。"然而，检察院在此则仿佛是雇员的法定代理人那样介入保护雇员。

110　根据 BELEZA DOS SANTOS 教授于其前揭著作，Ⅱ，编码 101 所言，任何一方缔约人皆需各自支付一项这样计算出来的罚款。然而，司法见解认为，仅须对双方缔约人科处单一项罚款。参见 1942 人 11 月 24 日的最高法院合议庭裁判（载 *Boletim Oficial*，Ⅱ，第 317 页）。

　　对损害国库的法律行为性质虚伪的这一处理方案，亦适用于人的虚伪。例如，A 将房地产出售予 B，而 B 随后则将它出售于 C，但只作成了 A 与 C 之间买卖的公证书，而没有支付上述第一项移转的物业移转税。至少当 B 占有了所售房地产时，这一手法会构成损害国库的诈害，因为税法将已作"物之交付"或预约买受人已（对房地产）进行用益的预约出售，等同于出售（前述规章，第 14 条）。根据法律意旨（*ratio legis*），在 B 并无占有房地产的情况下，肯定亦须因上述首项移转而支付税项，因此那也是须受同样制裁的诈害。

　　至于价格虚伪方面，该一般处理方案则有例外。这一例外见于第 21730 号命令第 5 条："旨在隐瞒协定费用之价格虚伪合同无效，无论其涉及利息或本金亦然，且债权人因而丧失所贷款项，并归诉讼裁判地所属乡区（comarca）之慈善机构所有，而债务人亦须向该机构交付按照以上诸条文计算而得之应付利息。"当在相关合同（暴利合同）中公开协定高于法定上限的费用时，仅会使费用缩减至该等上限（上述命令，第 4 条）。

　　最后，应当指出的是，同样可以发生损害国库的绝对虚伪。例如，假装缔结债务，以便在结算相关移转税时作为继产负担扣除掉（前述规章，第 48 条唯一附段第 4 款）。根据 BELEZA DOS SANTOS 教授于其前揭著作，Ⅱ，编码 101 所言，此时不可科处第 99 条的罚款，因为并无这样的法律依据。相反见解，参见 1941 年 2 月 24 日的最高法院合议庭裁判（载 *Bol. Of.*，Ⅰ，第 168 页）。

（3）就要式法律行为而言相对虚伪的效果

前述一般处理方案，亦适用于此。然而，必须考察的是，适用该处理方案时，会因为隐藏法律行为的要式性而导致什么结果。

看来相当显而易见的是，隐藏法律行为的应遵手续，一旦没有在虚伪法律行为中被遵从，则隐藏法律行为便必然因形式瑕疵而无效，即使虚伪法律行为的相关手续已被遵从。[111] 然而，如果隐藏法律行为的应遵手续，在虚伪法律行为中被遵从了呢？

在这种假设下，尚可设想一种情形：该等手续可能对虚伪法律行为而言并不足够。人们认为，这已构成隐藏法律行为无效的决定性理由。下述两个观点，可用以支持这一结论：其一，隐藏法律行为的效力，必须有一个公开和表面上合乎规范的东西（quid）作为其基础；[112] 其二，可能会有第三人以该项法律行为的无效为基础，而与虚伪转让人打交道。然而，这种假设情形在实务上应该是相当罕见的，兹不赘述。在此需要探讨的是相反的假设情形：当虚伪法律行为所遵从的手续，既满足了法律对虚伪法律行为的要求，又满足了法律对隐藏法律行为的要求时，又是如何。

合乎逻辑的解决方案似乎是，隐藏法律行为无效。隐藏法律行为的应遵手续，的确是被遵从了，但只不过是在表见法律行为中被遵从而已。因此，真实法律行为并不至于符合了其本身的要式。该项要式，是在构成表见法律行为的那些意思表示上被遵从了，而非在构成真实法律行为的那些意思表示上得到遵从。仅当构成真实法律行为的那些意思表示，以法律要求真实法律行为所必须遵从的形式载于文书（相反声请）时，真实法律行为才算是符合了其本身的要式。

例如，人们假装出售房地产，并作成了相关的公证书，但其实是想进行赠与，或者是相反的情况。在第一种情况下，载公证书的是买卖，而非赠与。作为赠与特征的赠与心态（animus donandi）（慷慨意图）这项元素，并没有在公证书上被表示出来。在第二种情况下，买卖合同所必要的价金这项元素，亦没有在公证书上出现。因此，无论如何，隐藏法律行为是无

---

[111]　可是，在假装赠与这一问题上，法国的司法见解则以相当于葡萄牙第 1481 条的条文为据，而持相反意见。作为例子，参见 PLANIOL、RIPERT 与 ESMEIN *Obligations*，Ⅰ，编码 335（然而这种取态在该处受到批评）；DEMOGUE，*Traite des obligations*，Ⅰ，编码 166。

[112]　参见 DEMOGUE，前揭著作，编码 167。

效的，因为相关的那些要素并无完全载于为了该项法律行为的有效性而要求作成的公证书上。

此乃合乎逻辑的解决方案。在葡萄牙，BELEZA DOS SANTOS 教授便是主张这一解决方案。[113] 而且实际上，看来原则上应当采纳之。但应当再加上一项限制：该解决方案并不适用于，那些（要求）隐藏法律行为（遵从）要式的理由，已因虚伪法律行为的要式被遵从而得到满足的情况。这项限制是重要的。实际上，它也许可以几乎完全地使上述原则有等于无。我们认为，这一限制可见于上述两种假设情况。之所以要求买卖与赠与须符合要式，其主要理由有二：其一，迫使当事人［更准确而言（rectius），是出卖人与赠与人］对相关行为的那些后果深思熟虑；其二，为所售或所赠财物的移转创造可靠证据。当有虚伪买卖或赠与的公证书时，上述理由即得到完全的满足。然而，在虚假中介的情况下，当中介人向取得人作出的（虚伪）移转没有符合要式这一要件时，看来必须采纳不同的解决方案；这是因为，此时上述第二项理由尚未被满足。可是，现时这个问题已因为 1952 年 7 月 23 日的统一司法见解判例已有了法定的解决方案。该统一司法见解判例写道："用以隐藏赠与的不动产买卖合同，以及用以隐藏赠与的有抵押担保的债权的有偿让与，即使被撤销，赠与亦不可被视为有效。"

以上论述，适用于人的虚伪与法律行为性质的虚伪。至于价格虚伪方面的问题，在法律上应当如何解决（quid iuris）？

如果在买卖公证书上所声称的价金高于真实价金，则合同以真实价金为准产生效果，这一点在葡萄牙法上毋庸置疑。鉴于"较大包含较小"（o mais compreender o menos），故人们认为，真实价金的协定并无欠缺法定形式。但如果所声称的价金低于真实价金呢？

113　参见其 *A simulação*，I，编码 66。其中，认为必然只需要表见法律行为要式便已足够的见解，参见 CUNHA GONÇALVES 博士，前揭著作，第 V 册，第 740 页至第 741 页（其以法国的学说与司法见解为据）。认为当表见法律行为的要式不会比隐藏法律行为的法定应遵要式不庄严时，则需表见法律行为要式即可的见解，参见 MAROI，*Delle donazioni*，第 253 页至第 259 页（其提到此乃意大利的主流学说）；TRABUCCHI，*Istituzioni di diritto civile*，第 4 版，编码 69；1950 年 12 月 9 日的最高法院合议庭裁判（载 *Bol. do Min. da Just.*，第 22 期，第 297 页）。相反（并因而与 BELEZA DOS SANTOS 教授的看法相同的）见解，参见 1944 年 10 月 20 日的最高法院合议庭裁判（载 *Rev. dos Trib.*，第 63 期，第 56 页）；上述 *Rev.*，第 61 期，第 62 页；BELEZA DOS SANTOS 教授与 M. ANDRADE 教授，载 *Rev. da Ordem dos Adv.*，第 8 年，第 1 册及第 2 册，第 91 页。

严格而言，看来买卖并不能以真实价金为准产生效果。而且，甚至还会因而导致或可能导致合同无效，理由是那样的价金既不是出卖人想要的，也不是他（假如知道法律行为部分无效的话）会想要的。

然而，如果是在优先权之诉中，身为被告的买受人主张并证明买卖价金高于公证书上所声称的价金，那么，人们则认为并非如此。在这种情况下，[114] 人们认为，只可以以真实价金为准行使优先权。一般性地看待这个问题而言，BELEZA DOS SANTOS 教授亦是持此见解。[115] 他所提出的理由有两个。

1）从《民法典》第 1546 条与《商法典》第 466 条可以得出，对买卖而言，价金的指明并非必要，仅需指出将会确定价金的人，或据以界定价金的标准即可。

2）通常比民事法律更严格的税务法律（前揭 1899 年规章的第 99 条），对价格虚伪仅处以罚款，这就预设了行为是有效的（第 99 条第 1 附段）。

他并没有提出其他更好的理由，而且上述这些理由（至少是前者）也是不太令人满意的。然而，可用以支持这种见解的理由还有：要求不动产买卖使用公证书，是鉴于所售财物的性质，以及合同所导致的相关移转的性质而设的，而非鉴于买受人所承担的债务而设的。实际上，无论价金多高，动产买卖都不被要求使用任何文书。[116]

115. 虚伪人自己对虚伪的主张是否受有限制

就无害虚伪而言，虚伪法律行为的无效可由虚伪人自己予以主张，这早已是公认的见解。就诈害虚伪而言，相同的见解现已由 1950 年 5 月 10 日的统一司法见解判例（Assento）予以确认。然而，观乎法律规定，这个问题是很有争议的，而且这种争议并非事出无因。这个问题至今仍值得探究（虽然已有上述统一司法见解判例），因为当中所涉及的那些考量，对实定法层面上的其他论题而言是有助益的，而且，若以立法论的角度（*de lege*

---

[114] 这是该问题通常所会涉及的唯一情况。在双方虚伪人之间，并不容易就这方面产生争议，这甚至是因为价金已被当面支付，至少就超出公证书上所指价金的差额而言是这样。

[115] 参见其 *A simulação*，I，第 365 页至第 368 页。

[116] 甚至不动产买卖亦然，参见第 1590 条第 1 附段（该条文现已被《公证法典》第 163 条废止）。该条规定要求出卖人的意思表示采用私文书，但并不要求买受人的意思表示采用私文书。

ferenda）看待我们的问题，此等考量亦有其重要性。

主流意见认为，诈害虚伪可以在双方虚伪人之间予以主张。然而，也有人持相反观点，而 JOSÉ TAVARES 便是这种取态的代表。为了支持这种见解，他援引了《民法典》第 692 条以及《刑法典》第 455 条。

第 692 条规定，"如合同以某种犯罪事实或受谴责事实（facto reprovado）为原因或目的，且双方缔约人就上述事实互相串通，则在法庭上无须听取任一方缔约人关于上述合同之陈述；然而，如仅有一方缔约人为恶意，则另一方缔约人无义务履行其许诺，亦无义务返还已受领之一切，并得请求返还已给付之一切"。此条文一般性地确立了一项古老的见解。人们常以下述法谚来总结这项见解：*nemo auditur propriam turpitudinem allegans*〔无人须（在法庭上）被听取自己就自身恶行所作的陈述〕。就上述条文的第一部分（它是现在直接关涉的部分）而言，源于前揭法谚的相应法谚：*in pari causa turpitudinis melior est condition possidentis*（就相同的恶行而言，占有人之状况较优）。

另外，（《刑法典》）第 455 条就"作成虚伪合同，损害第三人或国家者"订有某些罚则，而且仅需存在损害的可能性即可（1946 年 3 月 22 日统一司法见解判例）。[117] [118]更何况，无论如何，诈害虚伪也应当是受谴责的。[119]

因此，在诈害虚伪的情形下，合同便是以一项犯罪事实或至少是受谴责事实为原因或目的。由此可见，根据第 692 条第一部分（只要双方虚伪人互相串通），则任一方缔约人均不可主张虚伪，至少借以改变事实状况，请求返还已根据虚伪合同执行的任何给付。例如，倘若 A 虚伪出售一项房地产予 B，则 A 便不可在法庭上主张虚伪买卖无效，至少是不可通过起诉这样做，借以请求返还该项已转由 B 管领的房地产。

主流见解基于两项理由而反对以上看法。

1）第 692 条提到合同，自然是指真实的合同，而非虚假的合同。

2）如果将这个条文适用于虚伪的话，将会导致虚伪取得人不公正地得

---

[117]　这样说更好：仅有造成损害的意图即可（参见第 1031 条）。例如，为了规避第 1565 条的规定而进行（虚伪）中介，及后虚伪人们以新的公证书取消（先前的）买卖。

[118]　在第 21730 号命令第 5 条的情形下，虚伪根据第 6 条受处罚。至于税务虚伪的专门制裁，则参见编码 114。

[119]　此外，难道不能说，一旦无害虚伪有可能导致第三人最终遭受损害（即使双方虚伪人都并非旨在这样做亦然），则无害虚伪本身也是受谴责的吗？

利（locupletamento injusto），至于虚伪转让人则因而被牺牲掉。

然而，人们也可以提出相反的论据如下。

1）由于第692条并无区分真实合同与虚伪合同，因此该条文所说的合同完全可以包括这两种情形。

2）因适用该条文而导致的得利，在真实合同的情形也必然会发生，但真实合同是不可能不适用该条文的。

3）即使这种得利是不公正的也好，但无论如何，法律希望认可上述得利，也是可以理解的。之所以这样说，是出于以下两点考量。

a）如果允许那些试图暗中损害第三人或国家或者违反法律（leis）的违法（agiram contra o Direito）虚伪人，当最终反受自身诡计所害时，可以事后求得法（Direito）的救济的话，那是令人反感的，因为那是对法律的权威，以及正义的庄严的一种冒犯。

b）其中一方虚伪人得利，而另一方虚伪人则因而被牺牲掉，这种可能出现的情况乃是一种额外惩罚，那只会有助于遏止虚伪。

综观上述意见，我们的看法又应当是怎样的？

那些认为（诈害）虚伪不得由虚伪人自己主张的论者，从第692条的行文所能得到的支持，充其量只是：该条文的用词并没有决定性地否定这种见解。因此，要解决问题，还是应当求助于对（种种见解的）合理性的考量。为了证明所能引致的不公正得利是可取的，前述见解给出了一些解释，但我们认为，这些解释并不适当。的确，前述见解是可被反驳的。

1）根据我们的法律上伦理感（sentimento ético-jurídico），其中一方虚伪人得以保留仅仅是虚假地获交付的东西从而得利，至于另一方虚伪人则因而被牺牲掉，这种情形相较于"任一方虚伪人诉诸法院，使虚伪法律行为并非有效（invalidar），并请求返还已向他方当事人给付的东西"而言，是更加令人愤慨和反感的。

2）以这样的一种结果作为预防虚伪的方法，是极不容易奏效的，这是因为，当某人希望实行虚伪时，他会选择一个他完全信赖的人作为同谋，而并不会想到这种信赖最终会被辜负。[120] 这肯定是相反意愿证书

---

[120] 对虚伪是由虚伪取得人主动建议实行的情形而言，文中所说的选择应该灵活地予以理解。这种情形固然罕见，但还是有可能发生。例如，进行虚假出售或借贷，以便虚伪买受人或虚伪贷与人可以显得富裕，无论那是纯粹出于炫耀意图，还是意在欺骗或诈骗第三人，使第三人与其缔约等。

（contra-letras）在葡萄牙并不普及甚或毫无使用的原因之一（参见下文，编码 120）。

　　3）按照现在我们所批评的前文最后一点考量的逻辑，甚至以抗辩来主张虚伪的可能性也应当被排除。这样的话，在不久之前所举的那个事例中，假如房地产没有被转交由 B 管领，但 B 后来以虚伪买卖的公证书为据请求交付，则不应承认 A 可以合同的虚伪为由予以防御。然而，这种结果是不能接受的，因为如果将这种结果转用于那些不法但真实的合同，便会导致这些合同完全有效，这是完全与第 671 条第 4 款的处理方案相违背的。总而言之，鉴于上述理由，我们所赞同的是主流意见，因为在我们看来，人们用以反驳主流意见的那些考量并不是决定性的。[121] 因此，我们赞同 1950 年 5 月 10 日的统一司法见解判例。无论如何，必须保护行事时无加害心态（*animus nocendi*）的虚伪人的地位——那要么是因为虚伪乃是旨在损害他而实行的阴谋诡计（参见上文，编码 110），要么是因为他认为由他方所谋求的目的是无害的。

---

[121]　主要参见 *Rev. de Leg.*，第 72 期，第 68 页。至于在那之后的学说与司法见解，作为例子，参见 PINTO COELHO 教授，载 *Jornal do Foro*，第 4 期，第 2 页；BARBOSA DE MAGALHÂES 教授，载 *Rev. da Ordem dos Adv.*，第 III 年，第 1、2 册，第 60 页；PAULO CINHA 教授，载 *Direito*，第 76 期，第 290 页；1942 年 5 月 5 日（*Bol. Of.*，II，第 139 页）、1945 年 12 月 21 日（*Bol. Of.*，V，第 522 页）及 1948 年 5 月 4 日（*Bol.*，n.°7，第 251 页）的最高法院合议庭裁判。

　　BARBOSA DE MAGALHÂES 教授提出了一项新的论据来反驳主流意见。其论据可概要如下：《民事诉讼法典》只承认诉讼虚伪（simulação processual）（在判决作出后）可以在基于第三人反对而提起的上诉（recurso de oposição de terceiro）（第 778 条及第 780 条）中予以主张，而不是可以通过任何赋予虚伪人自身的手段予以主张；适用于实体（法）虚伪（simulação substantiva）的处理方案，没理由是不一样的。然而，以下的几点考量可用以反驳这一论据。

　　1）如果在判决之前已知悉虚伪，则法官必须作出判决使诉讼虚伪人的目的落空（第 665 条）。

　　2）如果诉讼虚伪在被实行后，可以由虚伪人自己予以主张的话，情况便会比起法律行为的虚伪更为严重。的确，在前一情形，为了实现虚伪目的，虚伪人促成了司法机关的介入。因此，学术界总是极不愿意认同诉讼虚伪可由虚伪人自己予以主张。

　　3）关于自认、认诺、诉的撤回、请求的舍弃与和解方面，即使那是在法庭上实行的，《民事诉讼法典》亦允许它们因为虚伪而无效（第 780 条第 2 款），甚至认为为此目的而赋予的那些特别手段，仅可由当事人自己使用。

　　4）根据法律的行文，基于第三人反对而提起的上诉，是让双方虚伪人所欲损害的第三人提起的（第 780 条第 2 款），而不是让那些最终（因为自身的诈害虚伪与无害虚伪而）反受其害的人提起的。无论如何，就法律行为的虚伪而言，从该处所得的论据是一种过度论证，这至少是因为根据那种看法，就连无害虚伪亦不可由虚伪人予以主张。

116. 关于虚伪与第三人的概述

第三人的概念

在虚伪事宜上，第三人是指任何并非虚伪人或其继承人（或受遗赠人）的人，除非（就后者而言）那是为了保护自己的特留份而对虚伪法律行为提出争议的特留份继承人。然而，第三人还必须是一项因为虚伪法律行为的有效或无效而被不法损害的权利（法律状况或地位）的拥有人，即使只是其实际稳健性（consistência prática）被不法损害（债权人）。[122]

对第三人而言虚伪法律行为的价值·问题的各个方面

在知道哪些人应被视为虚伪事宜上的第三人后，接下来要探究的是：虚伪法律行为对虚伪人自身而言是无效，那么，它对第三人而言是否也是无效。很容易看出，这个问题可以分解为两个问题：

1）因为虚伪法律行为而受损的第三人，是否可以主张虚伪；

2）是否可以向因虚伪法律行为有效而得益的第三人主张虚伪。

因此，必须区分两种第三人。例如，如果 A 将一项房地产虚伪出售予 B，则前者的债权人会因买卖的无效而得益，而后者的债权人则有或可以有对立的利益。

上述两个问题是最根本性的，它们会牵涉下文将会阐述的另一个问题。

117. 因虚伪法律行为无效而得益的第三人主张虚伪·Ⅰ）特留份继承人·Ⅱ）国库·Ⅲ）债权人·Ⅳ）优先权人

我们已经确认过，非为虚伪所指向对象的那些第三人（terceiros contra os quais não tenha sido dirigida a simulação），亦可主张虚伪（参见上文，编码 112）。现在我们要厘清的是，非为虚伪所指向对象的第三人，既包括因无害虚伪而受损的第三人，亦包括因诈害虚伪（诈害其中一方虚伪人，或钻任何并非旨在保护特定人的法律规定的空子）而受损的第三人。[123]

然而，我们还应当集中探究某些细节。为此目的，下文将把四种在现实生活中最常见的第三人区分开来讨论。

---

[122] BELEZA DOS SANTOS 教授，前揭著作，I，第 390 页；REIS MAIA，*Direito geral das obrigações*，编码 492。

[123] 相反见解，参见 1947 年 11 月 7 日最高法院合议庭裁判（*Bol.*，n.°7，第 82 页）。就文中我们所谈的问题而言，"损害第三人的意图"看来被该裁判认为是重要的。

Ⅰ）特留份继承人

特留份继承人可以主张虚伪法律行为无效（无论是在绝对虚伪还是相对虚伪的情形），只要该项法律行为一旦维持成立，便会导致其特留份受损害即可。否则，他们只可作为虚伪人的代理人（或继承人）主张虚伪，并因而亦受制于虚伪人主张虚伪的那些前提条件。因此，在这种情况下，就虚伪人自己对虚伪予以主张或证明而言所可能存在的限制，皆必须适用于他们。

然而，特留份继承人可否为了维护其地位，而在被继承人在世时，针对由他作出的虚伪法律行为采取行动？

根据主流见解，最正确的解决方案是否定这种可能。[124]

例如，在父母在世时，子女并不对父母的财物拥有任何物权或债权（direito nem *sobre* os bens nem *aos* bens destes）。他们只拥有一种期待：最终必能继承父母死亡时尚存财物的一半，再加上父母生前（*inter vivos*）所赠与的财物。这使得在继承开始之前，他们不能将其特留份人地位用作交易（第 1556 条及第 2042 条）。所以，虚伪并无损害特留份继承人的任何权利。更何况，特留份继承人仅于被继承人死亡时，才有可能知道相关继承值多少钱，从而知道其特留份值多少钱。

然而，最高法院的一则统一司法见解判例（1941 年 12 月 19 日）确立了相反的处理方案。那只不过是确立了早已广泛地在司法见解上占主导地位的取态而已。判决写道："即使在父母在生时，子女亦可声请撤销父母为了损害他们而虚伪地缔结的债务，因此无需证明损失的实际存在。"[125] 接下来，我们会界定这项裁判的确切意义何在。

它只对创设债的虚伪行为有所规定。然而，相同的处理方案难道不适用于最终可损害子女特留份的其他虚伪法律行为吗？我们认为是适用的，因为并无理由作区别对待。在一宗关于"为了损害子女特留份而进行虚伪出售"的案件中，最高法院正是作了这样的裁判。[126] 涉案的房地产，是父亲唯一的房地产。

另外，上述统一司法见解判例也只对子女有所规定，而没有对其他可

---

[124]　例子参见 BELEZA DOS SANTOS 教授，*A simulaçao*，Ⅱ，第 36 页至第 58 页，以及该处所引的学者们；REIS MAIA，前揭著作，编码 496。

[125]　显然，在父母在世时，子女绝无可能证明特留份的当前实际损失。

[126]　1945 年 10 月 12 日的合议庭裁判（*Bol. Of.*，Ⅴ，第 403 页）。

能的特留份继承人有所规定。但我们认为，前者的处理方案亦应当适用于后者。在这里同样没有理由作区别对待。两者完全是类似的，或其类似程度至少是足够（支持类推适用）的。[127]

最后，这则统一司法见解判例完全没有处理的另一个问题是：如果被继承人无意损害子女，那么子女（与其他特留份继承人）可否主张虚伪。这个问题是重要的，因为这些虚伪法律行为最终也可能损及特留份，这一点无异于那些意在损害子女的虚伪法律行为。但是，我们认为，不应该将这则统一司法见解判例所定的处理方案延伸适用于这些虚伪法律行为。仅在格外严重的情形下，方应认为子女可以干预父母的法律行为。当存在损害意图时，损失的危险总是比较大的。同样，至少从子女的观点来看，父母的态度是更应受指责的。甚至可以说，在这种情形下，子女也不是真正地干预父母的法律行为，而只不过是捍卫父母所欲损害的自身权利而已。因此，总而言之，并无理由将上述统一司法见解判例所定的处理方案类推适用于现在所讨论的情形。[128]

II）国库

显然，当任何法律行为的虚伪会造成库房损失时，库房即会因主张法律行为虚伪而得益。我们已经知道，库房是可以主张虚伪的（即使虚伪人行事时无相应的诈害意图），而视乎虚伪是法律行为性质虚伪，还是主体虚伪，抑或仅仅是价格虚伪，后果也会有所不同。

III）债权人

债务人可以以虚伪法律行为来减少自己的资产（让与）或增加自己的

---

[127]　正如文中所暗示般，一则统一司法见解判例的处理方案，是可以被类推适用的，其条件相同于假设它有被法律明定那样；假如说，不会因为统一司法见解判例针对具体争议案件作宣判，因而在此不太适合使用反面推论（argumento a contrario sensu），所以会令（类推适用的）条件更为宽松的话。当该项解决方案被认为不太合法时，也仍然是这样。作为获认证的法律解释（interpretação autêntica da lei）（译者按：有译为"法律的有权解释"），因而约束各法院（《民事诉讼法典》第768条III）的统一司法见解判例，其权威就此目的而言完全比前述（对合法性的）考量更为重要。前述（对合法性的）考量，只能有助于解释相关的处理方案（因为在遇有疑义时，必须选择最贴近完全合法的那种含义），或者当统一司法见解判例抵触法律而规定某项法律行为有效，但没有界定以何种方式有效时，至少是有助于界定相关法律行为的法律效力或法律上的稳健性。这是因为，必须尽可能推定全庭法院（Tribunal Pleno）对法律进行了正确的解释。参见 M. Andrade, *Noções elementares de processo civil*, 编码 276。

[128]　仅当最初是出于其他意图而实行虚伪，但后来则转而以欺骗特留份继承人的意图维持虚伪时，才不是如此。

负债（承担新债务），从而损害其债权人。受损的债权人无疑可以主张虚伪，然而，是在何种条件下才可主张？

债权人可提起的虚伪之诉的要件，与废止之诉或者说债权人争议之诉（acção pauliana）的要件的比较

后一项诉讼所对抗的，是那些由债务人所实施的有损债权人的真实（亦即真心实意的）行为。它被规范在第1033条至第1045条。债权人可以借此手段，废止该等法律行为，从而令那些因该等法律行为而脱离债务人财产（património）的财物（bens），回归到债务人的财产之中（第1044条）。

这项诉讼取决于下述的一众要件。

1）债权的在先性（anterioridade）

仅当债权的产生先于所欲废止的法律行为时，债权人方可提起债权人争议之诉（第1033条）。

2）债务人无偿还能力

该项法律行为必须导致债务人无偿还能力，或加剧其无偿还能力（第1033条），而且，在相关诉讼被提起时，这一状况必须仍然持续（第1040条）。此即古人所谓的"损害结果"（*eventus damni*）。

3）按时提起诉讼

债权人争议之诉受第1045条的期间所约束，亦即自无偿还能力被司法核实开始起计1年。诉讼必须在这段时间届满之前提起。

4）债务人与其相对人的恶意

无论所欲争议的法律行为是无偿还是有偿的，皆适用上述各项要件。除了这些要件之外，根据葡萄牙法律（至于罗马法与现代普遍的立法例，皆非如此），还有一项仅适用于有偿法律行为的要件，那就是恶意。它是指债务人的恶意，以及与债务人缔结法律行为的第三人的恶意（第1034条）。传统上，这被称为诈害图谋（*consilium fraudis*）或者说保路斯*诈害（fraude pauliana）。

这一恶意，被第1036条定义为对无偿还能力（或其加剧）的知悉。依此规定，恶意被理解为意识到将会［仅仅基于该项法律行为，或基于该项法律行为结合嗣后的行动（例如，出售后将价金挥霍掉）］而对债权人造

---

*　此诉名为acção pauliana（拉丁文 actio pauliana），有译为"保利安之诉"。然而，这名称乃是源自罗马法学家 Paulus（保路斯），而 pauliana 则是形容词，意指"Paulus 的"，故不宜将其音译为"保利安"或"保利安那"。——译者注

成损害，而无须有损害债权人的意图。[129]

虚伪之诉的要件，则是相当不同。

1）债权的产生，无须先于所欲撤销的法律行为。债权人，即使是后来的债权人，也可以因主张虚伪法律行为无效而得益，因为该项法律行为会损害到他们（参见第 1031 条）。该项法律行为的实施，同样也可以是意在损害后来的债权人。这习惯上被称为"为了损害将来债权人而预定的诈害"（*fraus future creditoris*，诈害将来债权人）。[130]

2）通说认为，虚伪法律行为无须导致债务人无偿还能力，或加剧其无偿还能力；仅需在提起诉讼之时已出现（无偿还能力）这一事态即可。除此之外，肯定别无要求。然而，那真的是不可或缺的吗？

葡萄牙传统学说持肯定说。[131] 但在我们看来，这一立场非常值得质疑。我们认为，即使在虚伪法律行为维持成立时，债务人的财物仍然足够用以偿付一切债权人，债权人也可以主张无效，只要债权人会因而得到其他重要利益即可。

例如，如果剩余财物虽然是足够（用以向债权人作出偿付）的，但位处远方（例如，在外国或诸殖民地），因而执行需时或不便执行，则债权人也可以撤销由债务人所作的虚伪出售。上述重要利益也可以表现为，对无偿还能力[132]的合理担忧，但必须注意的是。除此之外，法律也允许债权人利用其他同样或更加严厉的一些手段，诸如《民法典》第 741 条（附期间之债的提前到期）及《民事诉讼法典》第 409 条第 3 款（假扣押）。[133]

总括言之，仅需债权人有重要利益即可，而无需债务人无偿还能力，这一见解有下述理由作为依据：第 1033 条及第 1040 条的反面推论（*argumento a contrario*）；容许受损害者提起虚伪之诉的第 1031 条，并无作更多说明，甚至也并无指出那必须是现时损失，而非纯粹或然损失；最后，尚有以下原则可资佐证：绝对无效可由任何利害关系人予以主张。

关于上述最后一点考量，应当指出的是，就绝对无效的主张所要求的利

129　*Rev. de Leg.*，第 66 期，第 344 页。

130　这同样可以通过真实的法律行为为之，但该等债权人也并不因而可提起债权人争议之诉，这是由于，必须顾及另一方债权人的利益：*Rev. de Leg.*，第 66 期，第 345 页。

131　参见 G. Moreira，Ⅱ，编码 44。

132　现时的无偿还能力，或将来的无偿还能力。

133　亦参见《民事诉讼法典》第 1539 条，Ⅰ（合营组织资本之减少）。

益，如同任何诉讼所要求的利益［所谓的诉之利益（interesse processual）］[134]那样，总是被认为可以出于对将来损失的合理担忧；这样仍不失为一种现时的利益（interesse actual）。[135]

甚至可以认为，债权人仅仅因为是债权人，故有正当性提起虚伪之诉。可以说，只要虚伪法律行为削减了债务人的财产，便减低了相关债权的价值（其交易价值）。债权的价值，正是取决于该项财产的稳健性。另外，也有可能出现下述的情况：由于后来发生的事情，导致（债务人）无偿还能力，而那时候又已经难以证明虚伪，或者甚至因为被虚伪转让的财物，再被虚伪取得人移转予善意第三人（参见下文，编码118）或已被次取得人透过取得时效制度取得，因而证明虚伪亦于事无补。[136] 因此，就虚伪的主张而言，债权人必然具有现时利益，即使那只不过是为了避免或然损害；债权人必然因为虚伪而有潜在（virtualmente）损失。的确是可以这么认为的，但在我们看来，（这种见解）也不应该延伸太过。这是因为，即使作出了虚伪法律行为，债务人所具备的偿还能力之大，还是有可能大到让债权的价值依然完好无损，因而实际上不用担心（债务人）将来会无偿还能力。[137]

3）第1045条的期间或任何其他期间（参见上文，编码112），皆不适用于此诉。

4）在虚伪的情形，并不要求（虚伪人）有损害债权人的意图，甚至不要求（虚伪人）意识到有上述损害（甚至仅仅是或然损害）。只要该损害（现时损害或潜在损害）以上文所述方式存在即可。这是因为，既然基于在虚伪法律行为之后才产生的债权而成为债权人的人，也可以提起虚伪之诉，那么假如再有这种要求的话，便令人费解。

Ⅳ）优先权人

毫无疑问，优先权人可以对损害了他们权利的虚伪予以主张。该虚伪

---

[134]　这项利益是指，诉诸司法手段的必要性。参见 M. Andrade, *Noções*, 编码 50。

[135]　的确，根据主流学说，该项利益必须是现时利益，但不应将利益的现时性与损失的现时性混为一谈。损失可以单纯是潜在的。

[136]　何况，虚伪取得人还可能无偿还能力。

[137]　传统学说也许有 1935 年《破产法典》的立法理由书（编码 12）以资佐证。用以支持文中见解的理据，则有 1941 年 12 月 19 日以及 1946 年 3 月 22 日的统一司法见解判例。相同或相当类似的见解，参见 FERRARA, *Simulazione dei negozi giuridici*（载 *Nuovo Digesto Italiano*, XII, I），编码 12; Demogue, *Traité des obligations*, I, 第 536 页; 以及 PAULO CINHA 教授, *Da garantia nas obrigações*, I, 第 334 页以下。

可以是法律行为性质虚伪，也可以是价格虚伪。在这之后，优先权人即可针对隐藏法律行为或者说针对真实价格行使优先权。

118. 向因虚伪法律行为有效而得益的第三人主张虚伪

葡萄牙主流意见认为，不可向善意第三人主张虚伪。[138] 假设，A 向 B 虚伪出售一项房地产，而 B 后来违背协议，将该房地产以真实的买卖出售予 C，那么，根据上述见解，一旦 C 是善意地行事的话，A 便不可向 C 主张首次买卖的虚伪，使该项合同无效（invalidar），并连锁地致使第二次买卖无效。

这种处理方案，理据何在？我们不能单纯将表示理论作为其理据。此项理论，无疑是着眼于受意人所由取得权利的第三人的利益；然而，第三人的利益并不被认为是独立地受保护的。第三人的利益只是因为（法律）对受意人利益予以保护而被间接顾及而已。因此，人们一致认为，一般而言，表意人可以向受意人主张法律行为并非有效，也可以向第三人主张其并非有效，即使第三人是善意的亦然。这项原则有传统看法 [*nemo plus iuris in alium transferre potest quam ipse habet*（无人可向他人移转比自己所拥有的更多的权利）；*resoluto iure dantis resolvitur ius accipientis*（给予者的权利一旦解除，受领者的权利亦随之解除）] 以及第 697 条及第 698 条规定为据。

这样的处理方案，就障碍错误、瑕疵错误、欺诈或胁迫、形式瑕疵、无能力等所导致的无效而言，是被公认的。不可向善意第三人主张虚伪，这一特别的解决方案，只能把这种情形的极为独特之处作为理据：的确，虚伪人是蓄意地为了瞒骗第三人，而制造出一项他们实际上并不想作出的法律行为的表象（aparência）。因此，针对那些信赖相关法律行为是认真地为之的第三人所实行的虚伪，假如可以由虚伪人援用的话，是格外不公并有损交易安全的。易言之，由于这项无效事由是（虚伪人）为了欺骗第三人而有意地促发的，因此，不可向任何善意第三人主张这项无效事由，是

---

[138] 　G. MOREIRA，前揭著作，I，第 405 页、408 页及第 409 页；*Rev. de Leg.*，第 40 期，第 179 页，第 54 期，第 59 页，及第 72 期，第 70 页；BELEZA DOS SANTOS 教授，前揭著作，I，第 380 页至第 390 页；REIS MAIA，前揭著作，第 493 页。相反见解，参见：CUNHA GONÇALVES 博士，前揭著作，V，第 744 页至第 747 页。

　　文中见解，乃法国与意大利的通说。在德国，则奉行相反的原则，但有各种一般制度——在这个领域和其他领域——在很大程度上保护了第三人的利益。

合理和公正的做法。[139]

若为其他的无效事由，则有所不同。它们要么不是由可主张无效事由的当事人的过错所促发的（无能力、欺诈、胁迫），要么不是为了瞒骗他人而被有意地促发的（错误），要么至少是任何人都能识别，因此理应是不能欺骗任何人的（形式瑕疵）。由此可见，跟虚伪相反，在这些情况下，当可以向相对人主张无效时，也可以向第三人主张无效，这种做法是正确的。

在笼统地为上述处理方案提供理据后，便应当精确地界定，在何种情况下，上述处理方案必须获得承认。

1）为此目的，只有那些权利因为虚伪法律行为无效而受损的人，亦即那些因而遭受损失的人，方被视为第三人。至于那些仅仅是因为该项法律行为的有效而获利的人，则不被视为第三人。依此见解，向优先权人主张买卖价格虚伪（在公证书上所声称的价格低于真实价格）或法律行为性质虚伪，是完全被容许的。这并不会对优先权人造成不公正的损害，他仅须被豁免支付相关诉讼的费用与其他开支。同样，如果虚伪买卖的买受人，是后来以一般共同财产制结婚的妻子，则出卖人甚至可以向丈夫主张虚伪。这是因为，该名丈夫仅有权分享实际上属于妻子的财物；而且，可以影响任一方婚姻缔结主体结婚决定的那些财产上的动机，法律亦不予以理会。[140] [141]

2）第三人仅需于相关权利取得之时是善意的。在这里，如同其他许多事宜上那样，*mala fides superveniens non nocet*（嗣后恶意不生影响），这是因为，即使第三人嗣后是恶意的，若可向第三人主张虚伪的话，第三人也是会不公正地受到伤害。

3）恶意，是指知悉虚伪。注意，是实际知悉，而非仅仅是可认知。第三人不知悉虚伪的过失，无论多么严重也好，相较于虚伪人的故意而言，也只是小罪一桩。也许，还可以因此而认为，在这里单纯怀疑有虚伪存在，

---

[139]　参见 *Rev. de Leg.*，第 72 期，第 70 页。

[140]　一个属此类型的案件，参见 1945 年 2 月 7 日波尔图（Porto）中级法院合议庭裁判，以及 1945 年 10 月 6 日最高法院合议庭裁判（载 *Bol. Of.*，V，第 390 页至第 558 页）。该两则合议庭裁判所持见解，与文中所持见解相同。涉案的是一项保留用益权的虚伪出售，这项出售意在保护出卖人（及其家庭）免受其挥霍倾向所害。这一虚伪被前述两个法院定性为无害虚伪。但在我们看来，这是相当值得商榷的。

[141]　根据文中所述的处理方案，要为"虚伪人不得请求返还已因虚伪行为而支付的税项"这一做法提供理据，可能会有困难。然而，似乎无须排除那些以无偿名义取得权利的人。

或者说，对虚伪的存在抱有疑问，是不够的，必须是肯定有虚伪发生方可。[142][143]

119. 因虚伪法律行为无效而得益的第三人与因其有效而得益的第三人之间的利益冲突

下文将举例说明出现这种冲突的可能性。法律并无预见到（prevê）这些冲突，故没有直接对它们有所调整（provê）。因此，必须以葡萄牙法律框架内看来是最合理的解决方案来解决这些冲突（第16条）。

我们将只会考量这些冲突之中某些最适切的类型。首先应当一般性地指出，利益必须退让于他人利益的那些第三人，不仅可以就损失与损害，针对其权利所由取得的虚伪人提起诉讼，还可以针对相关的同谋提起诉讼，也就是说，可以针对任何虚伪人起诉。[144]

1）虚伪转让人的债权人与虚伪取得人的债权人之间的冲突

假设，A向B出售一项房地产。A有一名债权人C，B同样有一名债权人D。一方面，C作为A的债权人，原则上应当可以主张买卖的无效。然而，另一方面，D若为善意，则有权让买卖被视为真实的因而是有效的买卖。在这些互相冲突利益中，原则上各项利益都是值得被尊重的。那么要如何解决这个问题？

我们只能仅仅优待这些利益中的其中一项，而牺牲另一项。合理的解决方案——那相当于对所涉利益的最公正权衡——是牺牲C（亦即虚伪转让人的债权人）的利益，而优待D（亦即虚伪取得人的债权人）的利益。

C的债权，要么是先于债务人A所实施的虚伪法律行为，要么是后于它。

a）如果是先于虚伪法律行为的话，那么，就算买卖被视为真实买卖也

142　FERRARA，前揭著作，编码10；MESSINEO，*Dottrina generale del contratto*，第3版，第318页。FERRARA提醒道，甚至连另一名虚伪人已向第三人告密说存在虚伪，也是不够的，因为那可能只是旨在说服第三人放弃缔结合同的一项诡计而已。

143　传统学说，以该项瑕疵的不可对抗性这一概念以及相关的无效来解释虚伪的处理方案。然而，有些人则求诸权利表象（aparência de direito）这一现代理论。持此看法的有MENGONI，*L'acquisto a non domino*（1949），编码45至编码49。然而，该理论很大程度上减弱了对第三人的保护，因为它并不向单纯债权人、以无偿名义取得（财产）的人、虚伪债权受让人赋予保护。

144　在此领域也许正确——虽然根据主流学说，对上一编码所述的那些关系而言，它并不正确——的另一种基本思路是，要考虑每一名涉事的第三人究竟是以无偿名义还是有偿名义取得权利。

好，法律也会向 C 赋予一项在许多时候都奏效的保护手段，也就是废止之诉或称债权人争议之诉，只要符合所适用的诸项要件即可。

b）如果是后于虚伪法律行为的话，就不能再犹豫是优待 C 的利益还是 D 的利益了。因为，要么 C 以为 A 所作的转让是真实转让，因此已不指望其债权能以被转让的那项房地产的价值为担保；要么 C 知道该转让是虚伪转让，而在这种情况下，若未看到虚伪转让被撤销，他根本就不应该与 A 缔约。[145]

现在来看看 D 的处境：马上可以知道的是，如果买卖可被撤销，则他就只剩下向 A 请求赔偿的权利，用以保护自身利益。如果 A 无偿还能力，这项权利是意义不大甚至毫无意义的。可是，还有其他的理由。D 的债权要么后于虚伪买卖，要么先于它。

a）如果是后于虚伪买卖的话，由于 D 是善意的，因此他并不知悉虚伪，故在成为 B 的债权人时，他完全可能已经在其对 B 偿还能力的盘算上，考虑到相关房地产的价值。损害他的这项正当期待，是不公正的。[146]

b）如果债权是先于虚伪买卖的话，看来便不值得顾及 D 的利益了。在他创设债权之时，他不可能考虑到该项房地产，因为相关买卖仍未被缔结。然而，D 在知悉买卖后，可能会因而打消了因忧虑债务人偿还能力而起诉债务人的念头。

至少，如果在 C 提起适当的虚伪之诉前，法院已为 D 查封（或假扣押）了相关房地产的话，上文所主张的解决方案是适用的。

2）虚伪转让人的债权人与虚伪取得人的次取得人之间的冲突

虚伪转让人或虚伪取得人的次取得人（subadquirente），是指任何从虚伪转让人或虚伪取得人那里（通过买卖或赠与）取得所有权或其他物权的人，该项所有权或物权以构成虚伪法律行为客体的一个或多个物为客体。只要将前述事例中的 D，由 B 的债权人改为相关房地产的买受人或受赠人，便是这个类型的事例。

应当优先对待 D 的利益，而否定 C 主张虚伪因而使 D 受损害的可能性。个中理由，就类似于上文为前一事例而提出的那些。而且，立刻便可以直观地得知，次取得人所得到的保护，不应该比单纯的债权人的少。

3）虚伪转让人的次取得人与虚伪取得人的次取得人之间的冲突

A 向 B 虚伪出售一项房地产。B 又将房地产出售于 D，而 A 同样将该房

---

[145] 然而，C 的债权可能不是源自法律行为，而是源自不法事实，这样的话，也许就应当对文中所述的处理方案加以限制。

[146] 如果在债权创设之时，旨在撤销虚伪买卖的诉讼已被提起的话，则可以有别的解决方案。

地产二次出售于 C。假设后两项合同是真实的，那么在法律上如何解决（*quid iuris*）？

答案看来很简单：A 与 C 之间的买卖本身是真实的；为了 D 的正当利益和信赖，A 与 B 之间的买卖同样也应当被视为是真实的。这样，便有两项客体相同的买卖，而且都是真实的或者被视为真实的。那么，当存在两项这样的买卖时，哪一项优先？如果是动产，则适用第 1578 条的规定：较早的那项买卖优先（*prior in tempore*，*potior in iure*；时间上优先，则权利优先），如果无法知道何者较早，则买受人已占有了物的那项买卖优先。如果是不动产，则首先登记的那项买卖优先（第 1580 条；参见第 949 条、第 951 条及第 952 条；亦参见《物业登记法典》第 157 条、第 159 条及第 163 条）。若两者皆无登记（当房地产由于被登记在 A 以外的其他人名下，因而两者皆无法登记时，这方见重要），则适用为动产买卖而设的第 1578 条规定（第 1580 条）。

因此，在上举事例中，优先的是首先被登记或最终有被登记的那项买卖。上述处理方案看来是公正的，因为它既保护了 D 因为 A 和 B 之间的买卖是真实买卖（正如 D 对该买卖的判断那样）而得的利益，又仍然能保护 C 的利益，如果 C 是适当地小心谨慎行事的话。倘若像我们的例子那样是不动产买卖的话，（通常而言）只要 C 注意查询 A 与 B 之间的买卖有否载于登记，以及注意当其无登记时快速促成其买卖登记，即属适当地小心谨慎行事。

显然，如果某些（或全部）涉事的法律行为是赠与，应予遵循的处理方案也是相同的。第 1578 条及第 1580 条（以及相关的那些规定），根据第 718 条同样适用（相关的那些规定甚至是直接适用）。[147]

---

[147] 正如前述，这种冲突可以有其他的类型。BELEZA DOS SANTOS 教授在其前揭著作，I，第 404 页以下，研究了其中的一些类型。也许至关重要的是，虚伪转让人的特留份继承人与虚伪取得人的次取得人之间的冲突。A 虚伪出售或虚伪赠与一项房地产予 B，B 又将其赠与或出售予 D。C，作为 A 的特留份继承人，希望使第一次移转无效，并因而使第二次移转无效，从而保护其特留份。他可以这样做吗？BELEZA DOS SANTOS 教授追随《立法与司法见解评论》（*Rev. de Leg.*）的见解，认为不能。为什么？其基本思路是：D 的善意，为第一次移转被视为真实移转提供了理据。如果它是真实的，那么，即使那是一项损害特留份的赠与（第 1492 条），特留份继承人也不能废止或扣减它，从而损害受赠人的次取得人。从第 1502 条可以得出这种结论。然而，该条文为第 2107 条第 7 附段的规定设置了例外，后一条文是为受赠人受制于归扣（其定义见于第 2098 条）而且其载于登记的情形而设的。如果是动产赠与，此解决方案必须受有第 1504 条的限制。倘若该虚伪移转是一项买卖，则按照前述看法，显然特留份继承人绝不可以针对次取得人提起诉讼。

120. 虚伪的证明·一般处理方案·该处理方案有否限制

（1）一般处理方案

我们已经知道，可以在法庭上主张各式各样的虚伪。但只提出虚伪是不够的，还必须证明它，亦即说服法院认定虚伪实际上有发生。

原则上，可以使用任何通常被接纳的方法来进行证明，例如，自认、文书、证人、推定。一般而言，法律并未为此设下任何限制。

虚伪可能有直接的证据。实际上，在其他人（想当然尔，是跟虚伪人非常亲近的人）在场的情况下订立（或披露）虚伪协议，这是可以想象的事情。在这种情况下，便可以直接以证人来证明。同样可以想象的是，为防日后出现麻烦（难以证明，或者甚至是虚伪取得人背信），虚伪人使用了文书，记录虚伪一事。这类文书，被称为相反声明（contradeclarações），以往则被称为相反意愿证明书（contra‑letras）或保留证明书（ecritos de ressalva ou de reserva）。例如，双方虚伪人为虚伪买卖订立公证书，但在此前或不久后，却另立私文书（甚至可以是公文书）表示那份公证书与他们的真实意图不相符。在这种情况下，便可以直接以文书来证明虚伪。

但这些情况毕竟是罕见的。一般而言，虚伪人都希望秘密行事，避免有任何证人。另外，在葡萄牙，相反声明的使用并不普遍。因此，通常都不存在虚伪的直接证据。虚伪的证明，几乎总是以一些具有某种程度说服力的迹象或者说推定为之，借以显露出和使人推断出有虚伪的存在。例如，若为买卖，那么，出卖人无偿还能力或针对他的执行程序已经迫近、双方缔约者有血亲关系或友谊关系、出卖人没有必要出售或没有出售习惯、买受人并无占有（所买之物）而且其生活条件说明或解释不了为何他会购买、出卖人继续占有所售的财物（即使是以承租人的名义）或支付相关税项、为出卖人保留用益权、暗中或草率地缔结合同、所出售的是出卖人的一切或几乎一切财物，即属之。[148]

显而易见，这些迹象或者说推定，必须借助证人或文书等予以证明。然而，必须强调的是，在虚伪的迹象性或推测性证明上，揭示适当的虚伪原因（*causa simulandi*）或者说促使虚伪实行的动机或利益，是具有关键意

---

[148] FERRARA，前揭著作，编码 11；1940 年 5 月 4 日最高法院合议庭裁判（载 *Col. Of.*，第 39 期，第 162 页）及 1949 年 3 月 11 日最高法院合议庭裁判（载 *Bol.*，第 12 期，第 307 页）；1943 年 3 月 3 日里斯本中级法院合议庭裁判（*O Direito*，第 75 期，第 106 页）。

义的。否则，这种推定便没有说服力，或者极难说服人，因为没有人是为
了虚伪而虚伪的。[149]

（2）该处理方案有否限制

以往，许多人以《民法典》（第 2425 条、第 2426 条、第 2507 条及第
2508 条）为据，认为当法律行为载于公文书或甚至是私文书时，虚伪的证
明不可通过证人为之，亦不可通过推定为之（第 2519 条），而仅能通过文
书为之。此仅就虚伪人自己想证明虚伪的情形而言。对第三人而言，证明
方式是自由的。

根据新的《民事诉讼法典》，这一处理方案目前已不再适用。关于这一
点，已无疑问可言。[150]

该法典的第 621 条明确规定，当虚伪法律行为载于私文书时，可以使用
证人来证明虚伪。它在这方面没有区分虚伪人与第三人，但根据其思想，
观乎这个问题在旧法中的状况进行区分是合理的。就虚伪法律行为载于公
文书的情形而言，该条文并不同样明确。但结论还是相同的。它规定，"就
公文书具有完全证明力的部分而言，不接受相反或超出公文书内容的人证，
除非公文书被争辩为虚假"。因此，虚伪亦不例外。然而，仅就公文书具有
完全证明力的部分而言，方排除人证。第 530 条表明，公文书仅证明其以下
公证部分属实：公证员对其行动或感知，亦即对他本人所实施的行为或他
本人所见证的事实（或言词）（*propris sensibus visu et auditu*，自身视觉与听
觉所感）所作的任何公证。因此，显然第 621 条并不禁止使用证人（或推
定）来证明虚伪。

如果虚伪协议没有在公证员面前订立或宣示，那么，对虚伪协议进行
证明，便丝毫不悖于公证员公证的可靠性，因而丝毫不悖于文书具完全证
明力那一部分的内容。否则，虚伪的证明便会与文书的内容相左，这就牵
涉对（文书）虚假的证明；对（文书）虚假的证明，可以借由证人为之
（如果适当地提出虚假争辩的话）。

---

[149] 然而，由于虚伪的动机可以是难以探寻的，故应当承认，法院即使无法识别虚伪动机，但
仍可以相信存在虚伪。参见 FERRARA，出处同上。

[150] 1945 年 10 月 6 日及 12 月 21 日的最高法院合议庭裁判（载 *Bol. Of.*，V，第 389 页至第 522
页）、1948 年 5 月 4 日的最高法院合议庭裁判（载 *Bol.*，第 7 期，第 251 页）以及 1949 年
3 月 11 日的最高法院合议庭裁判（载 *Bol.*，第 12 期，第 307 页）；1945 年 2 月 7 日波尔图
中级法院合议庭裁判（载 *Bol. Of.*，第 V 期，第 558 页）及 1947 年 10 月 29 日的波尔图中
级法院合议庭裁判（载 *Bol.*，第 6 期，第 248 页）。

虚伪与虚假

为了能更好地理解上文，我们将尝试清晰地论述这一区分。何谓虚伪，前文已述。文书的虚假（falsidade）则是指，为了使人有某种与真相不符的观感，而制作文书，或事后篡改文书（由表见作者篡改；或由他人篡改，不论是否有串通）。

虚假，可以是物质上的虚假（falsidade material）或认知上的虚假（falsidade intelectual）。物质上的虚假，是指某人将文书制作得仿佛是由他人制作（《民事诉讼法典》第 534 条第 1 款），或者更改文书上原本是真实的日期、内容或签名（第 534 条第 2 款）。就公证文书而言，私人无中生有地（*de toutes pieces*）伪造一份文书，试图使人以为它是由公证员制作的，或者更改（取代、添加、删除）一份实际上由公证员做成的文书上原本所载的东西，即属之。

认知上的虚假，就私文书而言是否（作为有别于虚伪的概念）存在，至少是有疑问的。就公证文书而言，认知上的虚假是指，在公证文书上所提及由公证员实施或见证的任何行为（或言词）实际上完全没有发生，或者并非在所指的条件下发生。公证员公证道，某人作为当事人或证人在现场，但其实那人并不在那里（第 534 条第 2 款），或者公证道，双方缔约人在其面前实施或作出了任何行为（如点算并交付金钱）或表示，但它们事实上并没有发生，即属之。

因此，如果公证员没有参与虚伪协议，则虚伪本身并不构成虚假，无论是物质上还是认知上的虚假。

§3. 其他各种故意不一致

121. 真意保留·概念·真意保留作为法律行为独立瑕疵的实际可能性·类型·效果

（1）概念

真意保留（reserva mental）是指，表意人有意识地发出一项与其真实意思不相符的表示，以图欺骗受意人本人。故其有别于虚伪，这是因为：在真意保留的情形，（表意人的）意图是欺骗受意人本人；因此，并不存在虚伪协议。它就仿佛是单方虚伪（simulação unilateral），而虚伪在某种意义上也仿佛是双方真意保留（reserva mental bilateral）。

（2）真意保留作为法律行为独立瑕疵的实际可能性

很难想象，有人的法律感觉（senso jurídico）会如此不足，以至于以为，仅仅因为他不想发生与其表示相符的法律效果，就足以导致相关法律行为无效（invalidar）。但完全可以设想以下情形：有人误以为法律行为会因为其他事由（如形式瑕疵）而无效，故假意地与他人作出这项他事实上并不想作出的法律行为，以图欺骗他人。由于表意人的假定是错误的，故在这项法律行为中，唯一的异常状况便是真意保留。既然不能以（表意人）所假定的瑕疵为由撤销法律行为，则必须知道，法律行为是否基于上述原因而可撤销。

（3）类型

①若只是意图欺骗，则真意保留是无害真意保留（reserva mental inocente）；若同时意图损害，则真意保留是诈害真意保留（reserva mental fraudulenta）。

人们经常用以下教学例子来说明发生无害真意保留的可能性：有人觉得自己资不抵债，决定自尽；他的一位朋友闻讯，许诺会借他一笔钱，让他能渡过难关；但他的朋友这样做，只是为了让他有时间重新想清楚，打消自杀的念头，而并不是认真看待这一许诺。[151]

②真意保留也可以是被知悉或不被知悉的，这视乎受意人是否察觉到真意保留（通常都是没有察觉到）；不被知悉的真意保留，尚可分为可认知与不可认知的。

③在合同的情形，可以发生单方真意保留（亦即仅仅其中一方缔约人的真意保留），此乃常态；也可以发生双方真意保留（亦即双方缔约人各自的真意保留；例如，双方都各自以为合同无效：其中一方是以为合同因形式瑕疵而无效，另一方则是以为合同因无能力而无效）。显然，在第二种类型，各方的真意保留都可能被受意人知悉，然而，这不可以是因为双方缔约人串通（事先协议）使然。否则，那就是虚伪了。

④如同虚伪一样，真意保留还可以分为绝对真意保留与相对真意保留。相对真意保留的某些类型，被称为真意限制（restrição mental）。

---

[151]　并非旨在损害受意人，亦非旨在使其受惠的真意保留，是可以想象的。在这种情况下，可以存在欺骗第三人（可以是损害或不损害第三人）的意图。

（4）效果

我们已经知道，即使是对意思理论而言，真意保留本身也被视为是无（法律）意义的（irrelevante）。[152] 的确，如果承认，受真意保留影响的法律行为意思表示仅仅因为这一事由便归于无效，那是极度不公正和严重损害交易安全的。

一切立法体系都采纳了相同的解决方案，无论有否条文明确地如此规定。葡萄牙主流学说亦持此见解，虽然并不存在这样的一个条文。但是，被他方当事人知悉的真意保留，则属例外。[153] 在这种情况下，向真意保留赋予（法律）意义（relevância）从而使法律行为并非有效（invalidar），这种做法已无任何不公正或障碍可言。然而，真意保留必须实际上被受意人知悉；但受意人应当知悉真意保留是不够的。表意人的故意，比他方当事人的过失更为严重，并使后者相较之下变得不重要。上述处理方案通常同样被适用于无害真意保留。然而，也可以认为，如属无害真意保留，当真意保留人旨在为受意人带来好处时，只要（受意人）可认知（真意保留）这一瑕疵，便足以使法律行为无效；甚至可以认为，可认知性也不是必需的，而表意人仅需就消极利益负责——如果消极利益并无被所得到的好处所抵消的话。[154]

122. 非认真之表示（为了开玩笑、教学、戏剧而作者）·概念·类型·效果

（1）概念

各种非认真之表示的共同特征是，虽然表意人有意识地并自由地发出表示，而他并不想要该项表示的内容，且他并非意图欺骗别人：他并非像虚伪那样意图欺骗第三人，也并非像真意保留那样意图欺骗受意人。[155]

（2）类型

非认真之表示，主要有以下几种：

152　意思主义论者对这一解决方案的说明，参见上文，编码103。除了该处所述的那种之外，另一种说明是：仅当表示是旨在达致"将表意人意思外显"这一自然目的时，意思主义原则方起作用，而当表示被滥用来企图达到"欺骗他人"这一异常目的时，则不然。参见MANIGK，前揭著作，第61页。

153　根据主流学说，就婚姻而言，则非如此。参见上文，编码112，最后部分。

154　我们没有探讨的一个问题是，文中的一般处理方案是否同样适用于双方真意保留。

155　表意人接受"对方有可能误以为真"，这理应是不够的。LEHMANN便是持此见解，参见其前揭著作，§34，Ⅱ，1。

①为了开玩笑而作的表示（*ludendi causa*，因诙谐而作）：（表意人）纯粹意在调谑；

②为了戏剧而作的表示：（表意人）意在演戏；

③为了教学而作的表示（*demonstrationis causa*，因演示而作）：（表意人）意在举例讲解。

有时候，人们还会再补充以下两种：为了吹嘘而作的表示（declarações jactanciosas）与为了做广告而作的表示（declarações publicitárias，reclamo）。无论如何，（表意人）都必须无欺骗意图。否则，那就是真意保留了。所谓的恶意玩笑（jocosidade malévola，*böser Scherz*）便是如此；开玩笑者希望别人当他是认真的。

（3）效果

当受意人知悉表示不认真时，该法律行为肯定是无效的；当受意人应当知悉时亦然。若是为了教学或戏剧而作的表示，（受意人）肯定是应当知悉[156]（表示并非认真）的，但（至少）若是为了开玩笑而作的表示，则可以不是这样。

如果受意人不知悉且不可认知（表示）不认真，那么是否适用此解决方案，则有争议。[157]

§4. 非故意不一致

123. 绝对胁迫

意思与表示之间的非故意不一致，其典型例子是表示错误，又名障碍错误或障碍性错误。它是表意人在发出表示时未有察觉的不一致。但我们尚可以将绝对胁迫（coacção absoluta）［绝对强制力，*vis absoluta*；褫夺（外在自由）型强制力，*vis ablativa*］纳入非故意不一致之列，如果在这里真的存在一项被胁迫人的法律行为意思表示的话。

绝对胁迫，有别于纯粹相对胁迫或称逼促型胁迫（相对强制力，*vis relativa*；逼促型强制力，*vis compulsiva*）。在绝对胁迫的情形，胁迫人使被胁

---

[156] 因此甚至可以认为，在这些情况下，那甚至不是真正的法律行为意思表示。参见 MANIGK，前揭著作，第83页，注1；LEHMANN，前揭著作，§34，II，3。

[157] LEHMANN（出处同上）认为适用该解决方案。

迫人沦为单纯的机器人，将其变成胁迫人的工具。例如，某人用力操纵他人，握住他的手，强迫他签署了一项法律行为意思表示。[158] 被强迫者知道[159]自己正在做的事情——或者说，知道别人正在令自己做的事情——不符合自己的真实意思，但无从避免，因此他并非有意为之。归根结底，表示行动并非出自被强制者，而是出自强制者。表示行动实际上应当归责于强制者。因此，可以说被强制者是"被动而非主动"（*agitur sed non agit*）。在纯粹相对胁迫或称逼促型胁迫的情形下，被胁迫人则并非纯粹沦为机器人。他可以不发出别人逼令他发出的表示，而选择承受别人用以恐吓他的那种恶害。因此，这个概念与错误和欺诈一同被视为意思瑕疵。

绝对强制力（*vis absoluta*）导致法律行为无效；相对强制力（*vis relativa*）则仅使法律行为可撤销。

124. 表示错误[160]·概念·类型·效果

（1）概念

表示错误与冒名表示（as declarações sob o nome de outrem）的区分：我们已经知道了表示错误（erro na declaração）的概念，现在我们要着重指出的是，它以错误人的一项表示为前提：或者说，以其外观上显得是表示举动的一项举动为前提。因此，表示错误显然有别于冒他人之名而作的表示。在后一情形，完全不存在他人的表示举动。例如，有人扮成富有的某人，到一家金银器店赊账购买贵重珠宝。无论"被冒名缔约的那个人是合同当事人"这一表象有多逼真，法律行为都绝对是无效或不对该人生效的。[161] 处理方案只可以是这样。

（2）类型

表示错误可以是由行动意思的欠缺或偏差（falta ou desvio）、表示意思的欠缺或法律行为意思的偏差所致。前文论述已足，无须再多作阐述（参

158　此乃经典例子，虽然难以想象甚至不可能想象实务上会发生这样的事。但也可以设想其他更现实的事例。当根据法律行为约定——或根据法律，或至少是根据习惯——沉默具有意思表示的价值时，便是如此。沉默肯定可以是因为绝对胁迫使然。

159　在被强迫沉默的情形，被胁迫人可以并不知道该沉默具有法律行为的意涵，但此时也许发生了障碍错误。

160　除了 MANIGK 和 FERRER CORREIA 教授的前揭著作之外，尚可参见 VERGA, *Errore e responsabilità neicontratti*。

161　在民法领域，这种情形归根结底是真正行为人欠缺行为的正当性，而且还可能有刑事制裁。

见上文，编码 92）。[162]

（3）效果

①当欠缺行动意思本身，以及当欠缺（且非应当有）表示意思或至少是表示意识时[163]

我们倾向认为法律行为是无效的，即使受意人并无恶意或过错。如果表意人甚至不想作出任何法律行为，也未意识到其举止会被或可被如此理解，那么，强迫表意人对表示的客观含义负责，这种做法是粗暴的。在此情形，凭什么要求他谨慎注意其言词与行为？[164] 学说将这一无效定性为绝对无效。

②法律行为意思单纯偏差的情形，无论是否伴随行动意思本身的偏差

在这里，表意人实际上希望实施一项法律行为，但他想作出的那项法律行为，其内容或客体却有别于其表示从外观上看来所外显的那种（甚至是想要跟不同的人作出法律行为）。这可见于行动意思本身出现偏差的情形（行事错误；*error in procedendo*）或仅仅法律行为意思出现偏差的情形（表述错误；*error in iudicando*）。例如，A 想向 B 购买房地产 X，但却说成或写成"房地产 Y"。之所以发生这不一致，可以是因为 A 想说或写"房地产 X"，但不小心说了或写了"房地产 Y"［口误（*lapsus linguae*），笔误（*lapsus calami*）］；也可以是因为 A 心里想的是"房地产 X"，但以为它的名称是 Y。[165]

---

[162] "表示错误"一词，尚可在狭义上使用，亦即仅用于行动意思的欠缺或偏差［行事错误（*error in procedendo*）；机械错误（erro mecanico）；活动错误（erro de acividade）］。其他情形［表述错误（*error in iudicando*）；推论错误（erro teorético）；判断错误（erro de juízo）］也许可被称为法律行为错误（erro negocial），至于瑕疵错误，则被称为动机错误或诱因错误（erro nos motivos ou na motivação）。在德国法上，那些偏差的情形，被称为"表示内容错误"（erro sobre o conteudo da declaracão；*Inhaltsirrtum*）。

[163] 除了这两种可能之外，尚有第三种可能：表意人无表示意识，但应当有表示意识（参见上文，编码 92）。

[164] 但在相反情形则不然。那样的话，由于他知悉自己在实施一项严肃的行为，因而应当谨慎行事。为了更好地理解这种区别对待，应指出的是，意思与表示不一致，若是无意识的，则终究是一种不幸、倒霉。但看来正确的是，因而造成的损失，也不必然归表意人或归受意人承受。更何况，肯定的是，因不法事实所生损害而致的民事责任，基本上是坚持过错原则的。

[165] 在第一种情形所发生的是，在表意人心里所形成的语文意象（imagem verbal）（借由语音或字符）的具现化或外显上的错误。当表意人意图将该意象外显出来时，非自愿地使它变了样。在第二种情形，相关意思内容在表意人心里所引起的语文意象本身就已经是被歪曲的。参见 VENDRIES, *La langage*, 第 77 页至第 84 页。

针对以上案例，可以根据不同情形提出不同的解决方案。

①若为需受领的单方法律行为，可以设想以下各种情形。我们将根据表示理论解决它们。

a）受意人无从知悉表示的客观含义与真实意思不相符。此时，法律行为按照客观含义而有效。

b）受意人有途径知悉表示内容不符真实意思，并有途径知悉真实意思。此时，法律行为（至少原则上）以真实含义为准而有效。

c）受意人有途径知悉表示内容不符真实意思，但无从知晓表意人真实意图是什么。此时，法律行为无效。而且，那是绝对无效，因为从这项法律行为解读不出任何受意人可以信赖的结论，哪怕是可以临时地信赖的结论都没有。

d）受意人无从知悉表示不符真实意思，但有依据怀疑表示不符真实意思。在法律行为客体二重识别（dupla identificação do objecto do negócio）的情形中，便是如此。

为了方便起见，我们以合同为例。A 向 B 购买位于某街 15 号的房屋；但 A 补充说道，他之所以对它感兴趣，只是因为自己的父母曾经在那里住过。然而，A 的父母以前所住过的，以及在 A 心中所想的，其实是那条街 25 号的房屋。B 知道 15 号房屋是哪一幢，但不肯定 A 实际上是否就是想指那幢，因为（假设）B 无法知道 A 父母曾经住过的房屋是哪一幢。这种法律行为是无效的。然而，这种无效只是相对无效，这是因为，受意人的临时信赖是有合理基础的。[166]

②对合同而言，必须注意的是，在这些法律行为中，存在两项互相合致的表示。当两名表意人实际上没有达成协议时，称为不合意（dissenso）。不合致（desacordo）可以显现或不显现于两项表示的内容本身。在第一种情形，当缔约人自己察觉到不合意时，不合意常被称为显性（aparente）不合意，在相反情况下，则谓之隐性（latente）不合意。这后一类别，例子如下：A 向旅馆主人 B 发电报，预订 3 月 15 日的一个房间。B 当时心不在焉地，以为 A 说 3 月 25 日，并向他发电报说已为对方预留了 3 月 25 日的那个房间；A 又心不在焉地以为对方说的是 3 月 15 日，故心想 B 已对合同要约予以承诺。A 与 B 明显是不合致的，但他们却以为是合致了。

---

[166] 对责任理论而言，仅当表示错误是可宥恕时，表示错误方构成无效事由。根据文中所述见解，这样的一项要件，就最后一种情形而言，是站得住脚的。然而，即便如此，我们认为它是非常值得怀疑的，并倾向不要求。个中理由，下文其他章节将有所述。参见下文，编码 133，Ⅲ。

应予强调的是，在合同的情形，由于有两项应当合致的表示参与其中，因此每一名缔约人都同时身为表意人和受意人。表示错误的问题，在此必须根据上文所述原则予以解决，并按该类法律行为的独特性加以变通。

依据：上述一切处理方案，在第 661 条及第 662 条，都有某种法律依据。这些条文不但规范瑕疵错误，而且存在规范表示错误。这结论可得自第 661 条的文义本身，如果认为客体同一性错误（erro sobre a identidade do objecto）严格而言只能够是（或主要是）属于表示与真实意思不一致的话。类似的考量亦适用于第 662 条第一部分，因为它肯定包括他方缔约人同一性错误（erro acerca da identidade do outro contraente）。另外，这些形态的错误，其杂乱的处理，乃源自罗马法，而且在中间法（direito intermédio）（亦即，介乎罗马法与法典化时代之间的法律）中仍然持续。[167] 而且，一切都使人认为，葡萄牙《民法典》仍然忠于此传统，更何况，当时拉丁国家民法学界，尚未在概念上清晰区分瑕疵错误与表示错误。[168]

也就是说，这两个条文同样适用于表示错误：其一是第 661 条，它规范法律行为内容或客体识别错误（erro acerca da identificação do conteúdo do negócio ou do seu objecto），亦即对法律行为所涉及之物的错误；其二是第 662 条，它规范他方缔约人识别错误。这两个条文都没有正确地要求，该瑕疵的存在本身必须为他方知悉或可认知，而是都将"错误所涉元素的重要性（essencialidade do element sobre que ele incidiu）（从错误人意思的角度观之）为他方知悉或可认知"，列作错误具撤销效力的要件。归根结底，此即上文所述多种情形的最后一种（参见上文，①，d）。

由于第 661 条及第 662 条所规定的错误会导致相对无效（正如从第 689 条、第 695 条及第 696 条可得出的那样），所以，我们就该情形所采纳的解

---

[167] 关于罗马法，参见 BETTI, *Istituzioni*，§§ 59、60 及 62；Seabra, *A propriedade*，第 213 页；关于中间法，跟我们有关的主要是在作为葡萄牙《民法典》范式的法国《民法典》那个时代，法国学说的状况；关于这一点，能深刻地向我们阐释文中所持见解的有，POTHIER, *Tratado das obrigações*（由 CORREIA TELES 翻译），I，编码 17 至编码 20。

[168] 1945 年 2 月 9 日的最高法院合议庭裁判（载 *Bol. Of.*，V，第 52 页）持此见解。1940 年 2 月 8 日的最高法院合议庭裁判（载 *Col. Of.*，第 39 期，第 99 页）看来持相反见解（不过是在一宗极为独特的个案中如此认为，这使它对我们的问题而言意义不大）。尚参见 1937 年 12 月 13 日的最高法院合议庭裁判（载 *Col. Of.*，第 36 期，第 258 页）以及 1936 年 6 月 13 日的波尔图中级法院合议庭裁判（载 *Rev. dos Trib.*，第 54 期，第 269 页）；它们所探讨的问题是，第 689 条的期间是否适用于表示错误所导致的无效。前者持肯定看法，后者则持否定看法。

决方案，便有这些法律条文作为充分的依据。以此为出发点，很容易便能够为其余的解决方案找到依据。第一种解决方案（参见上文，①，a），可谓是清晰地得自第 661 条及第 662 条本身的。就第三种解决方案而言，可以对该等条文进行当然推论（*a fortiori*）而认为它更加有理由会导致无效，而且并无任何法律规定将这一无效定性为绝对无效。至于第二种解决方案，则无论从什么角度考量都是合理的，故现在无须就其理据多作解释；下文在论述法律行为的解释时将会再行阐述。

125. 表示传达错误

当表示并非直接由表意人向受意人发出时，尚可能在表示的传达上发生错误。为表意人效劳的中间人，可以是电报局、雇员或信使［这个意义上的（*ad hoc*）mensageiro］（通传人，*núncio*）。表示可能在到达目的地时，已经被中间人扭曲了。[169] 那么，在法律上要如何解决（*quid iuris*）？

一般认为，若表示已被受意人知悉，则表意人必须接受这样的表示是有效的，犹如表意人自己向受意人发出了这样的表示般。因此，表意人须就中间人的行为负责，但他有权根据合同责任的规定，向中间人请求损害赔偿。仅当中间人行事有过失时，才是如此。如果中间人是故意的话，主流学说认为不适用这种解决方案。[170] 若是表示被传达至并非真实受意人那里，则有疑问。

第三节　意思瑕疵

§1. 概述

126. 意思瑕疵·概念·意思瑕疵与同意瑕疵

我们可以将上文所述的一切情形，称为表示瑕疵（*vícios da declaração*）。但尚有所谓的意思瑕疵（*vícios da vontade*）。意思瑕疵，是指虽然意思与表

169　例如，表示被受意人的通传人，或表意人的打字员，甚至表意人的一名只受托传递表示的中间人（以人代信）所改动。

170　若是表示遭到非故意的根本性改动，有些人亦有此保留：ENNECCERUS-NIPPERDEY，前揭著作，§157，I，3；LEHMANN 则持相反见解，参见其前揭著作，§34，Ⅲ，1，d。

示相一致，但法律行为意思的促成或者说决定，却是受到任何被认为属于异常和构成瑕疵的原因所干扰。易言之，当法律行为意思的形成过程上出现任何偏差，导致其偏离了被认为是正常和健全的模式时，即存在意思瑕疵。

被法律与学说视为前提要求的这种被认为是正常和健全的模式是指，法律行为意思是（决意者）在确切知悉事态，并具有外在自由（亦即无外部强制性因素的干扰）的情况下决定的。因此，无瑕疵的意思，或者说被认为是正常和健全的意思，是指明了（事态）和自由（外在自由）的意思。[171] 如果在对事态的认知有缺陷的情况下作出决意（vontade se determinou），即发生错误。如果错误是因他方当事人的设计所致，或被他方当事人不法地隐瞒，则谓之欺诈。如果是在无外在自由、在受暴力或威吓所迫的情况下作出决意，即为胁迫。

以上所提到的，是最重要的那几类意思瑕疵，至少大体而言（grosso modo）是这样。正如上文已然强调的那样，它们的共通点是，在无此等瑕疵干预的情形下，决意将会有所不同：表意人将不会想作出法律行为，或者只会以其他条款作出法律行为。可见，在意思瑕疵的情形，存在某种不一致；那并不是真实意思与表示之间的不一致，而是实际、现实的真实意思（vontade real）与一项（这个意义上的，hoc sensu）潜在、假设、假定意思（vontade potencial, hipotética, conjectural）之间的不一致。那是指法律行为意思的孕育过程（gestação）上误入歧途或出现异常。也就是说，法律行为意思的形成，遭受非常规的诱因（motivações irregulares）所干预。一切的这类瑕疵，都关乎导致表意人作出决定的动机（motivos）。动机是"表意人所考虑到的一切因素"（语出 CARIOTA-FERRARA）；它是指诱导表意人作出那样一项法律行为的任何起推动作用的（积极或消极）认知印象。

意思瑕疵，当关涉合同时，被称为同意瑕疵（vícios do consentimento）。

127. 葡萄牙法一般性地赋予独立意义的诸种意思瑕疵

它们至少有错误、欺诈与胁迫。实际上，就普遍的法律行为而言，葡萄牙法都向这几种意思瑕疵赋予自身的（法律）意义：它们是法律行为的无效事由。但这并不妨碍，法律行为的无效可以取决于一定的前提。下文

---

[171]　参见 Seabra，前揭著作，第 230 页。表意人内在自由的问题，至少在很大程度上，关乎能力的理论。

将在适当的章节探讨这些前提。

　　除了错误、欺诈与胁迫之外，尚有困厄状态（estado de necessidade），亦即由重大危险所引致的恐惧或担忧。它导致困厄者决定作出法律行为，以图获得他人救援，从而摆脱险境。然而，这种瑕疵是否在其可能发生的普遍情况下都独立地具有（法律）意义，则成疑问。另外，肯定的是，这种瑕疵自身对法律行为的有效性所起的效果，在葡萄牙法上较其他瑕疵为弱。

　　128. 葡萄牙法在非常个别的情形下赋予自身意义的诸种意思瑕疵·Ⅰ）重大损失·Ⅱ）导致合同可予取消的物之瑕疵

　　它们是重大损失（lesão enorme）与所谓的导致合同可予取消的物之瑕疵（vícios redibitórios）。根据葡萄牙旧法，该等瑕疵可以发生在普遍的法律行为上，并针对其产生效果，无论如何其适用范围比葡萄牙现行法要广泛得多。那是独立、自身的效果，亦即其产生并不取决于其他瑕疵的作用条件。然而，学者们惯常将这项效果，归结为对错误与欺诈［对物本身（in re ipsa）的错误或欺诈］的推定。现今许多外国立法例亦同。但是，下文将仅仅着眼于葡萄牙过去和今天的法律。

Ⅰ）重大损失

　　重大损失，是指互易合同（contratos comutativos）双方缔约人的给付之间严重不成比例。"双方缔约人的给付之间严重不成比例"，乃是射幸合同（contratos aleatórios）的特性，因为给付之间强烈失衡甚至一方全拿而他方全失的可能性，是完全符合双方当事人的意图的。然而，若是互易合同的话，双方给付价值（客观或通常价值）则倾向于相同。因此，当欠缺等价关系时，（其中一方）即有损失。

　　可是，人们从不认为，任何损失都可以影响合同的有效性。如果给付的不均衡只是中度的，便没有理由要求法律秩序加以干预，因为并无理由怀疑受损人的决意是有瑕疵的。另外，在实务中，那也会造成不可忍受的干扰。COELHO DA ROCHA 写道："……那样的话，便只有很少合同会是安定的，争议亦将丛生，而且交易往来以至最普通的生活需要都会深受其害。"然而，当这种不成比例超过一定程度时，则会变得严重令人反感，这通常被称为重大损失（lesão enorme）。在此情形，即有理由忧虑和怀疑，促使受损人作出决意的诱因，是否合乎常规和公道。而且，法律秩序应否任由合同正常地产生其效果，也成了一个重要的立法政策问题。

根据葡萄牙早于《民法典》出台的法律，当损失超出受损人所应收取的公正价格（客观价格）的一半时（过半损失，lesão *ultra dimidium*），损失便会被定性为重大损失。此时，即推定存在错误或欺诈，而且 COELHO DA ROCHA 认为，其效果是受损当事人拥有"下述其中一项诉权：声请取消（rescisão）合同，或判令向其赔偿所没有收取的价款；二者由他方当事人任择其一"。[172]

在这个问题上，《民法典》的解决方案则十分不同。现在的原则是：重大损失并不独自构成法律行为的无效事由。这可以清楚得自为买卖合同而设的第 1582 条，而且该条文的处理方案，也应当类推适用于其他互易合同而予以泛化，只要法律并无为这些互易合同另设规定即可，因为买卖乃是互易合同的范式。依此条文，仅当涉及错误（欺诈或胁迫），并符合一般规定所设的无效所需要件时，重大损失方导致买卖并非有效（invalida）。在此情形，导致合同无效的事由，确切而言并非重大损失，而是错误。《民法典》也并无规定，重大损失会独自产生其他任何效果。

然而，就学习合同（contrato de aprendizagem）（第 1424 条）而言，上述原则有其例外。但根据第 1426 条，这一例外只是为学徒利益而设的。法律认为应当向学徒给予这种特别保护，是因为学徒尤其容易被导师剥削。在这里，重大损失的判定标准，与旧法的一样，但受损人的诉权则不再是择一的，因为受损人只拥有合同取消诉权。

Ⅱ）导致合同可予取消的物之瑕疵[173]

虽然这种瑕疵可见于买卖以外的其他合同（如租赁合同），但其主要适用领域肯定是买卖。因此，下文阐述相关处理方案时，将仅着眼于买卖合同。

导致合同可予取消的物之瑕疵（vícios redibitórios），扼要言之，是指所售之物的隐秘瑕疵（vícios ocultos）。这种瑕疵导致该物不适合用于其预定用途，或减低了作该用途的合适性，以至于"如果买受人当初知悉此事，他要么不会想要该物，要么不会付出那么高的价金"（根据 COELHO DA ROCHA 所言）。

至于这种瑕疵的效果方面，根据早于《民法典》出台、被学者们普遍

---

[172]　参见其 *Inst.*，§737。该处亦提及所谓的极重大损失（lesão enormíssima）（依 CORREIA TELES 之见，它是指超逾公正价格的三分之二），并认为它会导致合同依据法律本身（亦即自动）（ipso jure）无效。

[173]　参见 EMÍDIO PIRES DA CRUZ, *Dos vícios redibitórios*（1942 年）。

适用于非商事买卖的 FERREIRA BORGES《商法典》（1833 年）第 484 条至第 488 条，人们认为买受人拥有两项诉权，由其择一适用（诉权择一竞合）：其一，是所谓的以物有瑕疵为由取消合同之诉（acção redibitória）（此诉因相关瑕疵而得名），其旨在使合同变得无效（invalidar）；其二，是所谓的估价之诉，又名降价之诉（acção estimatória ou *quanti minoris*），其旨在声请适度减低价金。至少当提起前一项诉讼时，尚有权请求损害赔偿，这视乎出卖人是知悉还是不知悉瑕疵的存在而定。[174]

可是，现今根据《民法典》第 1582 条，导致合同可予取消的物之瑕疵，不再是一项普遍见于各种买卖的独立瑕疵。在这一点上，其规定无异于重大损失。至少，它们不再是能独自导致买卖合同无效的事由，因为仅当同时符合以错误为由撤销的法定前提时，方可使合同变得无效。

然而，针对某些非常受限的个别情形，葡萄牙法则有不同处理。某些家养动物的买卖或交换，便是如此。它有 1886 年 12 月 16 日命令的一般制度（第 46 条至第 58 条），也有一众特别制度，虽然两者是类似的（甚至一众特别制度之间更加类似）：由相应的马骡购置委员会，为军队购买单蹄动物（1930 年 12 月 15 日命令，第 61 条至第 64 条）或为共和国卫队购买单蹄动物（1927 年 4 月 28 日命令，第 25 条至第 29 条）。上述一切制度，都仅限于立法上明文规定的某些疾患或缺陷，而且，它们都重现了葡萄牙旧法一般规定的一些根本方面。[175]

129. 意思瑕疵所致无效的定性

在错误、欺诈或胁迫的情形下，当符合法定前提时，所引致的无效，应被定性为相对无效，而非绝对无效。我们可以从这种无效所具备的一些特征，清晰地得出这一结论。至于该等特征，则又可见于一些相当明确的

---

[174]　参见 COELHO DA ROCHA，前揭著作，§§815 及 816。该处除了旧《商法典》的规定之外，尚引用了《律令》（Ordenaç ões）的某些段落。

[175]　导致合同可予取消的物之瑕疵，其理论无疑只适用于肯定且已确定（certas e determinadas）之物的买卖。如果合同以一定数量（*quantum*）的、一定范围的种类之物为客体［例如，若干莫伊乌（译者按：moio，葡萄牙量度单位）的小麦、若干匹一定类型的马］，则已可认为该理论并不适用，或无论如何适用空间并不大。一旦货品的品质有被指明，则出卖人只需交付相应的货品，即已履行债务。如果该等品质没有被指明，那么我们所应遵从的原则是：（认为）双方缔约人希望以货品的正常品质作准（参见第 716 条唯一附段，第 1827 条及第 1828 条），进而适用前述处理方案。无论如何，若出卖人不交付具备所定条件或正常条件的货品，即无按照条款履行，因而产生不履行双务合同的效果（第 676 条、第 702 条及第 1568 条第 2 款）。请比照《商法典》第 470 条及第 471 条的规定。

法律条文。

1）无效可由错误人或被胁迫人主张，而不可由他方当事人主张，更笼统而言，不可由任何利害关系人主张。就错误而言，这一结论可得自第689条。该条规定，撤销之诉的时效期间为1年，"自错误人知悉错误当日起算"。这便意味着，仅错误人方可提起诉讼。就胁迫而言，第690条规定，"如被胁迫人不在一年内提起诉讼"，撤销之诉的时效即告完成。因此，在这里亦可以作出相同的推论［其理据也许甚至更有力（*a fortiori*）］。无论是错误还是胁迫，这种见解皆有第694条（"由受害人……"），以及第695条可资佐证。也许尚有其他条文为据，但兹不赘述，因为这种解决方案并无争议，也是唯一合理的解决方案。

然而，值得指出的是，无效除可由错误人或被胁迫人主张外，尚可由其继受人主张，无论是死因（*mortis causa*）继受（继承人）还是生前（*inter vivos*）继受（代理人），甚至可由其保证人主张（第694条；比照第822条）。

2）根据第689条及第690条，相关的撤销之诉受1年期间约束，时间颇短。

3）无效可因利害关系人的确认而获补正（第696条）。

为便于理解上述论证，应当指出的是，根据法律（第663条；参见第656条）所采用的术语，欺诈乃是错误的一个类型。因此，第689条、第695条及第696条所说的错误，肯定是包括欺诈的。

§2. 作为意思瑕疵的错误

130. 概念

瑕疵错误（error-vício）*，是指表意人不知悉（缺乏正确的认识）对其

---

* 在澳门《民法典》中文版中，第240条的标题 erro-vício 被译为"因瑕疵意思表示而生之错误"。然而，此乃误译。原因如下。

首先，"因瑕疵意思表示而生之错误"这一中译，完全颠倒了 erro-vício（瑕疵错误）这个概念所表达的因和果。在 erro-vício（瑕疵错误）的情形，错误发生在意思的形成过程上，易言之，当事人是由于错误而有了某项意思（意思因错误而形成），然后再将这项意思表达出来（作出意思表示）。此过程可简述为：错误→意思→表示。也就是说，当事人之所以有那样的表示，是因为他有那样的意思，但再往回追溯一步看，该项意思是因错误而生的。可见，错误是这一切的"因"。归根结底，是因为错误而作出了那样的意思表示。澳门《民法典》中文版的中译"因瑕疵意思表示而生之错误"，恰好倒果为因，有悖于 erro-vício 理论，无法表达原文 erro-vício 的内涵。

（转下页注）

意思形成而言属决定性（decisiva）的任何事实上或法律上的情事，或者对它们有所误想（不正确的认识），而假如他知悉真相，便不会希望作出法律行为，或者至少不会希望以当初的条款作出法律行为。

因此，瑕疵错误，是指促使表意人形成其法律行为意思的错误。表意人必然是在（促使）其上述意思（形成）的决定性动机（motivos determinantes）上出错。因此，可以像德国人那样，称其为动机错误（error-motivo；*Motivirrtum*）。

131. 相较于其他概念

1）相较于表示错误

观乎瑕疵错误的上述定义，不难得知，它与表示错误或称障碍错误有何区别。两者的区别，上文其他章节（编码 101）已有述及。但由于这一区别有根本的重要性，故不妨再行强调。

兹为瑕疵错误再举一例：A 相信 B 的房地产 C 下面有地下水，A 希望开发它，故向 B 购买房地产 C，但后来发现根本就没有地下水。

显而易见，在此等情形下，并不存在任何一种意思与表示不一致（*aliud dixit，aliud voluit*；言此，欲彼），故亦不存在障碍错误。这里所发生的只是：对某一情事有误想，并以此误想为基础，作出决意（a vontade se determinou）。仅此而已。所以，在某种意义上，这里的确出现了一种不一致，但这种不一致并不是真实意思（vontade real）与所示意思（vontade declarada）之间的不一致，而是实际意思（vontade efectiva）与一项假设意

（接 191 页注＊）其次，澳门《民法典》中文版的译者误解了 erro-vício 中 "vício" 的含义。传统学说将意思表示的瑕疵，分为 "意思瑕疵" 和 "意思与表示不一致" ［后者又名 "表示瑕疵"（vício da declaração）］两大类。第 240 条所规范的 erro-vício（瑕疵错误），是 erro como vício da vontade（作为意思瑕疵的错误）的简称。这一点可见诸本书这个分节（§2.）的标题 "作为意思瑕疵的错误"。可见，erro-vício 的 vício（瑕疵）在此有特定含义，它只是指 "意思瑕疵" 而言。同样，coacção-vício（瑕疵胁迫）亦然，参见本书编码141。此乃学界的用语习惯。至于作为 "意思与表示不一致"（"表示瑕疵"）的错误（第243 条），则绝不能称为 erro-vício（瑕疵错误），而是被另名为 erro-obstáculo（障碍错误）。学界常将 erro-vício（瑕疵错误）与 erro-obstáculo（障碍错误）进行对比，正是因为它们各属 "意思瑕疵" 与 "意思与表示不一致"（"表示瑕疵"）。总而言之，澳门《民法典》中文版的译者将 erro-vício 译为 "因瑕疵意思表示而生之错误"，这种译法一来无法表达 vício 在此是特指 "意思瑕疵"，二来更包括了不应包括的 "表示瑕疵"。这是因为澳门《民法典》中文版的译者，在翻译时自行添加了不必要的 "意思表示" 一词，并用 "瑕疵" 作为其修辞语。这种译法只能使人误以为第 240 条涵盖了作为 "意思表示瑕疵" ［ "意思瑕疵" + "表示瑕疵（意思与表示不一致）" ］的一切错误。——译者注

思或者说可能意思（vontade hipotética ou eventual）之间的不一致。假设意思或称可能意思，是指假如出错的表意人并无受错误影响的话，他便会具有的意思。

易言之，障碍错误，干预了从意思到表示的转化（no trânsito da vontade para a declaração）；瑕疵错误，则是在前一个阶段，干预了决意的心理过程（no processo psicológico de determinação da vontade），亦即干预了推动这一决意的那些动机之中的任一项。

因此，障碍错误是意思表述（formulação）上的错误；瑕疵错误，则是意思形成（formação）上的错误。[176] 在瑕疵错误的情形，表意人没有说出他本来想要的。在障碍错误的情形，表意人说了他不想说的（行动意思的欠缺或偏差），或无论如何说了他不想要的（表示意思的欠缺，或法律行为意思的偏差）。[177]

2）相较于预设

与错误非常相似的，是由 Windscheid 所构筑的名为预设（pressuposição）的法律概念。广义言之，这个概念可以像 Windscheid 所想的那样，将错误以及其他法律行为理论的传统概念包括在内，后者主要是指负担（modo）。然而，我们（主流见解亦然）习惯上会将这个概念予以限缩，好让那些Windscheid 认为已被该概念所吸收的其他概念，尤其是错误，能够继续存在。至于这种限缩究何所指、两个制度之间的确切分界何在，这些问题则留待下文探讨预设理论时，再行论述。

132. 类型

瑕疵错误不一而足，而且可按各种标准予以定性。最重要的一种标准，乃是着眼于错误所涉及的东西。

1）法律错误与事实错误

如果错误涉及一项法律规范的存在、内容（解释）或适用，则该错误为法律错误（erro de direito）。如果错误涉及其他任何情事，则该错误为事实错误（erro de facto）。

涉及一项法律关系的存在或内容的错误，是法律错误，还是事实错误？

---

[176] 参见 *Rev. de Leg.*，第71期，第234页至第235页。

[177] 易言之，不想要他说的。关于这些表述，参见 SCHREUER，转引自 LEHMANN，前揭著作，§34，Ⅲ，c。

一项法律关系的存在与内容，乃是取决于法律元素（elementos de direito）（亦即所适用的一项或多项规范）与事实元素（elementos de facto）（即一旦欠缺即不可能存在任何具体法律关系的简单或复合法律事实的存在与情节）。错误是法律错误还是事实错误，便是视乎错误所涉及的那项法律关系元素属于何种性质而定。例如，A 与 B 缔结合同（例如，向 B 购买房地产、将一笔钱借给 B），是因为 A 错误地以为自己是已死的 C 的唯一继承人，是整体遗产的主人，因而其经济状况允许自己缔结这样的合同。如果 A 是因为不知道法定继承的任何规范（如第 2001 条）而陷于错误，则其错误是法律错误。如果 A 是因为不知道 C* 为他人立下了遗嘱而陷于错误，其错误即为事实错误。

2）原因错误

原因错误（error acerca da causa），是指涉及错误人任何决定性动机的错误，只要这一错误并不关乎法律行为客体或性质，亦不关乎他方缔约人或第三人的人身即可。[178]

前述的那些情形（法律错误与事实错误皆然），便属于原因错误。又如，A 购买一幅画，只是为了把它寄送到美洲，而且他以为葡萄牙法容许人们这样做，但其实葡萄牙法是严格地禁止或限制将该画送离葡萄牙的（此即为法律错误）。参见 1932 年 3 月 7 日第 20985 号命令，第 2 条、第 4 条、第 6 条及第 7 条。或者，A 购买一幅画，是为了集齐某位画家的全套某类作品，但其实 A 以前的那些收藏已经在一场火灾中付之一炬了，而 A 却不知情（此即为事实错误）。

3）客体错误

在这里，我们将"客体"一词理解为法律行为所涉及的东西，而非其法律效果。例如，所出租的房地产、所出卖的动产或不动产。

人们惯常认为，客体错误（erro acerca do objecto）除了可以涉及客体的同一性（identidade）本身（物体错误，*error in corpore*），还可以仅涉及其属性（qualidades）（属性错误，*error qualitatis*）*。

---

*　原文为 B，应是作者笔误。——译者注

178　若无此限制，则一切瑕疵错误都会是原因错误，因为瑕疵错误必然涉及（导致）法律行为意思（形成）的决定性动机。

*　葡萄牙语 qualidade，以及拉丁语 qualitas，相当贴切于汉语的"质"一词，用于物时解作"品质"，用于人时解作"资格"。为了以同一译语统括两者，译者译之为"属性"。之所以不译为"性质"，主要是为免与另一种错误，也就是"法律行为性质错误"的"性质"（natureza）相混淆。——译者注

最重要（在这里最重要）的类型是后者。例如，某人购买了一只他以为是金制的手表，但其实它却只是以镀金的银制造的，或者只是铜制的。至于涉及客体同一性的瑕疵错误，是否真的有可能发生，则是值得怀疑的。只要细想一下便可知道，那些看起来像是如此的情形，其实不就是表示错误或属性错误吗？

4）他方缔约人人身错误

在这里，人们同样习惯将这种错误区分为同一性错误（人的错误，*error personae*）与属性错误（*error qualitatis*）。就同一性错误（是否真的有可能发生）而言，前述考量经必要变通后（*mutatis mutandis*）亦适用于此。

涉及他方缔约人人身［要么涉及他方缔约人的同一性（对那些认为有此可能的人而言），要么仅仅涉及他方缔约人的属性］的瑕疵错误，其例子有：A 向 B 出售某货品，并允许 B 赊账，因为 A 错误地以为买受人是某个（具有某种法律上个人特性的）人或富翁，或某个曾经帮了自己大忙的人等。

5）第三人人身错误

同理，可想而知，上述两个类别，亦即同一性错误与属性错误，同样见于第三人人身错误。而且，在某种程度上，关于同一性错误的疑问，亦适用于此。第三人人身错误，其例子有：A 与 B 缔结了一项合同，因为后者是由 C 所推荐的，而 A 则错误地以为 C 是特定的人，或是 A 父亲的某位挚友等。

6）法律行为性质错误［法律行为错误（*error negotii*、*error in negotio*）、法律行为本性错误（*error circa indolem negotii*）］

法律行为性质错误（erro sobre a natureza do negócio）所涉及的，是使法律行为归属于某个类型的那些法律效果，亦即标志和界定相关法律行为类型的那些法律效果。例如，某人之所以缔结合同，是因为他以为这项合同具有租赁所特有的效果，但其实这项合同获赋予的，却是作为永佃（enfiteuse）特征的那些效果。

同样值得怀疑的是，法律行为性质错误，有可能属于瑕疵错误吗？或者说，难道它不是如同我们所倾向认为的那样，必然属于表示错误吗？

7）普遍共通错误

普遍共通错误（erro comum e geral）是指，在相关法律行为所牵涉的社会领域内，普遍的人都会有的错误。因此，这种错误，乃是共通于错误人以及该领域内的其他人。它是一种常见的错误。

8）计算错误或书写错误

计算错误（erro de cálculo），是指计数运算上的错误。例如，出售若干单位数量的某种产品（如布料、汽车），并以单位数量来计算价格，但在定出总价额时却算错了。书写错误（erro de escrita），似应只是指笔误（*lapsus calami*）。当构成计算错误时，书写错误应被定性为表示错误，而非瑕疵错误。

133．瑕疵错误具有"作为无效事由"这种法律意义的一般条件·Ⅰ）重要性·Ⅱ）真正性·Ⅲ）可谅性

下文所论述的，是可导致法律行为并非有效（invalidar）的各类瑕疵错误都必须符合的共通前提。然而，下文所特别指明的那些类型则不然。

Ⅰ）重要性（essencialidade）

如果要导致法律行为无效的话，错误必须是重要的（essencial）、因果性的（causal），或者说决定性的（determinante）（供作原因，*causam dans*）。这些表述都是同义词。

重要错误（erro essencial）的对立概念，是所谓的附随错误（erro incidental，*error incidens*），或称伴随错误（erro concomitante）。这种意义上的重要性（因为有些人会将障碍错误称为重要错误），是指错误对表意人的决意（determinação da vontade）起了决定性作用，假如表意人知悉真相，便不会想作出任何法律行为。因此，重要错误，是指作为法律行为起因（deu causa ao negócio）的错误（供作原因，*causam dans*）。然而，它不必是唯一原因。哪怕只是协同原因（concausa），亦已足够。这里并不要求错误人仅仅因为该错误而作出法律行为。只要错误人亦因该错误而作出法律行为，以至于假如无陷于错误即完全不会作出法律行为，便已足够。易言之，重要错误，是指（单独地或协同其他任何情事而）促成错误人作出法律行为的错误；注意，是促成错误人"作出法律行为"本身，而不只是促成错误人以那样的条款作出法律行为。[179] 例如，A 向 B 作出赠与，是因为 A 以为 B

---

[179]　然而，仅对法律行为的某个条款而言属于重要的错误，也是可以想象的。此即局部重要错误（erro essencial parcial）。只要符合其他要件，它即会导致（法律行为）部分无效。然而，根据所谓的法律行为减缩制度的规定，它也可能会牵连地导致（法律行为）整体无效。

的儿子 C 去世了，但其实 C 仍然在生；A 如果没有陷于错误的话，就不会作出任何赠与。为使术语更臻清晰，也许可以称为绝对重要错误（erro absolutamente essencial）。

附随错误，则是指仅仅影响法律行为条款的错误，易言之，错误人（假如无陷于错误的话）亦必然会希望作出法律行为，但就会以其他条件（自然是更有利的条件）作出法律行为。例如，倘若在前述例子中，A（假如无陷于错误的话）也还是会作出赠与，但所赠与的金额就会较少，则 A 的错误便是附随错误。也许，将这类错误称为相对重要错误（erro relativamente essencial），是可取的做法。

我们还可以设想一种情形：错误人即使无陷于错误，还是会以相同的条款作出法律行为。[180] 然而，这种错误甚至不能被界定为瑕疵错误，因为它并不至于影响表意人的意思。

上文对重要性这个概念的定义，乃是依主流见解为之。这项要件的必要性，可在第 566 条、第 660 条及第 661 条找到一定程度的法条依据。[181]

Ⅱ）真正性（propriedade）

当错误并非在于"误以为法律行为的某项法定有效性要件已经符合"，而是涉及其他元素时，错误被称为真正错误（erro próprio）（此乃 SAVIGNY 所采用的术语）。否则，错误便是不真正错误（erro impróprio），因为法律行为之所以无效，并不是由于错误，而是由于该项法定要件没有获得实现。不真正错误只告诉我们，在该项法定要件并无获得实现的情况下，为何（错误人）仍然作出法律行为。准此而言，例如，倘若两人之所以缔结合

---

[180] 例如，A 以某价格向 B 购买一项房地产。A 错误地以为该房地产下面有他想要开发的地下水。然而，A（假如无陷于错误的话）也还是会以相同价格购买它，因为他之所以对该房地产感兴趣，尚是出于其他动机。而且，出卖人在定价时，亦无考虑到这些地下水及其特别价值。

[181] 以下的处理方案，可能是正确的：仅当错误属于重要错误时，错误方导致法律行为无效（只要同时符合下文将述的其他一般及特定要件）。然而，在附随错误的情形下，如果错误人得不到任何保护的话，看来并不公平。更何况，在这种情形下，如果法律行为全然有效，则错误人所遭受的损失，相较于重要错误的情形而言，有时候是更加重大的。所以，我们可以看到，有些学者认为，在此种情况下亦应予以救济。实际上，他们的意见基本上可被归纳为：假如错误人并无陷入错误的话，他当初会以怎样的条款作出法律行为，就应该让法律行为以那样的条款有效成立。在我们看来，在这里，当无法确凿地或至少是相当可靠地判定错误人（假如没有陷入错误的话）会以何等条款作出法律行为，而且亦无法判定当他方当事人没有接纳该等条款（除非事实上他方当事人显得有意接受该等条款）时，便同样必须认为法律行为是无效的。

同，是因为他们以为双方皆具备所需的能力，但其实当中一方或双方是无能力人的话，那么他们的错误便是不真正错误；又如，他们仅以口头协议或仅以私文书缔结合同，而不知道法律要求该项合同必须以公证书为之，则其错误亦为不真正错误。在此等情况下，合同其实是因为（缔约人）无行为能力或形式瑕疵而无效，至于缔约人的错误，则是无关紧要的（甚至对无效的形态来说亦然）。

依 SAVIGNY 之见，表示错误，乃是不真正错误的一个例子，因为法律行为的无效事由，真确而言（própriamente）并不是错误，而只是错误所导致的结果，亦即表示与真实意思之间的不相符。对意思理论而言，这是正确的（或几乎是正确的）；但对表示理论（以及责任理论）而言，该结果究竟是因为错误所致，还是因为其他原因所致，两者并无区别。

Ⅲ）可谅性（escusabilidade）

此外，主流学说尚要求，错误必须是可原谅或者说可宥恕的。[182]

如果错误并非因为异常的无知、不精明或不谨慎所造成。也就是说，一个正常人在身处该等情境时同样会有这样的错误，那么错误即属可宥恕。

另外，可宥恕的错误，其反义词亦即不可宥恕的错误，则是指所谓的拙劣错误（erro grosseiro）。它是因为错误人的重过失（culpa grave）所致的丢脸（escandaloso）、粗枝大叶、过分的错误；它是一个具备正常理智、经验以及慎思的人，所不会犯的错误。罗马法原始文献，遗留给我们一些富有启迪性，甚至可谓别致的表述（虽然这些表述是用于其他事宜），可用以定义拙劣过失（*error intolerabilis*，不能忍受的错误）。例如，*non intelligere quod omnes intelligent*（人所共知，汝却不知）、*omnes in civitate sciunt quod ille solus ignorat*（城邦内无人不知，独彼不知）。

要求符合此项要件的理据何在？

常言道，错误之作为无效事由，以及它所引致的无效，会影响相对人，损害其利益；而在拙劣错误的情形下，相对人是比错误人更值得受保护的。

实际上，在这种情况下，相对人便更有理由预见不到错误的存在。至于错误人之所以陷于错误，则是由于他的过失，而且是重过失使然。是错

---

[182]　参见 DE CUPIS, *La scusabilità dell'errore nei neg. giur*（1939 年）。

误人的异常无知、迟钝或粗心，促成了这种错误的发生。[183] 在葡萄牙法上，有人把第 695 条的规定，作为这一处理方案的依据。[184]

然而，在我们看来，上述论据是值得商榷的。就第 695 条而言，我们认为，该条文所说的错误，其实是指欺诈，亦即法律只是规定，作为实施欺骗性诡计（此为欺诈的特征）的主行为人或从行为人的那一方当事人，不得主张欺诈。前揭条文的开首，禁止主张相对人的无行为能力，这也使人认为应当对该条文作这样的解释。此外，尚有其他理由，可用以支持这种批评。仅当拙劣错误是因为错误人的粗心所致时，才值得加以严厉谴责。然而，拙劣错误并不必然是因为错误人的粗心所致的，那视乎错误人的个人状况而定。另外，葡萄牙法规定，在错误的情形，要使法律行为无效，必须符合一些特别条件，因此，看来这已经对他方当事人给予了足够的保护。实际上，仅当相对人知悉或可知悉错误所涉（积极或消极）情事的重要性时，才会引发这一无效，而非仅仅因为相对人知悉或可知悉错误的存在本身，即引发无效；或者，当该情事的实现被视为法律行为的条件（第 660 条至第 662 条）时，才会导致无效。

上述种种反对意见，都倾向表明主流学说并不正确。

134. 瑕疵错误具有"作为无效事由"这种法律意义的特别条件・Ⅰ）原因错误・Ⅱ）客体错误・Ⅲ）人身错误・Ⅳ）法律行为性质错误・Ⅴ）普遍共通错误・Ⅵ）计算错误或书写错误

要使瑕疵错误具有这种（法律）意义，除了必须符合那些一般条件之外，尚需符合某些特别前提。这些特别前提，视乎瑕疵错误的类型而有所不同。因此，下文将分别考察各类瑕疵错误。但是，首先必须指出，即使符合了瑕疵错误具有上述（法律）所需符合的一切一般要件与特别要件，但假如错误所涉及的问题被双方当事人视为有疑问，而双方当事人都认为法律行为在任何情况下均会有效成立的话，则亦不会导致法律行为无效（参见第 668 条）。

Ⅰ）原因错误

原因错误要具有上述（法律）意义，便必须符合的那些个别条件，见

---

[183]　参见 *Rev. de Leg.*，第 61 期，第 412 页。

[184]　参见 BELEZA DOS SANTOS 教授，前揭著作，Ⅰ，第 55 页至第 56 页；CABRAL DE MONCADA，*Licoes*，Ⅱ，第 291 页及第 302 页。

于第 659 条及第 660 条。[185] 然而，法律分别对法律错误与事实错误作了独立
的处理。我们亦应该如此为之。但我们将会了解到，这两类错误的法律制
度其实并无二致。

a）涉及原因的法律错误

第 659 条规定，"涉及原因的法律错误，导致（法律行为）无效，除非
法律另有规定"。

根据上述条文，看来只能得出如下结论：只要符合前述的那些一般要
件，这种错误即导致（法律行为）无效，而并不要求符合任何特别要件。
然而，事实并非如此。从第 660 条可知，"仅当错误缔约人明示表示其仅基
于该原因而缔约，且上述表示被他方当事人明示接受时"，涉及原因的事实
错误"方导致（法律行为）无效"。因此，仅当错误所涉及的积极或消极事
实，被（当事人）以（双方立约人皆接受的）明示条款视为法律行为生效
的条件时，这类错误才会导致法律行为无效。甚至，即使相对人知悉或应
当知悉该情事对错误人的意愿而言的重要性，亦尚不足够。

如果法律这么吝啬于让事实错误具有（法律）意义，却对法律错误那么
慷慨的话，是令人费解的。我们看不到有任何理由，可用以支持这样的区别
对待。相反，就法律必须对上述两种情形给予的关注与保护而言，双方当事
人亦即错误人与相对人的状况，从根本上来说，在上述两种情形下都是相同
的。例如，假设 A 以高价购买一幅画，因为他错误地以为自己是某名刚去世者
的巨额财富的唯一继承人。如果这项错误是法律错误（不知悉或不正确地解释
或适用规范特留份的法律）而非事实错误（不知悉死者留有遗嘱，指定了另一
名继承人）的话，那么，让他更容易撤销合同，难道是最公正的做法吗？[186]

---

[185] 技术意义上的"原因"（causa）一词，是指将各类法律行为区别开来的经济功能，因此，
　　可以认为就第 659 条及第 660 条的目的而言，归根结底，原因就等同于法律行为的性质。
　　然而，人们认为，这里所指的只是决定性动机（moivos determinantes）；只要该等决定性动
　　机并非关涉法律行为的客体，以及他方缔约人或第三人的人身即可，因为这些类型的错
　　误，是由第 661 条及第 662 条予以规范的。在某种程度上，这种解释有第 660 条可资佐证：
　　"……仅基于该原因而缔约……"另外，在葡萄牙，整部《民法典》都没有（至少是直接
　　明确地）提及技术意义上的原因；法国的《民法典》则相反，它将"适法原因"（causa
　　lícita）视为合同的要素（第 1108 条）。最后，这种解释也是最合理的一种解释（它所给出
　　的解决方案是最正确的，下文将对此有所阐释）。

[186] A 买了一幅画，希望让某艘轮船于翌日将其运往美洲。该船是当天出发的唯一船只。这幅
　　画，乃是寄送给向他预订了此画的人。双方为送货一事，协定了严格的时间限制：A 答应在
　　前述日子，以上述方式寄画。然而，由于葡萄牙法律并不允许这样做，或者，由于该船只出
　　了故障而无法继续航程，所以最终寄不了画。这是可用以说明文中所述处理方案的另一例子。

　　鉴于上述理由，我们认为，第 659 条并不是想说，只要符合该条所指的那些普通要件，法律错误即导致（法律行为）无效。立法者的意图并非如此，而是希望强调，原因错误会导致（法律行为）无效，即使该项原因错误是一项法律错误亦然；立法者是希望强调，错误属于法律错误，并不妨碍其具有（法律）意义，亦即作为法律行为无效事由。

　　但是，在何种条件下会引发这一无效？第 659 条没有处理此问题。所以，此乃一种遗漏情形（caso omisso），应当类推适用第 660 条予以规范。因此，涉及原因的法律错误，其作为无效事由的条件，与事实错误的相同。我们认为，这种处理方案是正确的。在葡萄牙，VAZ SERRA 教授所认同的也是这种见解。

　　最后要知道的是，立法者为何认为必须强调，即使错误属于法律错误，也不会因此而不构成无效事由。那肯定是为了释除可能会存在的疑问，因为根据一句古老的法谚，没有人会因为不知晓法律而受惠 [*ignorantia iuris nemini prodest*（不知法律，不使人受惠）；*nemo censetur ignorare legem*（没有人会被假定为不知法律）；*error iuris non excusat*（误解法律，非辩解之理由）]。

　　这项原则，仅在下述那种含义上才是正确的：以适当方式予以公布的法律，其强制力并不取决于利害关系人的知悉；易言之，法律亦约束那些不知悉法律的人，并强制其遵守。然而，这并不妨碍，当向某一认知状态或不知状态（estado de ciência ou de gnorância）赋予某些法律效果时，不知悉法律可以与不知悉任何事实问题一样，起着相同的作用。[187] 例如，关于善意方面，无论是就占有而言（取得时效、孳息、改善），还是就其他领域而言（误想婚姻），都是这样。同理，对瑕疵错误的理论来说，亦是如此。

　　因此，即使无明确的条文，亦应如此理解。而且，这一取态亦可见于第 9 条。它只宣称："无人得以不知法律为借口，回避法律所课义务之履行……"无论如何，立法者为防出现疑问，于是在第 659 条再对此予以确认，这也是可以想象的事情。

　　因此，原则上，涉及原因的法律错误，仍有可能具有（法律）意义，亦即作为无效事由。然而，第 659 条本身也提到，该项原则有其例外（"除

187　易言之，该项原则是指，不得"仅为逃避法律的管制"而主张法律错误，但并不妨碍"为了受惠于法律向错误状态所赋予的那些后果"而主张法律错误（参见 DE MONTEL, *ll possesso di buona fede*，第 137 页）。

非法律另有规定"）。事实上，的确可以在法律中找到这样的一些情形。婚姻便是如此。基于婚姻制度的庄严性，以及其效果的复杂性与超然性，（法律）必须保障它能够格外稳固或者说稳定，因此，1910 年 12 月 25 日第 1号命令的第 20 条，便规定只有人身错误才有（法律）意义，而且仅在该条所定的严格前提下才有（法律）意义。原因错误，无论是法律上的还是事实上的，皆不予考虑。诉讼上对事实的自认，也是如此。它是指，诉讼当事人在法庭上承认一项对自己不利的事实属实（第 2408 条及第 2410 条；《民事诉讼法典》第 560 条至第 562 条）。这种自认，得以事实错误为由予以废止（撤销），但不得以法律错误为由予以废止（撤销）（第 2413 条；《民事诉讼法典》第 567 条）。该条法律的出发点如下：一个人之所以在法庭上肯定或者说承认这样一项事实，是因为他认为那是真的（或至少是认为他应当以这样的确信来进行诉讼），因此，自认人知不知悉相关的那些法律后果，并不重要。

　　和解，是另一个例子。和解是一项合同，借由这项合同，一项法律关系的双方主体，虽然对法律关系的确切内容（亦即对相关争议的结论）有意见分歧或存有疑问，但同意各自作出某种让步，从而界定之（第 1710条）。[188] 和解可以是诉讼和解，也可以是诉讼外和解，这视乎相关争议是否在法院有待裁决而定（第 1711 条）。无论如何，它都可以基于事实错误而被撤销，但法律错误则不然（第 719 条；《民事诉讼法典》第 306 条）。[189] 对请求的司法认诺（被告承认原告的权利；《民事诉讼法典》第 560 条第一部分）以及对请求的司法舍弃（借此行为，原告承认自己不拥有所主张的权利；《民事诉讼法典》第 300 条，Ⅰ）亦然。第 306 条作了这样的明文规定。法律认为，上述一切法律行为，都正是旨在以一些被视为肯定的事实为基础去解决一切关于被界定的那项法律关系的法律问题。[190]

---

[188]　因此，和解的前提包括：1）一项文中所述意义上的不明确的法律关系（res dubia，存疑之事）；2）互相让步（aliquid datum, aliquid retentum；有所给予，有所保留）。即使一方当事人完全就关系的客体（例如房地产）予以让步，但另外收取补偿（如金钱），亦符合上述后一要件。

[189]　在这项原则的适用上，以及其与和解这项法律行为的要件"存疑之事"（res dubia）之间的协调上，存在一些严重的疑难。参见 BACCIGALUPI, Note sull'errore nella transazione, 载 Riv. Trimestrale di dir. e procedura civ., Ⅲ（1949 年），第 587 页。

[190]　双方和解人还可以专门地或非专门地将某项事实问题（或其证明）视为不肯定，以期解决这一疑问。在此情形，根据该条文的逻辑，甚至连事实错误亦不可被主张。请比照德国《民法典》第 779 条，Ⅰ。

最后，值得一提的是，遗产的接受，仅得以事实错误为由，根据第2036条的规定予以撤销（第2036条第3款）。[191]

b）涉及原因的事实错误

根据第660条的规定，仅当错误人"明示表示其仅基于该原因而缔约，且上述表示被他方当事人明示接受时"，涉及原因的事实错误方导致（法律行为）无效。

被要求明示表示与明示接受的，不是错误本身（这是显而易见的），而是后来被发现不存在的情事的重要性。归根结底，它就等于明示地协议法律行为的有效性以该情事的发生为条件。但这里所谓的条件只是指：当该情事不发生时，将使错误人可主张（法律行为）相对无效。那并不是真正的亦即技术意义上的条件；真正的条件，其不成就是会依据法律本身（亦即自动）（ipso iure）起作用的。[192]

法律要求必须明示接受由错误人所作的关于重要性的表示，无疑是因为法律认为，他方当事人一般都不会希望同意这样的一项条款，让法律行为是否生效变得存有疑问、使其生效取决于偶然之事。法律如此规定，是完全合理的。他方当事人通常都认为拒绝认可该项条款，哪怕这样会让合同的磋商破裂。他宁可保持自由，与其他人缔结稳固的合同，因为一旦接受了上述协议，便将会承受以下风险：最终不存在任何合同，使他严重受损。

上文曾为涉及原因的事实错误而举的那些例子，[193] 有助于理解这种看法。然而，应当注意，对绝大部分的现实生活情形而言，这一看法是正确的。但在一些相当罕见的情形下，可以说，如果有人向相对人发出那样的要约的话，根据善意规则，考虑到相对人的利益，理所当然地，相对人普遍都会接受法律行为将错误人的缔约决定所依据的情事或者说事态作为条件。德国学者在

---

[191] 最后要知道的是，在一些情形下，虽然法律无明确规定，但亦应当认为法律错误不具有（法律）意义。例如，有待被葡萄牙法承认为有效的、相应于请求的认诺与舍弃的那些诉讼外法律行为。

[192] 参见下文。

[193] 例子不胜枚举。例如，由于泳季已至，A租下了一幢位于菲盖拉达福斯（Figueira da Foz）的房子，却不知道，由于他的健康状况，他应当避忌海滩气候，或者不知道基于他真正的财产状况，他最好还是别作出这笔开支。或者，A向B购买了一匹马，是因为A错误地以为自己原有的那匹马已死，或已无能力为其效劳（此为MARCADÉ所举之例）；或者，A之所以向B买马，是为了跟自己原有的那匹凑成一对，但却不知道，原有的那匹已经死了，或已无法效劳。

讨论预设理论（teoria da pressuposição）时，惯常提及一个经典的教学例子，作为这类情形的范式：有人与他人缔结合同，双方约定，后者让前者在某日某时，使用自己房屋的窗户，从那里观看宗教或非宗教队列的行进（如一场巡游）。很明显，在此情形，窗户的主人心里几乎总是会这样想：假如那场游行最终没有举办（或走了另一条路线）的话，合同即变得不发生效果。通常而言，窗户的主人都不会有别的方法可以将窗户出租，而且，如果他想不为法律行为附加该项条件的话，他也不会找到人肯为上述目的而向他承租（除非是以相当低廉的价格出租，才有那样的可能）。

因此，根据善意（原则），当出租人没有作出提醒时，任一方立约人都不应或不能期望，一旦发生了上述偶然之事，合同仍具有约束力。[194]

从上述的那些考量可知，第 660 条所设的严格条件，对这类情形而言，便显得不适当了，而且，并没有什么理由能妨碍我们进行限缩解释，从而将这些条件置之不理。因此，该条文的处理方案，并不适用于此。公正的解决方案是：一旦错误人作出了第 660 条所说的明示表示，法律行为即为可撤销；或者，一旦相对人以任何方式知悉或应当知悉错误人所假定情事的重要性，法律行为即为可撤销。可见，归根结底，那是第 661 条为客体错误而设的制度。此制度并非直接适用于此，而是经由类推而适用于此；或者，是由于那是唯一合理的方案，而适用于此（参见第 16 条），只要对第 660 条予以限缩解释，进而认定这个问题不受该条文规范，亦无受任何其他条文规范，因而构成法律漏洞即可。[195]

最后要指出的是，除了上文所提到的那种情形（出租窗户）之外，尚可设想其他相同性质、属于错误理论领域的情形，至于前者，则也许属于预设理论的领域。

实际上，有些法律行为是以一项既存法律状况为前提的，并旨在执行

---

[194] 在英国，爱德华七世（Eduardo Ⅶ）的加冕礼，因为他突然患病而延期举行，于是，那时候人们所缔结的许多像这样的合同，最终在法院引发了讨论。当时，有些人为了观看海军阅兵仪式而缔结的船只租赁合同，也是如此。这些争议以"加冕案"（Coronation cases）之名而闻名。参见 ANSON-BRIELY, *Principles of the English law of contracts*，第 19 版，第 344 页。

[195] VAZ SERRA 教授在讲授此学科时所提出的一些有价值的建议，可用以支持我们所提倡的见解。那完全跟英国法院对某些"加冕案"（Coronation cases），亦即其第一类型案件所持的立场相同；参见 ANSON-BRIELY，出处同上。就第二类型案件而言，相反的解决方案则是主流见解，而且，当船只通常是出租作其他目的时，至少如果所协定的价金并无超出通常水平，则这种相反的解决方案亦符合我们的看法。最后，应当指出的是，我们尚未为他方当事人是否有权获得合同消极利益损害赔偿这个问题下定论。

或规管该项法律状况的嗣后发展。分割，[196] 便是如此。这项法律行为旨在将每一名共同分割人在相关遗产上所拥有的观念上的份额（quinhão ideal）具现化或者说具体化为特定财物。它并非真的旨在解决关于每一名共同分割人继承权的存在与范围的疑问。[197] 然而，在我们看来，当情况显示有共同分割人的权利并不存在或比所想象的有限时，根据上文所述的理由，并在上文所述的情形下（因此，无需第 660 条所指的明示表示与明示接受），法律行为是无效的（或者也许是可改正的）。

显然，前述处理方案亦适用于法律错误（参见上文，a）。[198]

Ⅱ）客体错误

a）同一性错误

是否有可能对客体的同一性本身（而非严格而言只是对属性）产生真正的瑕疵错误，是有疑问的（参见上文，编码 132）。然而，亦有人承认这种可能性，至少当客体借由"眼前指示"（*demonstratio ad oculos*）［BETTI 称其为"实物指定"（indicação material）］而被识别时，亦即当通过指向客体而为之时，便是这样。例如，有人购买了他眼前的一匹马，因为以为它是自己在另一场合见过的那一匹，或以为它是人们所谈论或赢了某场赛事的那一匹（根据 COVIELLO、CARIOTA-FERRARA 所言）。[199] 实际上，此乃瑕疵错误，因为对一项在场（presente）的客体发生的错误，难以被认为不具有此种性质而被定性为障碍错误。[200]

有争议的是：归根结底，现在所讨论的错误，是否必然不是涉及客体的属性，而是涉及其同一性。然而，这个问题并无实际意义，因为第 661 条

---

[196] 要么是共有物的划分，要么是第 1803 条所指的遗赠的履行。甚至，要么是支付（第 758 条），但这究竟是不是一项真正的法律行为，则有争议，而且实在值得商榷。

[197] 在此情形，那就不只是分割了，而且还同时作出了和解。并没有什么能妨碍这两项法律行为（negócios）借由同一项行为（acto）予以实施；但并不能推定是这样，仅当证实当事人以任何方式表示出这样的意图时，才如此。

[198] 可以认为，当情况属于文中所指类型时，第 659 条仅旨在规范法律错误，并规定法律行为无效，而无须符合任何特别的条件。这一看法在早些年前已在本课程中被提出（参见由 EURICO MACHADO 所汇编的讲义），最近又由 ANTUNES VARELA 教授作了进一步的阐述，参见 *Rev. de Dir. e de Est. Soc.*，Ⅱ，第 114 页，以及其博士学位论文"（Ineficácia do testamento）（e vontade conjectural do testador），"编码 30 至编码 33。

[199] 然而，就一项不在场（não presente）的客体而言，也可以设想一个根本上相同的情形。

[200] 是难，但并非不可能。例如，表意人指向某项客体，把它当成自己缔约所欲交易的那项客体，但实际上表意人想指的是另一项客体（分了心）。

对同一性错误与属性错误，有着相同的处理。

无论如何，现在有意义的问题是：这种处理是怎样的。因为毫无疑问，当这种错误具有瑕疵错误的形态时，[201] 那种处理便是适用于客体同一性错误的那种。根据第 661 条，现在所讨论的错误"仅当错误人表示，或该项合同之相关情事表明，其仅基于该理由而非基于其他理由而缔约，而且他方当事人亦知悉该等情事时，方导致（法律行为）无效"。

因此，在这里，法律并不像原因错误那样，要求明示表示与明示接受"以法律行为客体被认为具有的某种同一性为基础，作出法律行为"。一项这样的明示表示，即已足够，甚至他方当事人以任何方式知悉或可认知错误人仅因其认为客体具有某种同一性而缔约，即已足够。[202] 这项要件，可被称为错误重要性的客观透明性（transparência objectiva da essencialidade do erro）。[203]

b）属性错误

毫无疑问，这类错误可以构成真正的瑕疵错误。而且，几乎总是如此。即使不想排除发生涉及属性的障碍错误的可能性，并认为对这些属性的不正确陈述，终究会引致客体同一性错误，也是如此。

这类错误具有（法律）意义的特别条件，见于第 661 条。它们与为同一性错误而设的那些特别条件是一样的。因此，不难发现，如果 A 向 B 购买了一只 A 以为是金制的手表，但它其实只是以镀金的银制造的话，合同通常是可由买受人撤销的。

其他国家的立法例，惯常将实质属性（qualidades substanciais）与非实质属性（qualidades não substantiais）加以区分：仅当错误涉及前者时（实质错误，error in substantia），方导致（法律行为）可撤销。在葡萄牙法上，这种区分，当是以主观标准为基础时（此标准由 POTHIER 所提倡），易言之，当是以当事人意愿或者说意图的角度考察时，仅在根据第 661 条的规定为之的时候，才具有重要性。因此，必须按照该条文所指的方式，既从错误人的角度予以考察，亦从相对人的角度予以考察。当这种区分是基于客观标

---

[201] 然而，当它可被定性为表示错误时亦然（参见上文，编码 124）。

[202] 根据第 661 条的规定，所需考虑的那些事情，仅仅是他方当事人所实际知悉的那些，还是包括他方当事人可认知（亦即应当察觉到）的那些？法律的文义所支持的是前一种解决方案，然而，仅仅文义本身并不足以解决此问题。

[203] ANTUNES VARELA 教授，*Ineficácia do testamento*，编码 18，Ⅱ。错误是双方当事人的共同错误，原则上，并不会改变其具有（法律）意义的那些条件。

准时（此标准由 SAVIGNY 所提倡），易言之，当是以生活习惯为准[204]时，看来只能具有间接的重要性。某项属性被人们惯常认为对作出涉及相关类型客体的法律行为的决定而言十分重要（relevantes），[205] 这无疑是第 661 条所要求考量的"该项合同之相关情事"。但看来，这一情事可以为其他情事所中和或压倒（neutralizada ou sobrelevada）。可以肯定的是，即使欠缺这一情事，错误仍有可能符合上述法律规定所设的那些条件。

上述处理方案，乃是第 661 条的文义所示者，也是得自第 661 条与他国法律相应条文的比照。[206] 也许，以第 660 条为基础所作的考量（参见上文，I，b），可用以质疑上述处理方案的合理性；然而，从实定法的角度（de iure constituto）而言，却并不容易予以纠正。

可以做而且应当做的是，尽可能精确地界定第 661 条所说的属性（qualidades）是指什么，从而将与合同客体有或近或远的某种程度关联的一切东西排除在外。然而，这同样不是容易的事情。学者们对此着墨不多。但无论如何，某些学者（主要是 ENNECCERUS – NIPPERDEY；亦比照 OERTMANN 与 LEHMANN）的见解，可资赞同：客体的属性，是指相关的物质构造，以及基于性质（natureza）和持续时间而对该客体的价值或效用有所影响的那些事实状况与法律状况。举例而言，根据上述见解，任何人

---

[204]　这里存在两种见解。1）如果根据实践观念，某些属性导致物归属于某一种类而非别的种类，而如果该物欠缺这些属性的任一项的话，便会变成有别于所假定种类的另一种类（根据 ENNECCERUS、AUBRY 与 RAU 所言），则这些属性便是实质属性。因此，也就是说，那些影响物的交易上的分类（classificação comercial da coisa）（根据 GAUDEMET 所言）的属性，便是实质属性。2）根据习惯被认为是重要（importantes）的，因而决定性地影响物的效用或价值的一切属性，乃是实质属性（根据 NIPPERDEY、LEHMANN 所言）。文中所提及的是后者。实质属性，也有可能会被人们归结为物的物质（matéria da coisa），亦即其物质构造或者说物质构成（constituição ou composição material）。此乃罗马人的观念，它的逻辑不太严密，并会推导出不适当的解决方案，使这个问题上无法有公正的规制，因为罗马人认为，当买卖一项被假定为全以黄金制成的客体时，只要该客体当中存在一小部分（即使是不重要的部分亦然）这种金属，则买卖便是不可推翻的；如果买卖被认为可饮用的葡萄酒，但事实上葡萄酒已经变酸了，则只要它无法不能被定性为醋的话，买卖也是不可推翻的。参见《学说汇纂》片段 18，1，9（2）及 14；GAUDEMET, *Théorie generale des obligations*，第 58 页。然而，现今已没有人会认为，那会妨碍属性错误具有（法律）意义。

[205]　例如，用来制造一件珠宝的金属、一条珍珠项链的真伪、一幅画是原作抑或只是复制品、画家是谁（现在并不考虑买卖是在旧货卖场以低价为之的情形）。

[206]　G. MOREIRA 持此见解；参见其前揭著作，I，第 419 页。然而，即使符合了第 661 条的那些要件，当事人也有可能希望法律行为在某种偶然之事发生时仍然存续，而这种意图是应当受到尊重的（参见本编码 134 的序言）。通常而言，买卖真伪有争议的一幅画，尤其是如果任一方当事人已指出了这一点的话，便是如此。

都会同意，物的价值或价格［无论是市场价格或者说市价（行情价格），抑或他方当事人的取得价格］，并非物的属性，而金钱的购买力也不是。

至于物的量（quantum）（如一块土地的面积），参见第 1576 条。

Ⅲ）人身错误

人身错误，亦有两类。必须且更有理由逐一分述之。

a）他方缔约人人身错误

这种错误可以被分为，涉及同一性本身的错误，以及仅仅涉及属性的错误。是否有可能对同一性而非只是对属性产生真正的瑕疵错误？上文为客体错误而作的那些考量，经必要变通后（mutatis mutandis）亦适用于此。

无论如何，上述区分并无意义，因为（所适用的）制度总是相同的。这一结论可清晰地得自第 662 条。仅需指出的是，该条文同样规范属性错误（error qualitatis）。[207] 此乃最合理的处理方案，无论是就它本身而言，还是将它和关于第 661 条客体错误的那些毫无疑问的考量作一比照，都可以认为是这样。而且，法律的行文［"关于……人身"（relativo…à pessoa）的错误］也为其提供了足够的文义基础。[208]

至于这种错误发生效力的那些特别条件如何，第 662 条只准用了上一个条文。因此，该等特别条件与客体错误的相同。

其他国家的法律，在这里惯常将所谓的关注人身的法律行为（negócios intuitu personae）与其余法律行为互相区分开来。关注人身的法律行为，是指那些着眼于相对人人身的法律行为（对其余法律行为而言，相对人的人身则是无关紧要的）。无偿法律行为，以及以赊账（而非即时付款）方式作出的有偿法律行为，或者以取决于须执行法律行为的人的技术资格或其他个人属性（qualidade pessoais）（如诚信）的那些劳务给付（不可替代的事实给付）为客体的有偿法律行为，通常都是如此。关于这种区分在葡萄牙法上的价值，应当指出，上文为客体的实质属性所作的论述（参见上文，Ⅱ，b），经必要变通后（mutatis mutandis）亦适用于此。

b）第三人人身错误

根据第 662 条，第三人人身错误，仅在第 660 条的情形下才导致（法律

---

[207]　参见 G. MOREIRA，前揭著作，Ⅰ，第 416 页。

[208]　比照第 661 条的表述"涉及客体的错误"（erro sobre o objecto）。第 662 条并无指明属性错误，应是为了简洁起见（brevitatis causa），因为它有另一种区分要作。

行为）无效；第 660 条则是订定了涉及原因的事实错误具有（法律）意义的特别前提（参见上文，Ⅰ，b）。

Ⅳ）法律行为性质错误

假如这种错误有某些时候可以不是障碍错误，而是瑕疵错误的话，那么所适用的制度应当是客体错误的制度（第 661 条）。此乃 GUILHERME MOREIRA 的见解。[209]

因此，它所导致的结果，和当法律行为性质错误是属于障碍错误时所导致的结果，是相同的。上述立场，其技术上的理据，在于这个问题的学说史与各国立法例，甚至在于：在葡萄牙法上，合同客体这个概念，不但包括相关法律效果所指向的东西（quid）（如所出售、赠与、出借、出租之物），而且包括该合同的内容，亦即相关法律效果，主要是该项合同的那些标志性或者说典型的法律效果，也就是说，主要是反映了法律行为的性质本身（原因，causa）的那些法律效果。[210]

Ⅴ）普遍共通错误[211]

根据第 664 条，这类错误"不导致（法律行为）无效"。

然而，这条规定应当灵活地予以理解。它不可能意味着，如果错误是共通和普遍的话，则涉及上文所述各种问题的错误，都不导致法律行为无效（invalidar）。虽然我们能够立足于文义，而从第 664 条的规定得出这样的一种解决方案，但它是极其荒谬的。正是因为错误是共通和普遍的，所以错误便更加可宥恕，因此错误人便更加值得受保护，而且更加有理据认为这种错误会导致法律行为并非有效。

因此，必须对第 664 条作另一种解释。我们认为，第 664 条只不过是想

---

[209]　参见 *Instit.*，Ⅰ，第 421 页。持相同见解者有：FERRER CORREIA 教授，前揭著作，第 106 条；TABORDA FERREIRA 博士，*Conceito de causa dos actos juridicos*，编码 2（类推适用第 661 条规定）。然而，主流见解将这种情形视为原因错误；"原因"一词不仅包括诱因（móbeis），还包括技术意义上、真正意义上的原因（它实际上便相当于法律行为的性质：参见上文 Ⅰ 的注释）。持此论者，至少有 REIS MAIA、JOSÉ TAVARES、CABRAL DE MONCADA、PAULO CUNHA 与 CALVÃO TELES，他们都认为可适用第 659 条的制度（这是立足于文义的一种理解）。亦比照 DIAS FERREIRA 的见解，但他也许只是因为疏忽而根据第 660 条的规范来处理这种情形（参见 *Cod. civ. anotado*，第 2 版，Ⅱ，第 12 页）。

[210]　虽然第 661 条所指的属性，所关涉的是法律行为的实质客体（objecto material），但这并不妨碍该条文所提及的客体同一性涵盖法律客体（objecto jurídico）（亦即内容、效果）。

[211]　参见 CAPORALI，载 *Dizionario del dir. privato*，Ⅱ，第 871 页；DE VITTA，载于 *Nuovo Dig. ital.*，第 481 页。

采纳一句古老法谚所述的处理方案：*error communis facit ius*（共通错误创制法律）。然而，这句格言所指的，只是所谓的不真正错误，而非瑕疵错误。这意味着，如果某项法律行为的有效性法定要件不被符合，但其被普遍确信是符合的，那么，便不会导致（法律行为）无效。这并没有解释（当事人）关于"法定要件有哪些"的误信（法律错误）。这是要令这些要件的欠缺不起作用，从而将当事人对"相关事实前提的存在"所作的误判予以正当化，如果这样的误判相当于一种普及的确信的话。例如，一个人要有效缔约，他必须成年。如果 A 之所以与 20 岁的 B 缔约，是因为他以为法定成年年龄是 18 岁，那么，上述处理方案并不会使 A 受惠。然而，假如因为 B 的民事登记簿册上的出生日期被弄错，因此任何人都以为 B 已经 21 岁，则不然。

大体言之（*grosso modo*），此乃 *error communis facit ius*（共通错误创制法律）这句格言的含义，因而是第 664 条的含义。[212]

最棘手的问题是，如何精确地界定上述格言与条文的范围。上文所说的，是完全适用于此，还是仅仅部分适用于此？若属后者，其效力的确切限度如何？

我们的探讨并不会延伸太过。我们只会说，第 664 条的处理方案，以往已曾被适用于公证文书协作证人的能力方面；[213] 根据第 1966 条第 2 附段，这种适用现今已经是无可争议的了（比照第 2492 条，以及《公证法典》第 171 条第 1 附段）。这种适用以往通常见于外国人方面，然而，外国人现今已经同样可以担任协作证人了（第 171 条，第 1 附段）。

公法上的事实公务员（*funcionários de facto*）理论，被认为与上述格言及第 664 条一样，都是基于相同的理念。该理论也会导致一些我们这个课题所关注的私法后果：当法律要求法律行为必须以公证文书为之方为有效时，如果公证文书是由一个任何人都以为是公证员助理的人以此身份缮立的，那么，即使他没有合规范地获得任命，但该文书也可以是有效的，因而法律行为亦为有效（参见《公证法典》第 78 条、第 81 条、第 82 条及

212　ANTUNES VARELA 教授持相同见解，参见其前揭著作，编码 17，Ⅳ。

213　参见《律令》（*Ordenações*），4，80，首段。

　　　协作证人（*testemunhas instrumentárias*），是指应当协助此等文书作成的两名证人（《公证法典》第 171 条）。协作证人，通常是被召唤来见证一项事实（例如，参见第 711 条第 2 附段）。被召唤来说出在所获悉的某个问题上知道些什么的那些证人，被称为叙述证人（*testemunhas narratórias*）。参见 M. ANDRADE 教授，*Noções elementares*，编码 14。

第 100 条）。

最后要知道的是，在上述事宜方面，公众的确信是否在任何情况下都不应该是基于某些创造了合规范庄严表象的因素？[214] 就事实公务员而言，是否不应该存在一项由有权当局作出的任命（即使那是在违法情况下作出的）？关于这个问题，我们只会指出，主流见解乃持肯定说，而且一旦采纳此见解，则自然可以认为，事实公务员理论并非建基于上述格言以及确立了该理论的上述条文，而是建基于作为任命人的当局的命令，至于公众的错误甚至相关法律行为当事人的错误，则在所不问（根据 DE VITTA 所言）。

VI）计算错误或书写错误

法律规定，计算错误或书写错误"仅赋予对其作出更正的权利"（第 665 条）。因此，它并不构成撤销事由，而是使其可被改正，而法律行为则随之（按照被改正后的内容）有效。然而，我们相信，仅当那是显性失误（lapso ostensivo）（法律行为的内容本身所显露的）时，方是如此，无论是就其存在本身而言，还是就其更改方式而言皆然。否则，上述处理方案不会是正确的。而且，否则的话，法律如此简短地表述该处理方案，仿佛那是再自然不过的事情般，这种做法亦不会是正确的。[215]

§ 3. 欺诈[216]

135. 概念

作为意思瑕疵的欺诈，这个概念的首项元素是错误（第 663 条）。归根结底，欺诈是一种自成一格（*sui generis*）的错误。它是被诱发的错误（erro provacado），与自发错误（erro espontâneo）相对；[217] 至少，它是加重错误

214　至少，拥有已然根深蒂固的身份状态，即为一例（根据 CAPORALI 所言）。

215　关于计算错误，主要参见 OERTMANN, *Allgemeiner Teil*, 第 3 版，第 395 页；LEHMANN, § 34，Ⅲ，1，*c*。

216　参见 TRABUCCHI, *Il dolo nella teoria dei vizi del volere*；PERRIN, *Le dol dans la formation des actes juridiques*。

217　在所谓的间接欺诈的情形，严格而言则并非如此。间接欺诈是指，某人欺骗了第三人，使第三人影响了另一人的意愿，使后者为了满足该名第三人的利益或期望，而决定与自己缔约。参见 TRABUCCHI, 前揭著作，第 385 页。但此情况应被视同欺诈，无须类推适用第 663 条的规定。

（erro qualificado），与单纯错误（erro simples）相对。准确而言，它与自发的、单纯的错误，两者的区别并非在于效果，而是在于原因。此乃欺诈这个概念的第二项元素。

然而，如何识别这种特别原因？

根据第 663 条唯一附段的规定，这种特别原因首先是指，作出任何"建议或手段……使任一缔约人陷于错误或继续陷于错误"；然而，这里所使用的是广义（lato sensu）的欺诈概念，[218] 亦即包括"知悉他方缔约人之错误后，隐瞒其错误"，这被立法者称为"恶意"（má fé）。

这种建议或手段，必须是旨在歪曲真相，而且实际上歪曲了真相（否则即无错误）的任何伎俩或诡计（诈术阴谋）；它要么是制造假象（suggestio falsi，弄虚作假），要么是毁掉或隐藏任何可以让被欺诈人了解实况的资讯（suppressio veri，掩藏真相）。因此，那必须是任何一种欺骗手法。它可以只是言词：其要么包含了明知是不准确的陈述（allegatio falsi，谎言），[219] 要么是旨在转移被欺诈人的注意，使他忽略了任何可以让其厘清实况的线索；[220] 它也可以是为了诱发或维持错误而实施的行动（事实）。至于隐瞒，则是指面对相对人的错误时单纯沉默；这是仅有（欺诈）意识的欺诈。

欺诈的行为人，称为欺诈人（deceptor）。其相对人，则称为被欺诈人（deceptus）。

所以，欺诈有别于由他方当事人所造成的错误。仅当错误是相关缔约人的阴谋或手段的结果时，才构成欺诈。另外，即使错误并非由他方当事人所造成，亦可以存在欺诈，只要他方当事人在某些情形下知悉却保持沉默即可。最后，欺诈可以是由第三人以阴谋或手段实行的，而他方缔约人则并不知悉，亦未参与。尚需知道的是，当上述错误不能被定性为欺诈时，相较于完全自发或由第三人造成的错误而言，它会否在更宽松的条件下导致（法律行为）无效？观乎一众条文的规定，看来并不会，即使相对人行事有过错亦然；而且，看来错误人甚至也不得请求赔

---

[218] 看来第 668 条亦然。

[219] 然而，意识到是有疑问的陈述，是不够的。

[220] 我们认为，不应完全否定这一类型（仅以言词实行的欺诈），因为就连单纯恶意（má fé）也会构成有（法律）意义的欺诈。然而，这里必须有一些严格限制。尤其是就谎言（allegatio falsi）而言，因为每个人都应该对来自与其利益相反的人的那些资讯，抱持怀疑态度：参见 TRABUCCHI，前揭著作，第 523 页。

偿损失与损害（第697条第2附段、第1555条及第1558条；参见第896条唯一附段）。[221]

136. 类型

欺诈有许多类型，而几乎一切类型都与法律明文作出的区分相对应，但有时候法律所采用的名称跟我们的不一样。

1）积极欺诈与消极欺诈

正如上文就此二分法所述的那样（有人则采用了不同的标准），积极欺诈（dolo positivo）［或称作为的欺诈（dolo comissivo）］是指表现为欺骗伎俩的欺诈，这些欺骗伎俩可以是口头或其他方式的，甚至可以是演一场复杂的"戏"（mise en scène）。

例如，为了促使B向自己购买或出售一些证券，A叫人印了一份假的证券交易所官方刊物，上面所载的牌价比真实牌价高或者低（这视乎A的意图而定）；为了将一幅画冒充成古画，或冒充成是由某位名画家所画，A叫人模仿真迹在画上加上假的日期，或冒签该画家的名字。[222]

消极欺诈（dolo negativo）［或称不作为的欺诈（dolo omissivo）］，被葡萄牙法律称为恶意（má fé），而学说则称其为知而不报（reticência）（参见《商法典》第429条）。然而，学者们惯常指出，仅当欺诈人负有告知义务（Aufklarungspflicht）时，才会发生真正的知而不报［英国法上的缄默不言（non disclosure）］。当法律或法律行为协定并无施加这项义务时，则须根据实践上的主流观念（这有别于习惯）予以判断（当事人是否负有这项义务），而法律行为的性质与法律行为的相关情事都可以对此有所影响。

这样，在投机合同（如专业人士之间的证券买卖）的情形，便普遍不

---

[221] 根据上文，可以容易将葡萄牙法上的欺诈与英国法上的不实陈述（misrepresentation）作一比较。不实陈述是指，一方当事人在任何对他方当事人而言属决定性的事实问题上，作出失实声明，从而促使他方当事人与自己缔约。不实陈述，可以是无意（inocente）的不实陈述，也可以是欺诈性（fraudulenta）的不实陈述，这视乎该等表示是善意地还是恶意地作出而定。参见ANSON-BRIERLEY，前揭著作，第169页。根据文中所述的处理方案，无意的不实陈述，在葡萄牙法上是无（法律）意义的（参见TRABUCCHI，前揭著作，第319页），除非相关声明成为合同内容的一部分。

[222] CÍCERO（De officiis，Ⅲ，XIV）提及了以下事件：有人在锡拉库萨（Siracusa）附近的一个海边小镇，举办了一场假的捕鱼活动，借以欺骗一名罗马骑士，让他以为在那里捕鱼非常方便，而以极高价格买下小镇，因为他十分喜欢这样的便利。

存在这项义务。一般而言，并不存在告知市场概况的义务。就单纯的判断或计算（而非纯粹的事实）而言亦然，何况这本身就是或多或少容易出错的。可是，如果其中一方缔约人表示托付并信赖他方缔约人的知识、判断力与信誉，而他方缔约人并没有作任何保留，即非如此。

在买卖的情形，原则上，当出卖人知道买受人搞错了那些出卖人通常更加了解的品质时，不应保持缄默。[223] 其他类似的合同亦然。在保险合同的情形，法律施加了格外广泛的告知义务（《商法典》第 429 条、第 436 条、第 437 条第 2 款及第 2 附段、第 446 条）。[224]

一言以蔽之：在这个问题上，其中关键是缔约过程中的一众善意规则（ditames da boa fé）；但不应忽略的是，双方缔约人都各有其自身利益应受保护。

2）良性欺诈与恶性欺诈*

良性欺诈（dolus bonus）［单纯的技巧（solertia）；被（法律）容任的欺诈］，是指第 677 条所定义者："双方缔约人，就缔约所自然可能导致之益处或损失，所互相作出之空泛或笼统（vagas ou gerais）意见，在欺诈或胁迫之定性上，不予考虑。"几乎一切合同的每一方当事人，都会试图夸赞自己

---

[223] 然而，就其他可影响价金的事实而言，则应当记住《学说汇纂》片段 4，4，16，4［译者按：此乃译者的更正，原文是 4，10，4，当属有误］的处理方案："…in pretio emptionis et venditionis naturaliter licere contrahentibus se circumvenire（在买卖价金上，自然容许缔约人们有所瞒骗）。"这种处理方案与英国法上的 caveat emptor（买家自慎）规则是相同的。但是，在这里也许必将真正的错误（积极错误）与单纯不知（ignorância）互相区别。至少就后者［将这种情形称为知而不报（reticência）更为可取］而言，出卖人无疑没有义务告知（买受人）货品在其他地方卖得更便宜，也没有义务告知（买受人）在合同缔结地，货物的价格马上就会因为其他补给品的到达而下跌。买受人则无义务披露说，货品在别处卖得更贵，或有其他人愿意以更优惠的价格出售货品。参见 TRABUCCHI，前揭著作，第 536 页。

[224] 这就对被保险人造成了一定的阻挠。不可争辩条款（cláusulas de incontestabilidade）便是源出于此。根据这种条款，在经过某段时间后，法律行为即不得因为上述义务的违反而变成并非有效。参见 TRABUCCHI，前揭著作，第 532 页，注 2。在英国法上，对这些合同［所谓的（要求）最大限度诚信（uberrimae fidei）的合同］以及不多的另一些合同而言，缄默不言（non disclosure）构成无效事由；缄默不言，包括以下情形在内：相关当事人（就保险合同而言，主要是指保险人）没有声明说，存在那些对方不知但在通常业务过程中（in the ordinary course of business）应获告知的攸关事实（factos relevantes）。参见 ANSON-BRIERLY，前揭著作，第 178 页。

* 有将 dolus bonus 与 dolus malus 分别译为"善意欺诈"与"恶意欺诈"，但译者认为这实属误译，因为那会使人误以为两者的区别在于欺诈人善意与否。即使仅就字面而言，拉丁文 bonus 与 malus 亦只是指欺诈是"好"还是"坏"。因此，经考虑其含义与原文用词，译者选择译之为"良性欺诈"与"恶性欺诈"。——译者注

的给付，并贬抑他方缔约人所作给付的价值，而且一般而言，都会试图劝服他方缔约人认为交易对其有好处。假如我们认为，实务上的这种做法所可能导致的一切不精确说辞与误解具有（法律）意义的话，那么，我们便必须认为，现实生活中有大量的法律行为都不是有效的了。而且，要不是因为举证上可能存在的困难，这些法律行为势将更多。只要仍不失为空泛——要么纯属判断，要么是预测，甚至是事实陈述（例如"这货卖了好多""品质上乘"），欺诈即无（法律）意义。

在葡萄牙法上，根据法律的文义，此即用以界定良性欺诈（*dolus bonus*）的准则。至少，只要灵活地（*cum grano salis*）何谓空泛，即无决定性的理由置上述准则不理。然而，在法国与其他一些国家，则流行以通常性或正常性（usualidade ou normalidade）为准则，至于何谓通常或正常，则视乎个案甚至相关人士的特殊性而定，而且，也许那并不完全等同于空泛。

至于恶性欺诈（*dolus malus*），其含义则与良性欺诈相反。

3）非旨在损害他人的欺诈与旨在损害他人的欺诈

若属"非旨在损害他人的欺诈"（dolo inocente），则仅有欺诈心态（*animus decipiendi*）；若属"旨在损害他人的欺诈"（dolo fraudulento），则尚有损害心态（*animus nocendi*）。这两种心态（*animus*），尤其是在消极欺诈的情形，可以不是意图（intenção），而只是意识（consciência）。

在实行欺诈时，欺诈人（*deceptor*）的想法可以是，认为法律行为并非有害而是有利于被欺诈人（*deceptus*），即使前者所追求的是其自身利益亦然。这是完全可以设想的事情。例如，一名商人亟须套现，因而低价出售货品，但同时以欺诈手段吸引客人。甚至，纯粹利他的欺诈，也是可以想象的。借由欺诈，使受益人接受原本他有所顾忌而不想接受的赠与或其他无偿法律行为（例如借贷），即属之。

4）由他方缔约人实行的欺诈与由第三人实行的欺诈

这种区分，顾名思义，无须赘述。仅需指出，如果第三人与他方缔约人是同谋或无论如何如果他方缔约人知道第三人欺诈的情况，则第三人欺诈便同时是他方缔约人欺诈。

5）根本欺诈与附随欺诈

经必要变通后（*mutatis mutandis*），将前文就错误的类似区分所述者（参见上文，编码133）转用于此，即可容易得知根本欺诈（dolo principal）与附随欺诈（dolo incidental）的含义。

上述各种区分是否有实益

第一种区分，观乎法律（第 663 条唯一附段）的文义，看来有以下实益：当消极欺诈是由第三人实行时，即无（法律）意义。然而，只要一并考察其他解释因素，即可知道，这并非此种区分的价值所在。

第二种区分，根据第 667 条的规定，其用处在于：良性欺诈（*dolus bonus*）并无（法律）意义。然而，细想一下便可得知，这也不是毫无疑问的。

第三种区分，并无价值。在效果上，旨在损害他人的欺诈，无异于非旨在损害他人的欺诈。（在欺诈这个问题上）所奉行的原则是，应当让每一个人做自身利益的裁断人（根据 TRABUCCHI 所言）。

第四种区分，具有关键的重要性，因为第三人欺诈只会导致法律行为关涉欺诈人（*deceptor*）的那个倘有部分无效而已。

第五种区分，同样有值得重视的用处。容后详述。

137. 欺诈具有"作为无效事由"这种法律意义的条件·Ⅰ）他方缔约人的欺诈·Ⅱ）第三人的欺诈

作为意思瑕疵，欺诈的主要效果是，导致相关法律行为无效；然而，它尚会导致欺诈人（*deceptor*）负有损害赔偿义务，因为欺诈肯定构成不法事实（第 697 条第 2 附段）。[225] 当事人亦不得透过约定，预防性地排除这些效果，此乃部分地直接适用、部分地类推适用第 668 条的结论。

欺诈具有（法律）意义，亦即作为法律行为无效原因的那些条件，并不总是相同的。这些条件，会视乎欺诈是他方缔约人欺诈还是第三人欺诈而有所不同。前者比后者宽松得多。

Ⅰ）他方缔约人的欺诈

根据主流学说，这种欺诈若要具有（法律）意义，条件有四：

1）那必须是恶性欺诈（*dolus malus*）（参见第 667 条）；[226]

2）欺诈必须是因果性、重要、决定性的欺诈，或者说根本欺诈

---

[225]　关于撤销之诉与赔偿之诉（如时效问题）的关系，亦参见 TRABUCCHI，前揭著作，第 IX 章，§3。

[226]　当良性欺诈（*dolus bonus*）导致错误，而行为人又意识到这样的结果时，则可能会有疑问。肯定的是，法律（第 667 条）推定（行为人）欠缺欺骗意识，但尚需知道的是，法律究竟是否希望以此推定来确立不可推翻的法定真确性（*certeza legal*）。

（dolo principal）。如果纯属附随欺诈（dolo incidental）［又名伴随欺诈（dolo concomitante）］，则仅导致欺诈人有义务弥补被欺诈人所遭受的损害。[227]

这项要件，有第 656 条及第 666 条作为依据。前一条文规定"因错误而作出之同意"，这无疑包括欺诈的情形。后一条文规定，若"同意是因胁迫而逼出"，则合同并非有效（invalida o contrato）。由此可以得出以下当然推论（argumento a *fortiori*）：若是欺诈，则更加有理由认为是如此。[228]

3）欺诈人必须有欺骗意图或至少是欺骗意识，虽然他可以没有损害意图或意识。[229] 因此，为了广告宣传、引起公众注目而作的不准确陈述，一般而言并不构成欺诈，但前提是在作出这些不准确陈述时，并不是想别人认真看待它们；因开玩笑、吹嘘、羞怯而作，但无意使人作出法律行为的那些不准确陈述，亦然。

严格而言，与其说这是欺诈具有法律意义的条件，倒不如说此乃欺诈的概念本身的一项元素。

4）那必须不是所谓的双方欺诈（do lo bilateral）或者说相互欺诈（dolo recíproco），亦即双方当事人各自都同时身为欺诈的行为人与受害人。此乃传统学说。它亦被某些国家的立法所确认，并惯常被认为是出于过错相抵原则（*dolus cum dolo compensatur*，欺诈与欺诈互相抵销*）。[230] 然而，也有人

---

[227] 然而，上文曾就错误所作的考量（上文，编码 133，I；参见第 1576 条），更有理由适用于此，这是鉴于在欺诈的情形，存在一项由欺诈人（*deceptor*）所作的不法事实。

[228] 这些理由，并不是最关键性的那些。但无论是对错误还是胁迫而言，那都是传统学说见解，而且法律的规定看来也不是想摒弃这种见解。认为第 663 条包括附随欺诈，并因而将附随欺诈升格为无效事由的见解，参见 JOSÉ TAVARES，前揭著作，Ⅱ，第 511 页。尚参见 CABRAL DE MONCADA 教授，前揭著作，Ⅱ，第 319 页。

[229] 显然，有欺骗意识（consciência de enganar），便已足够。欺骗意识，包括所谓的或然故意（dolo eventual），亦即欺诈人（*deceptor*）所着眼的只是（对方）受骗的可能（参见 TRABUCCHI，前揭著作，第 510 页）；它也包括所谓的善意蒙骗（fraude de boa fé），亦即作出一项明知在法律行为作出之时是不符现实的表示，但（表意人）相信后来它会变成是真确的，到时候相对人的利益将会变得不受损害（出处同上）。然而，当存在欺骗意图（积极欺诈）时，欺骗意识（知悉他方受骗）是否同样是必需的？法律的文义并不要求如此，而且该解决方案是完全合理的。传统学说尚要求，欺骗意图或意识必须涵盖欺骗的根本性（principalidade de engano）。

* 拉丁文 dolus、葡萄牙文 dolo，皆有欺诈、故意的含义。——译者注

[230] 此处理方案源自罗马法［*si duo dolo malo fecerint*, *invicem de dolo non agent*（互相欺诈之两人，皆不得提起欺诈之诉）：《学说汇纂》片段 4，3，36］，作为该处理方案灵感来源的那项原则亦然（《学说汇纂》片段 18，1，57，3；2，10，3，3）。

认为，它只阻却撤销之诉，而不阻却相对应的抗辩（根据 RUGGIERO 所言）。另外，亦有人完全反对上述传统学说，认为在此情况下，合同对双方而言都是可撤销的，并把相当于葡萄牙第 299 条第 2 款的条文作为论据：从该条文可见，未成年缔约人的欺诈，仅在该条所定情形下，方导致该人被禁止主张其无行为能力从而受惠（根据 TRABUCCHI 所言）。[231]

Ⅱ）第三人的欺诈

在此情形，法律（第 663 条）除了要求前述那些条件之外，尚要求合同令第三人得到直接利益。

这种直接利益是指，第三人仅仅基于合同便即受益，而不只是透过合同的一方缔约人［他可以是被欺诈人（deceptus）本人］才能受益。例如，任一方当事人的债权人，皆不因合同而得到直接利益。他们仅有可能因为合同改善了债务人的财产状况，[232] 而（间接）受惠（这更倾向于是经济上的好处而非法律上的好处）。至少，此乃一般原则。[233] 经必要变通后（mutatis mutandis），父母之于子女的合同，或子女之于父母的合同，或者，期望从合同一方当事人那里受领任何因合同而变得可能或更容易实现的好处的那些人，也是如此。

仅当在合同中有任何使第三人受惠的条款时，第三人才有直接利益。其典型例子是：为赠与加设负担（附负担条款的赠与），使受赠人必须支付年金或作出其他给付，使第三人受益。一旦符合这项要件，欺诈即导致合

---

[231] 参见前揭著作，第 517 页。该作者认为（第 503 页），相对人被（欺诈人）引起的动机，若为不法，即阻却欺诈的（法律）意义。如果 A 为了促使 B 购买某货品，而令 B 相信，该货品是不法地得来的（例如，是盗窃或走私所得），便是如此。但应当指出，这一解决方案的那些理由，也许同样适用于文中所提及的解决方案。

　　根据主流意见，错误的可谅性［欺骗伎俩的一定的客观严重性，被欺诈人（deceptus）的一定的慎重与敏锐］是可有可无的，虽然对单纯错误而言，那被认为是必需的。在欺诈的情形，（被欺诈人的）过失（simples culpa）并不值得受到谴责，也不应（使被欺诈人）不受保护。欺诈不得与过失互相抵销。被欺诈人不必是一名谨慎的人（vir prudens），但如同被胁迫人那样，根据主流学说，他必须是一名稳定的人（vir constans）。参见 TRABUCCHI，前揭著作，第 X 章，§4 至 §7。

[232] 或者，由于债务人因合同而便于实施一项行为，从而（间接）受惠。一项无利润可言的出售，无论如何，可以令缺乏现金的债务人，能向债权人作出支付。或者，其中一名债权人可以期望，债务人以出售所得价金来清偿其债权，而忽略其余的债权人。

[233] 想一想以下事例，即可理解这种保留有何意义：非所有权人（non domino）将房地产抵押给债权人，于是，债权人便欺诈真正的所有权人，希望促使他把房地产赠与上述那名将房地产抵押出去的债务人或第三人（参见第 1555 条）。

同无效（invalida o contrato）。然而，合同是整体无效，还是只有关涉第三人的那个部分无效？

根据法律（第663条）的文义，整项合同都会被撤销，因为该条文并无任何限制。然而，这样会不公正地损害了他方缔约人，假设他并不知悉欺诈，亦不知悉因欺诈而造成的错误，也不是将第三人用作工具来欺骗被欺诈人的话〔否则，就不但存在第三人的欺诈，而且更存在他方缔约人的（间接）欺诈了〕。因为，这样的话，他方缔约人便会因为一项与他无关甚至他并不知情的行为而受害了。这就已经足以令上述解决方案的合理性成疑，而且，被欺诈人看来同样是值得受保护的，无论欺诈人是缔约人还是第三人。

有一点决定性的考量，足以使我们认为，这种无效只是部分无效，并仅仅触及那项关涉第三人的合同条款而已。这一点决定性的考量就是：要不然的话，便没有理由规定，仅当合同令第三人得到直接利益时，才导致（合同）无效了。假如这种欺诈会使合同内关涉他方缔约人的部分也并非有效的话，这样的一种效果，对作为欺诈人（deceptor）的第三人不因合同而得到直接利益的情形而言，便会是同样公正或同样不公正的：从被欺诈人（deceptus）的角度看，是同样公正的；从他方缔约人的角度看，是同样不公正的。

最后，不应忘记，自罗马法以来的法律传统，一直都是如此。这一传统完全被保留了下来，只是在一些立法例中，只要他方缔约人可认知第三人欺诈一事，第三人欺诈即导致法律行为无效，而非仅当他方缔约人实际知悉时才是如此。

因此，在前述例子中，赠与合同中关于负担（为使第三人受惠而协定的负担）的那个部分才是无效的。此乃 VAZ SERRA 所提倡的处理方案。我们认为那是正确的，至少一般而言是正确的。也许可以想象：当相反的解决方案，因为法律行为的性质，而不悖于受意人任何应予重视的利益时，则应当承认整体无效，无论那是直接地整体无效，还是作为部分无效的间接作用（reflexo）（根据法律行为可减缩性理论）。然而，被欺诈人（deceptus）显然总是可以向作为第三人的欺诈人（deceptor）追讨损失与损害（perdas e danos）的赔偿，无论合同是否令他得到直接利益。[234]

---

[234]　有多名缔约人（双方当事人各自皆有多个主体，或其中一方当事人有多个主体），但只有其中一人实行欺诈的情形，参见 TRABUCCHI，前揭著作，第Ⅺ章，§7。他在该处主张这一欺诈（被称为部分欺诈）不能与第三人欺诈相提并论。

138. 欺诈引致无效的法理依据[235]

前文曾经说过，这种无效会针对第三人（如债权人、次取得人）起作用，而且结合上文所述可知，这与损害赔偿或恢复原状［indemnização ou reparação em forma específica］的理念无关，因为（欺诈人）有无损害被欺诈人的意图，是无关紧要的，而且被欺诈人有无实际损失，亦在所不问。同样，（欺诈）引致无效，也不是基于惩罚的理念，因为要是那样的话，这种制裁便不应影响第三人。无效乃是基于被欺诈人（deceptus）的错误，以及其所导致的意思瑕疵。这项瑕疵的（法律）意义，无庸根据责任原则或信赖原则予以驳斥，从而保护受意人（欺诈人，deceptor）的利益，这是因为他的举动是不法的。正确而言，欺诈并非这项效果的原因，而只是一项前提或条件而已。

139. 欺诈具有法律意义的条件与错误具有法律意义的条件的比较·区分实益[236]

在认识两者后，便不难进行比较，并从中得出一些合适的结论。马上可以得知的是，欺诈具有（法律）意义的条件，比错误的宽松。有时候，法律行为要是不以欺诈为由（ex capite doli）予以撤销，亦可以错误为由（ex capite erroris）予以撤销。至少，就原因错误或第三人人身错误而言，显然便是如此。

然而，区分两者的实益，尚见于其他方面。实际上，即使因错误而导致的无效，已获得补正（因为期间的经过，或因为确认），因欺诈而导致的无效仍可以继续维持。另外，证明（积极）欺诈，比证明单纯错误更加容易。最后，欺诈必然使被欺诈人（deceptus）可以追讨其倘有的损失与损害（perdas e danos）的赔偿，因为欺诈乃是一项不法事实。

以上是就普遍的法律行为而言。就某些法律行为而言，亦应当指出两者的其他区别所在。对有些法律行为来说，只有欺诈才有（法律）意义，而错误则不然。遗产的抛弃，便是如此（第 2037 条，参见第 2036 条）。对另一些法律行为来说，情况大致相同，因为对它们来说，仅当符合极为严格的要求时，错误方具（法律）意义，而这些要求则不适用于欺诈。遗产的接受，即属之（第 2036 条，第 2 款及第 3 款）。对其他的一些法律行为而

235　参见 TRABUCCHI，前揭著作，第 X 章。

236　参见 TRABUCCHI，前揭著作，第 179 页。

言，唯独法律错误才是无（法律）意义的（例如自认：参见上文，编码 134，I，a），但当它是被欺诈所诱发时，也许在某些情形下也会产生效果。[237]

140. 欺诈不具自身意义的法律行为

这种法律行为，至少有一种。那就是结婚。根据 1910 年 12 月 25 日第 1 号命令第 20 条（参见第 18 条），仅当涉及他方缔约人的人身时，错误方使结婚无效；而且，当错误不是人的错误（*error personae*），而是属性错误（*error qualitatis*）时，则必须涉及该条文所指的那些方面。[238] 人们认为，仅在欺诈导致这样的错误时，欺诈才导致婚姻无效，如同该项错误是自发的和非加重的（*espontâneo e inqualificado*）那样。

因此，正确而言，欺诈并不是没有作为结婚无效事由的（法律）意义。它只是没有自身的（法律）意义而已。在这一重含义上，可以说，葡萄牙法奉行法国的一条古谚：婚事可有诈（*en marriage trompe qui peut*）。

§4. 胁迫[239]

141. 概念

作为意思瑕疵的胁迫，上文已有概述（参见上文，编码 126）。下文将详论之。

第 666 条规定，若"同意是被（他方缔约人或第三人所实施的）胁迫所逼出"，则合同无效。其唯一附段将胁迫定义为"针对缔约人或第三人的人身、名誉或财富（fazenda），使用物理力量，或任何产生损害或使人强烈担忧损害发生之方法"。

---

[237]　关于自认（作为证据的 confissão；confissão‑prova）［译者按：葡萄牙语术语"confissão"一词，当针对事实时，解作"自认"（confissão de factos），当针对诉讼请求时，解作"认诺"（confissão de pedido）］，参见 TRABUCCHI，前揭著作，第 382 页，注 3。

[238]　第 20 条："同意之错误，可涉及他方结婚人之人身，并……以下列者为依据：一、不知悉其身份状况；二、不知悉婚前所犯之不可交保及时效未完成之犯罪；三、不知悉事前有不治之身体缺陷，如性无能，及任何无法治愈及可借传染或遗传而转移之疾患。"

[239]　参见 FUNAIOLI，*La teoria della violenza nei neg. giur.*；BRETON，*Le notion de violence en tant que vice du consentement*；TRABUCCHI，*Violenza*，载 *Nuovo Digesto*，XII，2，第 1057 页。关于国际公法方面，参见 CAVAGLIERI，*La violenza como motivo di nullità dei trattati*，载 *Riv. di dir，internazionale*，1935 年，第 4 页以下。

　　按照传统学说来理解上述条文的话，可以得出相当精确的胁迫概念。作为意思瑕疵，胁迫归根结底是指，将针对表意人或第三人的人身、名誉或财富的恶害（mal）作为威吓，使表意人担忧或者说害怕（恐惧，metus）。恐吓肯定可以同时伴随着执行的开始，或者说伴随着用作威胁的恶害的某种显现。尤其当恶害是使用物理暴力（violência física）时，更是如此。然而，真正构成作为意思瑕疵的胁迫的，是对用作威胁的恶害嗣后实现（虽然也许已是迫在眉睫）的担忧，而不是已被引发的恶害，亦即已发生的、恶害的部分实现。此担忧乃是源自威吓，因而是源自一项外在原因［教会法学者称其为"来自外部的恐惧"（metus ab extrinseco）］，亦即人类的行动，[240] 也就是恫吓行为。

　　仅仅对恶害有所担忧，并不足以符合上述要件。此担忧尚必须是源自他人以该恶害对表意人所作的威吓（参见第668条）。以恶害进行威吓，是指宣称一项恶害将会在一定程度上由宣称者直接地或借由第三人（在与其串通的情形下，或无与其串通的情形下）引发。因此，这项恶害是或多或少取决于宣称者的意思的（根据 ENNECCERUS - NIPPERDEY、LEHMANN 所言），或者被认为是这样的。如果恶害不属于这种类型，则可能会存在欺诈。[241]

　　因此，如果仅仅是因为意识到自己冒犯了一个自己所害怕的人，因而担忧，则这种担忧并不构成胁迫。[242] 如果担忧是源自一项被认为存在但不存在的威吓，则亦不构成胁迫。[243]

　　而且，威吓必须旨在得到（或者说逼出）表意人对某项法律行为的同意，而且该项法律行为必须实际上最终被作出了；因此，恐惧（metus）必

---

[240]　在这个问题上，教会法学者会论及自由原因（causa libera）；参见 TRABUCCHI，前揭著作，编码5。但应当注意，即使威吓者是未成年人或精神失常者也好，仍属胁迫；参见 VON TUHR, Der Allgemeiner Teil，Ⅱ，1，§68，首段。因此，并不要求胁迫人的行为必须在道德上可受谴责（以主观标准定之）。并不可以说，之所以规定此项瑕疵导致无效，就如同古时候的"基于恐惧之诉"（actio metus causa）那样，是出于对强迫者的仇视，更甚于是对被掠夺者的支援（magis in odium inferentis quam in favore spoliati）。

[241]　当有人促使缔约人错误地相信这项恶害的严重性，以及相信其真的有可能实现时，便是如此。

[242]　《学说汇纂》片段1，2，21，pr.，提及了一个事例：一名曾对恩主忘恩负义的女自由人，由于恐惧自己沦落为奴隶，故向恩主给予某物或许诺会做某事；她并不能得到被胁迫缔约的人所获赋予的救济，因为造成恐惧的人就是她自己（quia hunc sibi metum ipsa infert）。

[243]　在存在虚假资讯的情形，便是这样。但此情形有可能构成欺诈。参见 TRABUCCHI，前揭著作，编码5，注释。

须影响了决意（*consulto illatus*）。如果被恐吓者为了逃避恶害的发生，而实施了别的法律行为，亦即他所实施的并非威吓者希望其作出的法律行为，那么，便不能说被恐吓者所实施的法律行为因为胁迫而有瑕疵。然而，有可能将这项法律行为定性为是在困厄状态下作出的。当（被恐吓者）与第三人实施法律行为，以图得到其协助，借以逃避所威胁的恶害发生，便是如此。但如果该项法律行为的他方当事人就是威吓者自己的话，问题便没这么简单。在此情形，尚需区分：威吓者究竟是不希望逼使对方作出任何法律行为，还是说，威吓者是希望对方作出某项法律行为但最终所作出的却并不是那项法律行为。不过无论如何，最终所作出的那项法律行为是由被恐吓者自己提议的，以图避免恐吓实现，或者说，以图使威吓者满足于此。

这个问题是备受讨论的。但在第二类情形下，难以想象为何可以不存在真正的胁迫，因为至少威吓者肯定是后来变得希望作出一项新的法律行为，而只不过是同意降低其要求而已；而且，在上述两种情形中的任一种，至少威吓者都意识到被恐吓者是由于被威吓而决定作出法律行为的。[244]

被用作威吓的恶害，可以是各式各样的。然而，它必须是积极的行动，而不能只是不作为，例如，拒绝给予被恐吓者所要求的协助或救援，即使那是紧急的。[245] 至少，此乃一般原则。[246]

如果恶害表现为物理暴力，则尚需将瑕疵胁迫（coacção-vício）亦即仅属逼促型的胁迫（coacção meramente compulsiva）（*vis animo illata*，针对意愿施加的强制力）与所谓的绝对胁迫或称绝对强制（*vis corpore illata*，针对肉体施加的强制力）互相区分开来。但这种区分，前文已述（参见上文，编码123），兹不复赘。然而，应当注意，瑕疵胁迫的特征是：被胁迫人仍然有可能作出选择，亦即他可以选择冒"（胁迫人）用作威胁的恶害最终发生"的危险，或选择作出胁迫人希望逼使他作出的法律行为。易言之，被胁迫人的外在自由（liberdade exterior）只不过是遭到削弱，而不是

---

[244] 关于这个课题，参见 TRABUCCHI，前揭著作，编码 5；VON TUHR，前揭著作，Ⅱ，1，§68，Ⅱ，2；ENNECCERUS-NIPPERDEY，前揭著作，§161，Ⅰ，2。TRABUCCHI 只论及后一种情形，并将其定性为胁迫。其余两位学者所用的表述，则涵盖了那两种情形，但他们又只举了第一种情形的一个事例，而且那是极其特殊的：某项罪行（通奸）的受害人，威吓侵害人说要举报该项犯罪行为，但后来应侵害人的请求，同意说如果侵害人捐一笔钱给慈善机构，便放弃举报的念头。这两位学者所主张的见解，与 TRABUCCHI 的相反。

[245] 参见 VON TUHR，前揭著作，Ⅱ，1，§68，Ⅱ，3。

[246] 也有人认为，当威吓者有义务帮助该名有需要的人时，这种拒绝会构成真正的胁迫。参见 VON TUHR，出处同上。

完全丧失。[247] 唯独在此情形下，意思才可以是仅仅有瑕疵而已，但依然存在。只有在这种时候，以下著名法谚方为正确：*coacta voluntas, semper voluntas*（意思纵因胁迫而生，总仍是意思）；*quamvis si liberum esset noluisset, tamen coactus voluit*（倘有自由，即不欲为，但受胁迫，故欲为之）（参见《学说汇纂》片段 4，2；21，5）。

最后，应当指出的是，此处所说的胁迫，必须旨在逼使被胁迫人作出某项法律行为所需的意思表示。因此，抢匪恐吓路人，要求交出钱包，否则便马上杀死路人，这种情形并不属于我们这个课题的范围。[248] 抢匪只是希望逼使路人作出一项实质事实（facto material）亦即交付，从而得到相应的实质占有（posse material）而已。至于究竟是匪徒自己取走钱包，还是被抢劫者将钱包交到匪徒手上，[249] 这只不过是一个法律上的细节（*subtilitas iuris*）而已。

论述至此，暂时足矣。进一步的详细说明，则留待探讨其他课题时为之。不过，那时候所论述的，也许更倾向是胁迫具有（法律）意义的诸项条件，而非此项瑕疵的概念。

142. 类型

人们惯常提及的胁迫类型，多种多样，但就此项瑕疵的一般制度而言，却并不是每一类都真的有实益。

1）绝对胁迫（coacção absoluta）与仅属逼促型的胁迫（coacção meramente compulsiva）

这一区分的内涵与重要性，无须再行赘述。确切而言，它也与我们这个课题无关，因为我们现在所探讨的是瑕疵胁迫。[250] 因此，现在仅为绝对胁迫再举几个例子：A 令 B 的头晃动了一下，使 B 仿佛在说"好"；在一场

247　以枪械进行恐吓的情形，仍然符合此项要件；也许，当被恐吓者所遭受的惊骇导致其丧失心智官能时，才不是如此。

248　参见 VON THUR，前揭著作，Ⅱ，1，§68，Ⅱ，1。

249　作为例子，参见 FERRER CORREIA，前揭著作，第 68 页。

250　通说认为，第 666 条并无规范绝对强制，而且绝对强制会导致法律行为无效，而非只导致其可撤销。但 JOSÉ TAVARES 则持相反见解；参见其前揭著作，Ⅱ，第 514 页。CABRAL DE MONCADA 教授详尽地批评了 JOSÉ TAVARES 的立场；参见其前揭著作，Ⅱ，第 322 页至第 324 页，注释。尚参见 FERRER CORREIA 教授，前揭著作，第 66 页，注 1。JOSÉ TAVARES 的论据之一（也许是主要的论据）是：法律所说的是"使用物理力量（força física）"。然而，即使胁迫人使用物理力量也好，亦可以未至于构成绝对强制力（vis absoluta）那么极端。JOSÉ TAVARES 亦持相同见解；参见 CUNHA GONÇALVES，前揭著作，第 332 页。

（法人）大会会议上，坐着便意味着投票支持某项决定，故 A 用力强行阻止与会的 B 站立，或者，A 妨碍 B 作出任何因事前协定而构成某种含义意思表示的其他行为。应当注意，在这类胁迫的情形下，并不存在一项真正的意思表示，而仅仅存在意思表示的表象（aparência）而已。

2）根本胁迫（coacção principal）与附随胁迫（coacção incidental）

两者的概念，不难理解。尤其对主流学说而言，这种二分法具有实益，容后阐述（参见编码 143，I，1）。

3）针对被胁迫人或第三人的人身的胁迫、针对其名誉的胁迫、针对其财富的胁迫

在这里，人身是指（至少主要是指）生命、身体完整性（integridade física）或人身自由；名誉是指道德上的正直（integridade moral）与社会上所受的尊重；财富（fazenda）则包括任何财产性利益。至于三者的进一步详细说明，从略无妨。[251]

这种区分，在胁迫这种瑕疵的一般制度上，并无任何实际后果。但就婚姻而言则不然。对婚姻来说，仅当胁迫针对生命或名誉时，胁迫方有（法律）意义（第 1 号命令，第 21 条），至于可影响结婚人决定的那些财产上的诱因，则在所不问。

4）针对表意人本人的胁迫与针对第三人的胁迫

这种区分的标准是：被用作威吓的恶害，所直接针对的人是谁。下文在阐释针对第三人的胁迫时，将会指出这种区分的意义何在。实际上，必须知道，第三人与被胁迫的缔约人之间必须有关系。

某些立法例谨慎地对这种关系予以明确化。它们尤其要求，第三人必须是与被胁迫人亲等非常接近的血亲。例如，法国《民法典》第 1113 条便是如此（配偶、尊亲属或卑亲属）。但在这个问题上，葡萄牙法则只字不提，并无对被胁迫人与第三人之间所必须具有的关系的性质，设下任何限制。[252]葡萄牙法肯定是认为，任何的列举都是武断的、任何对这项

---

[251] 如果承认这三者已涵盖了被恐吓者一切可能的利益，那么，再多谈便是完全不必要的。罗马法在这方面设了某些限制，然而，葡萄牙法无疑并没有采纳这些限制。所以，葡萄牙法与罗马法的比照，亦可资佐证。在这个问题上，有一个奇特的类型：威吓仅仅针对缔约人的情感。例如，威胁缔约人说要自杀。VON TUHR 将这种情形视为有（法律）意义的胁迫；参见其前揭著作，II-1，§68，注 53。

[252] 但对结婚而言，法律要求，用作威胁的恶害，必须是针对被胁迫人的直系任何亲等血亲，或者旁系四亲等或以内的血亲（第 21 条）。

关系的预先（*a priori*）限定都是容易出错的。因此，以第三人将会遭受恶害作为要挟，只要基于某种理由（例如血亲关系、友谊关系、意识形态），会对缔约人的意思有决定性影响，便已足够；可以这样说：只要缔约人对这种要挟的感受是，仿佛恶害乃直接针对缔约人自己那样，便已足够。[23]

5）由他方缔约人实行的胁迫与由第三人实行的胁迫

这两个概念，无须多作定义。至于法律对两者有否区别对待，这个问题并非全无疑问（参见编码143，Ⅱ），因此区分它们总是有用的。

143. 胁迫具有"作为无效事由"这种法律意义的条件·Ⅰ）由他方缔约人实行的胁迫·Ⅱ）由第三人实行的胁迫

导致法律行为相对无效，并非胁迫的唯一效果。除此之外，向被胁迫人及他方当事人赔偿的义务，也是胁迫的效果之一。对这两种效果而言，上文就欺诈所述的处理方案皆适用。

在探讨无效的条件时，必须区分以下两者：将由他方缔约人实行的胁迫，以及由第三人实行的胁迫。然而，首先应当指出，即使被胁迫人是在真意保留的情形下发出意思表示，这一无效（相对无效）仍会发生。认为在上述情形下所发生的是绝对无效，这种见解，至少当胁迫人没察觉到被胁迫人的精神状态（不被知悉的真意保留），而且被胁迫人对胁迫的抵抗是较为强烈、真确且其意思未至屈服于胁迫人时，会是更加优待被胁迫人的。[24]

Ⅰ）由他方缔约人实行的胁迫

如同错误与欺诈那样，仅当这种胁迫具有某些特性时，才会导致（法律行为）无效。下文将指出学说惯常提及的那些。

1）重要性

胁迫必须是决定性或者说重要的（determinante ou essencial）。若胁迫纯

---

[23] 要是在这里引入一项客观元素，充其量可以思考的是，这种影响是否合理。

[24] 参见 FERRER CORREIA，前揭著作，第71页。但显然，如果实行胁迫只是为了强逼被胁迫人参与虚伪，以欺骗第三人或钻一项法律规定的空子，那么，所发生的无效便是绝对无效。看来，被胁迫人甚至可以向善意第三人主张无效。在不妨碍第693条规定的情况下，这种讨论可以是有实益的，因为虚伪意思表示有可能涉及由他方当事人占有的财物。

有别于此的是以下情形（有必要知道其真正的处理方案是怎样的）：被逼出的意思表示并不是真实法律行为意思表示（例如，表示说要贷款给对方，但最终没有贷款），但胁迫人又希望被胁迫人履行相关义务。

属附随性（incidental），则仅导致被胁迫人可以请求损害赔偿。至于这种处理方案的依据与限制何在，前文就欺诈所述者，亦适用于此。

2）胁迫意图

归根结底，胁迫意图（intenção de coagir）乃是胁迫这个概念本身的元素。它是指逼使他人同意相关法律行为的企图。

因此，如果 B 威吓说要杀死 A，A 遂前往一家专门店购买武器自卫，则由于欠缺这项元素，故不存在胁迫。如前所述，威吓者因为一项并非他所期望的法律行为，或因为一项有别于当初所欲的法律行为，而被说服放弃恐吓（参见编码 141），这种情形是值得探讨，而且有所争论的。

这项要件的必要性，有第 666 条的文义为据：它提及"同意是被胁迫所逼出（extorquido）"。看来，法律的上述用词并不能使人必须认为，胁迫意识（consciência de coagir）是必要的（但在另一方面，它又是不充分的）。意识到"威吓是达到此目的的合适手段"，这种意识已被胁迫意图所暗含。然而，损害被胁迫人、强迫其接受一项不利的法律行为的意图，则是可有可无。

3）用作威胁的恶害的严重性（*timor maioris malitatis*，对重大恶害的惧怕）

用作威胁的恶害，相较于所欲逼出的法律行为而言，必须是值得重视的，而不能是无关紧要的。这项要件，乃是依客观标准（合理性标准）予以判断，但也要一并考虑表意人的人身状况（例如性别、年龄）。但在葡萄牙法上，这项要件是否必要，则有疑问（至少是有疑问）。然而，就婚姻而言，即非如此（第 1 号命令，第 21 条）。但毫无疑问，恶害不必是迫在眉睫的。

4）恐吓本身的严重性

在这里所考量的，并非恶害一旦实现时是否重大，而是恶害实现的可能性。为此目的，一方面要着眼于威吓者的力量或本领；另一方面也要着眼于一个正常人（不是英雄，也不是懦夫或者说胆小的人）的抵抗能力（capacidade de resistência）如何［教会法学者们所说的稳定的人（*vir constans*）］。所要求的是"不脆弱的人（也会感到）的恐惧"（*metus non vani hominis*），但现在亦已经不要求"极度稳定的人也有理由感到"（*qui merito et in homine constantissimo cadat**）害怕。因此，这项要件也是依客观标准予以判断的，但同样必须一并考虑被胁迫人的人身状况，所以，这项客

---

　　*　原文为 dacta，应属作者笔误。——译者注

观标准也是会被（主观因素）调和了（参见法国《民法典》第 1112 条，Ⅱ）。然而，这项要件的必要性，是毋庸置疑的。虽然第 666 条唯一附段提到"强烈担忧"，但是否强烈，还是可以依主观标准予以判定。然而，看来婚姻必然是个例外（第 21 条）。合乎罗马法传统[255]的这项要件和前一项要件，在现行德国法上并没有被保留下来（德国《民法典》第 123 条）。但至少就第三人实行的胁迫而言，要求符合这两项要件是合理的。每名缔约人都有权期待他方缔约人至少在面对这种胁迫时，予以正常的抵抗，亦即不会过度敏感。[256]

5）威吓的不公正性或不法性

根据主流学说（但并非所有人都采纳此说），除了上述那些条件之外，还有这最后一项因素。它是属于道德性质的，而且不易界定。

我们不能认为，用作威胁的恶害，只要相当于威吓者一项权利的行使，威吓即非不公正或不法。威吓者行使权利的情形，例如，威胁说要对债务人提起执行之诉，或使其破产，或者威胁说要举报不法分子的犯罪。这里并不适用这一种意义上的 *non videtur vim facere qui iure suo utitur*（行使自身权利，不被视为使用强制力）这句法谚（《学说汇纂》片段 50，17，155，1）。

威吓的不公正性或不法性，既可以是因为所用手段（meio）（亦即威胁实行甚至已开始实行的恶害）的性质使然，也可以是因为威吓者所追求的目的（fim）的性质使然。确切言之（*rectius*）是因为，为了所追求的目的而使用上述手段，乃是违反法律秩序的。易言之，是因为这种手段乃是受法律秩序谴责的施压手法（instrumento de pressão）（根据 LEHMANN 所言），这要么是因为手段本身是不法的，要么是因为其使用构成了权利滥用（根据 JOSSERAND、GAUDEMET 所言）。

---

[255]　罗马法起初对被胁迫的缔约人，并未提供任何保护。就错误与欺诈而言，罗马法也是采取同样的处理方案（而且相较之下，更加有理由这样做；*a fortiori*）。这种观念，也许是部分基于以下想法：在遵从仪式的情况下表达出来的言辞，具有一种宗教价值。然而，极端的、严格的自我负责（auto-responsabilidade）理念，也不无关系。每个人都绝对地受自己的许诺所约束，即使他是自己出错、被骗或被胁迫亦然。即使对自己的决定和言辞感到后悔，即使被愚弄了，即使他已对针对其实行的胁迫作出了有力的抵抗，亦然。即使每个人都是敏锐、机智、强悍的，都以自身手段防范出错、上当与暴力，亦然。这种法律规制，要求人们在自身利益的维护上，必须深思熟虑、警惕提防、坚定果敢。

　　　　后来，随着罗马人的宗教与伦理感日臻完善，上述观念日渐消弭，法律开始向被胁迫人（错误人与被欺诈人亦然）赋予各种形式的保护，这主要是借由裁判官（pretor）的工作为之。无论如何，不足为奇的是，前述原始观念的某些要求，至今犹存：不论古今，都总是要求缔约人认真并有力地抵抗胁迫。

[256]　参见 TRABUCCHI，前揭著作，编码 7。

要充分厘清这个问题，需要作进一步阐述。我们只会探讨，由债权人对债务人所作的威吓的不公正性或不法性。显然，至少当债权人使用物理暴力，或使债务人面临迫在眉睫的重大危险时，威吓是不公正或不法的，即使债权人只不过是希望权利获得满足（原原本本或等价的满足）或获得保障亦然。例如，债权人殴打债务人、以火器指着债务人，或私下囚禁债务人。必须认为，法律秩序并不允许诉诸此等手段，因为众所周知，所谓的自力救济（autodefesa）（诉诸武力）是被禁止的。[257]

如果债权人仅仅威胁说要诉诸法院，那么，只要债权人所要求的只是其权利获得满足或获得保障，例如偿付、合理的代物清偿（datio in solutum）、出质或抵押、签署债务文件，即无不公正性或不法性可言。然而，如 COVIELLO 所言，如果债权人以不法方式使债务人的处境恶化（如要求不合比例的代物清偿），甚或要求作出一项与其权利无关的行为（如要求向债权人作出遗嘱处分；要求给付任何物品，使其债权变得稳健），即非如此。债权人所得好处过当，即导致行为具有不法性。[258]

上述处理方案，在巴西《民法典》第 100 条有不俗的立法表述。依此规定，"以正常行使权利作为威吓"，并不构成胁迫。[259]

Ⅱ）由第三人实行的胁迫

根据第 666 条，由第三人实行的胁迫，会导致被逼作出的法律行为归于无效。它没有规定，第三人必须因合同而得到直接利益。由此可知，这里

---

[257] 因此，看来债权人在被请求返还因胁迫而得的款项时，不得以抵销（compensação）为由提出抗辩，对抗对方的债权。此乃文中所述基本原则的要求。无论如何，在债务人破产或无偿还能力时，支付的无效是格外重要的。

[258] 敲诈（chantagem），是不公正胁迫的一个明显例子。敲诈是指，威胁说要披露秘密，而这一秘密一旦被揭发，将会使被恐吓者遭受损害；这里的损害，不只包括因其正当的个人情感被侵犯而引发的精神损害。当威吓者以此威胁对方，逼对方与其作出任何有利于威吓者的法律行为时（如买卖、租赁），便是如此。

[259] 有人反对在界定这项要件时，除了应考量威吓人所用的手段之外，还应考量所追求的目的本身。这种见解，参见 TRABUCCHI，前揭著作，编码 8。他认为，要判断被用作威胁的悉害是否公正，仅需考量手段是否不法。事实上，他提出的那些理由，都让人印象深刻。其他学者例如 BEUDANT 与 FUNAIOLI 的取态，亦多少与其相近。这个问题应当如何解决，对下述关于和解的情形来说，具有重大实益，而且十分棘手：某人明知自己欠缺理据，但以提起诉讼或继续进行诉讼来威胁对方，逼其接受和解；参见 TRABUCCHI，前揭著作，编码 9。最后，应当注意，胁迫不公正，并不必然意味着，（因被胁迫而作出的）法律行为是不法的。法律行为的不法性，乃是构成法律行为的那些条款本身使然。法律行为是因为受不公正胁迫而作出，这一点并不足以使法律行为变成不法行为。这个问题的重要性在于：两种情形所分别适用的无效制度，相去甚远。

并不适用像第 663 条就欺诈所作的那种处理方案。这里也不要求胁迫必须是在他方缔约人合谋、明知或可知悉的情况下实施。

关于上述的第一点，曾经有人认为，第三人必须（因合同而）得到直接利益，并应类推适用第 663 条的规定，因而对第 666 条予以限缩解释。但这种看法看来并不可取。原因如下。

a）这两个条文的高度相似性使人认为，它们之所以有不同的行文，乃是（立法者）有意而为，因此在第 666 条所定的情形下，并不要求（第三人得到）上述直接利益。

b）第三人欺诈与第三人胁迫，在制度上有此区别，乃是自罗马法以来的传统，虽然并不是一切现代立法都依然保留着这种不同。

c）这两种情形并不完全类似。相较于被欺诈人的处境而言，被胁迫人的处境是更为严峻的，或者说，是有可能更为严峻的。至少，只要想一下那些最严重的胁迫情形，便不难察觉两者的细微差异何在。而且不应忘记，第三人欺诈可以具有单纯错误那样的效果，但（经必要变通后，*mutatis mutandis*）第三人胁迫则不然，这是因为，恐惧（medo）除非是因胁迫[260]或困厄状态[261]而生，否则并不构成有（法律）意义的瑕疵。

144. 胁迫与单纯敬畏

这是一种古典区分。单纯敬畏（temor reverencial；*metus reverentialis*）通常被定义为：害怕使自己应当顺从和尊重的人不喜欢甚至反感（参见西班牙《民法典》第 1267 条，Ⅳ）。这主要包括，忧虑使父母不悦，或希望顺父母之意。根据一众立法例以及学者们的见解，在此并无真正的胁迫可言，因而亦无相应的无效和其他后果可言。此乃常规的处理方案，但也会有一些限制（或者应该称其为澄清），兹不赘述。葡萄牙法并无特别指明这一点，肯定是因为它认为这样做是不必要的。

敬畏，涉及被敬畏者相对于敬畏者而言的上级关系。当有使人不喜欢或反感的忧虑，但并不存在这种上级关系时（单纯情感关系），则更有理由适用相同的处理方案。

260　参见 TRABUCCHI, *Il dolo*，第 350 页。

261　根据文中所述的处理方案，以下观点毋庸置疑：之所以规定暴力会导致无效，并非旨在惩罚胁迫人，而是鉴于被胁迫人所被引起的恐惧，以及因而对其意思造成的瑕疵。因此，这种观念应当被定性为意思主义观（concepção voluntarista），而非遏止主义观（concepção repressiva）。

§5. 在困厄状态下实施的法律行为

145. 概念

困厄状态（estado de necessidade），* 是指自然事实或人为事实引致的重大危险（尤其是表意人自己的生命危险）所造成的害怕或者说担忧。在困厄状态下实施的法律行为（困厄状态法律行为，negócios necessitados），其缔约人的意思，是因为这种害怕或担忧而形成的。因此，在危险终结后才作出的法律行为，即不属之。已经获救的困厄者所作的馈赠或馈赠许诺，便是如此。

然而，正如学界的惯常做法那样，我们在这里只会探讨，困厄者为了获他方缔约人协助脱离险境而作出的那些法律行为（救援合同，*Rettungsverträge*）。应当注意，他方缔约人可以是主动提议救援的，虽然通常都并非如此。

至于危险所能触及的那些利益的性质，兹不详述。我们也不会探讨危险所能直接威吓的人有哪些。然而，那肯定可以是第三人的人身。这一点可清楚见诸以下事例：一名父亲为了让有重大死亡风险的儿子脱险，因而给予或许诺给予一笔巨款。然而，这就首先需要知道，困厄状态若是源自人为事实，应当作何处理。

146. 类型

我们只会指出两种困厄状态的类型。基于前述的限定，它们是最主要而且几乎是唯一对我们有用的。

1）由自然事实引发的困厄状态

火灾或海难，即属此类。例如，在意外中有生命危险的人，给予或许

---

*　estado de necessdade 通常被译为"紧急避险"。然而，正如作者所言，estado de necessidade 是指"重大危险所造成的害怕或者说担忧"这样的一种状态。至于汉语"紧急避险"，则是指在这种状态下做了一些事情来排除危险。因此，estado de necessidade 与"紧急避险"，分别为前因与后果，两者并不等同。正因如此，若将文中的 estado de necessidade 译为"紧急避险"，会使多处译文难以理解或引人误解。所以，译者选择将其直译为更贴切原文含义的"困厄状态"。

　　实际上，澳门《民法典》中文版，虽然在第331条将 estado de necessidade 译为"紧急避险"，但在第275条则将 situação de necessidade 译为"困厄状况"["……利用他人之困厄状况……（aproveitando... a situação de necessidade... de outrem...）"]，相信个中理由正是，在第275条将 situação de necessidade 译为"紧急避险"是不通的。——译者注

诺给予他人一定的款项或物，借以脱险。[262]

2）由人为事实引发的困厄状态

其经典例子是：被他人攻击，或者家居被强盗或仇家洗劫的人，向第三人求助，希望其帮忙制止侵害，并向该名第三人作出许诺。其他同类情形，也是可以设想的。例如，土匪绑架某人，并恐吓说要杀死他。还有些事例虽然略为不同，但仍然属于此类困厄状态。例如，被抛下水的人，试图向第三人求助。

147. 困厄状态与胁迫的比较

源于自然事件的困厄状态，不易与胁迫混淆。即使他方缔约人主动提议缔结法律行为，否则拒绝救助困厄者，如果这项法律行为最终被缔结，看来也不构成胁迫。实际上，威胁困厄者的恶害，既不是由他方缔约人造成的，也不是由第三人造成的（参见第666条）。仅当他方缔约人有义务协助困厄者时，才有可能不是如此。然而，将其定性为胁迫，这种做法所能得到的那些公正结果，其实用另一种方法（亦即将其定性为困厄状态）也能得到，甚至能更完全地得到。

如果困厄状态是人为事实所致，而且法律行为是与第三人实施的，那么，这项法律行为同样不能被视为是因为受胁迫而作的。引发困厄状态的人，并不是为了缔结法律行为。他并不希望逼使困厄者作出这项法律行为（第666条）。从第三人的角度看，一切都如同困厄状态源于自然事实那样。当法律行为是与引发困厄状态的人缔结时，由于他肯定是有义务救助困厄者的，因此前述的考量亦适用于此。

148. 在困厄状态下实施的法律行为的价值·Ⅰ）一般原则·Ⅱ）若干限制

下文将先论述所适用的一般原则，然后再论述其诸般限制。

Ⅰ）一般原则

1）在法国与意大利学界，有人（FADDA 与 BENSA、VENZI 等人）[263]认为应当直接适用或类推适用胁迫制度的第666条，使法律行为归于无效。

---

[262] 这种类型可被个别地称为事关困厄之恐惧（*metus a causa necessaria*）。它与事关自由之恐惧（*metus a causa libera*）亦即胁迫的特性相对立。

[263] 其他人（如CLAPS）则希望将此情形视同绝对强制。

但其理据并不充足。

如前所述，这些法律行为不能被归类为因受胁迫而作出的法律行为。因此，便不可能直接适用上述制度。至于类推适用，看来亦不可取，因为这样做会导致整体无效（nulidade total），这是由于假如不存在困厄状态，（困厄者）便肯定不会作出任何法律行为。然而，如果困厄者所作出或许诺作出的给付，相较于所受领的劳务而言（是夸张过分因而）是不合比例的话，公正的解决方案通常都不是使此等法律行为整体无效，而是仅仅使其可减缩（redutibilidade）而已（部分无效，nulidade parcial）。即使是这种情形，都总是存在一项通常应受司法保护的劳务。

也许，在某些情形下，在类推适用第666条使法律行为整体无效后，可以经由其他途径（不得利原则，princípio do não locupletamento）得到上述结果。然而，经由另一种途径（亦即部分无效），必然可以更简单地得到可取的解决方案。

2）其他人（如COVIELLO）则认为，这些法律行为是完全有效的，这既是因为并无条文有相反规定，也是因为仅当这些法律行为中给付之间严重不合比例时，它们才有理由是无效或可撤销的，而且（重大）损失［lesão（enorme）］（它是这种异常现象终归会导致的结果）本身并不能单独作为无效事由（第1582条）。但这种取态是可反驳的，理由有如下两点。

a）有一个条文，亦即《商法典》第684条，定出了不同的解决方案。

b）观乎第1582条可知，在排除（重大）损失的自身（法律）意义时，法律规定损失必须是因错误而造成的，而非由于其他原因而造成。这就使人认为，在上述条文中，"根据第656条至第668条、第687条至第701条使同意无效之错误"的情形构成例外。[264]

3）其他人所主张的解决方案则是：如果情况许可，这些法律行为是可减缩的。如前所述，这种解决方案是最公正的。

此乃葡萄牙主流见解。它以《商法典》第684条为据。依此规定，"在危险持续期间缔结之一切合同，得以夸张过分为由予以争议，并由有权限之法庭减缩之"。从这个条文所处的位置可见，它着眼的只是海上危险而已。然而，有人认为这条规定应该被类推适用于其他危险所致的困厄状态

---

[264]　虽然这条规定只谈及错误，但显然该词亦涵盖欺诈。甚至可以说，基于它所提到的那些条文，法律同样亦针对胁迫而言。但经适当变通后，此项论据仍然适用。

下所缔结的合同。因此，在葡萄牙法律体系内，此类合同可予减缩，这项原则在民法上的适用范围是全面性的。这也是本书的取态。

这种类推适用看来是不被禁止的，只要没有条文以某种方式预视并规管其他困厄状态的情形。此外，类推适用也是最合理的解决方案，这已经足以让我们根据第16条采纳这种做法，只要法律并未规范上述其他情形乃是一项法律漏洞即可。[265] [266]

Ⅱ）若干限制

只要他方缔约人有义务向困厄者提供协助，那么上述处理方案，即应受有限制。

在此情形，一旦我们承认葡萄牙法一般性地禁止内容不道德的法律行为（尤其参见第671条第4条及第692条），则法律行为便应当因不道德而归于无效。在困厄状态下缔结的合同，若使一个应当无偿地向困厄者提供救助，或应当在某些条件下向其提供救助的人，变得有权得到比他本应得到的更高的报酬，则这项合同必须被视为有违道德。

这样的情形有：在场目睹侵害的每一个人，都应当协助被侵害人，阻止损害发生，只要他们能够在无风险的情况下这样做，而且无法求助于公权力（第2268条及第2370条）；负责公共安全事宜的公务员，当在场或有

---

[265] 这里所探讨的法律行为可减缩性，归根结底，便等同于法律行为部分无效。人们可以反驳道，无条文规定无效，即不存在无效（não há nulidade sem texto），易言之，一切无效都必须是有条文规定的（textuais），而不能只是隐含的（virtuais）（暗示性的；法律无明文规定的）。然而，此种见解，不应苟同。无效，亦可以因被违反的规定或原则的性质使然，或因法律体系的逻辑推论使然：参见 RUGGIERO，*Istituzioni*，第6版，Ⅰ，第291页。对上述看法来说，第10条唯一附段乃是结论性的一个条文，即使就相对无效而言亦是如此。

[266] 在葡萄牙，文中所述的处理方案是人们普遍采用的，其以为684条为依据：参见 G. MOREIRA，前揭著作，Ⅰ，第430页至第432页；JOSÉ TAVARES，前揭著作，Ⅱ，第516页；CUNHA GONÇALVES博士，前揭著作，Ⅳ，第332页；以及 VAZ SERRA 教授的讲义。然而，仍然存在各种严厉的反对意见。在意大利，许多人都遵循类似的一种理论，其以《海事法典》第127条为依据。但亦有人不认同这种理论。近期的有力批评，参见 TRABUCCHI，*Violenza*，编码10。他反驳道，困厄状态的恐惧与压力，一般而言并不是导致法律行为无效的事由。仅当法律规定有此效果时，才有此效果。其唯一法定情形是胁迫，故从上引条文得不出相反的结论。由于《布鲁塞尔条约》的适用，上引条文被另一条文，亦即1925条6月14日法律的第7条所代替。但这一项新的条文，无法佐证前述见解，因为它不只允许减缩那些夸张过分的协定，还允许改正那些因所许诺的回报微薄而有瑕疵的协定，而综观相关法规的整体规范可知，它是旨在使当事人不可处分援助服务或救援服务的报酬。在葡萄牙法上，上述条约被1913年7月12日法律诏令（Carta de Lei）所核准，因此在面对它的那些规范尤其是第7条时，TRABUCCHI 的上述论据，可资援用。但无论如何，文中所述的最后一项理由，并不会因而变得无用。

所预备时，便应当提供协助，即使这样做对他而言有风险（第 2371 条）。后一种情形，肯定还包括消防员、提供海难救援服务的公务员等人；因合同而有义务向困厄者提供帮助的人，亦然。[267] 类似前述第一种情形的是以下情形：目睹他人有危险，而且可向其提供救援而不会为自身带来风险，例如，给快要淹死的人一条绳索。虽无条文如此规定，但它与第 2368 条及第 2370 条的相似性是显著的。无论如何，这里存在一项强制性的道德义务，而对现在所探讨的问题而言，似应足矣。

有趣的是，医生尤其是外科医生，要求处于危险状况的病人，许诺给予夸张过分的服务费的情形。看来，这样的合同至少在两种处境下是不道德的：①无法及时求助于另一名医生；②在外科手术进行到中途时，威胁说要中断手术，从而取得前述许诺。[268]

显然，这些合同是归于绝对无效的，因为不道德法律行为的无效，被认为属于这种类型。然而，并不妨碍困厄者于危险终结后，在明知自己可以拒绝支付的情况下，履行法律行为（第 758 条）。另外，亦不能一概而论地说，他方缔约人不可请求或留置任何东西，因为他有权得到的东西可以不取决于那项无效合同。

第四节　法律行为的代理[269]

149. 概念

通常，法律行为由哪个人直接实施，法律行为的效果便产生在哪个人的法律领域（esfera jurídica）之内。但事情也可以并非如此，而且这种例外

267　例如，在危险发生期间，登山客以任何方式向登山向导给予或许诺给予比当初所协定的更高的回报。

268　在德国，这种情形以及其他任何真正有法定义务或合同义务救援困厄者的情形，被视为胁迫来处理。如果已经协定好由外科手术医生进行手术，但他却拒绝为之，便是如此，即使手术仍未开始；由一班登山客聘请的一名向导，在危险发生之际，拒绝陪伴登山客，也是如此。因相应服务没有提供而造成的损失，被认为是由拒绝者所引致的。参见 VON TUHR，前揭著作，Ⅱ - Ⅰ，§ 68，Ⅱ，3；ENNECCERUS - NIPPERDEY，前揭著作，§ 161，Ⅰ，1；LEHMANN，前揭著作，34，Ⅳ，2，a。

269　HUPKA，*La representacion voluntaria en los neg. jur.*（由 SANCHO SERAL 译自德文的译本）；MADRAY，*De la représentation en droit prive*；NATTINI，*La dotrina generale della procura*；SAGGESE，*La rappresentanza*。

十分常见：作出法律行为的是这个人，但他却是为另一个人的利益为之。有时候，这从法律行为的内容本身是看不出来的，因为法律行为在面对他方当事人实施时，一切都如同通常情形那样。此时，法律行为的效果，便产生在行为人的法律领域之内，然后，为使这些（法律）效果（或其经济结果）最终被纳入另一人（法律行为便是为其利益而实施）的法律领域里，就必须以适当的法律手段将该等效果移转到那里。

然而，在大部分情形下，为他人利益而实施法律行为的意图，是向他方当事人外显的，亦即（行为人）表示法律行为是以他人名义（em nome doutrem）作出的，以便使其效果对他人发生，仿佛法律行为是由那人自己实施的那样。

如是者，即存在代理（representação）。要发生代理，无其他要求。只要（行为人）作出法律行为，是为了在并无参与法律行为的他人的法律领域内产生效果，也就是说（行为人）希望，由这一点而言，一切都如同由他人自己行事一样，便已足够。只要这一点在作出法律行为时被显现、表示出来，使其成为表意人与相对方的共识即可。只要法律行为通过其本身内容（或关系其解释的那些事情）显示出（行为人）有意令其效果如此发生、如此受对待即可。至于这一意图，或者说法律行为的这一动向，究竟是实现还是落空不果，易言之，法律行为的法律效果是否在该名第三人的范围内产生，这个问题则并不关乎代理的概念亦即代理的存在（existência），而是关乎代理的有效性或者说效力。代理是否有效，或者说是否发生效力，乃是取决于：以第三人名义实施法律行为的人，当时是否拥有足够的权利（poderes）代理该名第三人，也就是，即时使该名第三人成为法律行为所生权利义务的拥有人；或者第三人事后（ex post facto）有没有（亲自或以合适、正当的代理人）批准此事，使法律行为如同由其作出一样，从而将该等效果据为己有、招至己身。因此，代理是指，为了使法律行为的效果在他人法律领域之内产生，而以他人名义实施法律行为。

概言之，为了他人并以他人名义发出或受领法律行为意思表示，以便令相应的效果立即触及他人，皆为代理。然而，第二种形态的代理，亦即以他人名义受领意思表示，以便像由他人自己受领那样产生效果（消极代理，representação passiva），这种代理在实务上远为不重要。有及此，并鉴于这种代理存在一些重大难题（而且关于这些难题的研究不多），因此如同上文那样，下文亦将从略。下文将仅着眼于法律行为意思表示发出行为的代理（积极代理，representação activa）。

从上文可知，犹如 IHERING 很久之前便指出的那样，[270] 代理的特征在于"原因（causa）与效果（efeito）之间的割裂"、所实施的法律行为与其法律后果之间的割裂、行动主体或者说意思主体与效果接受者之间的割裂（根据 ROCCO 所言）。这一割裂，在法律行为的内容本身即有显现。这个人作出法律行为，而另一人的法律领域则接收相应的效果。

以他人名义（*alieno nomine*）作出行为的人，称为代理人（representante）。该名他人（事主，*dominus negotii*），则称为被代理人（representado）。如此实施的法律行为，称为代理法律行为（negócio jurídico representativo）。

代理人预先或事后被赋予的、使被代理人负上法律行为所生义务及取得法律行为所生权利的那项权利，称为（自始或嗣后，originário ou subsequente）代理权（poder de representação）或代理正当性（legitimação representativa）。

150. 种类

除了积极代理与消极代理的区分之外，我们同样不会探讨直接代理、无间代理或称真正代理（representação directa，imediata ou própria）以及间接代理、居间代理或称不真正代理（representação indirecta，mediata ou imprópria）的区分，因为严格而言，它与我们的主题无关。只有直接代理、无间代理或称真正代理，才构成前文所定义的代理。至于间接代理、居间代理或称不真正代理，则不是真的代理。它不属于我们所探讨的那种机制，因为所谓的间接代理人，虽然的确是为他人利益或为他人计算（no interesse ou por conta de outrem）而作出行为的，但他并非以他人名义作出行为。易言之，（行为人）并无将"法律行为的效果归属于被代理人"这一意图，向与其缔约的第三人外显。由于代理人不将这一意图宣示出来，因此，是否存在足够代理权，以及代理随后有效与否，便成了他与被代理人之间的内部事宜。

所以，法律行为的效果，是直接在所谓的间接代理人的法律领域内发生的。被赋予相关权利的是他，受相关义务约束的也是他。要将此等效果传给被代理人，就必须在事后作出一项或多项移转性法律行为（negócio

---

[270] 转引自 PACCHIONI，*Dei contratti in generale*（1923 年），第 282 页。

traslativo），进行权利让与；被代理人则向代理人作出应为给付，或赔偿代理人为履行而花费的开支。为被代理人作出行为的意图，并未被表示出来，或至少是相对人不同意让法律行为的效果发生在他与被代理人之间，使代理人得以置身事外。

因此，那不是上文一开始时所描述的那种真正意义上和本义的代理。虽然两者在实际上、功能上有相似之处，但在结构上是明显不同的两个机制。因此，不宜称为代理。由于缺乏更好的术语，我们姑且将这种机制称为委托（comissão）* 或（真实）中介［interposição（real）de pessoas］，并将代理人称为受托人（comissário ou comissionário）或中介人（interposto），将被代理人称为委托人（comitente）** 或事主（principal***ou dono do negócio）。

在真正意义上的代理之中，撇开积极代理与消极代理之分不谈，唯一重要的区分，乃是根据代理权力的来源，将代理分为法定代理或称必要代理（representação legal ou necessária），以及意定代理（representação voluntária）。

法定代理，专门适用于法人与某些无行为能力人。法律决定了其必要性，有时候还决定了谁是代理人，以及有何代理权。至于意定代理，法律并不强行规定它是必要的，而且，代理权是源自被代理人的意思：这是以一项旨在授予代理权的法律行为为之，从而自始或嗣后地把代理人在代理权限度内将作出或已作出的法律行为，视为己出。

有些基本原则，是这些形式的代理所共通的，因此，这些形式的代理只是同一机制的不同类别而已。然而，也有许多原则，要么是专属于意定代理的，要么在意定代理方面会有一些独特的调整。因此，意定代理制度是更为复杂的。它是代理理论的主要内容。此外，法定代理构成了无行为能力制度或法人制度的一部分。所以，法定代理的特别制度，其相当一部

---

　*　或译为"行纪"。——译者注

　**　或译为"行纪人"。——译者注

***　汉语法学界惯常将 principal（葡语、英语皆为 principal）译为"本人"。此乃继受自日本人的译词。日语中，汉字词语"本人"是指"当事人"或者说"事主"。"本人"一词，就日语而言，确实贴切 principal 的含义。然而，有别于日语，在现代汉语中，"本人"可以且经常用作反身代词，指称"自己"。因此，在汉语法学上，将 principal 译为"本人"，会引致不必要的混乱。例如，"甲以本人名义作出意思表示"，则甲是以自己名义，抑或以另一人（被代理人）的名义作出意思表示，并不明确。有鉴于此，译者将 principal 与 dono do negócio 一同译为"事主"。值得一提的是，葡语 dono do negócio 及其词源，亦即拉丁语 *dominus negotii*，字面含义都正是"事主"（事务主人），与汉语同出一辙。——译者注

分在无行为能力制度或法人制度的专门理论中，有其真正的容身之处。至于法人的代理，究竟应被归类为法定代理抑或意定代理，是有疑问的。甚至，严格来说（对于像我们那样认同机体说的人而言），它应当自成一个独立的范畴，亦即所谓的机体性代理或称结构性代理（representação orgânica ou constitucional)[271]，但其实它并不是真正意义上的代理，而是机体关系（organicidade)。但毫无疑问的是，它应被定性为必要代理（如果它是真正的代理的话），因为基于事物本性，法人并无能力亲自作出行为。

151. 用处

代理，是其中一种为他人从事法律行为的法律上的合作手段。在代理的情形，为了替他人作出法律行为而进行的活动，并非实质活动（在此包括智力活动或技术性活动)，而是意欲活动（actividade volitiva)。代理人向被代理人借出的、为其施展的，是其意欲力（poder de volição)，亦即决意力（poder de determinação da vontade)。因此，代理的效用是显而易见的。它是能够在法律层面上体现人类之间互相合作的其中一种最重要手段，而人类之间的互相合作，则是社会生活的本质。

法人和某些无行为能力人的法律活动，只有通过代理［指广义（lato sensu）的代理，包括机体关系］才变得可行。法定代理与结构性代理的关键效用何在，自不待言。

至于意定代理，虽然并非任何自然人或法人进行法律活动所必不可少，但无论如何，它肯定使这些人的法律活动变得更加活跃，因为它使其法律活动得以扩大到假如不使用意定代理便不能达到的规模。那些基于种种现实原因而无法自行实施（亲身参与作出）的法律行为，通过意定代理，即可为之。每个人的自身法律活动，都受有某些不可逾越的物质限制，此乃事所必然：没有人可以在同一时间身处不同地方，或在同一时间思考和解决不同事务。然而，如果每个人都无须事必躬亲，参与磋商和作出法律行为，而是可以由其他人（意定代理人或称受权人）代劳，得益于他人意思的协力，则其法律上的活动范围便得以无限扩大。意定代理，让我们可以

---

[271] 参见本教程，第一卷，编码 27。机体性代理或称结构性代理，有别于所谓的体制性代理（representação institucional)。"体制性"代理一词，常被用来指称，对无被机体化为独立法律主体的某阶级人士的那些利益所作的代理。由议员们代理国家（国家代理、政治代理)、由同业公会或全国性工会代理某个阶层（团体性代理)，便是如此。参见 ESPOSITO, *La rappresentanza istituzionale*。

在同一时间，而在不同地方作出多项法律行为，因此如前所述，我们就像拥有分身的本领那样。另外，意定代理让被代理人能通过代理人作出法律行为，虽然被代理人就算没有此种手段也还是可以作出这些法律行为，但那样的话便会对他不利，或者说可能对他不利，这要么是因为直接和亲身作出行为需要花费一些开支，要么是由于他欠缺必要知识、经验或能力进行亲自磋商及作出这些法律行为。

由此可见，代理为人们的法律活动开拓了新的、更广阔的可能性。引用学者们所惯用的形象化比喻来说，代理构成被代理人法律领域的一项强大的扩张工具。代理的这种好处，在昔日生活简单的年代，或多或少也是存在的，但并不显著，而且发展空间狭窄。然而，事物日新月异，代理的好处现今变得极其重要，因为促使人们进行法律活动的物质利益繁多，而且往往相去甚远。

显而易见，为了使人们的法律活动更加活跃，在实施他人事务上，已经存在各种不同形式的单纯实质性合作：撰写信函的雇员；邮寄、电报与电话服务；就有待作出的法律行为提供意见或资讯的人；以及笼统而言，一切为了意思决定或者说决意（它是法律行为的本质）作准备、为了将其知会相对人而作准备的那些人。然而，代理又是一种工具，而且对现在所讨论的那种目的而言格外重要，因为替被代理人作出法律行为的人，正是代理人。

上述好处可见于本义的代理，亦可见于所谓的间接代理。然而，间接代理乃是以拐弯抹角的方式实现代理的本身目的，因而是一种更加复杂和难以奏效的机制。受托人有义务向委托人移转因法律行为而得的利益（*commoda*）（所受领的给付、所取得的权利），而相对地，后者则有义务向前者偿还或赔偿相应的损失（*incommoda*）（所执行的给付、所负上的义务）。然而，这个机制，除了将事情复杂化之外，还可能因为任一名利害关系人无偿还能力而落空不果。不过，间接代理也有其优点：间接代理容许被代理人好好地完成一些他通过本义的代理不可能作出或不能在良好条件下作出的法律行为。实际上，在某些情形下，由于必须不让人知道法律行为的真正利害关系人是被代理人，或无论如何不能让人知道此事对他有利，因此，既不适宜由被代理人亲自作出行为，亦不适宜由他人以被代理人的名义作出行为。此外，以下情形亦经常发生：事主不能在一些遥远的市场中以上述方式经商，因为他在那里并不为人熟悉，而且无足够的信誉。因此，他便必须与该市场中有信誉的人合作，由该人以自身名义缔约。

152. 代理与若干类似机制的比较

下文将聚焦那些最易与代理相混淆的机制。

1）代理人与单纯的通传人（o simples núncio）*

这是一种经典的区分。两者的区别，常被表述如下：代理人并未接受一项彻底地详指明细且无决断余地的委任（mandato absolutamente especificado e imperativo），换言之，他并非被委任以完全被穷尽地确定了的条款（如以某价格、向某人、买受某物品）作出某项法律行为，而且当他认为不作出法律行为会对委任人更有利时，他并非不得不作出法律行为；通传人（亦即传讯人，或者说传送人）则相反，因为他并未被给予任何作个人判断和决定的空间，所以他只是作为事主（dominus negotii）的实质工具（instrumento material）、只是作为其意思的传送机关（órgão transmissor）运作而已。

代理人替被代理人权衡和定夺某事。代理人为被代理人计算，并以被代理人的名义，作出代理人自己的决意（determina a sua vontade）。即使法律行为的条款已经完全由被代理人所预定了，代理人至少仍有可能视乎情况，自行判断究竟是作出还是不作出法律行为才更合适，从而选择作出或不作出法律行为。相反，通传人只不过是事主的喉舌而已。他仅担当"将意思表示传送至相对人"这一实质职能（função material）。他并没有为委托人作出自己的决意（poder de querer）。他并没有下任何决定。他只是机械地执行讯息发送、进行通知而已。他如同一名纯粹的表示代理人（representante na declaração），而不是意思代理人（representante na vontade）。

由于代理人与通传人职能各异，因此在法律上他们亦受到区别对待。代理人，虽然并不总是必须具备完全的法律能力（plena capacidade legal）（第1334条），[272] 但他必须具备意欲能力这种自然能力（capacidade natural de querer），这是因为其职能乃是替被代理人作出决意（querer pelo representado）。

---

*　亦可按汉语法学界的用语习惯，将 núncio 译为"使者"。译者选择将其译为"通传人"，是因为"通传人"一词，相较于"使者"而言，在字面上更能表达该概念的内涵。——译者注

[272]　此乃意定代理的情形：由于被代理人具备完全的能力，因此是由他将自己的利益托付给他想托付的人。至于法定代理方面，如果代理人是无能力人的话，那是荒谬的。

上引条文也并不排斥这种处理方案。通传人则不然，他甚至不必具备意欲能力这种自然能力，而只须具备传送事主（dominus）意思表示的自然能力。另外，毫无疑问，如果代理人逾越了他被赋予的代理权范围，则被代理人不对被代理人作出的法律行为负责，除非被代理人追认（第 1351 条）；但人们通常认为，如果通传人有瑕疵地传送其讯息时，事主则须（根据所误传的意思表示的内容）向相对人负责（编码 125）。

2）真正意义上和本义的代理（直接或称无间代理）与所谓的不真正代理（间接或称居间代理）

我们已经对这一区分有所认识。葡萄牙商事法律，明文确认并规范后者。《商法典》第 266 条及后续条文，以行纪合同（contrato de comissão）为名，规定"当受任人在执行商事委任时，并无提及或指出委任人，因而是为自己并以自己名义缔约，并作为主要及唯一缔约人之时"，即存在行纪合同。从第 268 条可见，由行纪人（comissário）所实施的法律行为，其效果是在行纪人与相对人之间产生的，而且，并不存在任何相对人针对委托人的诉权，或者委托人针对相对人的诉权。但从第 267 条以及同一章的其他一众条文可知，该活动的最终结果，可以且必须从行纪人那里被移转至委托人，因此，归根结底，是由委托人收取倘有的利润，并承受倘有的损失。所以，这里有着不真正代理的根本特征。

至于民法，是否同样允许这种机制？《民法典》无疑是承认直接代理的，不论是法定代理还是意定代理。关于意定代理的那些规定，见于委任合同制度（第 1318 条以下）。委任合同的客体正是向受任人赋予代理委任人作出任何一项或若干项法律行为的权利，并向受任人施加这样做的义务（第 1323 条至第 1325 条、第 1332 条及第 1335 条）。然而，《民法典》对不真正代理，只字不提。它并未直接规范不真正代理，但同样亦完全没有禁止它。

有及见此，根据第 672 条的法律行为自由原则，应当认为，在民法上，相当于行纪合同的概念是被允许的。它所适用的，是关于行纪合同的那些并非基于商业交易独特理由的规定、关于民事委任的那些规定，以及关于商事委任（《商法典》第 231 条以下）的那些并非仅仅以"受委人必须以他人名义（alieno nomino）作出行为"为理由的规定（前述规定皆是类推适用），最后还有关于合同的那些一般规定。

至于其名称方面，法国人通常将不真正代理人称为"借名（prête-nom）

代理人",而意大利人也是将其称为"借名（*presta-nome*）代理人"（向他人借出自己名义的人；挂名代人出面的人）；德国人则称之为"稻草人"（*Strohmann*），这一术语除可涵盖前一术语外，亦将虚假中介（interposição fictícia de pessoas）这一种虚伪类型包括在内。我们则称之为"民事行纪"（comissão civil）或"真实中介"（interposicão rea de pessoas）。不真正代理人，则名为"民事行纪人"（comissário ou comissionário civil）或被代理人的中介人（interposto）。

最后，应当注意，虽然间接代理包括所谓的信托法律行为（编码 111，I），但前者是一个范围更广的机制。[273]

3）代理与各种为了他人的法律行为而进行的纯实质性或技术性合作

上文所论及的通传人，即为其中一种形式。但如前所述（编码 151），尚有其他各种可行且实际上有被采用的形式。它们包括：为事主（*dominus*）撰写法律行为意思表示的雇员、以任何方式参与合同预先磋商的雇员，以及那些从事所谓自由职业或自由技艺（artes liberais）的雇员与专业人士，所提供的合作；他们提供说明、意见或其他资讯，以便事主决定是否作出、如何作出法律行为。显然，上述一切情形，皆非代理。这是因为，代理人乃是向被代理人提供法律上的合作，亦即为被代理人作出自己的决意（exercita a sua vontade），但在这里，为他人的法律行为而进行的合作，其性质相当不同：那是一种实质性（material）或者说技术性（técnica）的合作。应当一提，我们使用这些表述，并不是想排除那些伤脑筋的智力活动。

4）代理与冒用他人名义作出行为（agir sob o nome de outrem）

真正的代理人，乃是以被代理人的名义（em nome de）作出行为。因此，不难将其区别于那些冒用他人名义（sob o nome de）行事的人，或者说，那些冒充他人，佯装具有相关身份的人。例如，一位显赫名流微服出游，在一家宾馆冒用一名中产人士的名义留宿；或者，跟一名富翁相貌举止极其相似的人，借此便利，做了相同的事情。

---

[273] 关于信托法律行为，尚参见 FERRER CORREIA 教授，*Sociedades ficticias e wnipessoais*，第 148 页至第 150 页、第 170 页至第 173 页。常言道，在信托法律行为的情形，法律效果逾越了当事人所追求的最终实际目的，但当事人其实是希望发生该等效果的。所以，此乃（法律）结构超越其（经济）功能。另外，应当指出，也有人将信托法律行为视为其中一类所谓的间接代理。关于所谓的间接代理，尚参见 FERRER CORREIA 教授，前揭著作，第 148 页至第 150 页。

两者在概念上的区别是明显的，因此也许它们会有不同的法律后果。[274]

5）代理与为待指定之人缔结的合同（contratos para pessoa a declarar）[*]

有时候，有人会为另一人缔约，而这另一人是谁，则留待之后再行指明。

COVIELLO 写道，[275] 此等情形的特点是："保留权利指定自己所作行为是为谁而作的人，假如没有作这一保留的话，便会拥有一切因合同而生的权利义务，这便表明了，有一项授予代理权力的行为存在，或有一项嗣后追认行为存在。所保留的该项权能，一经行使，权利义务便直接传给被指定的人，并具有追溯效力，也就是追溯至合同缔结的当初。可见，并不存在两项合同，而是只存在一项而已，这项合同被视为是在第三人与事后被指定的人之间缔结的；除此之外，保留了指定权的人，同样可以不行使它，并让自己继续身为事主（dominus negotii）。然而……在这类情形下，既不存在纯粹的代理，也不存在纯粹的中介（interposição de pessoas）。这两个机制各自的原则，混杂在一起了。"

"这里不存在纯粹的代理；否则，法律行为的有利或不利效果，便必然只可能对被代理人发生，因此，如果既无事先的委任表示，亦无追认的话，法律行为便应当被视为不发生效果，因为这项法律行为是以他人名义作出的，但他人却并无（向行为人）授予代理权。这里亦不存在纯粹的中介，这首先是因为，缔约者声称他是为另一人而缔约的，他只不过是保留了指出这个人是谁的权能；其次是因为，一经作出指定，法律行为的有利或不利效果将直接对被指定的人发生，无须由实际缔约人特别为此进行移转。因此，为待指定之人缔约的合同，是（行为人）以自己名义并为自己利益而缔结的；至于（对某人的）指定，则同时是既生效果的解除条件，又是代理本身效力的停止条件。"

此类法律行为，明文见于《商法典》第 465 条。依此规定，当合同以动产为客体时，允许"为留待事后指定之人"进行商事买卖。尚待研究的

---

[274] 看来，冒用他人名义作出的法律行为——如果相对人希望如此的话——会对实施法律行为的人生效，如同它是这个人以自己名义作出的那样。由一名虚假代理人（falso representante）作出的法律行为，是否应当适用类似的解决方案，则有疑问。

[*] 澳门《民法典》将 contrato para pessoa a nomear 意译为"保留指定第三人权利之合同"（参见第 446 条所属分节的标题）。译者则选择将 contrato para pessoa a declarar 或 contrato concluído para pessoa a declarar 直译为"为待指定之人缔结的合同"。——译者注

[275] 参见 Manuale，第 406 页。

是，这条规定是否不能类推适用于民事买卖，甚至普遍地类推适用于其他合同。

6）代理与单纯许可、准许或称同意他人行为（simples autorização，outorga ou consentimento para actos de outrem）

最后，某些行为的实施，依法必须经另一人或实体的许可、同意或称准许，这种情形亦有别于代理。这至少见于无行为能力的领域，用以弥补无行为能力，或用以补充无行为能力人的代理人所拥有的权力。

在第一类情形下，无行为能力人可亲自作出行为，只要经某人或某实体许可即可。此即辅助制度。在第二类情形下，仅当获得被代理人许可时，代理人方可有效地为被代理人作出行为。例如，父母与监护人，经司法许可或亲属会议许可，方可实施某些行为。

153. 代理的可接受性

下文即将探讨的是，葡萄牙法是否容许代理，若是，则又是在何种程度上容许。我们将会特别关注意定代理。

1）法定代理

毫无疑问，法定代理大幅度见于几乎一切类型的自然人无行为能力，以及必然见于一切法人（至少，"代理"一词取广义而言时是如此）。此等制度，前文已述，兹不复赘。

2）意定代理

意定代理，同样在葡萄牙法上获得广泛承认。一般而言，可亲自作出的法律行为，皆可透过代理人为之（第 1332 条）。此项原则有少数例外。上引条文，便将那些"纯属人身性"的行为，视为该项原则的例外。当法律行为被任何特别规定定性为人身性或不得由受权人实施，因而必须由当事人自己实施时，便是如此；当法律并无这样的规定，但根据法律所拟保护的利益，对法律所追求的实际目的，亦即法律体系的精神［那些启示性原则（princípios inspiradores）］予以填补，可得出相同的处理方案时，亦然。

然而，应当注意，一项行为被定性为人身性，或被规定不得由受权人实施，并不必然意味着，它不得通过单纯的通传人（núncio）实施。如前所述，通传人并不是在表示自己的意思，而仅仅是传送事主的意思而已。此等行为，应否排除通传人的参与，这个问题，应当在考量刚才所提及的种种因素后，逐案判断。

具有高度人身性质，以至于不可由通传人参与的行为，有遗嘱（第1740条）与当事人陈述（《民事诉讼法典》第 562 条，Ⅱ）。[276] 法律规定，此等行为不得由受权人作出。但不难得知，它们无疑亦不得通过通传人实施。[277]

容许通传人参与的人身行为，则有结婚与解除亲权。关于结婚方面，法律规定，对结婚的同意"可透过受权人作出，只要该项授权为特别授权，且明确指出他方结婚人身份即可"（第 1 号命令，第 25 条；尚参见《民事登记法典》第 304 条第 1 款）。[278] 至于解除亲权方面，它现今必然是在负责民事登记的公务员面前为之（但《民事诉讼法典》第 1461 条的情形除外），以前则是在法官面前为之（1876 年《民事诉讼法典》第 770 条至第 772条）；法律明文允许，未成年人可以让拥有特别权力的受权人代理自己，向亲属会议提出声请（《民事登记法典》第 366 条），而且法律亦明文允许，作为解除亲权准许人的父亲、母亲（当无父亲时）、祖父、外祖父，或者祖母、外祖母（限于行使监护权者）（《民法典》第 304 条、第 200 条第 1 款及第 2 款；《民事登记法典》第 364 条）也可以让受权人代理自己为之。[279]但显然，即使法律在这里允许受权人参与，亦不可因此认为，法律许可通传人参与。甚至，法律实际上是否允许，此等行为所需的同意由一名真正的受权人，亦即由一名替利害关系人作出决意（queira pelo interessado）的、获其给予某种最低限度判断自由和决定自由的代理人作出，这一点亦不无疑问。

乍看之下（prima facie），答案是否定的。的确，法律似乎是希望，在此等情形下，受权人仅限于传送授权人的意思表示，仅此而已，因而他甚至不能主动决定是否结婚、是否声请或批准解除亲权。之所以没有明文规

---

[276] 当事人陈述是指，任一方诉讼当事人，促使他方当事人就某些关系案件裁判的事实，在法官面前回应询问（《民法典》第 2410 条及第 2411 条；《民事诉讼法典》第 563 条，及第572 条以下）。

[277] 遗嘱人的意思，显然必须被完全地表达在符合遗嘱要式的文书上。如是者，遗嘱即告完整。至于当事人陈述，显然仅当由本人作出时，方可有其证据价值（尤其是当它有利于表意人自己时）。

[278] 这一条文只提到"拥有特别权力的受权人"，但显然，根据第 1 号命令第 25 条，在授权中必须指出他方结婚人的身份，这种要求仍然站得住脚，因为这是完全合理的。

[279] 未成年人是否同样可以让拥有特别权力的受权人，代理自己接受获批准的解除亲权，则有疑问。参见《民事登记法典》第 365 条，第 1 款及第 4 款。

定如此，个中出发点是：为此等目的而向他人授权，并指明此等目的［有必要时，亦具体指出他方结婚人或被解除亲权的人是谁］的人，乃是希望对他人进行断然的、（受任人）无决断余地（imperativo）的委任。承认（受任人）有决断余地（facultativo）的委任，毫不合理。尤其，就结婚而言，鉴于这个重要制度的庄严与神圣，任一方结婚人不能委托他人就是否结婚作最终决定，哪怕他人不获许可选择他方结婚人亦然。因此，本书认为，授权人在授权中表明欲对受权人进行有决断余地的委任，这样的授权，对结婚而言是不足够的，例如，在授权中说道，向受权人授权以自己（亦即授权人）名义与特定人结婚，假如受权人认为合适，或假如受权人认为对方有适当的人身或其他性质的话。在此等情形下，负责民事登记的公务员必须拒绝婚姻的缔结，即使缔结了，它也是无效的。至于解除亲权方面，我们认为，亦适用相同的解决方案，虽然这并不像结婚的情形那样确凿。[280]

乍看之下（prima facie）确是如此。但仔细一想，却令人有点疑惑。结婚受权人（procurador ad nuptias）现实上固然可以不缔结婚姻。这种可能性，在事实上是无从反对的。但需要知道的是，它究竟是否正当（legítima）、在法律上是否同样有此可能性。看来在某些限制下，答案是肯定的。

当受权人由于知道任何嗣后的或无论如何是授权人所不知悉的情事，[281] 而且该项情事又被假定或应被假定为相当重要，足以使授权人改变决定，停止缔结婚姻，这时难道有人会认为，他并没有履行委任，因而须就那些损失与损害负责吗（第1335条及第1336条）？我们认为不会，甚至也许应当认为，假如他没有这样做的话，他才是没有履行委任。然而，或者这并不足以让结婚受权人（procurador ad nuptias）被定性为真正的（虽然只拥有极少权力）代理人。一切皆取决于，我们是否承认单纯的通传人同样有这样做的可能性；这里所说的可能性，不仅包括事实上的可能性，还包括法律上的可能性。一切皆取决于，我们是否承认单纯的通传人在具有足够的自然能力与法律能力时，如果知悉任何能够使事主放弃作出法律行为的事态，同样可以（或许甚至是必须）停止执行其讯息传送。

---

[280]　无论如何，有一点相当明显：法律是希望由作为解除亲权准许人的父亲、祖父或外祖父来批准解除亲权，而非交由他人就此问题下决定。法律相信，父亲、祖父或外祖父，不会在无正当理由的情况下批准解除亲权。法律（将此事）交由作为准许人的父亲或外祖父作判断，而不是交由其他人作判断，即使那是由父亲、祖父或外祖父选择的人亦然。

[281]　或者受权人有足够理由认为是这样。

　　类似的处理方案，亦适用于解除亲权，但由于情况毕竟有别，故其处理应当较为温和。[282]

　　上文概述了葡萄牙法上代理的可接受性；一般言之，在一众现代立法例上，情况亦基本相同。然而，我们必须注意，昔日情事并不总是如此。罗马法起初并不接受代理，无论是法定代理抑或意定代理。虽然随着时代进步，法律交易的需要导致上述原则出现了一些重要的例外，但在优士丁尼的法律汇编中，该项原则依然没有被相反的原则所取代。虽然在上述法律汇编中，罗马法仍未至于一般性地接受代理制度，但在许多情形下，代理已经获得接受，或者至少人们已通过一些间接的手段达到了近似的结果。在罗马法上，一项原则往往便是这样在理论上备受尊崇，但在实务上却被钻空子；易言之，这项原则是"统而不治"（reinava, mas não governava）。

　　罗马法对代理这一机制的拒绝，究其缘由，要么应当归因于对罗马早期那种不太进步的思维方式而言，要理解一项意思行为（acto de vontade）的效果在非行为人的法律领域内产生，自然是有难度的，要么则是如同BONFANTE 所言般，应当归因于"罗马家庭的独立政治组织模式，以及其后果：向那些与家父（pater familias）意思不相干的人进行授权，这种做法是与上述组织模式相悖的"。[283] 应当注意的是，就取得而言，而且仅就取得而言，"（家）父的权力"与"（家）主的权力"（patria et dominica potestas），足以让家父通过那些隶属于他的人（尤其是家子与家奴）所实施的取得行为，直接取得财物或权利；而且原则上，这些人必须为家父而非为自己取得财物或权利。家父只是不得通过家外人（estranhos）取得财物或权利，这是因为代理机制不被接纳：per extraneam personam （quae nostro iuri subjecta non est） nihil adquiriri potest ［不得借由家外人（不隶属于吾人权利之人）取得］。[284] 但是，由于透过前一类人进行直接取得是可行的，而且当时经济的缓慢发展并不要求交易必须复杂多样，所以原始罗马社会的人们，不太感受得到欠缺代理机制的不便之处，因此代理机制几近多余。尽管时移世易，但如同其他许多领域那样，依然不存在足够的力量能完全推翻罗马人对代

---

[282] 关于结婚授权（procuração ad nuptias）的功能、性质与制度，参见 BO, Ilmatrimonio per procura。

[283] 参见其 Istituzioni di dir, romano，第 10 版，第 79 页。

[284] 就债而言，家父（pater familias）甚至不会因为隶属于其权力（potestas）之下的人所作的行为而受约束。

理这个概念根深蒂固的排斥态度。[285]

很久以后，到了 14 世纪、15 世纪时，在教会法的影响下，以及在经济需要的压力下，并随着奴隶制的消失以及家庭建制的变化，代理才最终被全面接纳为一般原则，[286] 而仅有极少数的例外。这一状况亦延续至现代法。

154. 代理的诸项前提

代理的前提有三。首两项前提，乃是关于代理的存在本身；这两项前提，是代理这一概念的组成元素。第三项前提，则关乎代理的生效；这项前提，是代理法律行为达致其目标所必不可少的，易言之，是代理法律行为的后果要直接反映在被代理人法律范围的话便必不可少，但对代理的存在而言，则是可有可无。

1）要存在代理（代理法律行为），首先便必须存在"主人的思虑"（*contemplatio domini*），易言之，必须以他人名义（*alieno nomine*）实施法律行为。缔约人希望为他人实施法律行为，仅仅这样是不够的。他还必须向他方缔约人明示地或默示地表示出这一点。只有在这种情形下，上述意思才得以显现，他方缔约人才必须将相对人所欲代理的那个人，接纳为法律行为就效果而言的当事人。他方缔约人必须接纳之，是因为他同意如此，或应当被视为同意如此。仅因证实了缔约人实际上希望为他人计算（*por conta de*）而行事，便出其不意地强迫他方缔约人将该名他人接纳为当事人，这种粗暴的做法是不可接受的。一个人究竟是在跟 A 打交道，还是在跟 B 打交道，可以是有分别的，这一点就赊账交易而言，乃是不言而喻的，因为他方当事人的偿还能力如何，是个值得关注的重要问题。

这第一项要件，可用以将真正意义上与本义的代理区别于其他法律概念，尤其是不真正代理。

2）第二项要件是：以他人名义作出行为的人，必须在某种程度上表示出其自身意思，而非完完全全只是在表示他人的意思。后一情形，正如我们已经知道的那样，并非代理。这样子以他人名义行事的人，只担当通传人（*núncio*）而非代理人的职能。代理人不仅仅是机械地传送他人的意思，而是为他人下决定（resolve）、作出决意。而且亦非仅此而已，因为即使法

---

[285]　关于罗马法上的代理，除参见 BONFANTE，前揭著作，§25 外，尚参见 CABRAL DE MONCADA，（*Elementos de história do direito romano*），Ⅱ，第 284 页至第 290 页。

[286]　参见 A. ROCCO，*Principii di dir. commerciale*，第 313 页。

律行为的一切条款都已由事主（*dominus*）所预定，但代理人仍然被给予空间决定最终是否作出该项法律行为。

3）一旦符合上述两项要件，即存在代理法律行为。但若要使代理法律行为生效、使它发生其旨在发生的效果，便必须同时符合另一项前提：以代理人身份作出行为的人，必须拥有足够的代理权力（*代理正当性或称代理许可*；legitimação ou autorização representativa）。因此，该人必须有权力代理被他指称为事主（*dominus negoti*）的人，并在该等权力限度内（*intra fines*）行事。如果他逾越了其权力［亦即如果越权（*ultra fines*）行事］，亦即无代理权力实施他所实施了的法律行为的话，哪怕他有代理权力实施其他法律行为也好，前述法律行为也不会对被代理人生效。欠缺代理权力一事，可以是无代理权人（pseudo-representante）意识到的，也可以是他并没有意识到的，因为完全有可能发生如下情形：某人认为他有权力代理他人作出某项法律行为，但实际上他却毫无代理权力，或他所拥有的代理权力不足。当他知悉自己绝对地或相对地欠缺所需权力时，常被称为"虚假代理人"（falso representante）［若为意定代理，则被称为"虚假受权人"（*falsus procurator*）］。

代理权力，要么源自法律（*法定代理*），要么源自被代理人的意思（*意定代理*）。在后一情形，尚须区分，究竟被代理人是在代理法律行为被作出之时便已经授予了代理权力（作出授权）（*自始的代理正当性*，legitimação representativa originária），抑或只是事后批准无权代理法律行为（作出追认），仿佛是事后（*ex post facto*）授予代理权力那样（*嗣后的代理正当性*，legitimação representativa subsequente）。[287]

155. 代理的基础

下文将探讨的是，代理的效力（代理人的意思表示所引发的一切法律后果，直接在被代理人身上产生），其依据何在。这一法律现象的原因是什么？我们已经知道，以前对此进行逻辑构想的困难，与罗马人对代理制度的拒绝不无关系。

就此问题，ROCCO[288]为我们提供了一个相当简明的解释，虽然那也许并不完全是结论性的。法律体系（o Direito）承认法律行为会引发那些与法

---

[287] 就法定代理而言，亦非不可能出现类似情形。

[288] 参见其 *Principii*，第 314 页至第 320 页。

律行为意思表示相对应的效果，或更准确地说，会引发那些与表意人所追求的实际目的相对应的效果。通常而言，意思表示乃是旨在实现其行为人的自身利益：目标对象或者说利益主体，与意思主体是同一个人。但很多时候，基于作为社会生活基础表现的人类互相合作现象，意思表示所谋求的目的，乃是他人的利益，而非表意人的利益。在此情形，前述两者便不相重叠。

两者的这一分离，如果秘而不宣，亦即如果并无显现在意思表示本身，因而让法律行为在外观上显得是（aparece como）追求一项表意人自身的目标的话，那么，法律体系便只会考虑这项表意人自身的目标，而不会考虑那项被隐藏起来的目标。法律体系会视法律行为乃是旨在实现表意人的利益，所以不会使法律行为针对那个没有被显露出来的利益主体发生效果。所谓的间接代理，便是如此。然而，意思主体（或称表示主体）与目标对象之间的割裂，也可以被显露于意思表示本身，从而向身为其相对人的一名或以上第三人外显，并取得法律意义（relevância jurídica）。法律体系考虑到在法律行为中被表示出来的目的、考虑到法律行为所拟处理的利益，从而相应地确认，利益主体或者说目标对象，便是法律行为所生法律效果的主体或者说接收者。

通俗地说，上文想说的是：代理法律行为的那些效果，之所以［凭借私人意思在法律行为范畴上获承认的创造权力（poder criador）］产生在被代理人的法律领域之内，乃是因为该项法律行为的行为人希望如此：代理人表示说，他是为被代理人缔约的，而第三人亦同意以这种方式缔约（亦即将被代理人接纳为他方当事人）。因此，归根结底，这一结果之所以发生，是因为它符合代理法律行为的行为人的意思，亦即代理人与第三人的意思。

然而，这固然说明了法律行为为何不约束代理人，但并没有说明它为何约束被代理人；这说明了法律行为可以向被代理人产生效果，而非说明了它必然如此产生效果；这说明了被代理人可以将法律行为视为己出，而非说明了他必须如此。若为意定代理，要说明上述问题，便必须诉诸被代理人在授权行为中所表达的意思；若为法定代理，则必须诉诸那项向代理人赋予代理正当性的法律规定，或者说得更好一点，是诉诸该项规定的设立理由，亦即它所谋求的实益。

第五节　法律行为的解释与填补

§ 1. 解释[289]

156. 概说·问题所在·法律行为的解释活动与解释理论·法律行为解释与法律解释·解释问题与意思和表示不一致问题

在这一编码，下文将首先对我们的问题进行界定，然后再将它跟法律解释以及意思与表示不一致作比较。

(1) 问题所在

对一项法律行为进行解释，易言之，对构成这项法律行为的一项或以上意思表示进行解释，便等同于确定这项法律行为假如有效的话，应当以何种含义为准而有效。此即探究：根据那样的意思表示，这项法律行为旨在引发的、将会实际产生的、法律行为所借以有效的，究竟是哪些效果；[290] 或者说，探究该项意思表示的决定性内容（conteúdo decisivo）如何。

法律行为的解释，其概念即如上述。这同时亦可让我们先对相关问题的内容有个大概认知。

(2) 法律行为的解释活动与解释理论

何谓解释活动，上文已作界定。归根结底，它是指将实际存在甚或只是假设的、表现为一定条款与条件（termos e condições）的各项法律行为的意思内涵（conteúdo voluntário）确定下来。或者说得更好一点，是指确定其表示内涵（conteúdo declaracional）。

至于解释理论，则是试图揭示，进行解释活动时所应遵从的诸项原则、方针与标准。首先，它负责（在各类可能的含义中）为我们定出法律行为的含义，此乃开展解释活动所追求的目标；其次，它也负责向我们说明，

289　除了前引 MANIGK 与 FERRER CORREIA 教授（十分重要）的著作之外，尚参见 LEHMANN，前揭著作，§ 30，V；GRASSETI，*L'interpretazione del neg. giur.*（1938 年）；Betti，*Interpretazione delle legge e degli atti giuridici*（1949 年）。

290　法律行为尚可根据候补性法律规定产生其他效果；有时候，则是根据那些能以某种方式被定性为强行性的法律规定产生其他效果。

为了达到上述最终目的，所应当使用的适当方法是什么。

解释者经由实践予以提升的、其天生的辨别力或判断力，固然可以让他在未经任何理论严谨地指导的情形下，便能够作出良好的解释。然而，当其他因素维持不变时（ceteris paribus），解释活动（如同其他任何活动一样）如果由一套明智的理论所主导的话，其结果是更为恰当和可靠的。

（3）法律行为解释与法律解释

这两个概念是相似的。在这两个领域内，皆有解释活动与解释理论之分，而且，上文就解释理论所述者，亦肯定适用于它们两者。甚至，在两者的相关问题上，可能被采纳的那些立场（主观主义立场与客观主义立场；参见编码157）也极为相似。然而，这两个领域各自可以出现的各种解释（立法解释、司法解释或私人解释；文义解释、扩张解释或限缩解释），以及诸项解释因素（文义因素、体系因素、历史因素与目的因素），则不很相似，或者也许是相似性不那么明显。这两个问题中的任一个，都可以通过法律以适当的规范完全地或部分地明确解决。就法律行为的解释而言，这一点是显而易见的；就法律解释而言，这一点也是肯定的，因而仿佛有一种"众法之法"（leges legum）存在。[291] 可是，鉴于这一事宜的复杂性，要制定一些规范来精确地、穷尽地解释此等问题，是一件困难的事。另外，这些规范同样也是需要被解释的。因此，法律解释的问题，基于其本身性质，是永远无法通过立法完全解决的：qui custodet custodem（看管者又由谁看管）？不过，法律行为解释的问题，则非如此。

因此，虽然法律解释与法律行为解释之间有显著的对应，但两者肯定是有不同之处的。这些不同之处，乃是因为法律规定与法律行为意思表示功能各异使然。

（4）解释问题与意思和表示不一致问题

这两个问题不难区别。前一问题是在先的。在解决了前一问题，亦即

---

[291] 我们在文中所说的规范，旨在完全或部分地建立一套解释理论；它们规定了在展开解释活动时应予遵从的那些一般标准或指引。这些规范，可以是一般性或特别性的，这视乎它们究竟是针对一切法律或法律行为，抑或只针对某一个别范畴的法律或法律行为而定。然而，还可以有这样的一些规范：它们自己仿佛就在实行解释活动，亦即直接界定了某些法律规定或典型法律行为意思表示的含义。它们是所谓的解释性规定。这主要是指（就法律而言，看来无法设想有其他类型）界定了某些法定用语或法律行为约定用语的意涵的那些条文。例如，我们已经认识的第377条、第378条及第1832条（第一卷，编码45），即属之。

确定了法律行为的决定性含义（sentido decisivo）后，假如这一含义与表意人真实意思不相符的话，便有后一问题。然而，假如在解释上必须奉行纯粹的主观主义标准，亦即并无掺杂任何客观主义因素的话，那么上述情形显然是不可能发生的。那样的话（但也仅若是那样的话），真实意思便会完全被尊重，因而在解释问题上发生一切可能的效力。[292] 其结果是，第二个问题会被消除。

157. 各种可能的立场

就像我们在其他章节所做的那样，下文亦将展示各种极端立场与折中立场。

极端立场有二：主观主义立场与客观主义立场。

1）主观主义立场

对主观主义立场而言，法律行为（假如有效的话）是以主观含义（sentido subjectivo）为准。或者说，是以相当于表意人实际意思的含义为准而有效的。表意人希望如何，法律行为便按其所愿而有效。这项真实意思（vontade real），可以且应当借助一切在这方面有助于解释者进行解释的因素或情事，加以探求。显然，若是合同，则所须考量的真实意思，乃是当事人的共同意图。

2）客观主义立场

对客观主义立场而言，表意人的意思无须被顾及，因此，表意人希望法律行为意思表示具有的那项含义，是被置之不理的。又或者，那项含义也会被探求，但仅仅是借助一定的、有限的情事作为材料加以探求，而非借助一切可以显明该项含义的情事为之。

主观主义立场与客观主义立场的各种类型

上述每一种立场，都各有不同形态。其中一些形态，实际上亦有被采用，至少就客观主义立场而言是这样。

主观主义立场，根据意思表示的主观含义与意思表示的内容之间的关系，可分为两种类型。的确可以要求，而且人们普遍都认为，表意人的实际意思，必须被反映在表示举动本身（无论反映得好还是差均亦然），亦即与这项举动各种可能的外显意涵中的其中一种相对应。虽然为此目的，应

---

[292] 包括积极效力与消极效力。这里所谓的积极效力，是指向法律行为赋予特定内容；消极效力，则是指确认由于不希望实施任何法律行为，因而不存在任何的法律行为。

当考虑到表意人的语言习惯。因此，所要求的是这个意义上的（*hoc sensu*）被表示出来的真实意思（*vontade real declarada*）。表意人希望将其真实意思体现在表示举动上，以便使其真实意思变得可被察知，但单凭这样是不够的，姑勿论后来这一意图是否因为他所用的表达手段根本不适当（*falsa demonstratio*，误述）而丝毫没有获得实现。然而，以下见解也是可以设想的：只要有这样的表示意愿（*animus declarandi*）便已足够，即使完全欠缺相应的载体（*corpus*）。可是，不可能将要求再降得更低。表示意图（*intenção declaratória*）的存在，乃是最低要求。免除它是不合理的。单纯处于"留滞在思维之中的意欲"（*propositum in mente retentum*）状态的意思，亦即表意人原本想要外显但在作出表示之时却遗忘了的那项意思，绝不能有积极效力，亦即绝不能用以确定意思表示的含义，即使它实际上可以有另一作用。

客观主义立场，在撤除纯粹的拘泥文辞主义标准（*critério puramente verbalista*）这种获那些原始法律体系所采纳，但今天没有人会接受，而且亦被某些立法例明文摒弃（例子参见法国《民法典》第 1156 条）的标准之后，同样有各种不同理论。向一项法律行为意思表示（就法律解释而言亦然）所赋予的客观含义（*sentido objectivo*）是怎样的，乃是取决于我们在这个问题上希望对表意人或受意人作怎样的假设（*hipótese*），[293] 取决于我们对表意人或受意人有何要求，易言之，取决于他们被假定具备、因而有责任具备怎样的认知（*conhecimentos*）（用 HECK 的术语来说，是"视域"（*horizonte*）〕以及谨慎程度和敏锐程度。因此，个中关键是要知道，在这个问题上应当奉行的标准（认知，以及谨慎程度和敏锐程度）如何。

然而，由于在此领域，人们可作不同的假设，因此，便有可能出现各类不同的客观含义。受篇幅所限，不宜对每一类都加以说明，而只会着眼于那种我们认为是最好的、属于主流见解的理论所采纳的那类客观含义。[294] 该类客观含义便是：一名正常受意人（*declaratário razoável*）置身于实际受意人的具体处境时（*colocado na posição concreta do declaratário efectivo*）会从意思表示解读出来的那种含义。因此，是将身处现实境况中的实际受意人假定为一名正常人（*pessoa razoável*），亦即具备中等程度知识、谨慎和敏锐的人，无论是就那些应予重视的情事的搜寻（*pesquisa*）而言，还是就此等

---

[293]　由此可见，与客观主义立场相符的是抽象、典型解释，而非与主观主义立场相符的个人、非典型解释。

[294]　其他类型的假设，参见 FERRER CORREIA 教授，前揭著作，第 162 页。

情事的评断（apreciação）上所采的标准而言。易言之，我们所奉行的准则如下：受意人除了认知他实际上所认知的那些事情之外，尚认知一名正常人在位处于其情境时所会认知的其他一切情事；而且，我们也作了如下设想：为了理解意思表示，他是如同一名正常人那样，对此等情事加以判断的。

将这类客观含义视为（意思表示的）决定性含义的那派见解，被称为"相对人观感说"（teoria da impressão do destinatário）。

存在各种折中立场的可能性

除了上述两种极端立场之外，尚可以有一些立场以不同形式糅合了两者各自的特征性原则。事实上，可想而知的是，上述两种极端立场中的任何一种，都不是认为一切法律行为皆属正确的，而是各有自身的适用领域。另外，这些适用领域又可以各有特点，因此，便可能存在多种折中立场。这也是学界实际上所遵从的做法。可以断言说，现今一切或几乎一切的学者，所认同的都是一种折中的取态。应当指出的是，以怎样的"配方"来调和两种极端立场，以及对哪一种立场有所偏好，这些问题在学者们之间都存在巨大分歧。

这些理论与意思与表示不一致问题上那些可能理论之间的比较

由于它们是不同的问题，因此，它们可以各自适用某些看起来不相兼容的立场，亦不足为奇。如是者，可以在意思与表示不一致的问题上，采纳一定程度的意思主义，同时却在（法律行为）解释的领域内，采纳一定程度的客观主义。（法律行为解释上的）温和主观主义（subjectivismo moderado），至少仅就逻辑而言，并非跟另一问题上某程度而言属于表示主义的立场互相排斥。对极端得向单纯"留滞在思维之中的意欲"（*propositum in mente retentum*）赋予效力的那种主观主义来说，才可以完全肯定地断言道，两者是不相兼容的。无论是在实务层面还是理论层面，看来都不可能相互协调的是，本课程所述而且内容范围仅限于本课程所述的表示主义立场，以及（法律行为）解释事宜上的任何一种主观主义立场。[205]

---

[205]　然而，不可认为，我们的表示主义立场彻底消除了意思与表示不一致的问题，因而归根结底一切都在（法律行为的）解释上被解决了。这两个问题在概念上仍然是有区别的，因此它们各自的解决方案亦然。另外，在这里亦应补充一点在其他章节已曾论及者（编码124，Ⅰ及Ⅱ，a，4）。

158. 本书立场·Ⅰ）一般处理方案·Ⅱ）各种例外

如同一切或几乎一切其他学者那样，我们同样不会遵从任何一种单一的理论，并希望将它适用于一切的法律行为。相反，我们的立场首先包括一个一般处理方案，然后再有某些例外。

Ⅰ）一般处理方案

我们认为，大部分的法律行为都适用"相对人观感说"（编码157）。在我们看来，受意人在界定相关法律行为意思表示的含义时，自然都应当探寻表意人究竟想说什么。然而，不应该要求受意人必须竭尽一切可能的谨慎及智力，而只应该要求他运用一名正常人，亦即中等程度的人、普通人的谨慎及智力，去求得答案。此即我们选择采纳"相对人观感说"的理由所在。

采纳这种观点的理由，归根结底，就跟我们奉行某种形态的"表示说"的理由（编码104及编码105）一样。现在我们只需再重申一遍：第684条虽然提到"缔约人们的意图或意思"，但并不排除，甚至还在某种程度上印证了我们的取态。我们可能会同样认为，在法律行为的解释上，是必须探求表意的意图或者说意思的。然而，我们会补充一点：在这个问题上应予重视的那些事情，其确定与考量，都应当遵从某种标准。"缔约人的意图或意思"这一表述，不但绝无拒斥这一点，看来甚至还可资佐证。根据第684条，可以得出以下解释规则：合同应当根据其"内容、性质与情事"，以及根据"习惯、风俗或法律"（关于习惯，尚参见第704条）予以解释。但在这些因素之中，只有情事（circunstâncias）这项因素才可以模糊地支持主观主义立场。然而，他方当事人所不可认知的，或者假如他是一个天赋异禀的人才可以认知的任何（关于一方缔约人的）情节，都不属于合同的情事，这种看法不是最自然不过的吗？

因此，我们认为，在法律行为的解释上占主导地位的是，假设具体受意人是一个正常人（仅此而已）的话，从他的观点所获悉的那项客观含义。

然而，最后尚需为我们所赞同的一般处理方案，再补充非常重要的一点：当受意人碰巧理解到与表意人真实意思相对应的含义时，即使它有别于前述客观含义，法律行为亦以那样的含义（亦即与表意人真实意思相对应的含义）为准而有效；即使在误述（falsa demonstratio）——易言之，使用了完全不适当的用语，甚至，对也许只有少数人能懂的表意人惯常用语而言，也是完全不适当的——的情形下亦然。

至于发生这种巧合的原因无论是什么，皆无分别。受意人可以是偶然知道他并无义务知悉的任何关键情事，甚至偶然知道表意人的真实意思本身；受意人也可以是有所误解，亦即他对意思表示作了错的解释，但又意外命中了表意人所欲求的结果。无论如何，此时都是以主观含义为准，即使在第二种情形下亦然，只要该项主观含义符合受意人所实际作出的解释即可。[296] 究其原因，是因为这里并不存在采用客观含义的理由，也就是受意人的合理信赖，以及法律交易的总体利益（亦即缔约便利与缔约安全）。

当解释结果有疑问时应当采纳的诸项标准

上文已对一般处理方案的那些基本准则，进行了相当精确的界定。[297]

至于个中细节，则不甚值得详述。这些细节乃是关于：对解释而言值得重视的各类情事（circunstâncias），应具有怎样的相对分量或者说相对价值。[298] 我们并不认为，就此问题，可以定出一些可靠的指引（而非只是多少可能落空的方针）。[299]

我们现在打算聚焦探讨的，是另一个肯定十分重要的问题。根据前述一般处理方案或其他任何处理方案尝试进行解释后，所得到的结果可能是

---

[296] 就第二种情形而言，我们尚需知道的是：主观含义是否即时变得具有约束力，即使受意人最终对意思表示有另一种理解亦然。

[297] 有一种理论值得注意。这种理论认为，根据受意人的观感（impresão do declaratário）（此乃本文所采纳的立场）予以确定的客观含义，其主导地位受有以下限制：这一含义还必须是可以通过某种方式归责（imputado）于表意人的——它必须是表意人可以预料得到的一种含义。这是（德国的）LARENZ 的观点，也是葡萄牙 FERRER CORREIA 教授的观点。后者明确说道，上述限制的效果在于：一旦超越了此项限制，法律行为便是无效的（经由解释而归于无效）。至于 LARENZ 是否不认为在此情形下应以主观含义为准，则有点疑问。如果要在这两类可能的见解中选一种，我们会毫不犹疑地选择 FERRER CORREIA 教授的。然而，是否应该采纳该理论的基本原则？我们认为不应该。至少，在解释的层面，看来显然是应当侧重于受意人的处境。此外，在人们希望以这种理论来达到的那种解决方案是合理的大部分情形下（就算不是全部），相同的结果是可以借由我们所主张的学说来达到的。的确，由于受意人应当探求表意人想说的是什么，所以在此等情形下，相关（解释）结果在受意人看来应当是显得有疑问的，因此并不值得相信，所以应当要求适当的澄清，在没有要求适当澄清的情形下，则他便应当接受法律行为归于无效。

[298] 此等情事，各式各样：法律行为的内容、法律行为所牵涉的各项利益（以及这些利益最合理的处理方案）、表意人所追求的目的、预先的磋商、当事人间以前的交易关系、表意人的习惯（语言习惯或其他习惯）、术语方面的惯例，以及可能涉及的其他性质的惯例（特别惯例，即专属于某些领域或职业的惯例，应当优先于一般惯例）等。

[299] 然而，仍然值得指出一点：观乎第 684 条的行文，看来习惯与风俗的价值，是低于合同性质与合同情事的。

有疑问的。这一疑问可以是：法律行为意思表示不可补救地费解难懂，亦即无法向其赋予任何可被理解的含义。这一疑问亦可以是：被解释的意思表示有不可补救的含糊或者说歧义，亦即所得到的结果是模棱两可的；意思表示可被赋予两种或两种以上含义，它们基于相同分量的理由，并互相抵触。

此时应如何解决？葡萄牙法律视乎疑问是发生在合同的"主要客体"（objecto principal）上，还是发生在那些"附属"（acessórios）元素上，在第 684 条及第 685 条作了不同的处理。在前一情形下，后果是无效：*nullum negotium*（法律行为无效）。既然经解释后无法得出任何法律行为可据以有效的含义，那么便只能是如此。其实（葡萄牙法律）也可以提出某种标准将疑问解决掉，而非因为它不可补救而以无效了事。但葡萄牙法律完全没有这样的规定，也许是因为其认为，如果在仔细考量了解释合同所须考量的一切因素后依然徒劳的话（第 684 条），犹存的费解难懂或歧义，若以规范予以解决，那么这样的规范必然是武断的。传统学说与某些法典，在这个问题上为我们定出的某些指引，归根结底，是突出了某些情事的价值。然而，即使对这些情事加以考量是合理的，但其价值终究不应僵化地予以厘定，哪怕是对高度存疑的情形而言。例如，根据一句古老的法谚，假如法律行为以某种含义为准是有效的，但以另一种含义为准，则会令其无效，那么，便应当以前一种含义为准［*actus inteligendi sunt potius ut valeant quam ut pereant*（行为宁可被理解为有效而非消亡）：此即法律行为维持原则（princípio da conservação dos negócios jurídicos）］。但应当一提的是，这句法谚是备受批评的。

至于第二种情形，则应当遵从第 685 条所述的以下两条规则：其一，若是无偿合同，则解决疑问的方法是，取"移转较少权利或利益"的那种含义；其二，若是有偿合同，则解决疑问的方法是，取"利益对等性（reciprocidade de interesses）较高"的那种含义。

易言之，如果是无偿合同的话，应采取的是，使慷慨行为为处分人带来较轻负荷的那种含义；如果是有偿合同的话，应采取的则是，使双方当事人各自的给付更为均衡或者说合乎比例的那种含义。

显然，由于上述规则，乃是将那些依第 684 条已须关注的"情事"，视为是决定性的，因此，仅当此等情事的分量，刚好被其他任何情事的分量所抵消，或者，没有被后者确凿地超越时，才会适用此等规则。

Ⅱ）各种例外

就某些法律行为而言，前述一般处理方案，必须有所变更。这些变更，有的倾向客观主义，有的则是倾向主观主义立场。

第一种情形，至少包括那些要式法律行为。一般而言，要式法律行为，以相当于相对人观感（impressão do destinatário）的客观含义为准，但这项含义必须在已遵从要式的意思表示（亦即文书）的内容上有所表达，哪怕这一表达不尽完善，因此，如果这项含义没有在该处有所反映（甚至按照表意人自己的语言习惯，也并无在该处有所反映）的话，这项含义便不会起作用。其后果似乎是，法律行为经由解释而归于无效，而不是真的以通常客观含义（亦即抽离相对人具体处境的客观含义）为准而有效。[300] 但这一点并非毫无争议，也有人（例如 ENNECCERUS-NIPPERDEY、LEHMANN）持相反的取态。此外，它还取决于意思与表示不一致问题上所适用的那些解决方案是怎样的。

前述一般理论的以上限制，看来是这些法律行为庄严性质的自然推论，即使那不是其必然推论。这也是学界的惯常看法；然而，有些人澄清道，这并不妨碍当事人们一致的真实意思具有（法律）意义（relevância），即使是在误述（falsa demonstratio）的情形下亦然（根据 LEHMANN 所言）。[301]

第二种情形，则至少包括遗嘱处分。如前所述（编码 104 及编码 105），在遗嘱处分的解释上，主观含义占优，但以"遗嘱之语境（contexto）"为

---

[300] 因为表意人之后可以意思与表示不一致为由，对法律行为提出争议，如果在这一事宜上（法律）所确立的那些原则容许这样做的话——但一般而言，由于在葡萄牙法上表示理论是正确的，故情况不应该是如此。

[301] 要是承认，在此等情形下，即使受意人应当察知表意人向表示内容所赋予的那项被误述（因而没有被外显）的意涵，应当被解释的依然是那项表示的话，那么，从解释的角度来看，要式法律行为便完全没有什么真正的特别之处，因为一切可被概括为：待解释的表示内容，便是载于相关文书上的表示内容，此乃这种法定要求的必然推论。参见 LEHMANN 的前揭著作。看来应当承认，附合合同（contratos de adesão）也是倾向客观主义的一个例外。附合合同，是指按照其中一方立约人所预先设立的格式予以作成的合同。这个格式，是该名立约人为了一切有意与其进行交易的人而设的，但有时候会有少量的条款可被逐案更改。例如，铁路企业与其他企业的运送合同、电力供应合同、保险合同，便是如此。这些合同，是以通常客观含义为准的，而非以具体受意人的特别客观含义为准。此即预定条款，也就是德国人所称的一般交易条件（allgemeinen Geschäftsbedingungen）。这种见解，参见 J. VON GIERKE, Handelsrecht，第 5 版，第 485 页。他称之为准法律解释（interpretação quase-legal）（类似于法律解释的，Gesetzesähblich），并提到帝国最高法院（Reichsgericht）有一则判决谈及"典型解释"（interpretação típica）。类似的处理方案，普遍适用于向公众发出的单方表示、酬谢许诺等。参见 LEHMANN，前揭著作，§30，Ⅵ，4，b。

限制（第 1761 条）。遗嘱人的意图，乃是决定性的，并应当以一切可能的手段探求之，即使这些手段是外在于遗嘱的。而且，这些手段包括被指定人（instituído）在遗产继承开始之时，既不知悉亦不可认知的任何情事（例如，遗嘱人的笔记或信函、遗嘱人与任何人的交谈）。但仅当这项意图以某种方式反映、显露或者说展现在遗嘱的内容上时，才是如此，即使要考虑到遗嘱人的语言习惯方能得出这一结论，哪怕其语言习惯是如何稀奇古怪。此处所奉行的解释立场，基本上是主观主义立场，但亦掺杂了某种客观主义因素，这是由于被解释的法律行为的要式性质使然。

上文已经指出过，这种客观限制并不妨碍遗嘱人意图主导地位的一些情形（参见编码 105）。在这里还可以再补充一种情形：遗嘱人以一种完全脱离一般语言用法的个人意义（acepção pessoal）使用了某个词语，但又以任何方式在遗嘱上有这样的暗示（例如，用括号将该词括住、为该词加上底线，或者将该词放在省略号之前或之后）。遗嘱人想指的是他的酒窖，却称之为他的"图书馆"或"珍品"收藏，或者，想指的是他的画廊，却称之为他的"动物园"，便是如此。[302]

然而，我们同样认为，当从遗嘱本身不能推断出，相关词语被用以指称一种异常意涵时，解决方案依然是相同的。这一切在我们看来是正确的，如果这一意涵或多或少是遗嘱人所惯用的话。[303] 因此，假设遗嘱人忘记了他当时在遗嘱里想写些什么，而只记得自己的语言用法，因而可以根据他当时在遗嘱语境下为主观含义所作的那一表述来重构其思想的话，那么，便以主观含义为准。我们便是这样理解和接受 KRETSCHMAR 的以下名言：只要"载于文书上的表述，从遗嘱人的观点来看是可以被识别的"，那么遗嘱人意思便会生效。[304]

与此不同的情形是，遗嘱人有意识地使用稀奇古怪的、脱离他自己（语言）用法的用语，[305] 或者遗嘱人陷于表示错误［实际错误或认知错误（erro material ou intelectual）；参见编码 124］。遗嘱人在作出遗嘱行为时所

---

[302]　参见 ENNECCERUS-NIPPERDEY，前揭著作，§ 193，注 2。

[303]　参见 ENNECCERUS-NIPPERDEY，出处同上。

[304]　转引自 FERRER CORREIA 教授，前揭著作，第 225 页，注释。然而，这一句话也许尚针对以下情形而言：遗嘱人有意识地使用只有少数人懂的，并非他所惯用的用语，希望在该等情境下它能够被理解。

[305]　参见上注。遗嘱人可以透过这样做，来隐藏自己的真正意思，掩人耳目。但这样做的话，遗嘱人便要指望，到了关键时刻，其真正意思最终能够被识别出来。

遗忘的那些临终意思（últimas vontades）（*proposita in mente retenta*，留滞在思维之中的意欲），是否适用相同的解决方案（因而仅仅无需理会第 1761 条提到的"遗嘱之语境"），至少这一点是相当有争议的。我们认为并不适用。否则，被用来加强肯定性、防范后来发生争议时使用人证的危险的遗嘱要式，便会只有很少用处。这种危险是格外值得担忧的，因为遗产往往非常引人觊觎垂涎。然而，我们并不否认，当遗嘱的文义本身——独自或连同倘有的客观确凿依据（例如，并无任何人或物，符合遗嘱上对被指定人或遗赠客体所作的身份标识）——表明，相关用语根据其通常含义并不反映遗嘱人真正意思时，上述处理方案可能会有例外。

第 1837 条的规定，可资佐证。我们倾向将这条规定限缩解释为，只适用于前述情形，以及遗嘱用词有歧义的情形。当遗嘱人最邻近的血亲是其兄弟姐妹，但当中有些是其亲兄弟姐妹，另一些则是"半个"兄弟姐妹（同父异母，或同母异父），而且遗嘱人指定了其"legítimos 的继承人"（或"legais 的继承人"）*（作为受遗赠人），那么，便应当遵循上文所述的指引而认为，在继承的法定顺序上，他的那些亲兄弟姐妹，优先于其余的兄弟姐妹。[306]

我们所采纳的主观主义原则（以"遗嘱之语境"为限制），其依据何在，前文已述，无论是从立法论的角度来说（*de lege ferenda*），还是从实定法的角度来说（*de lege lata*）亦然（参见编码 104 及编码 105）。但必须再补充以下几点。

1）在一个像葡萄牙体系那样，如此清楚地采纳表示主义（declarativista）的体系里，就生前法律行为而言，求诸所谓的"遗嘱人（意思）优先"（*favor testamentorum*）——亦即"如果遗嘱不根据遗嘱人真正意思为准而有效的话，遗嘱人已无法及时改立另一份遗嘱了"这种观念——是非常容易有闪失的。

2）认为因遗嘱人真实意思优先而得益的那些人的处境，相较于因（采纳）遗嘱客观解释而得益的那些人的处境而言，并非较不值得受保护，这种见解，根据 ANTUNES VARELA 教授的看法，并无说服力。因为完全可以并非如此，这是由于我们马上可以设想以下的一些情形：因（采纳）遗嘱客观解释而得益的人已经占有遗产多年，或者在发现任何新的资讯显示出

---

* 葡语 legítimos 可以指"婚生的"，也可以指"真正的"，但在汉语中并无单一词组能同时表达这两个含义，故保留葡语不译。至于 legais 亦同。——译者注

[306] 参见 ENNECCERUS-NIPPERDEY，前揭著作，§192，注 15。

遗嘱人真实意思并非如此之前客观解释一直都是无可争议的。另外，遗嘱的客观含义与主观含义并不相符，此乃由于遗嘱人在遗嘱撰写上的不清晰所致。遗嘱人应当就因客观含义（被采纳）而得益的人因此而抱有的期待负责；在遗嘱人已不在时，由因主观含义（被采纳）而得益的人负责，这是合理的，因为如果以主观含义为准的话，他将是继承遗嘱人财产的人。因此，总而言之（撇除其他非议不谈），主观主义原则在立法政策上的理据，应当从另一个方向加以探寻：之所以采取主观主义原则，是出于对死者意思的半宗教性质的尊重，或者说，是因为顾及"死者意思应当被遵从"这种社会崇高礼俗。当认为此项原则限定适用于遗嘱解释，而非延伸适用至赠与（假如并不一并适用于无偿合同，以及任何不需受领的单方法律行为的话）时，便是如此。

3）从实定法的角度而言（*de iure constituto*），在这里认为主观含义优先，这种结论不仅得自第1761条中要求遵从"看来较合乎遗嘱人意图者"的部分（参见编码105），还可以得自第1837条。[307]该条文如此规范所谓的指称错误（*error in nomine*）："若可清晰显示出遗嘱人意图如何，则遗嘱人对受遗赠人之人身或遗赠物之误指，不导致遗赠可撤销。"这项规范允许求诸遗嘱以外的因素来构建遗嘱人真正的意思，这一点看来毋庸置疑。而且，该条规定无疑应当被视为揭示了最为一般性的思想，因此，在可能的范围内，它尚适用于继承人的指定，以及适用于遗赠解释的任何其他方面，这是因为并无充分理由使人必须认为或倾向认为在此应作区别对待。

4）最后，应当指出，遗嘱解释上的主观主义原则，在法律传统中是根深蒂固的。这一点考量，对所适用法律条文的理解而言，绝非无关紧要。

上文的论述，替以下处理方案提供了理据：遗嘱的决定性含义，是相当于遗嘱人真正意思的那种含义，只要它并非完全不可与相关"语境"（contexto）相兼容即可。[308]而且，并非仅当相关"语境"本身因为在一定程

---

[307] 对这个问题而言，第1741条则不太相干。

[308] 持此取态，但不像上文那样清晰地作说明的有：*Rev. de Leg.*，第68期，第71页（尚参见第71期，第397页；第73期，第9页；第74期，第125页；第76期，第299页）；FERRER CORREIA教授，前揭著作，第225页；ANTUNES VARELA教授，前揭著作，编码4；1949年2月15日最高法院合议庭裁判（载*Bol.*，11，第204页），以及1950年10月20日最高法院合议庭裁判（载*Bol.*，21，第358页）。

度上费解难懂或含糊而足以使人有所犹豫时是如此；[309] 当利害关系人之间所引发的争议不取决于它时亦然。第 1761 条的句首 "在遗嘱处分之解释上一旦存疑" 并没有否定这一点。就法律行为的解释而言，同样应当拒斥 "倘若清晰，不作解释"（*in claris non fit interpretatio*）这句法谚，而不只对法律解释来说是这样。[310]

就遗嘱而言，解释者亦可能在适用前述理论，或任何其他被认为可取的理论后，仍然无法得到充分清晰的结论。在这种情形下，应该作何决定？看来，法律行为不可避免地经由解释而归于无效。遗嘱仅能以应当被解释出的那种含义为准而有效。如果解释者无法得出充分清晰和不含糊因而可被信赖的一种含义，那么结论便只能是：*nullum negotium*（法律行为无效）。

然而，有些人认为，当遗嘱在继承人或受遗赠人的身份标识（identificação）上有不可补救的歧义时，遗产（的相关部分）或遗赠应当被分配给符合这一身份标识的两个或以上的人。根据这种见解，如果 A 将其遗产遗赠予 João 的女儿 Maria，而 João 有两个女儿名字都叫作 Maria 的话，只要无法相对可靠地知道遗嘱人想指的是哪一个，[311] 则两个 Maria 都会得到遗产。这种解决方案的优点是，部分地尊重了遗嘱人的意思。但反过来说，另一部分的遗产，却会被赋予了遗嘱人不想关照的一个或多个人；而且，甚至也无法假定，如果遗嘱人考虑到这样一种情形的话他宁可如此。因此，主流学说赞同处分无效一说，不足为奇。[312]

§2. 填补

159. 概念

借由解释，人们所探究的是，当事人希望或者说表示希望法律行为有怎样的内容。人们想要弄清楚的是，缔约人们的协定是怎样的。[313]

309　1943 年 7 月 13 日及 1947 年 2 月 25 日的最高法院合议庭裁判（载 *Bol. Of.*，Ⅲ，第 311 页，以及 Ⅶ，第 99 页）与 1949 年 4 月 21 日的里斯本中级法院合议庭裁判（载 *Bol.*，8，第 315 页）。

310　ANTUNES VARELA 持此见解。参见其前揭著作，第 35 页注。

311　但这假设是不太可能发生的。

312　参见 *Rev. de Leg.*，第 73 期，第 10 页。显然，可能有一些好的理由令人相信，遗嘱人想指的是符合遗嘱所述身份标识的全部人。在此情形，则当然是适用前述解决方案。

313　而且，首先要弄清楚的是，当事人们究竟是否希望（或者说表示希望）作出一项真正的法律行为。

　　然而，当事人通常所思考的，尤其会是经济性的东西（根据 LEHMANN 所言），或者更笼统地说，是实际的东西。他们所关心的，是如何界定和厘清他们所追求的那些经济（实际）结果。很多时候（即使未至于通常都是这样），他们完全不注重对相应的法律规制进行构造。他们没有思考过这一点。他们希望他们的实际目标受法律保护，但并无设法制定一个适当的规管制度。即使他们记得要思量这个问题也好，他们也绝不能预见一切有助于他们在法律上完整地安排相应交易关系的那些事情，并对这些情事加以规范。而且，毫无疑问，就这些关系的实际层面而言，当事人们甚至也可能同样预视不足。[314] 在这些没有被预见或规管的问题上，是有可能在后来引发争议的。绝大部分时候，当事人正是在此等问题上有争议。因此，法律行为意思表示，如同法律一样，都可能存在漏洞（lacunas）。也就是说，都可能存在遗漏情形（casos omissos）、都可能想少了（minus cogitatum）。[315] 有必要界定，那会造成怎样的后果。如果当事人的法律行为意思表示有漏洞的话，应该如何处理；这些不足或者说遗漏，可以被补救吗，在何等程度上可以补救，以怎样的标准予以补救——这正是法律行为填补的问题。

160. 相较于法律行为解释问题、相较于法律填补问题

　　这三个问题在概念上的区别，是明显的。然而，它们之间有某些接触点。在这里，同样要区分单纯的填补活动，以及填补理论。而且，在此同样可以有法律规范的介入。这些法律规范，有的是定出了所须遵从的诸项原则或总体方针，因而是针对填补理论而设的，有的则是实际地对某些典型法律行为进行填补，因而直接关乎填补活动，并仿佛就是在进行填补活动本身。后一类法律规范，便是所谓的解释性规定（disposições interpretativas），又名填补性规定（disposições integrativas），但通常被称为候补性规定（disposições supletivas）。最后，在法律行为填补上所需遵从的一般准则，与在法律填补上

---

[314]　尤其针对那些债务合同而言，VON TUHR 在其 *Tratado de las obligaciones*（由 ROCES 翻译），I，§6，VI 指出："在大部分情形下，合同都仅限于指明给付的目的，以及给付的那些最重要的元素，而没有再详细指明债务人将会负上的一切义务是哪些。" VON TUHR 补充道，这种情形主要见于那些在当事人之间创设持续关系（如租赁、合伙）的合同，因为情事的嗣后发展，可能会出现一些当事人所没有预见，甚至真的是不可预见的状况。

[315]　至于说少了（minus dictum），则是关乎解释。它乃是借由扩张解释（interpretação extensiva）予以补救，如果根据所须遵循的理论是可以进行扩张解释的话。如果根据相关理论无法进行扩张解释，那么，看来这种情形应被等同于想少了（minus cogitatum）。当表意人在表述其意思表示时忘记了相关的问题时，也是如此。

所采纳的一般准则，有着某种对应。那就是当事人的假设意思（vontade hipotétiva）或称假定意思（vontade conjectural）准则；至于在法律填补上，归根结底，则是立法者的假设意思或者说假定意思准则。真实的、历史上的立法者，或者常规立法者（legislador convencional）（*bonus legislator*，良好立法者），其实际意思，或者说被认为是其实际意思的那种意思，在法律解释上是起着决定性作用的。

161. 如何进行法律行为的填补

在这个问题上，当有候补性规定可资直接适用时，并无困难可言。当所涉及的是一项典型或者说有名法律行为（例如，买卖、委任、租赁），而且所需规管的问题，又已经被法律为相关法律行为类型而设的众多这类规定的任何一条预先解决时，便是如此。也许，就那些所谓的混合法律行为而言，亦即那些掺杂有一类以上典型法律行为特征（构成性元素或者说要素）的单一法律行为而言，也是如此。此时，会在适当程度上适用各类法律行为的相关规定。[316]

如果存在任何可资类推适用的候补性规范的话，同样也不会有重大疑难。就非典型或无名法律行为而言，便有可能发生这种情形。毫无疑问，适用于此的是，与相关法律行为有充分相似度足以支持类推适用的一类或若干类法律行为的那些专门规定。[317]

---

[316] 有疑问的是，这种适用是直接适用，抑或只是类推适用。至于就所应遵从的方法而言，有时候可能发生如下情形：其中一类法律行为的那些专门规定，应当完全地或部分地吸收（absorver）或消除（apagar）其他类型法律行为的那些专门规定（吸收说，teoria da absorção）。但通常并非如此：各类法律行为的专门规定，应当适当地组合在一起（组合说，teoria da combinação）。上述做法如何实行，乃是本章的主要难题。参见 DE GENNARO, *I contratti misti*；ENNECCERUS-LEHMANN, *Recht der Schuldverhältnisse*，1932 年版，§100；ORTEGA, *Negócio indirecto, liberalidade e negócio misto*，编码 9 及编码 10。

[317] 这些规范，（在适用上）优先于合同的一般性规范。此乃通说：作为例子，参见 M. ANDRADE, 载 *Rev. de Leg.*，第 80 期，第 309 页。而且，不可以认为，它们的候补性质使其变成了例外性规范，因而不可被类推适用（第 11 条）。仅当在相关问题上存在一般性的候补性规范时，它们方可被定性为例外性规范。但可以说，那其实是特别规范，如同商法规范相对于民法规范而言是特别规范那样。但是，我们认为，即使有第 11 条的规定也好，例外性规范也是可被类推适用的，只要相关的一般性规范能忠于原样地好好起其作用，而且也不会因而实际上变得并非有效即可：参见 ENNECCERUS-NIPPERDEY，前揭著作，§44，I。为此目的而使用的技术手段，乃是对一般性规范进行限缩解释；因此，也就是说，立法者并无预见到亟须进行类推适用的那些情形，因为否则的话，立法者是会将这些情形列为例外的。

但当不存在任何候补性规定时，应当如何处理？应当遵从何种理论？

由于在某种意义上，法律行为乃是由当事人的意思所统治的领域（reino da vontade das partes），因此人们可能会由此推论说，法律行为意思表示的漏洞，是不可能被补救的。当事人的协定所留白的空间，同样应当完全不受法律规管。因此，在此等问题上，缔约人不受任何约束，即使这也许会间接地造成法律行为整体无效或部分无效。

然而，没有人会认同上述处理方案。我们可以援引第 704 条予以反驳。根据第 704 条，"合同，既使人受合同内所明示者约束，亦使人受其通常及法定后果约束"。这一条文，容许我们以候补性规范所定的那些法定条款（cláusulas legais），或者以当事人所遗漏的那些通常条款（cláusulas usuais）来补救合同协定的不足。后一种规定的理由（ratio）在于：当事人虽然没有提及那些通常条款，但它们肯定是当事人所希望的，或者是当事人（假如当初预见到缺项的话）所会希望的，至少如果他们是理性地行事的话是如此。[318] 但这样的话，即无理由不将这条规定延伸适用于，当事人假如当初有想到可能出现相关需要的话，便很可能会希望（约定）的其他条款。同样，也没有理由不将这条规定局限于那些在争议点上并不显得与当事人的假设意思不相符（这主要是根据构成法律行为客体的那些利益来考量）的通常条款。因此，这条规定，被认为只是揭示了一项最宽泛的原则而已。针对前述处理方案，人们同样可以指出，一旦欠缺可适用的候补性规范，便是出现了一项法律漏洞。这项漏洞，应当根据第 16 条加以填充，亦即由法官构思出一项他认为最合理的候补性规范，并以此解决案件。原则上，在这个问题上最合理的，便是与当事人利益的最均衡规管相符，因而他们（假如当初预见到缺项的话）很可能会欲求者。无论如何，采纳这种见解，可以得出最令人满意的结果。而且，这也是自古以来（ab antiquo）被广为遵从的见解，虽然很多时候人们是以（法律行为）解释之名为之，而没有指出或不希望指出那归根结底是真正的填补。

面对上述问题时，看来应当采纳这种取态。至少，当缺项（ponto lacunoso）对执行法律行为意思表示的其余内容而言不可或缺时是这样。在

---

318 VON TUHR 指出，缔约习惯"作为总是重复发生的普遍经验的结果，已经将人们对各种利益的理性衡量方案确立了下来"。出处同上。

267

此情形，不对当事人的遗漏加以补救，置漏洞于不理，是完全行不通的；以部分无效甚至完全无效作结，也是绝对不可接受的。接下来，只需要再更好地详述，进行填补时所应遵从的准则。

进行填补时，是以当事人的假设意思或称假定意思为准则的，而不是以当事人可能的真实意思为准则。假设意思，或称假定意思，是指当事人假如当初预见到缺项的话所会具有的意思；亦即，假如他们当初预见到这一缺项的话，他们会如何对它加以规范。[319] 为确定这项意思，法官首先应当置身于当事人的计划之中，根据善意规范，公正地审视相关利益，从而了解情况；法官也要借由实务习惯，以及其他任何理应与案件相关的情事来了解情况。换一个更精确的表述来说：法官应当遵从他所掌握的那些具体指引，去探究当事人（假如当初有预见到缺项的话）很可能会希望怎样做，因为原则上此举能达致合同正义。然而，当此举会得出不太均衡的结果（因为所得出的结论是，一方当事人能够向对方强加一项或多或少是不平等的条款）时，法官则可以判令当事人应当希望怎样做。立法者在制定候补性规范时，借当事人沉默之便，让立法者的合同正义准则得以优先，甚至让其他领域的社会需求得以满足，这种情形亦非鲜见。

因此，我们可以根据上述指引，对一项被有效地作出的法律行为进行填补，适当地就当事人所没有规范的任何规制细节作规范。如果当事人有规范，但这些规范却有歧义或矛盾，而且无法补救的话，也应该被定性为当事人没有规范。所以，填补是指对合同的那种在法律填补理论上被称为冲突漏洞（lacunas de colisão）与规制不足漏洞（lacunas de insuficiente regulamentação）的漏洞进行填充。然而，如果法律行为部分无效或整体无效，可否同样地对相关意思表示进行填补，使当事人假如当初有预见到的话便会为此紧急情况而作的那项协定有效成立？此乃所谓的法律行为减缩

---

319 德国学界，亦称其为不真实意思（vontade irreal）、嗣后主观预测（prognóstico ulterior subjectivo）：作为例子，参见 LANGE, *Die Verwirklichung des wahren letzten Willens des Erblassers*，载 *Therings Iharbücher*, 82（1932 年），第 1 页至第 37 页；SCHMIDT（Ernest），*Der Motivirrtum im Testamentsrecht*（1933 年）。的确，这是一项非实际的意思，而且仿佛是在预测，在进行预测之前的较早时间，当事人在他们所没有考虑到的那种处境下，会希望怎样做。

在刑事责任和民事（合同或非合同）责任领域内，不法事实与损害事件之间所应具有的因果关系的问题上，刑法学者们与民法学者们皆有采用"嗣后主观预测"这个名称（而且，我们认为是刑法学者们首先采用的）。

（redução）与转换（conversão）的问题。下文对此问题进行论述时，将会指出，在此领域也是可以进行填补的。但是，绝不可以导致相关法律行为的所谓实质客体（objecto material）（如所出售的物、所须给付的劳务）被取代或扩大。因此，在某种意义上，填补必须在当事人所划定的法律行为领域之内进行。

第三章 可能的客体

162. 法律行为客体的概念*

我们可以将法律行为客体分为两种：其一，是直接客体（objecto imediato）或称内容（conteúdo），亦即法律行为根据当事人的意思表示与所适用的法律，旨在引发的法律效果；其二，是间接客体（objecto mediato）或称本义的客体（objecto *stricto sensu*），亦即上述效果所指向的东西（*quid*）。

在第一种意义上，任何法律行为的客体，都可以归结为我们已经熟悉的以下三个类型中的任一类：法律关系的创设、变更或消灭。在这里，法律关系这个概念，包括单纯的法律状况或法律地位，以及各种形式的人的法律身份（*status*）。例如，买卖合同的客体是：所出售的物的所有权移转；出卖人交付该物的义务（的创设）；买受人支付价金的义务（的创设）；此外，还有各式各样的其他可能效果。

在第二种意义上，法律行为的客体，作为法律行为所拟创设、变更或消灭的法律关系的客体，终究是指物（有体物或无体物）、给付，甚或人；一项法律行为的客体，甚至可以不止上述的其中一种。例如，买卖合同，其最明显的间接客体，便是所出售的物。显而易见，由于有可能有一些法律关系无法被识别出具有真正的客体，而只有内容，因此相同的现象同样

---

* 译者将 objecto do negócio juridico 译为"法律行为客体"，这有别于澳门《民法典》中文版第 273 条的译语"法律行为标的"。在法律关系主体与客体（权利主体与客体）理论中，"客体"一词正是 objecto 的汉译。当然，法律关系客体（权利客体），在概念上异于法律行为客体，但译者认为，既然两者原文皆是 objecto，在翻译上应予统一，不必区别对待。而在"客体"与"标的"二者中，译者选择采用前者，是因为"客体"能与"主体"互相对应，而"标的"则不能。——译者注

会反射性地见于法律行为客体的问题上。

就下文的论述而言，"法律行为客体"乃是取其复合意义，亦即既包括法律行为的那些效果本身，也包括那些效果所指向的东西。

163. 法律行为客体的法定要求概说·法律行为客体的物理上可能与法律上可能

第 643 条第 3 款规定，合同[1]有效的必要条件是，相关客体必须是可能的。而且，第 669 条规定，"客体并非物理上及法律上可能之合同，无效"。可见，相关客体必须可能，乃是法律行为有效的条件。而且，这种可能，既包括物理上可能，亦包括法律上可能。下文将会借助这两个概念的相反概念来说明它们，因为它们的相反概念是比较好界定的。

物理上不能（impossibilidade fisica），亦可被称为实质（material）、自然（natural）、现实（real）或事实上（de facto）［事理上（factual）］不能。它是指因事物本性使然（*ex rerum natura*，出于事物本性）的不能。法律上不能（imposibilidade legal ou jurídica），则是指因法律使然（*ope legis* 或 *ope iuris*，依据法律）的不能。显然，在比照第 670 条及第 671 条后可知，上述条文（第 643 条第 3 款及第 669 条）仅仅是针对间接客体而言。至于直接客体方面，同样肯定的是，法律并不容许作出旨在引发这种效果的法律行为。只不过法律在这方面并无一般性的规定而已。唯一可以说的是，在此领域，绝不可能发生物理上的不能，而只有可能发生前述意义上的法律上不能。

164. 法律行为客体法律上不能的各种可能形态·本义的法律上不能与单纯的不法·违反法律所致的不法与违反道德所致的不法

（1）本义的法律上不能与单纯的不法

通常会将真正意义上和本义的法律上不能，区别于单纯的不法（ilicitude）；后者又包括违反法律（ilegalidade）与违反道德（imoralidade）。可是，如果我们不仅着眼于本义（*stricto sensu*）的法律行为客体，而是尚着眼于法律行为的内容的话，则并不容易有把握地作出这种区分。此外，如果我们在这里所考量的，只是那些因广义（*lato sensu*）客体有问题而无效的

1　这一处理方案，可延伸适用于其他法律行为。

法律行为，而非尚包括那些被禁止作出，但违反禁令的惩罚并非无效，而只是其他类别制裁的法律行为的话，[2] 那么，看来在葡萄牙的法律体系内，这种区分是毫无实益的。因此，我们没必要十分关注这个问题。就第一种分类而言，下文进行界定时，将仅仅着眼于法律行为间接客体。这样的话，便不会有重大疑难了。基于类似理由，在条件理论中，区别法律上不能与单纯不法，亦无重大疑难可言。

顾名思义，法律上不能，严格而言，仅指法律完全不可能让其实现者（ *quod iure impleri non potest*，法所不能满足者）。亦即只是指法律为其设置的障碍，是如此的完全和不可逾越，如同自然法则对某些实质事实（factos materiais）的实现所设置的障碍那样。后一种情形，被第 669 条及第 670 条称为客体物理上不能［ *cui natura impedimento est*（被自然所阻碍者）， *quod natura fieri non concedit*（自然所不容许作出者）］。然而，真正和绝对的法律上的障碍，仅当涉及任何法律效果的产生，因而涉及任何法律行为的有效作出时，方可存在。[3]

故此，法律行为间接客体的法律上不能，仅当法律行为以"另一项法律行为的有效作出"为目的时，方可发生。那些所谓的预约合同（contratos-promessas），或者说，在将来缔结合同的许诺（promessas de contrato futuro）［预备合同（contratos-preliminares）、前合同（pré-contratos）或称缔约协定（ *pacta de contrahendo*）］，便是如此，因为当事人基于这种合同而有义务在后来订立另一项合同，因此，这另一项合同的缔结，便构成前述合同的间接客体。

这一概念的最典型例子，是第 1548 条所规范的买卖预约。例如，两人达成协议，约定买卖某项房地产，而且已经定出了买卖的内容（至少是价金），但未能即时作成法律行为有效所必需的文书，然而双方互相许诺会在稍后签署前述文书，从而缔结买卖合同。

法律是承认这种法律行为约定的，只要其以书面形式作成即可。法律向其赋予以下效果：缔约人有义务以适当形式发出意思表示，缔结本约合同（primitivo contrato）。但是，由于各方当事人这种义务的客体，被认为是

2　就实益而言，在实定法的体系内，将那些因为客体瑕疵而无效的法律行为，区分为受第669 条的一般制度所约束者，以及受第 692 条的特别制度所约束者，方有意义。

3　这是因为，显而易见，仅在法律效果的领域内，人类的法律（leis dos homens）才可以像自然法则（leis da natureza）在其自身领域内那样，进行如此不可抗拒的统辖。

一项不可替代的事实给付（发出那样的意思表示），因此，如果他方当事人违约，任一方当事人都不能获得原定的（em forma específica）给付，而只能就损失与损害获得赔偿。

如果预约出卖人已经受领了任何款项（通常皆是如此），这些款项即被视为构成定金，并具有预先界定不履行所致赔偿（金额）的效果（违约金条款的功能：参见第 673 条）。如果违约方是预约买受人，则其丧失上述款项；如果是他方缔约人不履行，则其必须返还双倍款项。这种处理方案，清楚见于第 1548 条。[4]

然而，假如这种许诺的目标，是在将来缔结一项不可能有效缔结的合同的话，则可以说，其间接客体是法律上不能的。例如，预约出售嫁资财物（bens dotais）（第 1149 条第 2 附段及第 3 附段，以及第 1554 条第 2 款）或预约出售仍然在世的人的遗产（第 1556 条），便是如此。

在任何其他情形下，只要法律行为被法律秩序所禁止，而且一旦违反禁令作出法律行为，其即为无效的话，则属客体的单纯不法，无论那是基于其间接客体，还是基于其直接客体或称内容，亦即法律行为所旨在产生的法律效果的性质本身亦然。[5]

（2）违反法律所致的不法与违反道德所致的不法

法律行为因间接或直接客体不法而违反法律秩序，其方式有二。有时候，法律由于考虑到一项法律行为的间接客体，或者它所追求的那些法律

---

[4]　我们在文中所假设的例子，是预约买卖房地产，而且，人们通常也是针对房地产缔结这样的合同，使当事人即时以某种方式受约束，尽管无法马上签署相关文书，使买卖符合要式。然而，预约买卖动产亦无不可，但实务上则属罕见。由于所计划作出的买卖并不取决于任何文书，因此预约的用处只可能是：一旦存在定金的话，则任一方当事人便仿佛拥有一项"后悔的权利"（ius poenitendi），因为任一方当事人都可以通过支付被这样子预先界定了的赔偿来拒绝交付物或支付余下价金（但其实未至于真的拥有不遵守合同的权利）：参见 Rev. de Leg.，第 62 期，第 203 页，以及第 66 期，第 204 页；M. ANDRADE，载于前述 Rev.，第 80 期，第 14 页。

　　上文所论述的，是买卖的相互预约或称双务预约，但缔结单务预约，亦即仅约束一方当事人的预约，也是可以的（参见第 1568 条第 4 款）：Rev. de Leg.，第 68 期，第 37 页。

[5]　将后一类别纳入本义的法律上不能，也许是比较好的做法。在那些因客体有问题而被法律规定为并非有效的法律行为中，有人区分了不法的法律行为，以及单纯无关紧要（irrelevantes）的法律行为：前者是指，受法律指责和打击的法律行为。后者则是指，被法律忽视的法律行为；法律之所以忽视它们，是由于不认为它们值得或需要保护，因而将其交由法律以外的社会规范专门统辖，而且仅承认它们有可能产生自然之债，因而一旦偿付即不可请求返还。参见 CARRESI, Il negozio illicito per contrarietà al buon costume，载（Riv. trimestrale di dir. e procedura civile），Ⅲ（1949 年），第 31 页。

效果的性质，而禁止作出这样的法律行为。另一些时候，法律本身并无禁止作出法律行为，而是仅仅将问题引导至道德准则，仿佛托付道德准则施以禁令。在这里，法律谴责某些法律行为，并不是因为法律本身认为它们不道德。相反，法律乃是谴责任何被道德所指责的法律行为（第 671 条第 4 款）。禁止性规范（norma proibitiva）的内容，并不是由法律决定的，而是由道德决定的。法律所做的事情，只不过是径直同意那些道德准则而毫不过问它们是怎样的，仿佛在道德准则上盖上法律性（jurisdicidade）的印。或者说，不加管控地向它们给予法律的图章。在前一种情形，是因为违反法律而导致不法（ilicitude por ilegalidade）；在后一种情形，则是因为违反道德而导致不法（ilicitude por imoralidade）。

165. 法律行为客体的物理上可能·要件

第 670 条告诉我们，"在合同上，就其客体而言，而非就义务人而言，属物理上绝对不能者，方被视为物理上不能"。因此，所许诺的给付难以履行，或其履行需要付出很大代价，是不够的。必须是绝对地不能。如果对其他任何人而言并非不能，那么对许诺人而言属不能，也是不够的。所以，那必须是绝对（亦即完全、彻底）和客观（亦即对任何人而言皆然）的不能。例如，出售已不存在的物，或出售从未存在过，而且将来也不可能存在的物（第 1558 条）；许诺执行一项超乎人类力量的劳务（譬如，掏空海洋的水）。然而，如果在法律行为中所许诺执行的劳务，仅可由许诺人执行（亦即不可替代的积极事实给付，例如画一幅艺术画），则纯粹主观不能便已足够。

166. 法律行为客体的本义的法律上可能·要件

我们对在编码 164 中所说的，并没有任何重要的东西要补充。在此亦无须阐述法律所不容许有效作出（那可以是绝对性的禁止，也可以是仅当某些要件不被遵守时方予禁止）的法律行为有哪些。对这个问题有所助益的一些说明，将会在本章加以论述。其他的说明，在探讨法律行为一般理论时，有些已有论及，有些则有待论及。余下的，则是专属于各种典型法律行为的个别理论，那并非本课程的内容。

在这里，唯一需要说的是，法律容许作出某项法律行为，绝不意味着人们可以有效地预约作出这项法律行为。法律明文规定婚约无效（第 1 号命令，第 24 条）；毫无疑问，也没有人会承认认领预约、解除亲权预约或遗嘱预约的效力，虽然并无条文直接禁止。仅对债权法律行为或物权法律行为而言，这类协定原则上才是有效的。

167. 法律行为客体的适法性（licitude）·Ⅰ）合乎法律（legalidade）*

下文在界定这方面的法定要求时，将先论述原则，再谈例外。

1）一般原则

我们可以说，法律行为客体，无论是间接客体还是直接客体，原则上都是适法的。若法律并非（明文地或暗示地）另有规定，则所奉行的便是法律行为自由原则。一切法律行为约定，无论其内容或客体（间接客体）是什么，都是可接受的。法律行为可以旨在引发任何法律效果，而且可以指向一切一般而言基于本身性质可以成为法律关系客体的东西。

2）法律行为（间接）客体的限制

这些限制见于第 671 条。该条文规定，有多种物或行为"不得合法地作为合同客体"。

a）首先，"因法律规定而不融通之……物"（第 1 款）便是如此。对此无须赘述。我们已经认识这一类物了（第 372 条）。我们同样已经知道，它们在何种程度上不能成为法律关系客体，因此也可以了解到，这项规定是有其例外的，虽然其行文空泛，且未详加区分。

b）接下来，是那些"无法化为可请求之价值（valor exigível）之物或行为"（第 2 款）。显然，那是指无法以金钱衡量，因而无财产价值的物或行为。在债法理论中，将会探讨一个问题：尽管有这一条文，但债务给付是否不能具有、在何种程度上不能具有纯道德性（非财产性）价值。

c）还有那些"其个体（espécie）不可确定之物"（第 3 款）。[6] "espécie"一词，在这里并不是指类（género）、物所属的抽象范畴（categoria abstracta），而是指其具体个性（individualidade concreta）本身。法律并不要

---

* 葡萄牙语 licitude/ilicitude、legalidade/ilegalidade 这两对术语，前者是后者的上位概念。为使汉译术语上能彼此区别，译者在此将 licitude/ilicitude 译为"适法/不法"，将 legalidade/ilegalidade 译为"合法/违法"。汉语的适法和合法、不法和违法，可谓无异，但这种翻译实属迫不得已。也许将 licitude/ilicitude 译为"正当/不正当"会相对比较贴切，但由于 ilicitude 已被约定俗成译为"不法"或"不法性"，而"正当/不正当"这种汉译又已被用于另一对术语 legitimidade/ilegitimidade（虽然是用以形容人），因此，不依通译似亦不尽妥当。——译者注

6　严格而言，这是一种自然不能（impossibilidade natural）。

求，构成法律行为客体的物必须已即时被个别地确定（determindada）。它只要是可以根据任何由当事人所定或由候补性法律规定所定的适当标准予以确定（determinável）即可。例如，人们可以出售一个物，也可以出售一定数量、一定种类的物（譬如一头公牛、若干阿尔克伊尔*小麦），或者，出售已被个别地识别的多个物中的其中一个；又如，价金可以是以某个市集或市场的价格为准。如属上述情形，则出卖物的具体确定，可以事后以出卖人、买受人或第三人的选择为之（参见第 716 条唯一附段、第 733 条、第 734 条、第 736 条、第 1547 条等）；[7] 至于确切的价金，则将取决于相关市集或市场的市况。

d）最后，则是那些"……违反法律所课义务之行为"（第 4 款）。因此，如果法律规定某人必须作出某项行为，则该人便不能有效地许诺作出相反的行为。显而易见，法律所指的行为，既包括积极行为（作为），亦包括消极行为（不作为）。所以，举例而言，一方当事人许诺不向某名债权人作出偿付、不与妻子同住、杀伤或诽谤第三人，这种合同由于客体违法，因此显然是不可接受的。

3）其他限制

这些限制，乃是针对法律行为的内容本身，或者针对须连同法律行为内容（亦即法律行为所旨在产生的法律效果）一并加以考量的客体。我们不能在这里详列法律行为自由这项一般原则的这些例外。我们早已在别的章节，多多少少概述过这项原则的内容了，也已经讨论过它在民法多个领域里的例外，[8] 兹不赘述。只要法律有任何这样的禁令，则相关法律行为的客体即属违法。禁令不必是直接和明文的。只要法律行为"违反公共秩序"（《公证法典》第 193 条及第 220 条第 1 款），亦即违反葡萄牙法律体系所试图保护的那些基本利益，以及违反仿佛构成葡萄牙法律体系根基的那些相应原则，便已足够。[9]

然而，由于我们所探讨的是法律行为有效所必需的那些一般元素，因此，仅当违反的后果是导致法律行为无效时，情况才是我们所关注的。当

---

* 即 alqueire，量度单位。——译者注

7 参见 M. ANDRADE，载 *Rev. de Leg.*，第 80 期，第 273 页、第 289 页及第 305 页。该文主张，将预约出卖人的一切房地产预约出售（或出售），是有效的。

8 参见上文，第 52 页至第 53 页（译者按：亦即中文版第 46 页至第 47 页）。

9 参见 CARRESI，前揭著作，第 33 页。

所适用的制裁仅仅属于其他性质时，则不然。可是，如何知道违反法定禁令的法律行为是否无效？

第10条从根本上回答了这个问题。它规定"违反禁止性或命令性法律规定而实施之行为，无效，除非该法律有相反指示"；之后又在其唯一附款规定，"然而，如被违反之法律不属公共利益及公共秩序性质，则此无效得以利害关系人之同意予以补正"。

暂且撇开公共利益性质法律与私人利益性质法律的区分不谈，可见一般原则是：违反任何法定禁令而实施的法律行为，是无效的。[10] 然而，此项原则有若干例外。第10条本身，便保留了法律另有不同规定的可能。但在这方面，应当指出，法律无须明文排除无效。只要从相关用词，或其他任何在解释上值得重视的因素，可以得出法律充分地可能有此意图即可。[11] 所以，对相关利益以及被假定是立法者所追求的目标加以考量，显然是格外重要的。由此看来，如果将"法律行为无效"作为制裁，显得不太适当的话，则甚至仅仅基于这一原因，便应当认为必须排除无效这种可能性。因此，违反法定禁令的法律行为，可以并不是无效的，即使没有条文如此规定亦然。

例如，违反禁止行乞的法律规定、违反关于每周休息时间的法律规定、违反关于营业场所闭门时间的法律规定，甚或违反关于上下班时间的法律规定而实施的法律行为，便是如此。仅就上述最后一种情形而言，也许才有可能出现一些疑问。实际上，没有人会认为，向一名乞丐作出的捐献是无效的，因而捐献者可以请求返还；也不会有人认为，在法律规定应该要关门的时间所作的买卖是无效的。同样，在法定上班时间以外进行劳动的员工，看来不应被禁止请求支付协定薪金，[12] 亦不必返还已受领的薪金。可是，相关的预约合同是无效的（第671条第4款），因此任何一方当事人都可以拒绝履行预约合同；同样，员工肯定无义务在规章所定上班时间以外

10　就此事宜而言，当事人知悉被违反的禁令，原则上是没有影响的（参见第9条），虽然这可能对任何累加发生的处罚的适用而言是有重要性的。然而，不可认为，以"禁令被废除"为（生效）前提而作的法律行为是被禁止的。而且，有人主张，如果在所定事件发生或所定期限届至之前，禁令被废除的话，那么附（停止）条件或附（停止）期限的（原本被禁止的）法律行为便是有效的（参见 ENNECCERUS-NIPPERDEY，前揭著作，§167，I，3）。

11　但是，毫无疑问，单凭法律针对违反者制定了一项处罚作为阻吓，并不足以支持说法律有此意图，因为无效完全是可以和处罚累加发生的。

12　即使薪金令员工例外地获利，因而不能仅以不当得利理论［在这方面它归根结底是英国的合理金额（*quantum meruit*）理论］来支持员工的请求亦然。

进行劳动，即使他许诺这样做。

违反法定禁令而作出法律行为，所引致的后果可以不尽相同。传统上将这些法律分为四类：

a）完备法（*leges perfectae*）。其制裁仅仅是法律行为无效。一般而言，私法的禁止性规范皆然（第 10 条）。

b）超完备法（*leges plus quam perfectae*）。* 一旦违反这种法律，除了（引致法律行为）无效之外，还会为违反者带来处罚。禁止作出某些法律行为的刑事法律，便通常如此。

c）亚完备法（*leges minus quam perfectae*）。一旦违反这种法律，只会招致处罚。很多时候（如果未至于成为通常情形的话），旨在限制经济自由，从而优化整体经济规划的公法，便是这样。

d）不完备法（*leges imperfectae*）。这种法律，既不会引致法律行为无效，亦不会招致处罚；所适用的制裁，是属于其他种类的。但这样的法律仍然是存在的。此等法律，乃是试图以其他手段，阻止人们作出那些被禁止的法律行为。否则的话，那就不是真正的法律了。设立某些结婚障碍（妨碍性障碍）的那些规定，即属其例。

168．违反法律的法律行为与规避法律的法律行为[13]*

此乃古典二分法，但其确切的含义和范围如何，争议犹存。至于本书，则跟主流学说一样，是这样理解这种二分法的：违反法律的法律行为（negócios contra a lei），是指直接地或者说正面地违背法定禁令的法律行为；规避法律的法律行为（negócios em fraude à lei）（negócios *in fraudem legis*；

---

* 有译为"较完备法"。然而，这种译法不太贴切原文含义。拉丁文 *leges plus quam perfectae*，直译是"比完备者更甚的法""超越完备法的法"。有鉴于此，译者译之为"超完备法"，并相应地把有译为"不甚完备法"的 *leges minus quam perfectae*，译为"亚完备法"。——译者注

13　参见 BELEZA DOS SANTOS 教授，*A Simulação*，I，第 100 页至第 102 页；CARRARO，*Il negozio in frode à la legge*；FEDERICO DE CASTRO，*Derecho civil de España*，I，第 2 版，第 540 页至第 549 页。法律规避，不仅见于法律行为的领域。当某项法律制度的（适用）前提，是一项单纯法律上的行为，或者是一项取决于人类意思的事实状况（例如，某项动产的所在位置、居于某地或身处某地）时，利害关系人可以通过实施相关行为或创造相关状况来促成此项制度的适用。在国际私法的领域，尤其如此：就动产状况、法律行为外在形式，以及债权合同的效果而言，所奉行的是"所在地规制行为"（*locws regit actum*）原则，而在某些体系内，人的能力也是由住所地法界定的。

* 汉语法学界常称二者为"违法行为"与"脱法行为"。——译者注

Umgehungsgeschäfte；*Schleichge-schäfte*），则是指试图钻法定禁令的空子，或者说，试图绕过法定禁令，从而经由法律无具体预见并加以禁止的那些途径达到相同结果，借此方式欺瞒法律的法律行为。

第一类法律行为，是直接被法定禁令所禁止的；第二类法律行为，则可谓是间接地被法定禁令所涵盖。后者是以隐蔽和间接的方式违反法律的；前者则是直接地触犯法律。违反法律的法律行为（*negócios contra legem*）可谓是抵触了法律的行文本身；规避法律的法律行为（*negócios in fraudem legis*）则仿佛是抵触了法律的精神。上文的论述，就类似于两位名人在罗马法原始文献里所说的。其一，是《学说汇纂》片段 1，3，29（保罗）：*contra legem facit，qui id facit quod lex prohibit*；*in fraudem vero，qui salvis verbis legis sententiam eius circunvenit*（从事法律所禁止者，乃是违反法律行事；不违背法律之文辞，但绕避其意旨者，则是规避）。其二，是《学说汇纂》片段 1，3，30（乌尔比安）：*fraus enim legi fit，ubi quod fieri noluit，fieri autem non vetuit，id fit*（从事法律并无禁止但实为不欲人们从事者，即为规避法律）。

最后，我们需要知道规避法律的法律行为的价值。肯定的是，在这个问题上的取态，归根结底会影响到这个区分的意义本身。一部分的学说主张，这些法律行为必当被禁止，并因而受相关后果所约束，尤其是无效（如果其后果是无效的话；此乃一般原则）。但在这里，对法律规避又有主观说与客观说两种理解。

根据主观说，规避意图（*intenção fraudatória*），亦即欺诈企图、以偷摸隐蔽的途径达到法律所禁止行为的打算，乃是必要和充分的要件。如果不符合这项要件，即无法律规避可言；而且，一符合这项要件，即构成法律规避，哪怕法律的宗旨并无落空，亦无关紧要。主观说最温和的那种类型（那是现今唯一没有被摒弃的类型），仅限于将规避意图（*animus fraudandi*）视为必要要件而已。

根据客观说，当事人的意图是毫不重要的。只有法律行为所旨在创造的实际状况或结果，才应该被关注。这种状况或结果违背法律的目标，乃是法律规避的充分必要要件。

我们认同的是上述第二种理解。作为一般原则，在命令与禁止的事宜上，私法不应处理也不会处理意图，而只应处理、只会处理行为和结果（参见第 9 条）。此外，对规避意图（*animus fraudandi*）的探查，也有重大的举证困难。适用 *fraus omnia corrumpit*（规避毁掉一切）与 *malitis non est indulgendum*（不应放任狡恶）这两句古老法谚时，不可与此相悖。此乃原则。然而，这不妨碍我们承认，在某些情形下，根据法律的意旨，有意地或者说恶意地间接违反法律，仅应被认为是令人不齿的而已。这一例外，主要是在国际私法这个最常遇到法律规避问题的领域，是有重要性的。

然而，必须解决的问题是：实际上应否将规避法律的法律行为（*negócios in fraudem legis*）完全等同于违反法律的法律行为（*negócios contra legem*），亦即，认为它同样被法定禁令所禁，因而应有相同的处理？若是，则我们用以界定这种法律行为的标准，便是客观说了。然而，会不会别的解决方案才会更好？

细想一下即可发现，一切问题终究会归结为，根据禁止性规范的实质宗旨和范围对它进行精确解释的问题。因此，一旦法律的意图显得是，不仅禁止其指明的那些法律行为，尚禁止其他任何旨在产生相同结果的法律行为，而法律之所以不提及这些法律行为，只不过是因为没有预见到其可能性，或者法律指明某些法律行为纯粹只是特意例示而已，那么，即发生有（法律）意义的（relevante）法律规避。在此情形，人们将这种规范称为粗陋规范（normas materiais）。如果法律之所以指明某些法律行为，是由于法律仅仅希望打击某些达到特定目的或结果的手段（亦即这些法律行为本身），因为法律认为它们是尤其严重和危险的，那么，便没有发生有（法律）意义的（relevante）法律规避。[14]

这样理解的话，法律规避就只不过是法律违反的隐蔽形式而已，而且，法律规避理论亦不外乎是为我们提供指引，用以解释那些禁止作出法律行为的法律罢了。这一切，显然就类似于权利滥用和相关学说的情形那样。

如果要让法律规避构成一个独立的课题，就必须认为法律规避指的是（并局限于）下述行为：这些行为所导致的结果，虽然有别于法定禁令所打

---

14 遇有疑义时，应如何解决？由于禁止性规范构成法律行为自由原则的例外，因此看来应当采纳文中所述的第二种解决方案（而且无论如何，这合乎例外性规定的传统理论）。棘手的问题是：在此事宜上，是否有可能存在真正有疑问的情形。"目的为其所欲，手段即为其所欲；目的不为其所欲，手段亦不为其所欲"这项准则，是否足以解决这种不确定状况？我们认为是不足够的。有许多理由能够支持说，导向被认为所欲或所不欲的特定目的的某些手段，可以是其所不欲，也可以是不失为其所欲的。甚至，相同的手段，也可以同时服务于不同的目的。

击的结果，但这两种结果相似得足以令这项规范的目标实际上落空。然而，常言道，这些行为不可被认为受法定禁令所涵盖，而且，基于这项法定禁令的例外性质，它也不可被类推适用于这些行为，因此，这些行为的有效性是不可动摇的。如果要令这些行为构成违反法律的行为，并因而归于无效，就必须存在一项一般性的条文有此规定，如同意大利新《民法典》的第 1344 条那样。[15]

169. 法律行为客体的适法性·Ⅱ）合乎道德[16]

第 671 条第 4 款规定，那些 "违反公共道德（moral pública）之行为"，不得合法地作为合同客体。此等行为，既可以是作为，亦可以是不作为，因为法律并无加以区别，而且也没有理由这样做。另外，上述条文主要针对法律行为的间接客体，因此是主要针对许诺作出侵犯公共道德的积极或消极行为的情形。但没有理由不认为，它尚包括须连同法律行为内容一并加以考量的法律行为间接客体的不道德，甚至在可能的情形下，亦包括法律行为内容本身的不道德。此外，《公证法典》第 193 条及第 220 条第 1 款的规定，亦是如此。根据上述两个条文，"违反善良风俗（bons costumes）" 的行为是无效的。

所以，客体或内容违反公共道德的法律行为，是无效的。但显然，仅当没有条文可以支持说，法律承认并接受相关法律行为时，才适用这一处理方案。否则，法律行为抵触公共道德，也许是不要紧的。而且，显而易见，即使利害关系人没有意识到其协定是不道德的，上述处理方案仍然是站得住脚的（或无论如何，它并非必然会被排除）。法律便是以上述方式，并在上述限制下，向公共道德准则赋予法律强制力，无论这些准则是怎样的。法律是直截了当地（de plano）采纳了这另一体制的那些规则，而并不查究其内容如何。但归根结底，这个体制是怎样的？何谓公共道德？

根据最有力的学说，公共道德是指社会良知所接受的全体道德规则。因此，那不是指道德习惯或称道德实践，而是指道德观念（ideias morais）或称道德信念（convicções morais）；那不是指人们所遵从和践行的道德（mores，风俗），而是指人们认为应当遵从的道德（bonus mores，善良风俗）。那不是指法官的个人道德或者说主观道德，而是指客观道德，精确而言，是指相当

15　参见 CARRARO，前揭著作，编码 24。

16　参见 CARRESI，前揭著作，第 34 页至第 46 页。

于在社会共同体中占支配地位的伦理感（sentido ético imperante na comunidade social）的道德。因此，那并不是指超然的、宗教或哲学上的道德，而是指（这个意义上的，*hoc sensu*）实证道德（moral positiva）。[17]

公共道德是应当被这样理解的，而且公共道德的那些指令（comandos），在某种意义上，统统被第 671 条第 4 款法律化（juridicizados em bloco）了。以上说法，有下述一众理由可资佐证。

1）法律的行文本身。它所说的，并不是前面不加任何性质形容词的道德，而是公共道德。

2）这项标准，是最有利于法律的肯定性（certeza do direito）的。法律的肯定性，实际上就表现为司法见解的统一（uniformidade da jurisprudência）。相较于纯然的道德（moral pura e simples）而言，不同的法官更容易就社会道德（意指公众良知所接纳的道德）达成一致意见。

3）同样的，基于上述那点理由，以及类似的理由，这项标准是较有利于交易安全的，无论是从当事人自身的角度而言，还是从第三人的角度而言。

170. 动机的不法性对法律行为有效性的影响·概述

我们首先用数个例子开头。A 向 B 购买火器，用来杀害 C。A 向 B 借出一笔钱，让消费借贷借用人 B 用于幸运博彩，或用来开设妓院，或用来贿赂公务员。A 向 B 作出赠与，只是想向其施加影响，促使其实施不法或不道德的行为（例如，揭露一个可以令第三人受损的秘密、破坏一对夫妻的和谐、诽谤某人）。A 向 B 购买房地产，是希望出卖人用买卖价金来从事伤风败德的事业。已婚男士 A 聘请 B 任职其雇员，仅仅是希望能更好地诱惑她。

在上述任一情形下，法律行为都是将不法或不道德的目的作为动机（motivo）的。此外，我们可以假设，他方当事人是知悉这项动机，并且是与对方串通的，所以在此情形下，不法或不道德乃是双方而非只是单方的。

---

[17] 此外，公共道德可以随时代而变化，所以，法律行为作出的时刻看来是决定性的（根据 LEHMANN 所言）。另外，公共道德的那些指令，会视乎其所针对的人的处境而有所不同，而且肯定并不排除，应当从这个角度来考量当事人的状况。最后，需要将公共道德所要求的以及仅仅是它所建议的，互相区分开来。换言之，将它认为是值得称颂的（也就是说，遵从它是种美德），以及它严格地认为是强制性的（也就是说，不遵从它是种不可饶恕的恶行或罪）加以区别。就第 671 条第 4 款而言，只有后一种底线方具重要性。

那么，便会有一个问题：在这种情形下实施的法律行为，会否基于前述促成一方或双方缔约人缔约的动机上的瑕疵，而归于无效，至少是在符合某些条件时归于无效？

我们的看法应该是怎样的？

解决方案：一般原则与其理据

原则上，应采否定立场。也就是说，动机的不法或不道德，不应影响法律行为的有效性。其中原理，就类似于我们在瑕疵错误（动机错误）问题上，依法采纳的那些解决方案背后的原理那样。通常而言，瑕疵错误（动机错误）同样也不会使相关法律行为无效，而只会在相当严格的限制下引致无效。

法学界大部分人都持此立场，但并不是任何人都认同它的，因为至少在法国便有人认为，只要符合很宽松的条件，动机不道德或不法的法律行为即属无效。然而，前述第一种立场，有我们认为属决定性的以下各种考量，可资佐证。

1) 法院难以有把握地查明，对（当事人作出）法律行为的决意产生影响的动机是什么。

2) 对每一方当事人而言，要查明促成他方当事人作出法律行为的动机是什么，亦有同样的困难。

3) 对某些第三人来说，查明法律行为是有效还是无效，是有好处的。对这些第三人而言，前述困难就更加大了。

4) 动机的不法或不道德，相较于法律行为客体或内容本身的不法或不道德而言，是较不显见的，也较不严重和较不可耻，因而较不值得法律秩序予以抵制。

171. 动机的不法性对法律行为有效性的影响限度·Ⅰ）原因理论·Ⅱ）德国《民法典》的处理方案·Ⅲ）本书立场

根据主流学说，原则上，动机的不法或不道德，并不导致法律行为无效。但这项原则仅属一般性的纲领而已，它有某些例外。实际上，主流学说并非彻底否认，不法或不道德的动机有时候可以引致无效。人们尚未达成一致看法的是，引致无效的条件到底有哪些。在这个问题上，众说纷纭。当中最为人知的理论有二。然而，它们的分歧在于说理模式，更甚于它们所导致的实际结果。有必要阐述这些理论，然后对它们加以评论，最后则是指出我们所采纳的立场是怎样的。

Ⅰ）原因理论[18]

这种理论认为，单纯动机（simples motivos）的不法或不道德，是无关紧要的。只有法律行为原因（causa do negócio）本身的不法或不道德，才有重要性。但何谓原因？在这个问题上，存在两种观点。但应予强调的是，原因这个概念，仅适用于财产性法律行为。

1）主观主义或称心理主义观点（concepção subjectivista ou psicológica）

此乃古典理论。它可溯源至 DOMAT 与 POTHIER（我们认为，在那之前尚无此说），而且时至今日，它依然在法国原因论者（causalistas）之间占有主导地位。对这个理论来说，何谓原因？

促使当事人作出某项法律行为的心理上的想法，是复杂繁多的，而且又彼此相互关联。例如，A 出售一项房地产，因为他想获得那笔买卖价金，用以应付旅游开支，而他之所以想去旅游，又可能是基于更为多种多样的意图。[19] 这些想法，乃是推动缔约人们的动机（motivos）（动因意义上的 motivos，motivos impulsivos）或者说，乃是他们行事所追求的目的（fins）（目的意义上的 motivos，motivos finais）*。通常而言，相同的情事，可以扮演动机的角色，也可以扮演目的的角色，这视乎我们是将它设想为在先抑或在后而定。[20] 如果 A 出售一项房地产，并希望将因此而得的资金作某种用途，那么，我们既可以说，他之所以出售房地产是因为（动机）他想用相关价金进行某种投资，也可以说，他出售房地产是为了（目的）用那笔资金进行某种投资。

动机或目的的连锁链条，是极度多样化的，而且可以非常长。然而，我们必须将两个概念区别开来，因为这种区分是重要的。其一，是远（remotos）动机或远目的。那是主观、个人、非典型、逐案不同的，并且在

18　参见 TABORDA FERREIRA 博士，*Do conceito de causa dos actos jurídicos*；OSILIA，*Considerazioni sulla causa del contratto*，载 *Riv. trim. di dir. e procedura civ.*，Ⅲ，第 344 页。

19　又或者，举例而言，他想获得那笔买卖价金，以便能将这笔钱借给别人，而这又是基于更多不同的理由。

*　葡萄牙语 motivo，可解作"动机"，亦可解作"目的"。作者此处的论述，正是在阐释这个多义词的上述两种含义。所以，译者在此保留 motivos 一词不译，将 motivos impulsivos 和 motivos finais，分别译为"动因意义上的 motivos"和"目的意义上的 motivos"。——译者注

20　但不总是这样的。例如，A 向其朋友 B 作出赠与，或将 B 指定为其继承人，是因为 A 以为与自己血亲亲等上最近的唯一侄子 C 已去世。

个案中可以是复杂繁多的。例如，就房地产的出售而言，远动机或远目的可以是：从格外有利可图的回报中获益的意图、取悦买受人的意图、将价金花费在一趟旅游上的意图、用价金来购买另一项房地产的意图、把价金有息或免息贷款给别人的意图等。其二，是近（próximo）动机或近目的［芸芸动机中的那项最终动机（último dos motivos）与芸芸目的中的那项首位目的（primeiro dos fins）］。那是客观、非个人、典型、对特定一种法律行为而言是恒定和唯一的（至少对各方当事人而言是这样）。例如，就房地产的买卖而言，其近动机或近目的，对出卖人来说，是指获得价金的意图，而对买受人来说，是指获得房地产的意图，至于对双方当事人来说，则是指互相交换两项给付的意图。

根据主观主义观点，这种近动机或近目的，正是法律行为的原因（causa）；前述远动机或远目的，则是单纯动机或理由（simples motivos ou móbeis）。

2）客观主义观点（concepção objectivista）

此乃现代理论。它被许多原因论者，尤其是意大利的原因论者（例如 COVIELLO、RUGGIERO）所采纳。根据客观主义观点，原因是指将各类法律行为互相区别，亦即标志着各类法律行为特征的元素。更加精确而言，它是指各种法律行为的专门经济性暨社会性功能（função económico-social própria）。易言之，它是指各种法律行为的固有用途（finalidade intrínseca）、法律行为客观上所追求的目标、法律行为所旨在引发的一项或十项以上财产给予（atribuição patrimonial）的客观依据（fundamento objectivo）。

要更好地理解这个概念，便必须提到它有哪些最合适的用处。此等用处，乃是涉及双务合同、要物合同以及赠与。

根据主观主义理论，双务合同的原因，是双方当事人互相交换已经作出或许诺作出的给付的意图。[21] 每一方当事人，都把自己所负的义务，视为他方缔约人的给付或至少是义务[22]的对应或称对价。买卖合同，便是个明显

---

[21]　此乃就实定合同（contratos comutativos）而言。对射幸合同（contratos aleatórios）来说，所牵涉的则是各方当事人各自承担的、互为对应的风险（侥幸，alea）。

[22]　实际上，学说上有这两种说理模式。然而，我们认为，必须摒弃第一种，即使是对采纳主观主义原因理论的人来说亦然。假如对各方缔约人而言，原因真的是在于他方当事人的给付的话，那么，如果这些给付的任一项没有被履行，则法律行为即属无效；但实情是，根据第 676 条、第 705 条及第 709 条，不履行仅可能导致相关义务消灭而已。参见 GORLA，*Il rischio e pericolo nelle obbligazioni*，编码 53 至编码 57。

的例子。至于要物合同的原因，则是返还先前已受领的给付的意图[23]消费借贷借用人负上义务，是因为他受领了所借款项，并知道要将其返还。最后，赠与的原因，则是赠与心态（*animus donandi*）或者说慷慨意图，亦即令受赠人财产增加而不求对价[24]的打算。但肯定的是，依 DOMAT 之见，赠与合同的原因，并不是以上所说的那些，而是"任何合理的动机"。但这种立场，今天在学界，尤其在法国的司法界，（就不法或不道德原因的问题而言）已经得不到响应。而且，这种立场与原因理论的基本原则是不相兼容的。十分显然的是，它将原因，以及可促使赠与人作出赠与的那些个别、具体、可变的动机混为一谈了。毫无疑问，它是把原因等同于那些单纯理由（simples móbeis）了。

根据客观主义理论，也会得出基本相同的结果（但 DOMAT 关于赠与的上述立场除外），但不同的是，它乃是着眼于法律行为本身，而不问当事人心理上的想法。例如，双务合同的原因，是相关义务或给付的互相交换；慷慨行为的原因，则是受益人的（无对价的）得利。[25]

II）德国《民法典》的处理方案

这一处理方案，见于德国《民法典》第 138 条第 I 款。它规定："一切侵犯善良风俗（*das gegen die guten Sitten verstosst*）之法律行为无效。"基于这个条文，学者们[26]说道，违反善良风俗的，必须是法律行为本身。内在动机的不道德，是不够的（而且也一定不是必要的），即使双方缔约人互相串通亦然。法律行为的作出本身，或者说，从法律行为本身的内容以及其外在动机或目的所得出的这项法律行为的总体特性（fisionomia total; *Gesamtgepräge*），必须是可受谴责的。必须能够从上述这一切，得出一种不道德的观感、不道德的整体特征（cunho global）。此外，这种观感、整体特

23　以及因这项给付而给予报酬的意图，如果合同同时属于有偿合同的话。习惯上，就这些合同而言，人们只会注视承担义务的那一方当事人。然而，对另一方当事人而言，合同的原因是什么，亦不难识别。消费借贷的原因，乃是让相对人使用给付后返还原物或等值物（如果消费借贷是有报酬的话，还会加上利息）的意图。经必要变通后（*mutatis mutandis*），以上论述亦适用于寄托。

24　既不存在受赠人因合同而有义务履行的对价，亦不存在偿付既存债务的意图。

25　就双务合同而言，在这里经必要变通后（*mutatis mutandis*），适用上文就主观主义理论所述者。至于客观主义观点方面，有人认为：原因是指双方当事人共同的典型动机，而非各方当事人个别的典型动机。关于这个问题，参见 GORLA，出处同上。

26　我们主要是跟从 LEHMANN 的说理模式。

征，必须是可归责于双方当事人的，除非其中一方当事人的不道德举动是针对他方当事人。

如果要将上述处理方案，推而及至两种形式的不法，并将该处理方案简化一点，以便能更容易明白，我们可以这样理解它：动机的不法本身，是无关紧要的；应被关注的，是法律行为的内容本身。动机的不法，仅当在法律行为的内容上有所体现时，亦即仅当呈现、反映或者说显现在组成法律行为内容的那些条款上时，才会导致法律行为无效，无论该等条款是必要条款或者说典型条款，还是只是附属协定〔条件、负担、预设（pressuposição）〕亦然。

Ⅲ）本书立场

前述两种处理方案，实际上应该会导致相同或极其相似的结果。根据任一种理论，如果双务合同的任何一项给付本身是不法的话，双务合同皆属无效。举例而言，A 与 B 约定，由 B 杀害 C，而 A 则给予 B 某种报酬。我们认为，这样的结果完全是值得赞同的。

在题述问题上，其中一种最常被谈及的情形，是所谓的姘妇赠与（doações concubinárias）。在葡萄牙法上，根据第 1480 条，这些赠与明显是被禁止并且无效的，只要赠与人是个已婚男士。但如果赠与人未婚，因而无法适用上述条文，那么，在法律上应该如何处理（quid iuris）？我们认为，在这里应该要作以下区分：慷慨行为究竟是旨在建立或维持与姘妇的关系，因而是双方当事人所希望或协议的，还是在其他情形下作出的？在第一种情形下，根据原因理论，赠与是无效的。实际上，那并非赠与，而是一项属于"我给，你做"（do ut facias）类型的无名双务合同。由于"受赠人"所作的许诺是不道德的，而且构成他方当事人义务的原因，或他方当事人所欲实现的财物移转的原因，因此，这项合同由于原因不法而无效。

同样，根据德国《民法典》的处理方案，这项合同显然也是无效的。[27]在第二种情形下，根据前述任一种理论，赠与都不会因不法而无效。看来明显是这样的，至少如果赠与是在结束与姘妇的关系之后才作出，以图适当地补助姘妇的经济状况，或向姘妇赔偿她所遭受的损失的话，便是如此。

---

[27] 在这第一个类型的某些情形下，合同有可能应当被定性为附条件赠与或附负担（sub modo）赠与，而非双务合同。然而，对任何理论来说，结论都是一样的。

从"公共道德"的角度看，这并无任何不道德可言（第 671 条第 4 款）。[28]
让我们在实证法上采纳合乎前述任一理论的这种解决方案的理由，从根本
上来说，就跟上文用来支持"动机不法并不影响法律行为有效性"这一原
则的那些理由相同（编码 170）。从立法论的角度而言（de iure condendo），
这是最好的取态，而且，也没有任何条文充分清晰地定出别的处理方案。
唯一一条可被认为有此规定的条文，亦即第 692 条，也可以有另一种解释，
也就是被解释为仅仅是针对双方当事人以条件、负担、预设
（pressuposição）等名目宣示出来的原因或目的。而且，本书的见解，看来
亦有第 1542 条第 2 附段的规定，可资佐证。

此外，上述两种理论在实质上是等同的（或者说毫无分别），而且都是
可取的，[29] 但必须知道，在这两种说理模式中，何者较优。我们认为是第二
种（即德国《民法典》的说理模式）。如同 BONFANTE 所言，原因这个概
念乃是源自哲学，因而是模糊难懂的。但我们作上述选择的理据，不在于
此，而是在于：在我们看来，正如许多学者所言，原因是一个可有可无的
概念。从原因这个概念可以推导出来的那些合理的解决方案，用客体［广
义（lato sensu）的客体］这个概念即足以统括，而且后者在其他课题上也
是不可或缺的。原因这个概念，仅对无因法律行为（negócios sem causa）
（抽象法律行为）而言才是有用的。就其他法律行为而言，我们放弃使用原
因概念，这种做法符合概念经济原则（princípio da economia de conceitos）。
此项原则，乃是更为一般性的手段经济原则（princípio da economia de
meios）（享乐主义的原则，princípio hedonístico）的应用结果。在法学领域，
如同在其他任何领域那样，都适用 BACON（Francisco）的以下格言：entia
non sunt multiplicanda（勿增实体）[30]

28　文中并无考虑以下情形：由妍妇自己作出赠与，或看似是赠与但其实不然的法律行为。此
　　种情形，当属罕见。立法者并无在第 1480 条对此种情形有所规范，肯定是因为这样。但
　　当发生此种情形时，看来也应当以相同的准则予以解决。在通奸的情形，适用（至少是）
　　等同于上述条文的处理方案，也是完全合理的。最后尚需指出，就遗嘱处分而言，有第
　　1771 条的规范，其直接针对通奸的遗嘱人，至于遗嘱人性别为何，在所不问。
29　即使在这里不应该完全排除单纯动机的重要性也好，但也只能十分有限地承认这个概念。
　　也许意大利新《民法典》第 1345 条中的这个概念，便是如此。根据上述条文，"当双方当事
　　人仅基于双方共同之不法动机而缔结合同时"，合同即属不法，因而是无效的（第 1418 条）。
30　跟法律行为原因这个概念不同的，是债的原因。就双务合同而言，后者对解释相关法律制
　　度的某些方面来说，是可以有某种用处的。

172. 法律行为客体或内容不法（违反法律或违反道德）的各
种典型可能形态

　　法律行为客体〔广义（lato sensu）客体〕不法的情形，极为多样化。但是，自应尝试将它们分为若干类型。在这个问题上，LOTMAR 为德国《民法典》第 138 条所构筑的体系，在德国学说上十分流行。它将不法的法律行为归纳为以下几个近似类型。

　　1）法律行为以一方或双方当事人的不法举动为间接客体，或者以其他形式导向一项这样的举动，[31] 或者，至少是能够有利于这种举动。[32]

　　例如，合同使一方或双方当事人有义务给付一项不法事实（作为或不作为），或者合同以这样的事实作为获得或维持财产性好处的条件或负担。放弃对配偶忠诚，或为因自身过错而导致离婚的情形定出损害赔偿（参见1910 年 11 月 3 日命令，第 54 条），也是如此。

　　2）法律行为旨在使人受约束而必须作出适法的作为或不作为，但根据葡萄牙的法律观念或道德观念，那应当是自发而为的，而完全与法律约束的概念不相容（参见第 359 条第 2 款、第 361 条及第 368 条）。

　　易言之，法律行为企图在人身自由可谓是完全不可触犯，因而不受任何限制的那些领域或方面，对人身自由加以强制。例如，许诺保持单身，或许诺与某人结婚（第 1 号命令，第 24 条），或许诺按他人意愿结婚，或许诺改变或不改变宗教信仰，即属此类。

　　3）法律行为，以超出被认为可接受的程度，或至少以被认为是过分的方式，或在无理据的情况下，约束或损害个人的人身自由或经济自由。

　　这里所关涉的，则是人身自由较不敏感的那些方面。这些方面，容许存在限制甚至真正的法律约束，但并不是在任何程度上、以任何方式，或在任何情况下，都可以如此。例如，许诺居于某地，并无不法可言；但许诺毫无理由地不离开某住处或某居所，则是不法的，至少当这种状况应当经常变化，或他方当事人并无重大和应受重视的利益足以支持这样做时是如此。

　　同样，限制经济自由（变更工作、经营或不经营任何商业或工业或其他牟利性职业）的订定，根据上述标准，视乎情况，可以是适法或不法的。不

---

[31]　甚或只是一项这样的结果（根据 LEHMANN 所言）？

[32]　亦即，鼓励人们违反法律上或道德上的消极指令（禁令），或者抑制人们遵守法律上或道德上的积极指令（命令性规范）。在这里，同样会有上注所指的疑问。

法地限制一方当事人经济自由的合同，在德国被称为"*Knebelungsverträge*"，至少当这种限制由于其范围和不合理性而达到真正令人反感的程度时是如此。这个名称，意指窒碍合同（cantratos amordaçantes），亦即使一方当事人缚手缚脚的合同。

　　4）通过法律行为许诺作出某项适法举动，以交换任何财产性好处（或至少，这项举动被设定为与上述好处具有另一类联系），但根据主流的法律观念或道德观念，这项举措是完全与经济限制的概念不相容的（即使也许不是完全与约束的概念不相容亦然）。

　　当涉及财产性的对价（contrapartida）时，上述第 2 组的那些法律行为，全部或几乎全部都属于这个类别。用来确保获得这项好处的法律手段，可以不是对待给付（contraprestação）（双务合同），而是附条件的处分等。在后一情形下，即使所订定的举动，属于不被承认可加以约束的举动，法律行为也不能属于上述第 2 组，而是仅仅属于本类别，除非我们将第 2 组的限制适当地加以改动，而这样做也许是可取的。

　　本类别的例子，包括但不限于下列者：向法官作出馈赠或许诺，希望从法官那里获得公正判决；向私人作出馈赠或许诺，希望使他如实作证，或使他放弃举报犯罪，或放弃实施不法行为；以结婚或不结婚（参见第 1808 条）或者改变或不改变宗教信仰为条件（停止条件或解除条件）的赠与。[33]

　　但应当指出，至少在某些时候，如果财产性好处不具有报酬性质，而是单纯用以适当地弥补他方当事人因为所许诺或所订定举动而身处的状况，或满足他方当事人的一项权利的话，[34] 法律行为并非不法。上述好处属于自发给予，而非在获利者的压力下给予的某些情形，也同样如此；在其他更多的情形下亦然，虽然不容易概括出一个一般性的说理方式。

　　例如，许诺向告诉人给予公正的损害赔偿，希望他放弃作出刑事举报，或向人赠与一项在他未婚时方会存续的用益权，或遗赠一件有宗教意义的物品（例如，一个耶稣受难像、一本书）并订定如果受遗赠人改变宗教信仰，遗赠即不发生效果；或者，有时候，作出一项以"如果你不做坏事"（*si maleficium non facias*）为停止条件的赠与，或一项附相反的解除条件的

---

[33]　在大量的上述情形，以及其他可能的情形下，都是向他人作出馈赠或许诺，希望该人履行其义务。这些是本类别中最适切的情形。

[34]　可以说，在这种情形下，那也算不上是真正的好处。

赠与，也是如此，只要慷慨行为并不是因为被受益人恐吓而作出即可。[35]

　　然而，不法法律行为的上述分类法，并无穷尽且非旨在穷尽一切的不法法律行为。除了这些典型情形之外，尚有一些非典型的。要解决那些非典型的情形，法官所须遵从的一项重要指导方针是（但面对典型情形时，也不可置之不理）：掌握那些影响葡萄牙立法体系，或在公众良知上占主导地位的法律上伦理观念（concepções ético jurídicas），谨慎地注视法律行为本身，考察它会否招致充分强烈的非难（"违反公共道德之行为"）。

　　173. 法律行为客体物理上或法律上不能的后果·一般原则·各种例外

　　下文只会集中探讨，这种瑕疵所引致的无效，其性质与制度如何。至于这种瑕疵是否可以使任何一方当事人获得损害赔偿（自然是消极利益损害赔偿）请求权，这个问题则不予研究。我们也不会讨论这种瑕疵可能引致的任何非私法性质的后果。

　　（1）一般原则

　　第 669 条十分明确地规定，客体不能导致法律行为无效。[36] 但这种无效的性质与制度是怎样的？

　　原则上，此乃绝对无效。所适用的制度，完全就是绝对无效的制度。这是主流意见。实际上，法律并无一般性地按照相对无效的专门模式来规范这种无效的任何方面。而且，也没有理由这样做。对所订定的一项或若干项给付物理上不能的情形来说，以及在任何情况下，就法律行为不接受确认（第 10 条唯一附段）而言，这一点是明显的。

35　最后可以再补充一类：1）通过法律行为，令人反感地利用他方当事人的困厄状态、轻率或无经验。德国《民法典》第 138 条第 II 款所指的，便是这些法律行为。它们通常被称为暴利法律行为［negócios usurários（*wucherischen Geschäfte*）或 negócios onzenários］。但在葡萄牙法上，可否承认这个类别，（至少）是很有争议的。其中理由，参见本课程的相关章节。

36　第 709 条唯一附段，虽然将物理上或法律上不能履行合同，视为所谓的默示解除条件（*condição resolutiva tácia*）的一种，但它仅仅是针对嗣后不能而言。尽管上述条文用词笼统，但它并非针对自始不能。此乃德国《民法典》（第 306 条及第 325 条）的处理方案，而这一处理方案，乃是司法部（Ministério da Justiça）在第 19126 号命令的注释中所援引的权威之一。此外，仅当某一方当事人是可归责的，或嗣后不能只是部分不能，或相关给付已被有瑕疵地执行时，嗣后不能本身才不导致合同自动消灭。

（2）各种例外

上述原则至少有一个例外，那就是第 692 条。上文已对这个条文的处理方案有所概述（编码 115）。我们现在回忆一下：如果不法属于双方不法，则任何一方缔约人都不得通过起诉主张无效，以请求返还已给出的东西，而且，任一方缔约人皆可通过抗辩主张无效，以拒绝做自己所许诺做的事（否则，法律行为便是有效的）。我们也须记得第 692 条唯一附段的规定。如果不法属于单方不法，则仅过错方才不得通过起诉主张无效。但同样的，他可以通过抗辩主张无效；虽然法律已如此清楚地界定了当事人状况的其他方面，但既然法律就此问题无任何规定，那么在这里所应当遵从的，便是无效的一般理论。[37]

---

[37]　参见 *Rev. de Leg.* ，第 72 期，第 68 页。另一个例外是第 1480 条，如果法律以此条文予以规范的并不是无能力，而是客体不法的情形的话。再另一个例外，是关于出售他人之物的第 1555 条。这一出售，作为 "他人之间的事" （*res inter alios*），肯定绝对不对真正的所有权人生效 （ineficaz）［而非真的是无效 （nula）］。然而，在当事人之间，无效不得由出卖人主张［这是因为让他自相矛盾地行事 （*venire contra factum proprium*）是不可接受的］，而且，无效会因为出卖人事后取得所有权而获得补正（上述条文唯一附段）：这种见解，参见最高法院 1938 年 12 月 16 日的合议庭裁判（载 *Col. Of.*，第 37 期，第 466 页）；该合议庭裁判认为，第 1555 条的规定，是为买受人的利益而设的，故只有买受人才可以主张买卖无效，而且上述规定并不影响物的真正所有权人的权利。同样的，我们认为相当清楚的是：买受人对这一无效的主张，并不取决于物被真正所有权人请求返还，这样的话，买受人便得以摆脱所身处的不肯定处境；当买受人已经知悉，他是从非物主那里 （*a non domino*）购买时，便是如此。无论如何，至少，就各个方面而言，这种无效都必然不属于绝对无效。但有疑问的是：上述买卖是否可以被视为一项客体不能的法律行为（看来按照法律的思想是不可以），并因而构成文中所指原则的一个真正例外。关于出售他人之物，参见 CARIOTA-FERRARA，*I negozi sul patrimonio altrui*。

第三分编　法律行为的偶素（一般性典型附属条款）

第一章　条　件[*]

174. 讨论范围

探讨完法律行为的要素后，接下来要研究的是法律行为的偶素。它们也就是所谓的法律行为附属条款（cláusulas acessórias do negócio jurídico）。当事人所作的这种订定，既不是毫无必要地复述候补性法律规范（如第1581条），亦不属于相关法律行为类型的特征元素（如买卖的价金订定）。但必须知道的是，在法律关系总论中，只适宜讨论那些典型的附属条款，而且在那些典型的附属条款中，又只适宜讨论那些可被插入任何法律行为里（除非有条文或有理由排除这种可能性）或至少是可被插入那些属于民法分则各大分支（如债权、物权）的法律行为的一个或多个典型附属条款。真正符合上述双重要件亦即典型性（tipicidade）与（这个意义上的，*hoc sensu*）一般性（generalidade）的，就只有条件（condição）、期限（termo）与负担（modo）而已。然而，习惯上在这里也会研究所谓的预设（pressuposição）或者说法律行为基础（base negocial），这是因为它与上述三种订定有相似性。在某种意义上，预设或者说法律行为基础，仿佛是仅仅潜在（virtual）的附属条款，而非如同其余的附属条款那样，是实在

---

*　CARIOTA-FERRARA, *Il neg. giur.*, 编码 136, 以及编码 138 至编码 142; ENNECCERUS-NIPPERDEY, 前揭著作, 编码 180 至编码 188; ZAPULLI, *Condizione nei negozi giuridici*, 载 *Nuovo Dig. Ital.*, III, 第 724 页至第 734 页; PUGLIATTI, *Ato giur. e determinazione acessoria di volontà*, 载 *Riv. di dir. civ.*, XXIX (1937 年), 第 36 页至第 46 页; MAGNO, *Studi sul neg. condizionato*, I (1930 年); BARBERO, *Contributo alla teoria della condizione* (1937 年); FALZEA, *La condizione e gli elementi dell' atto giur* (1941 年).

（efectiva）的。两者的区别正在于此。

175. 条件订定的概念、性质与重要性

（1）作为法律行为典型条款的条件（技术意义上的条件）的概念

我们可以将它定义为这样的一种条款：它使法律行为的效力（法律行为旨在引发的那些整体效果）取决于将来不肯定（futuro e incerto）事件，仅当该事件发生时，法律行为才会产生其效果（停止条件）；或者，仅在这种偶然情形下，法律行为才不再产生效果（解除条件）。

当谈及这种条款时，起着条件作用的事件（evento condicionante）本身，习惯上也被称为条件。附条件关系（relação condicional）的双方主体，常被称为债权附条件之人（credor condicional）与债务附条件之人（devedor condicional）。就那些引发财物或权利移转的法律行为而言，债权人是取得人，而债务人则是移转人。被附加上条件的法律行为，称为附条件法律行为（negócios condicionais）。其余的法律行为，则称为纯然法律行为（negócios puros）；但"纯然"这个性质形容词，尚被用以指称那些没有附加期限或负担的法律行为。

（2）"条件"一词的其他含义

该词的其他含义，不一而足：a）法律行为的任何条款，或法律行为的任何附属条款（第 672 条；第 674 条：违约金条款；第 678 条及第 1810 条：期限）；b）为某种目的而规定的前提或称要件（亦即前文在一般性法律行为要素的定义中所使用的那种含义）；c）人或物的任何状况或称状态（已婚女士的 condição、非婚生子女的 condição、不动产的 condição**）。

（3）条件订定的性质

a）条件订定（estipulação condicional），所表达的是一项假设意思（vontade hipotética）（如果……的话，我希望……），而非断然意思或称定然意思（vontade preemptória ou categória）。意愿领域内的这种假设意思，对应于认知领域内的假设判断（juízo hipotético）。然而，应当指出，它是一项现存和实际的意思（vontade actual e efectiva），虽然它受制于一个被预视为可能而非肯定的特定事件。它并不是一项潜在或者说假定的意思（vontade potencial ou conjectural）[单纯的 *coniectura voluntatis*（意思假定）]，亦即一

** 汉语上，"条件"一词无此种含义，故保留"condição"一词不译。——译者注

项现实上不存在，但在没有被预见到的特定情形下很可能会存在的意思。

b）条件订定，并非由两项意思表示（而且第二项受第一项所限制）构成。它是唯一的、不可分割的一项意思表示，如同它所表达的意愿本身那样。条件与被附加上条件的法律行为构成一体。附条件法律行为，是一个唯一的整体，或者说构成了一团、一块。这种观念，影响了不可附条件的法律行为的学说，以及不能条件的学说。

（4）条件的存在理由与实际意义

之所以订定条件，是因为表意人处于一种不肯定状态：他并不肯定怎样才是真正对其有利，因为那取决于他认为有疑问的将来情事。疑问，乃是这种条款的心理根基，并可谓是条件之母（mãe da condição）。

订定条件的实际意义在于：通过这种方法，表意人能够兼顾把显得不肯定的将来，而且在他难以预料的一个或若干个问题上，无论事情如何发展，他总是能够以他认为合乎其利益的方式来实施法律行为。此外，其中一种形态的条件（随意条件），允许债务附条件之人，对相关债权人的举动（如果说不是对相关债权人本人的话）施加影响，推动其作出前者所欲之事。例如，以受赠人与赠与人共同生活为随意条件，或以受赠人不经常去赌场为随意条件作出赠与，便是如此。

176. 所谓的不真正条件·概述·各种不真正条件

（1）概述

必须把真正的条件——法律行为的效果根据当事人的意思（法律行为订定）而取决于一个将来不肯定事件——与那些不真正条件（condições impróprias）互相区别开来。不真正条件，并不符合上述的一切特征，而只符合某些特征，因而得名。

为了恰当地作此区分，必须记住真正条件的要件。这些要件，可见于上文的相关定义：a）必须是被用以决定法律行为效力的将来事件；b）这一事件必须是不肯定的；c）法律行为的效力之所以取决于将来不肯定事件，必须是因意思使然，而非直接因法律使然。

（2）各种不真正条件

学者们所惯常聚焦的，是下列这些不真正条件：

a）指涉过去或现在的条件（conditiones in praeteritum vel praesens collatae）；

　　b）必然条件；

　　c）不能条件；

　　d）法定条件［法律上的条件（*conditiones iuris*）或称默示条件（*conditiones tacitae*）］；

　　e）所谓的默示解除条件。

　　下文将逐一检视之。为此目的，我们同样仅按主流学说予以阐述。

　　a）指涉过去或现在的条件　就这些条件而言，起着条件作用的事件，并非将来事件，而是现在或过去的事件。因此，该事件在客观上是肯定的，即使当事人们并不知道它已经发生，因而它在主观上是不肯定的。所以，法律行为自始（*ab initio*）便产生一切效果或不产生任何效果。在这里，并不存在作为附条件法律行为特征的悬而未决状态（estado de pendência）。

　　b）必然条件　在此情形，起着条件作用的事件是将来事件，不过是肯定（会发生）的。例如，任一方当事人或第三人的死亡，便是如此。

　　法律行为的那些效果必然会产生或被解除，这是因为，被关注的那个事件，基于事物本性，是不可能不发生的。这里并不存在法律行为处于悬而未决状态。有可能出现的情形是：当事人希望，法律行为的那些效果，仅在那时以后，才开始产生并变得可被执行，或者才结束。归根结底，那是一项真正的期限（*dies*，期日），它属于"会不会（届至）是肯定的，何时（届至）则是不肯定的"（*certus an incertus quando*）这种形态的期限。也就是说，被用作期限的事件本身是肯定的，只不过是它发生的时刻并不肯定。

　　c）物理上或法律上不能条件　这些条件，跟必然条件相反。就这些条件而言，由于被关注的事件是实质上或法律上不可能的，因此即时便可以知道，该事件在将来是不会发生的。它们并非不法条件。不能条件与不法条件，两者的区别如下：若是不法条件，起着条件作用的事实，是有可能实现的，尽管它违反法律或公共道德（因而是不法的）；若是不能条件，由于起着条件作用的事实是不可能的，因此即时就可以排除其发生的或然性（eventualidade）。正因如此，有别于不法条件，不能条件并非本义的、真正的条件。

　　d）法定条件，或称法律上的条件、默示条件[1]　这种条件，是因为被

1　然而，"默示"这个性质形容词，在这里并非取其前文（编码 93）所述的那种通常含义而言。

法律强加而存在的，但真正条件［事实条件（*conditio facti*）、意定条件或称法律行为条件］则是因为当事人的意思而存在。

例如，第 1759 条第 1 款及第 4 款，以及第 1168 条所指的情形，便是如此。根据第 1759 条，要使遗嘱处分生效，遗嘱人最终必须早于被指定人死亡（遗嘱人先逝世；继承人或受遗赠人仍然在世）（第 1 款），而且（第 4 款）被指定人必须没有抛弃遗产或遗赠［一旦接受（遗产），即为放弃其抛弃权能］。根据第 1168 条，婚约当事人之间的赠与，其生效取决于预期婚姻的缔结［"如果随后结婚"条件（*condição si nuptiae sequuntur*）］，而且明显无疑的是，第三人向婚约当事人作出的赠与，以及婚前协定（所订定的婚姻制度），皆是取决于上述的或然事件。[2]

e）所谓的默示解除条件[3]　它见于双务合同（contratos bilaterais，又名 contratos sinalagmáticos）的情形：当一方缔约人不履行时，他方缔约人可以取消（rescindir）法律行为（第 676 条及第 709 条）。它仿佛是为不履行的情形而设的合同作废协定（pacto comissório）或者说默示解除条款。

默示解除条件，在许多方面都有别于真正的、本义的条件。首先，它属于法定条件。其次，它并不是依据法律本身（*ipso iure*），或者说依据法律的力量本身（*ipsa vi legis*）（亦即自动）起作用的。也就是说，如不存在身为利害关系人的缔约人的意思表示与相应的司法宣告（判决），它并不会起作用。它只让当事人有权在对方不履行的情形下提起诉讼，以终结合同。最后，它只对将来（para o futuro）产生效果，亦即无追溯力，因而并不影

2　文中所述的，只是在这个问题上传统学说的要义。但在现代，这个问题已经成了一些重要研究的对象。这些研究，旨在对传统观念进行深度的审视。除了上文所列的具有一般性的参考文献之外，尚参见 ANTONIO SCIALOJA, *Condizione voluntaria e condizione legale*，载 *Saggi di vario diritto*，I，第 3 页；NICOLA, *La vocazione ereditaria diretta e indiretta*，载墨西拿（Messina）大学的刊物上，例如，*Annali del Istituto di scienze giuridiche*，VIII，第 55 页。我们可以再作进一步的说明：法定条件，是法律按照法律行为的性质本身而施加的，此乃鉴于它是一项逻辑上的前提或者说前件（antecedente）［虽然就发生先后而言，它是在后者（posterius）而非在前者（prius）］，或者，是法律出于特殊的考量而施加的。显然，在第一种情形下，条件的追溯力，应当即时被排除掉。无论如何，那并不是法律行为本身的构成性元素（法律行为事实），因而并不是法律行为存在或有效的一项要件。那是法律行为以外的、仅仅作为法律行为生效要件的东西而已。法律行为的那些效果，以法律行为本身为决定性原因（causa determinante）。法定条件，如同意定条件那样，仅仅是这些效果的产生所不可或缺的条件。

3　它有别于不履行抗辩（excepção de inadimplencia）（*exceptio non adimpleti contractus*，合同不履行抗辩）。

响第三人，除非第三人在解除判决作出之前（或在诉讼提起之前，如果诉讼的提起有被登记的话）已取得权利[4]

177. 条件的可附加性·一般原则·各种例外·在不可附条件法律行为上所附加的条件的价值

（1）一般原则·各种例外

原则上，任何法律行为都可以附加条件。此乃根据人所共知的法律行为自由原则（第 672 条及第 702 条）。但这项原则有一些例外。实际上，某些法律行为是不容附加条件的。德国人称它们为"与条件不相容的"法律行为（*bedingungsfeindliche Rechtsgeschäfte*）。我们则称为不可附条件法律行为（*negócios incondicionáveis*）。之所以不可在某些法律行为上附加条件，乃是基于道德、保护公共利益、保护贸易（法律交易）安全的需要、满足处于特定法律状况的他方当事人的正当利益，或者出于其他理由。

即使不对所有的这类法律行为都加以说明，至少，主要的那些也必须一提。有些法律行为，是因为法律的明确规定而不可附加条件。另一些法律行为，之所以不可附加条件，则是因为观乎法律为它们而设的规定，可以推论出，这种条款是与该法律行为的性质不相兼容的。

①因为法律明文规定而不可附加条件的法律行为

实际上，法律以直接清晰的行文（*directis et apertis verbis*）排除了某些法律行为附加条件的可能性。

a）接受与抛弃遗产，便是如此（第 2022 条）。

b）就海上保险合同而言，放弃被保物品，亦然（《商法典》第 822 条）。被保险人可以向保险人通知解除合同（需受领的单方法律行为），从而向保险人放弃该等被已发生的意外所波及的物品，并有权请求一切保险金额（第 616 条以下）。然而，根据上述条文，放弃"不得为部分放弃，亦不得为附条件之放弃"。[5]

c）一切或几乎一切票据法律行为，亦属此类。主要是出票（《汇票与

　这一点有争议。但文中的取态，乃是当代主流意见：参见 GORLA, *La compravendita*，第 18 页及注 4、注 5。

5　此乃所谓的代位式放弃（abandono sub-rogatório），其有别于解放式放弃（abandono liberatório）。例如，《商法典》第 492 条第 1 附段所规定的，便是后者。

本票统一法》第 1 条第 2 款；[6] 该法由 1930 年 6 月 7 日《日内瓦公约》通过，并根据 1936 年 4 月 30 日第 26556 号命令在葡萄牙生效）、背书（《统一法》第 12 条，I），以及承兑（《统一法》第 26 条，I）。[7] 法律认为，正如流通性票据的根本功能所要求的那样，为了便利汇票交易，必须让持票人单凭检查凭据（证书）便可以完全可靠地知道，它向自己赋予的、针对每一名相关签署人（票据债务人）的权利有哪些，而不必考虑任何外在因素（*quod non est in cambio non est in mundo*，票据上不存在者，即不存在于世上）。[8] 就前述两项例外而言，显然，它们同样是基于法律肯定性（certeza jurídica）这个不难明白的理由。

②法律无明文规定的不可附条件法律行为

这个类别，包括各种人身性质的法律行为，甚至财产性质的法律行为。

a）人身性亲属法律行为，便是如此：结婚（如无婚前协定）、认领与解除亲权。

概言之，其中理由在于：此等法律行为乃是触及人的身份状态，这不但会影响该等法律行为主体之间的关系，还会影响他们和某些第三人之间的关系，而这些关系可以是为数众多而且相当复杂的，并可能会在一段相当长的时间内陆续出现和发展。假如人的身份状态可以取决于一个将来不肯定事件的话，便会出现难题，更何况，条件的结局究竟如何（条件成就还是不成就），有可能在相关法律行为作出时起计相当长的一段时间后，才有定论。对某些广泛、复杂和敏感的利益来说，人的身份状态所会影响的

6　实际上，根据这一条文，汇票必须包括"无条件（puro e simples）支付特定金额之指示"。这种支付指令或称支付命令，即为出票。

7　至于票据保证（aval；fiança cambiária）方面，法律并无明文规定。但这并不意味着，票据保证是可附条件的。《统一法》第 31 条，II，以及第 32 条，II（其他的都不必谈），即可资佐证其不可附条件。就参加承兑（aceite por intervenção）而言，根据该法第 58 条，I，最后部分，亦可得出类似结论。参见 STAUB-STRANZ, *Kommentar zum Wechselgesetz*（1934 年），第 333 页及第 350 页。值得指出的是，这两名作者认为，从上述条文可以推论出，原则上，一切票据法律行为都是不可以附加条件的：出处同上，亦参见第 181 页及第 310 页。最后，有必要为大部上文提到的法律行为扼要地下定义：出票，是指由出票人向付款人（sacado）发出的支付命令；背书（endosso），是指记于汇票背面（*en dos*，在背后）的一项表示，借此，汇票的持有人（背书人）向他人（被背书人）移转汇票；承兑，是指汇票所载支付命令所指的付款人，表示接受该项命令，承诺在到期时支付汇票金额；参加承兑，有别于承兑，因为前者是由一名第三人，为了任何汇票签署人的利益而作出的，以避免其于出票人拒绝承兑时失信。

8　参见 STAUB-STRANZ, 前揭著作，第 65 页及第 182 页。

那些极度多样化、极度烦琐的关系，便会悬而未决，并且受临时性制度所约束，而且这种情况也许会持续甚久。

单就结婚而论，还有其他的一些理由。婚姻建制的庄严性本身，便有悖于承认结婚可附条件这种观念。此外，《民事登记法典》第 305 条第 3 款及第 4 款，规定了双方结婚人与公务人员要宣读怎样的言词，因此也看不出如何有可能缔结附条件结婚。[9] 最后，认为结婚可以附加停止条件，这种看法难以与 1910 年 12 月 25 日第 1 号命令的第 24 条（婚约之不生效力）背后的思想相兼容；认为结婚可以附加解除条件，这种看法则与婚姻持续原则（第 1056 条；第 1 号命令第 2 条；1910 年 11 月 31 日命令第 1 条）相左。而且，条件追溯力的规范，亦不能用以决定性地反驳上述见解。

至于认领（包括赋予非婚生子女以婚生子女同等地位的认领），COVIELLO 指出，这项法律行为以"要么是（真的）、要么不是（真的）的一项事实真相"为基础，"绝不能取决于条件"。[10] 类似的考量，亦适用于解除亲权。实际上，解除亲权，意味着解除人作出了一项认知表示（declaração de ciência）：声称被解除人已能够适当地处理自身利益。

b）自认与认诺（confissão），同样不可附条件。我们尤其关注的，是自认（对事实的 confissão［confissão de factos］，又名作为证据的 confissão［confissão-prova］），* 亦即承认一项对自己不利的事实，也就是说，其法律效果是承认对自己有害的事实属实（第 2408 条、《民事诉讼法典》第 560 条）。上文所述最后一点理由，亦适用于此。除此，附条件自认，显然不能获赋予自认本身的证明力（主要参见《民事诉讼法典》第 565 条）。否则，当起条件作用的事件尚未成就或者不成就时，存在自认的案件，其判决便必须同样是附条件的，这种看法肯定没有人会认同（尚参见《民事诉讼法典》第 567 条、第 771 条第 2 款及第 4 款等条文）。

基于类似理由，相同的处理方案，亦适用于认诺（对请求的 confissão，confissão do pedido），并笼统地适用于一方当事人借以单方地承认他方当事

9　这项论据并不十分有力，但可以为文中所主张的解决方案提供某种法条依据。

10　参见其 *Manuale*，第 425 页。

*　葡萄牙语术语"confissão"一词，当针对事实时，解作"自认"（confissão de factos），当针对诉讼请求时，解作"认诺"（confissão de pedido）。——译者注

人权利的那些法律行为,[11] 或者两人通过合同互相让步（*aliquid datum*,
aliquid retentum；有所给予,有所保留）,解决他们之间的争议,或者解决以
他们作为主体的、有疑问的法律关系（*res dubia*,存疑之事）（和解:《民法
典》第 1710 条）——我们也许可以将这种法律行为,称为声明性法律行为
或认证性法律行为（*Feststellunsgeschäfte*、*negozi di accertamento*）。[12]

c）最后,影响他人（受意人）法律领域（esfera jurídica）而非仅仅向
其赋予单纯好处的那些需受领的单方法律行为,亦是如此。例如,解雇佣
人、职工或雇员,或者他们提出请辞,以及废止或放弃授权、选择之债的
选择。由纯粹的他人事实为该人（相对人）所带来的法律状况,至少必须
是一个肯定和确定的法律状况,此乃该人的正当利益。这项原则有一些例
外,兹不详述。而且,显而易见的是,如果受意人接受由表意人所定的条
件,这项原则即不适用,这是因为,要是这样的话,那便是一项真正的合
同了。

（2）在不可附条件法律行为上所附加的条件的价值

如果一项不可附条件的法律行为,被附加了条件的话,这项条款会造
成什么后果? 可能性有二:要么仅仅条件无效,因此法律行为作为纯然法
律行为（negócio puro e simples）有效；要么这项条款感染了整项法律行为,
因此这项法律行为不产生任何效果。民法学说所采纳的原则是,法律行为
整体无效,这完全符合附条件法律行为不可分离这一准则。如果说,法律
行为构成唯一和不可分的一体,那么条件与附条件法律行为,便不能有不
同的命途。此二者命运,必须是紧密联系的。我们想说的是,这种取态同
时符合法律与当事人的意思。法律行为,不可以附条件地有效,因为法律
不容许如此；它也不可以不附条件地有效,因为当事人并不希望如此。[13] 第
683 条的规定（法律上不能的条件使相关法律行为无效）,经扩张解释或类

---

[11] 除了认诺,亦即承认他人拥有一项针对自己的权利之外,请求的舍弃,亦即承认自己并不
拥有某项针对他人的权利,亦属此类。这两个概念,可以被归入一个范围更广的类别:承
认（reconhecimento）。

[12] 参见上文,编码 134,I,a）。除了第 1710 条之外,尚参见《民法典》第 1711 条、第
1712 条及第 1719 条,以及《民事诉讼法典》第 298 条至第 306 条,及第 771 条第 5 款
及第 6 款。

[13] 可以说,相关意思表示必须是定然的（categóricas）,此乃得自不可附条件法律行为的概念
本身。如果它们附有条件,那么归根结底,所实施的并非此类法律行为,而是别的可能不
获法律承认的法律行为。

推适用后，可资佐证。[14] 然而，当有相反的法律规定时，这个问题的解决方案即非如此，如背书（《统一法》第 12 条，Ⅰ）。[15] 除了直接针对这个问题另有法律规定之外，当符合一些极为特殊的理由时，这个问题的解决方案同样亦非如此。如是者，许多学者都认为，附条件的结婚是有效的。附条件的婚姻，是不应缔结的；但如果缔结了，它也仍然有效，而只有所订定的那项条件方属无效。如果要为这种见解提供理据，可以说：相较于无效而言，结婚（不附条件的结婚）有效，所造成的损害是较少的，而且也与婚姻制度的庄严性更加相符，虽然说这有悖于当事人的意思。[16] 可是，仅仅就解除条件而言，上述看法才是正确的，但就停止条件而言则不然（参见第 1 号命令第 24 条）。也许，当婚姻是既遂婚（matrimónio consumado）而且已经生有儿女时，则另当别论。[17]

178. 条件的分类 · Ⅰ）停止条件与解除条件 · Ⅱ）偶成条件、随意条件与混合条件 · Ⅲ）可能条件与不能条件 · 所谓的不法条件 · Ⅳ）积极条件与消极条件 · Ⅴ）困惑条件与非困惑条件

Ⅰ）停止条件与解除条件

此乃最重要的分类法，尤其从体系的角度而言是这样，因为条件效果的理论习惯上是以这个分类法为基础构建起来的。其分类基准在于，附条件法律行为的效力如何取决于起条件作用的事件。停止条件（condição suspensiva）［又名起始条件（condição inicial）］是指，条件使法律行为的效力暂停（suspende），仅当所关注的事件实现时，法律行为才会产生其效果。例如，A 向 B 赠与一套房地产，但前提是 A 死时 B 仍在生，或 A 死时并无子女。若是解除条件（condição resolutiva）［又名终止条件（condição final）］的话，法律行为在成立时开始生效，然而一旦起条件作用的事件

14　法律不容许某项法律行为附加任何条件（不可附条件法律行为），跟法律仅仅不容许其附加特定条件（法律上不能的条件），是两回事，但两者很相似。

15　相反，从《统一法》第 2 条可清楚得知，附条件的出票是无效的。

16　在婚姻法上，我们可以看到另一个更加明显的、结婚人并不希望结婚但结婚有效的例子，而根据法律行为一般理论，那应当是无效的。此即虚伪结婚，其有效性为主流学说所接受（编码 112，最后部分）。

17　关于附条件的结婚的价值，参见 LOMBARDI, *Il matrimonio condizionato*, 载 *Riv. di dir. privato*, I（1931 年），第一部分，第 187 页；FERRABOSCHI, *Il matrimonio sotto condizione*。

发生，这些效果即告消解，不再产生，而且会被溯及既往地摧毁。例如，A 向 B 赠与一项房地产，但订定道，如果 B 先死，或死时无后代（*si sine liberis decesserit*，如无作为自由人的后代），则赠与将变得没有效果，而且在此情形下，房地产须归还给 A 或其继承人（此即所谓的归还条款：第 1473 条）。

常言道，这两类条件的区别，并没有乍看之下那样的分明。在两种情形下，法律行为的最终命途或者说命运，都取决于一个不肯定的或然事件。另外，解除条件也可以被说成是，暂停着附条件法律行为的解除，因此许多人认为，归根结底，仅仅存在停止条件，只不过是用它来制约的东西不一样。[18] 而且，也许可以补充道，停止条件本身也同样以某种方式起着解除条件的功能。但无论如何，可以说，解除条件所突出的是条件的解除效力，而停止条件则是突出条件的停止效力。

条件在特定情形下究竟是停止条件还是解除条件，乃是事实问题（*quaestio facti*）、意思问题（*quaestio voluntatis*）（解释问题），须具体地根据所知（*secundum ea quae proponerentur*）（对法律行为的解释而言值得重视的那些协同因素）予以解决。但遇有疑义时，应该如何解决？某些学者放弃提出任何标准，有些学者则主张，应认为是解除条件，还有一些学者主张，应视其为停止条件（根据 ENNECCERUS-NIPPERDEY 所言）。上述第一种立场是不可接受的，因为在此问题上必须选一边站。也许，如果法律行为已被履行，宜视其为解除条件，而在相反情形下，则宜视其为停止条件。[19]

Ⅱ）偶成条件、随意条件与混合条件

这个分类法的标准在于：起着条件作用的事件，其性质如何。但我们仅仅是从"该事件与附条件关系主体意思之间的联系"这一角度加以考量。

偶成条件（condição casual），是指起着条件作用的事件，与当事人的意思无关，因而是一起自然事件；或者，虽然是一项人的行为，不过是

---

[18] 这些人希望援引罗马法原始文献的术语来支持其见解。在罗马法原始文献中，附停止条件的法律行为，被称为是 *conditionale*（附条件的）或 *sub conditione contractum*（有条件地缔结的），至于附解除条件的法律行为，则是 *prum quod sub conditione resolvitur*［有条件地解除的纯然者（指纯然法律行为）］。

[19] 有些学者认为，尽管如此，但在停止条件的情形，当事人可以订定法律行为的临时执行。另外，显而易见，法律行为未被履行，并非完全与条件的解除效力不相兼容。

第三人的行为。第一个类型（自然事件）的例子有：*si navis ex Asia venerit*（如果有船自亚洲来）；*si sine liberis decesserit*（如无作为自由人的后代）（这是在赠与或遗嘱处分上极为常见的条款）；第二个类型（第三人事实）的例子有：如果 C 去了罗马；*si Captitolium ascenderit*（如果他登上了主神殿）。

随意条件（condição potestativa），是指起着条件作用的事件，是其中一方当事人的一项行为。例如，*si Capitolium ascenderis*（如果你登上了主神殿）；*si Capitolium ascenderum*（如果我登上了主神殿）。

混合条件（condição mista）则是指，起着条件作用的事件，部分地取决于附条件关系其中一方主体的意思，部分地取决于一起自然事件或一项第三人行为。例如，以 *si nupseris*（如果你结婚）或 *si nupserim*（如果我结婚）为条件。实际上，结婚并非只取决于一个人的意思。

任何人都会同意，偶成条件与混合条件，是可被接受而且是有用的。然而，就随意条件而言，则有一些疑问。

随意条件可以是：a）随债务人一方之意的条件（condição potestativa *a parte debitoris*）或随债权人一方之意的条件（condição potestativa *a parte creditoris*），这视乎被预视的事件，究竟是债务附条件之人的行为，还是债权附条件之人的行为而定；b）随意条件（condição potestativa）或纯粹随意条件（condição meramente potestativa），此乃主流术语，但我们可以易名称之，分别称它们为非随心所欲的随意条件（condição potestativa não arbitrária）与随心所欲的随意条件（condição potestativa arbitrária）。[20]

随心所欲的随意条件，表现为一项纯粹的意愿（um puro querer），或虽然表现为某项实质事实，但这项实质事实是微不足道、无足轻重、不痛不痒的——亦即这项行为并不牵涉任何与构成法律行为客体的利益互相抗衡的重要利益，因而可以令相关当事人有所犹豫。[21] 表现为一项纯粹意愿的随意条件，其例子有：*si volueris*（如果你想）、*si voluerim*（如果我想）。并非表现为一项纯粹意愿，而是表现为一项微不足道实质行为的随意条件，其

---

[20]　也有人称它们为真正（própria）随意条件（亦即我们所说的随心所欲者）与不真正（imprópria）随意条件（亦即我们所说的非随心所欲者），还有人（CROME、ASCOLI、CAMMEO）分别称它们为纯粹意思条件（condições de mera vontade）与随意条件（condições potestativas）。

[21]　因此，归根结底，这项行为只不过是债务附条件之人或债权附条件之人，其随性意愿的假面具（disfarce do capricho）而已。

例子有：如果你动一动手指，或者如果我动一动手指的话，我就给你一千士姑度。* 归根结底，这其实就意味着：如果你想，或者如果我想，我就给你一千士姑度。

非随心所欲的随意条件，并不直接或间接地表现为一项纯粹意愿或相当于纯粹意愿者，而是表现为一项有某种严重性或者说郑重性的行为，这项行为牵涉一些重要利益，其能够与法律行为本身所牵涉的其他利益互相抗衡，因而能够使人犹豫要不要实施行为。例如，如果你去一趟罗马（fores a Roma），或者如果我去巴西待上一段长时间（for para o Brasil），我就给你一千士姑度。去或不去上述地方待一段或长或短的时间（ir ao lugar ou para o lugar），固然是取决于主体的意思，但那并非无关紧要的行为。

关于随心所欲与非随心所欲随意条件这种区分的重要性，任何人都会承认，非随心所欲随意条件，是可接受而且有用的。然而，主流学说认为，随心所欲随意条件或称纯粹随意条件，究竟是无用还是不可接受，须视乎那是随债权人一方之意的条件还是随债务人一方之意的条件而定。

"如果我想，我就给你一千士姑度"：这项条件是不可接受的，而法律行为则会因而无效，因为法律行为并无约束力。如果一项许诺是取决于许诺人履行或不履行的纯粹随性意愿，而在不履行的情形无须受到任何处罚的话，那么这项许诺并不产生真正的义务（obrigação），因为实际上它并无约束力（não obriga）。许诺人继续是完全自由的，而非如同义务的概念所要求的那样，在法律上有必要（necessidade jurídica）执行所许诺之事。

"如果你想，我就给你一千士姑度"：这项条件是无用的，因为请不请求所许诺支付的款项，必然会是取决于债权人的意思的。

此乃学者们的普遍看法。但这个问题并非全无争议。而且实际上，至少就随债权人一方之意的条件而言，针对上述看法还有很多东西值得说。另外，对于双务合同来说，随任一方协约人之意的条件，绝不是无用的，也绝非不可接受，因为他方协约人必然会受到约束。但可以说，基于作为双务合同典型特征的给付与对待给付这种二元结构，那并不是一项真正的

---

* 即 escudo，葡萄牙货币。——译者注

随意条件。[22]

Ⅲ）可能条件与不能条件·所谓的不法条件[23]

1）定义

这个分类法的标准在于：起着条件作用的事件，其实现是可能还是不可能的。我们必须将物理上不能与法律上不能区分开来。真正的不能条件，是指基于物理上或法律上不可能，因而完全无法实现的条件。物理上不能（或称实质不能）的例子有：用手指触碰天空（*si digito coelum tetigeris*）。本义的法律上不能，是指以根据法律无法有效实施的另一项法律行为的有效实施，作为发生法律行为效力的条件（编码164）。

上述各种不能条件，根本而言，都不是条件。该将来事件，并不是不肯定的；人们都肯定知道，它是不能实现的。所以，并不存在作为附条件法律行为特征的悬而未决状态。因此，那是一项不真正条件（编码176）。

人们同样惯常将那些单纯不法（因违反法律或道德使然）的条件，称为（广义的，*lato sensu*）不能条件。例如，如果你在某段时间内经常去赌场；如果你诽谤某人；如果你让你的店铺在周日或规章所定时间以外开门营业。此乃真正条件，因为起着条件作用的行为究竟会不会被实施，是不肯定的。

要知道某项条件是适法还是不法的，就必须记得上文就法律行为客体或内容的不法性所述者（编码167至编码169）。因此，如果条件表现为一项本身是不法的事实，则条件是不法的。即使事实本身是适法的，条件亦有可能是不法的，此乃基于它与法律行为其余内容的联系。但我们必须对上述处理方案的第一部分加设一些限制，并对其第二部分加以阐释。

表现为一项不法事实的条件，可以是适法的，只要条件条款并不是鼓励实施该行为，而是旨在打消实施该行为的念头。例如，我将某些房地产给了你，但如果你实施某项不法事实的话，赠与将变得没有效果。在这

22　关于随意条件理论的某些方面，参见 FERRARA，*La condizione potestativa*，载 *Riv. del dir. commerciale*，XXIX（1931年），第一部分，第563页。随意条件的一个好例子，是适意买卖（vendas a contento）（第1551条）。在此情形，起着条件作用的事件，表现为买受人的一种纯粹主观状态：对物感到称心 [*si res placuerit*；*si res libuerit*（如果物令人满意；如果物让人惬意）]。此即所谓的"不满意协定"（*pactum displicentiae*）的含义。它是这种买卖的特征。然而，应当注意，出卖人是即时受约束的。

23　关于本编码内容，例子参见 ANTUNES VARELA 教授，前揭著作，编码15。

里，条件是旨在打消实施不法行为的念头，因此是有效的；但在某些情形下，由于收受报酬实施这样的行为，是有违法律或公众道德感的，故并非如此。

有时候，虽然起条件作用的事件是一项适法行为，但条件仍然是不法的。在这些条件当中，应当强调的，是那些限制自由的条件。首先，必须指出，法律是有规范这种条件的某些种类的，那就是限制婚姻自由或选择职业自由的条件（第 1808 条）。原则上，此等条件无效。然而，由已死配偶或其尊亲属或卑亲属，向有子女的寡妇或鳏夫所加的"不婚"条件，则是有效的（第 1808 条）。另外，如果遗嘱处分将受益期限定为相关继承人或受遗赠人处于未婚、已婚或鳏寡状态，则该遗嘱处分的"结婚"条件或"不婚"条件是有效的（唯一附段）。

对于最后这个问题，必须加以解释。我们假设，某人将遗赠一笔定期金或一项用益权，但前提是受遗赠人未婚，或他结婚，或其婚姻持续。这项处分无意限制被指定人的自由，而只是规定了如果他作出某种决定所会处于的状况。[24]

对其他限制自由的条件来说，如果像上文那样对第 1808 条唯一附段进行解释的话，我们可以从该条文得出以下推论：以上述条文为基础的处理方案，可以普遍适用于一切的这类条件。这样的话，只要处分人并非意在限制被指定人的自由，或者笼统地说，限制债权附条件之人的自由，条件即为有效，除非所加的限制太过分，以至于其本身（亦即不取决于其背后的意图）变得是可耻的。

我们假设，某人拥有一件具特定宗教意义的物品，例如耶稣受难像，并且决定："如果 A 去当神父的话，或如果他不改变宗教信仰的话，我就将这个耶稣受难像遗赠给他。"在这里，处分人的想法自然是：如果一个人不是要当神父的话，耶稣受难像对他来说根本就没用。另外，处分人不希望一件具特定宗教意义的物品，属于一个并不信仰该宗教的人，这种想法是正当的。这是完全值得受尊重的一种考量或者说感情。而且，上述最后一种看法，有第 1808 条的规定可资佐证；虽然这条规定是关于向鳏夫或寡妇所加的"不婚"条件，但如上文所言，我们认为它可以普遍适用于其他情形。

---

[24] 此乃 *Rev. de Leg.* 所作的解释，参见其第 66 期，第 409 页。亦参见第 66 期，第 195 页。

就限制自由的条件而言，并非任何对自由的限制，都应当被视为不法，而只有那些超逾了某种程度——超逾了在主流法律上的伦理感（senso ético-jurídico dominante）属合理程度的限制，才应当被视为不法。例如，附加在赠与上的"居于某地"或"居于某屋"条件，仅当双方当事人的意图显得是要迫使受赠人永久留在那里，不得离开，甚至偶然离开也不行时，才应当被认为是无效的。否则，认为它生效，并不令人反感。它并不过分束缚受赠人自由，而且有可能合乎赠与人应受重视的利益。[25]

2）不能（或不法）条件的制度

这些条件，肯定是无效的。但无效的效果是什么？无效是仅仅局限于条件条款本身，还是会感染法律行为的其他内容？是部分无效，还是整体无效？

就生前法律行为而言，不能条件使整项法律行为无效［第 683 条：*vitiatur et vitiat*（染有瑕疵，并使他者染有瑕疵）］。但这条规定至少有一个例外。那是为不能（而非仅仅不法）的解除条件而设的例外。如果法律行为旨在成立即产生其效果，而一旦发生特定事实或者说事件时其效果则终止，那么，若此项事实是不能的，法律行为会作为纯然法律行为（*negócio puro e simples*）有效。看来这是唯一合逻辑的结论。[26]

就死因（*mortis causa*）法律行为而言，条件条款是无效的，但附条件处分本身则不然［第 1743 条，唯一附段：*vitiatur sed non vitiat*（染有瑕疵，但不使他者染有瑕疵）］。

3）生前行为与遗嘱上的不能（或不法）条件有不同效果的理由

在葡萄牙法上，就遗嘱处分上不能条件的效果而言，唯一可以提出来的、并非完全行不通的理由，也许是"遗嘱人（意思）优先"（*favor testamentorum*），这种传统观念，上文在论述其他课题时已有阐释（编码 104 及编码 158，II），但相较于任何其他目的而言，在这里，这种观念是最为可以接受的。这种观念是指：即使并不附有相关条件，遗嘱人也可能宁可其处分有效，因为在那种情形下，已经不能及时立下新的一份遗嘱了（*iam*

---

[25] 参见 *Rev. de Leg.*，第 61 期，第 373 页。上述 *Rev.*，第 48 期，第 40 页，认为"与某人（例如遗嘱人的妻子）生活，直至其死亡"这种条件是不法的，因为它侵犯了被指定人的自由（第 359 条第 2 款、第 361 条、第 364 条及第 368 条）。但由此看来，此种取态不值赞同。

[26] 关于不能或不法条件的效果的阐释，参见 COVIELLO，前揭著作，第 430 页。

aliud velle non potest，已无法另有所欲）。

这是最佳的理由，但在葡萄牙法上，由于有第 1743 条唯一附段的最后部分，它仍然不是十分可靠。要为这种区别对待提供理据，甚或只是要解释这种区别对待，也会有此困难，这是不足为奇的。这个问题，从很久以前开始，便被人们认为是一个棘手的问题。在罗马法上，这种区别对待被称为萨宾规则（regra sabiniana）——因为它是由萨宾派（sabinianos）所主张的，但普罗库鲁斯派（proculeanos）则拒绝之——那时候，人们也不懂得为这种区别对待提出理由。盖尤斯（《法学阶梯》，3，98）的一个著名片断，便是这样认为的，虽然他像萨宾那样，也采纳了这种区分：*sane vix idonea diversitatis ratio reddi potest*（的确难以为此区别提出合适的理由）。在上述两种解决方案中，符合条件订定的性质的，是第一种：附不能条件的法律行为，不得连同条件而有效，因为这是受法律禁止的；这项法律行为，也不得撤除条件而有效，因为当事人并不希望如此；因此，这项法律行为应当是无效的。

4）若干补充说明

虽然有第 1743 条唯一附段明确规定的解决方案，但应当认为，如果证实遗嘱人在定出不能条件时其精神官能不正常，或证实遗嘱人想开玩笑，则遗嘱是无效的。遗嘱人开玩笑的情形，尚可分为两类：要么，遗嘱人其实并不希望遗赠任何东西给虚假被指定人（pseudo-instituído），而只是想用遗产或遗赠来引他心痒垂涎，在此情形，遗嘱人并非真心希望作出遗嘱处分；要么，遗嘱人其实不想附加任何条件，因此如同法律所规定般，遗嘱处分是有效的。

Ⅳ）积极条件与消极条件

这种区分的标准在于，起着条件作用的事实，其作用方式如何。在这个问题上，不应拘泥于相关条款的文词表述。

积极条件（condição positiva），是指起着条件作用的事件，表现为先前事态的改变。消极条件（condição negativa），则是指起着条件作用的事件，表现为既存状况的维持不变。

这种区分意义不大。但无论如何，就第 1848 条而言，它是有用的。依此规定，"除非属第 1808 条所定之情形，否则，如遗产或遗赠以继承人或受遗赠人不给予某物或不做某事为条件，则应利害关系人之声请，上述继承人或受遗赠人须提供担保，以保证将会如此履行"。我们已经知道，第

1808 条所规范的是限制婚姻自由或选择职业自由的条件。第 1848 条所说的担保，便是所谓的穆齐奥担保（caução muciana）。这个条文同时将它所关注的那项条件，解释为解除条件，但仅从其用语来看，该条件同样是完全可以被理解为停止条件的。

V）困惑条件与非困惑条件

困惑条件（condição perplexa），是指起着条件作用的事件，是一项与所欲法律效果的存续互不兼容的事实。例如，A 在其遗嘱中说道："我将 B 指定为我的唯一和全面的继承人，如果我将 C 指定为我的唯一和全面的继承人的话。"

困惑条件，是一项荒谬、矛盾的条件。这并不意味着，它真的是一项完全不可理解或者说不可补救地费解难懂的条件。人们知道（条件）订定所说的是什么，但它所说的东西是不合逻辑的。其后果是法律行为一律无效，甚至遗嘱处分亦不例外。

179. 条件的成就与不成就·一般处理方案·各种例外

接下来将要探讨的，是条件订定的效果。然而，视乎"起条件作用的事件发生与否"这个问题上事态如何，其效果亦有所不同。当条件成否未定（pendente），亦即条件既非已成就，亦非不再会成就时，有一些效果。如果条件成就了，则有另一些效果。如果已核实条件不再会成就，则又有另一些效果。因此，首先必须说明的是，条件何时应被认为已经成就、何时应被认为不成就。

（1）一般处理方案

在此领域，可以也应该遵从如下基本原则：必须经由解释，精确地确定，根据当事人的意思，起着条件作用的事件是什么，无论是就该事件本身而言，还是就相关的时间、地点状况而言；查明这一点后，当该事件最终在所定状况下发生之时，条件即告成就，而只要发生了相反的事实或者说结果，或发生了其他任何使前述事件的实现变得不可能的事实或者说结果，则条件即告不成就（参见第 678 条，最后部分）。

起着条件作用的事件，有可能应当在某种状况下实现。关于这些状况，应当指出的是，当事人可以为该事件定出时间限制（例如，如果某船在某日之前到达的话），甚至可以订定该事件应当在某一精确时刻发生（例如，如果在某日发生这件事或那件事的话）。如是者，仅若该事件在所定时间发生，或者在所定时限前发生，才会起作用；即使该事件最终在所定时间以外（无论是之前或之后）发生了，条件也会被认为是不成就。

如果在这方面无任何订定，那么，若条件为偶成条件，上述事件无论在什么时间实现，都会起作用。若条件为积极随意条件，或表现为一项第三人积极事实，则显而易见，起着条件作用的事实，仅可在所指定的人（债务人、债权人或第三人）在世期间被实施。若条件为消极随意条件，或起着条件作用的事件是一项第三人消极事实，则一般而言，仅当该人死了，条件才可被视为成就了。在该人死前，条件随时都可以变得不再会成就，而且，一旦该人实施了相反的积极事实，则条件即告不成就。

对任何随意条件来说，都可以提出如下问题：是否仅当应实现所定事实或所定不作为的人有过错时，随意条件才可被认为不成就。在这里，起着决定性作用的，还是当事人的意思。此项意思，应经由解释甚至填补予以查明。但如果无法清楚查明，如何是好？看来应当认为，即使没有过错，也无所谓。无论是基于何种原因，只要该人没有实现所定的事实，或者实施了与起着条件作用的不作为相反的积极事实，条件都会被认为不成就。就后一类情形而言，如果积极事实实质上不可归责于该人，亦即不可被认为是其行为的话（不可抗力），则另当别论。

（2）各种例外

然而，这种处理方案，有下述的一些例外。但我们也非没有意识到，也许下文所述的那些，并不一定是属于真正的例外。

a）第1759条规定："如出现下述任一情况，则遗嘱处分失效，且不对继承人或受遗赠人产生效果……二、继承人之指定或遗赠取决于条件，且继承人或受遗赠人在条件成就前逝世。"例如，如果 C 死时无子女的话，A 便遗赠财物予 B；C 死时无子女，是有可能发生的；但如果此事仅在 B 死后才发生，那么，条件的成就便无法使遗嘱处分生效。

此项规定，理由何在？这个问题相当有争议。常见的解释是：应当推定遗嘱人只想让他所指定的人受益，而非想让这个人的继承人受益。但这样的解释不太令人满意。人们可以反驳说：理由要是真在于此的话，那么这种解释便应当同样适用于赠与。看来可取的解释是，正如 COVIELLO 所言，这一规定仅可归因于历史：它是法律传统的残余（*vestigium antigui iuris*，古时法律之遗留）、一种残留现象。它源自罗马法，并符合相关继承体系十分独特的那些原则，且基于惯性而存续下来，尽管该体系已然消失。但无论如何，这是一项候补性规范，因而可被遗嘱人排除。

b）第 679 条规定："因义务附条件之人所作之事实，导致条件不成就者，视条件已满足，除非该人乃在其权利限度内行事。"因此，会因为条件不成就而获益的当事人，要是阻碍了条件的成就，条件即被视为成就（*dolus pro impleta conditione*，一旦实行欺诈，即视条件获得满足）。第 1744 条亦有同样的规定。[27]

c）第 681 条规定："如合同之解除取决于第三人，且第三人被欺诈因而解除之，则合同视为未被解除。"这条规定，跟第 679 条及第 1744 条的规定相反。也许，应当灵活地将第 681 条普遍适用于其余条件。

180. 停止条件的各种效果[28]·绪论·Ⅰ）条件成否未定法律行为的效果·Ⅱ）条件既成法律行为的效果·Ⅲ）条件落空法律行为的效果

绪论

我们已经知道，附条件法律行为，其"生命"可被划分为三个阶段：条件成否未定（pendência da condição）阶段、条件成就（verificação da condição）阶段，以及条件不成就（não verificação da condição）阶段。或者，应该说是三个时刻或状况，在时间上，这里只可能有两个时段：①成否未定；②成就或不成就。

条件成否未定阶段（*conditio pendet*，条件悬而未决）是指，起着条件作用的行为发生或不再会发生之前的那个阶段。条件成就阶段（*conditio existit*，条件已存在），是指起着条件作用的事实成就之后的那个阶段。条件不成就阶段（*conditio deficit* 或 *conditio daest*；条件落空或条件失落）则是指该事件的发生变得不可能发生之后的那个阶段。

Ⅰ）条件成否未定法律行为（negócio *pendente conditione*）的效果

在此阶段，条件会阻却附条件法律行为本身效果的产生，亦即阻却该

---

[27] 可以称为条件的人为破坏（语出 FERRARA）。从这种法定解决方案（在葡萄牙法上，还可以再加上文中随即会提及的那种法定解决方案）可以推论出以下规则（根据 FERRARA 所言）："事件的发生，必须是大自然与人类意思的自主力量使然……而无扰乱性的刺激或障碍。"此项规则，在某种意义上，亦适用于随意条件本身。

[28] 参见 CARIOTA-FERRARA，前揭著作，编码 141；BETTI，*Teoria generale del neg. giur.*，第 2 版（1950 年），编码 65 至编码 67。

法律行为中所订定的利益规制（regulação de interesses）开始生效；但肯定的是，当事人已经受到约束，以致该等效果的产生，亦即上述规制的开始生效，仅仅取决于起着条件作用的事件的实现而已。但应当如何界定和定性当事人的这种状况？

债务附条件之人，肯定无须履行所许诺作出的给付（第765条第2款及第2附段）。因此，债权附条件之人，并不拥有一项可行使的权利。然而，他究竟是拥有一项权利，还是说，其地位仅仅是一项单纯的期待（expectativa）——对"最终会取得该项法律行为所旨在向其赋予的权利"的期待？若为后者，则这项期待在法律上又受到怎样的对待？

根据主流学说，债权附条件之人，仅仅拥有上述期待，[29]因此相应地，也并不存在一项真正的债务［nihil interim debetur（同时亦无债务）：《学说汇纂》片段20，1，13，5］，而只存在债务最终诞生的可能性（spes debitum iri，出现债务的希望）。

而且，实际上，如果法律行为以任何一项给付（如金钱给付）为客体的话，任何人都会同意的是：倘若债务人以为不存在条件条款，或以为条件已成就，因而在这个阶段作出了支付，则他可以通过错债索回之诉（condictio indebiti）（第758条），请求返还给付。如果说，债务附条件之人，可以提起诉讼以重新获得他所作的给付，那么，最切合这种解决方案的看法便是：债务附条件之人尚未负有债务，因此债权附条件之人亦未拥有相应的权利。

可见，债权附条件之人，只是拥有一项期待而已。与此相应，学者们指出，法律行为旨在向债权附条件之人移转的那些财物的所有权，仍然是属于债务附条件之人的。[30]但是，这项期待已具有某种实际上的稳健性（consistência prática）。基于当事人所受的前述约束，这项期待可以具有不容轻视的财产价值（即使该项条件是随意条件亦然），因而向债权附条件之人赋予了一个有利地位，其在此项法律行为的生命中是有着值得重视的

---

[29] 在这个问题上，有些学者称其为"或然权利"（direito eventual）、"权利胚胎"（germe de direito）、"可能会生出来、可能会流产的待诞生权利（direito nascituro）"（语出 FERRARA）等。显然，上述最后一个名称，是用了孕育中的胎儿（nascituro concebido）来作为形象化比喻。

[30] 常言道，这项法律行为甚至不构成取得时效上的正当依据。

重要性的。[31] 因此，它自然也应当具有某种法律上的稳健性（consistência jurídica）。这项期待是已受保护，而且对法律而言是有意义的（relevante）。

因此，不但债务附条件之人可以，而且债权附条件之人也可以将构成附条件法律行为客体的财物或权利转让，或在其上设定负担。可是，他们各自所作的处分，会有变得不发生效果（ficar sem efeito）的风险；是否变得不发生效果，便是视乎条件有何结果或者说结局而定。如果条件成就，则债务附条件之人所作的处分，即变得不发生效果，至于债权附条件之人所作的处分，即告有效；如果条件不成就，则相反：债务附条件之人所作的处分，取得完全的有效性，至于债权附条件之人所作的处分，则变得不发生效果。所以，我们可以接受，债务附条件之人所作的处分，具有即时但不稳定（eficácia actual，mas precária）（非终局性，não definitiva）的效力，而债权附条件之人所作的处分，则具有纯粹或然效力（eficácia puramente eventual）。[32] 这种处理方案，可以以第678条第一部分（条件追溯效力原则）作为依据，但无论如何它亦见于第896条。[33]

所以，债权附条件之人的期待，是可转让且可继承的。如果债权附条件之人死亡，则其地位会移转至其继承人。仅在遗嘱事宜上，才并非如此（第1759条第2款；参见编码179）。

另外，将来债权可以已经具有特别担保（如抵押权：参见第106条第1款及第2款、第916条至第922条），而且可以不附条件地更新（第811条）。债权人还可以登记其权利（第949条、第953条及第960条第4附段），使它优于任何后来才由债务人创设或移转的、以相同财物为客体的不相容权利（第951条及第1017条）。最后，债权附条件之人，可以实施任何保全其期待的行为（第682条）。例如，债权附条件之人，可以中断他与第三人之间关系上的时效。在（条件）成否未定阶段，时效的中断并不是必然的，也不可能在债权附条件之人和债务附条件之人之间发生，这是因

---

[31]　例如，计划投入生产某种货物的一家工业商号，许诺向某商人出售其一切的这种产品；认为自己即将有新发明的一名发明家，将这项发明的经营权出售给某家企业，或者，想写一本书的一名作家，将作品的出版权出售给某家企业。但这些例子也不尽贴切，因为那其实是以将来物为客体的法律行为。

[32]　参见 DEGNI，*La compra-vendita*，第16页。

[33]　债权附条件之人已经是一项法律上有意义（juridicamente relevante）的期待的拥有人，这一点已经足以解释这种处理方案。因此，学者们常言道，债权附条件之人，并不是真的在处分相关财物或权利，而只是在处分这项期待而已。

为，仅当权利变得可被行使时，时效才会开始计算（第536条）。

一旦起条件作用的事件发生，相关法律行为将向债权附条件之人赋予权利。一般而言，债务附条件之人，有义务不损害此项权利的完好（integridade），因此，他不可作出能够影响该项权利完好的法律上处分行为或经济上转变行为（actos de transformação económica）。此乃善意原则之要求（参见第679条；并参见编码179）。[34]

简言之，在此阶段，法律行为所旨在产生的那些效果，是处于中止状态的。它们是凌空、架空的，以后可能会落定、确立下来，或可能会完全消散。它们并非现实地存在，而是在某种意义上潜在地存在。正因如此，债权附条件之人，只不过是一项将来权利的或然拥有人（titular eventual dum direito futuro）而已。

可是，法律行为已经产生了某些先行性质的效果，它们旨在确保前述其他效果的完好，因此，也就是旨在保护债权附条件之人的相应期待。鉴于债权附条件之人的地位所获赋予的稳健性，有些人希望称其为拥有权利的权利（direito a um direito），[35] 以区别于其他人（如推定继承人）的这种地位。

Ⅱ）条件既成法律行为（negócio existente conditione）的效果

根据当事人的意图和法律，条件的成就，是马上依据法律本身（ipso iure）或者说依据法律的力量本身（ipsa vi legis）（亦即自动地），并且溯及既往地［ex tunc（从当初起）；而非只是 ex nunc（从现在起）］针对法律行为的那些效果起作用的，从而将这些效果从潜在效果变为实存效果。因此，此等效果是即时产生、出现或者说触发的，而无须由任一方当事人在法庭上或法庭外主张条件成就，或实施任何其他行为（如通知他方当事人）；而且，此等效果会追溯到法律行为作出之时（conditio existens ad initium negotii retrotrahitur，既成之条件追溯至法律行为之始）。

上述两项特征，不仅符合法律传统，尚可见于第678条第一部分（参见第896条）。

由于条件具有追溯力，因此，由债务附条件之人，在（条件）成否未

---

[34] 债权附条件之人的期待，其法律上的稳健性，还让他得以提起诉讼，声请（法院）以判决宣告这项期待的存在，以及其内容（单纯审定之诉；acção de simples apreciação）：参见《民事诉讼法典》第4条 a项。

[35] 亦即拥有一项将来或然权利的权利，而非拥有一项已经肯定而且马上可以变得存在的权利，如同继承开始后继承人被赋权接受遗产，而只要一接受便马上拥有它的情形那样。

定阶段实施的处分行为，会变得不发生效果（ficam sem efeito）；至于由债权附条件之人实施的处分，则取得完全的有效性。

这一条件追溯效力原则，普遍适用于法律行为的各个不同问题。在葡萄牙法上，它被认为亦适用于风险问题：如果——由于是肯定和特定（第715条）的因而——被移转的物，在中间期间（medio tempore）亦即（条件）成否未定阶段内灭失的话，一旦条件成就，则风险归债权人；如果条件不成就，则风险归债务人。[36]

然而，如果情况显示当事人另有意思，则条件的追溯力便不起作用。规定条件具有追溯力的规范，纯粹属于候补性质（ius dispositivum，任意法）。它绝不能被认为具有强制性规范或称绝对性规范（ius cogens，强行法）的强制力。因此，基于对当事人意思的解释，人们认为条件追溯力原则并不适用于在中间期间内（medio tempore）产出的孳息，亦不适用于由债务附条件之人实施的纯粹管理行为。

由债务附条件之人在中间期间内（medio tempore）收获的那些孳息，继续是属于他的；由他在中间期间内（medio tempore）实施的管理行为，亦继续有效成立。

那么，应当如何解释上述的解决方案？

关于孳息方面，对物进行管领的缔约人使用该物，并因而将孳息据为己有，这看来是符合当事人意思的。实际上，在双务合同的情形，如果两项给付都是产益性（reditícias）（易言之，如果两者都产生孳息或收益）的话，认为双方当事人希望一方的孳息与他方的孳息互相抵销，这种想法是很自然的。在赠与的情形，显然赠与人（如果他管领着赠与物的话）是希望在（条件）成否未定阶段内收获的孳息都归属于他（参见第685条的规则一）。经必要变通后（mutatis mutandis），这亦适用于其他任何单务合同。

从整体利益的观点来看，这也是最合理的解决方案，因为否则的话，财物便不会得到善用，这是因为没有人能有把握地预料自己终可收取所得的孳息并将其保存。

36　参见 Rev. Leg. Jurisp.，第 60 期，第 375 页。但在其他国家，人们认为就双务合同而言，应适用别的解决方案，此乃由于联结双方当事人相互给付的双务性质关系（或者说因果关系）使然。因此，如果在一项停止条件下出售的物，在中间期间内（medio tempore）灭失的话，风险将归由尚未有权请求支付价金的出卖人承担，即使后来条件成就了亦然。例如，TRABUCCHI 便持此见解，参见其 Istituzioni，编码 294。

关于管理行为方面，在中间期间内（medio tempore）实施的这些行为是有效的，这是很合理的事情，因为否则的话，债务附条件之人便不会妥善地使那些财物产出孳息。这样便会损害到追溯力原则本身所旨在保护的债权附条件之人。

因此，由债务附条件之人所作的不动产出租，是有效的。但必须指出的是，仅当条件成否未定时，它们才是有效的。条件一旦成就，这些不动产出租，便从那时起不再向将来发生效力（参见第 5411 号命令，第 9 条等）。

Ⅲ）条件落空法律行为（negócio *deficiente conditione*）的效果

在此情形，一切都会变成仿佛法律行为从来没有被作出过一样。法律行为原本所旨在引发的那些效果，"挥发"得一干二净。甚至，法律行为在中间期间内曾经产生的那些有限的保全性或称先行性效果，亦告消失。

181. 解除条件的各种效果·绪论·Ⅰ）条件成否未定时·Ⅱ）条件成就时·Ⅲ）条件不成就时

绪论

在这个问题上，要记住的基础概念是：对债务附解除条件之人来说，同时存在一项停止条件。

例如，第 1473 条规定，赠与人可以订定，须根据第 1886 条以下的条文，将赠与物归还给他或其他人。我们可以设想这样的事例：A 向 B 作出赠与，但附有如下条件——如果受赠人死时无子女，则赠与物将回归到赠与人的财产范围。这项条件，对 B 而言是解除条件。但它对 A 而言，则还是一项停止条件，因为它使 A 最终有可能重新取得赠与物。由于我们已经了解过前一编码所述的处理方案，故不难界定解除条件的效果。解除条件的效果如下。

Ⅰ）条件成否未定时

法律行为产生其一切通常效果。然而，债务附（解除）条件之人，尚处于一个债权附停止条件之人的状况，这是因为，一旦起着条件作用的事件发生，他将有权重新获得他之前所作的给付。此名债务附（解除）条件之人的这个状况，同样只是一项期待，但它具有某种实际上和法律上的稳健性，这就跟上文就债权附停止条件之人的状况所述的一样。因此，举例而言，债务附（解除）条件之人，可以处分他的这种法律行为地位。

Ⅱ）条件成就时

法律行为的那些效果，不再存在。在这里，条件也是依据法律本身（亦即自动）（*ipso iure*）起作用的；而且，条件同样是溯及既往地起作用（第 680 条），即使是对第三人而言亦然。

解除条件的这种哪怕对第三人而言亦具有的追溯效果（以及停止条件的那种类似效果），被称为物权效力（eficácia real）。

这会引致各式各样的后果。

1）由债务附条件之人在（条件）成否未定阶段实施的处分行为，变得有效，并且完全生效。由债权附条件之人实施的处分行为，则丧失其效力这［*resoluto iure dantis，resolvitur ius accipientis*（给予人之权利一旦被解除，受领人之权利即告解除）；参见第 896 条］。

2）在葡萄牙法上，人们认为，如果物在中间期间内（*medio tempore*）灭失的话，应承担风险的是债务人（参见编码 180）。

3）关于孳息与管理行为方面，经必要变通后（*mutatis mutandis*），其处理方案跟上文就停止条件所言者相同：在中间期间内（*medio tempore*）收获的孳息，属于债权附条件之人所有；由他在这个阶段实施的纯粹管理行为，同样是有效的。

Ⅲ）条件不成就时

法律行为的那些效果，不再是不稳定的（precários），而是变得是终局性的（definitivos）。这些效果完全地得以巩固，仿佛从一开始（*ab initio*）它们就不取决于任何条件一样。债务附条件之人的期待会消失。至于债权附条件之人的地位，则不可动摇地得以确立。

第二章 期 限

182. 概念

（1）概述

期限（termo）（期日，*dies*），是指使法律行为的效果取决于一个将来的但肯定的（futuro mas certo）事件的典型附属条款。对该事件的这种依赖，可以是针对这些效果本身（亦即这些效果的存在本身），也可以只是针对这些效果的可执行性或可实行性（exercitabilidade ou efectivabilidade）。无论如何，法律行为的效果是肯定会产生的。其存在甚至可实行性，是确定会有的。只不过这里有时间上的限制。这些效果的持续期，以某种固定度和精确度，被预先决定了。期限可以是下述两种形式的任一种：要么法律行为的效果，仅从某个时刻起，才产生或变得可实行（停止期限，termo suspensivo）；要么这些效果是马上产生或变得可实行的，但从某个时刻起，即告终止（解除期限，termo resolutivo）。因此，这里并不存在作为附条件法律行为特征的那种不肯定状态或者说悬而未决状态。

（2）期限与条件的比较

上文的概述，已让我们能够将期限区别于条件。这两个概念的区分，并无困难可言。要识别一项法律行为条款应被定性为条件还是只是期限，也不会出现什么困难。仅仅在某些罕见情形下，才会遇到重大难题。然而，根据上述定义，以及法律行为解释理论的那些原则，应该是可以相当有把握地解决它们。如果不能根据第685条的各种标准，以及按字面理解的法律行为转换原则来解决疑问，则应当认为那是期限，而非条件，因为这样做的话，法律行为将更具价值［要是灵活地（*cum grano salis*）理解上述原则的话，它也是如此要求的］。

183. 形态·Ⅰ）始期、停止期限或称延缓期限（*dies a quo* 或 *dies ex quo*，自此起计的期日），以及终期、解除期限或称终了期限（*dies ad quem*，到此为止的期日）·Ⅱ）肯定期限与不肯定期限·Ⅲ）明示期限与默示期限

在这个问题上，下述的三种区分，是人们惯常提及的。

Ⅰ）始期、停止期限或称延缓期限（*dies a quo* 或 *dies ex quo*，自此起计的期日），以及终期、解除期限或称终了期限（*dies ad quem*，到此为止的期日）

我们已经知道，若期限是始期（termo inicial）、停止期限（termo suspensivo）或称延缓期限（termo dilatório）（*dies a quo* 或 *dies ex quo*，自此起计的期日）的话，法律行为的效果本身或只是其可实行性，是延后到法律行为作出之后的某个时刻才发生的。

例如，A 与 B 缔结了房地产租赁合同，订定表示：合同从某天开始才产生其效果，而在这天之前，房地产由另一名承租人占用；A 以赊账形式购买了某些货物，在 60 日后才须支付价金。

若期限是终期（termo final）、解除期限（termo resolutivo）或称终了期限（termo peremptório）（*dies ad quem*，到此为止的期日）的话，法律行为是维持到某个时间的（*ad tempus*）。其效果马上以通常方式产生，但在某个期限结束之时，必须终止或作结。例如，A 与 B 缔结了 1 年期的不动产租赁合同。

显然，在同一项法律行为中，可以同时订定一项停止期限和一项解除期限。例如，从某日开始起计、为期一年的不动产租赁合同。

Ⅱ）肯定期限与不肯定期限

从期限这种条款的概念本身可知，显而易见，这里所关注的肯定性或不肯定性，不可能是就法律行为效果所取决于的将来事件的发生或不发生而言，而是仅仅就其发生的时刻而言。肯定期限（termo certo），是指人们预先知道该事件发生的准确时刻。相反，如属不肯定期限（termo incerto），则该事件发生的准确时刻，是不为人知的。人们知道该事件必定会发生，但不知道何时发生。

若是肯定期限，则被关注的事件，是一段期间的经过（例如，15 天、1 个月、1 年）或一个特定时刻的到来（如 3 月 15 日、复活节）。无论如何，（这个意义上的，*hoc sensu*）肯定期限总是以历日来计算的。若是不肯定期限，则被关注的事件，便是属于另一种类。其经典例子是某人的死亡［*cum morior*（当我死了），*cum morieris*（当你死了），*cum Titius morietur*（当提提乌斯死了）〕。死亡是肯定（会发生）的，但其时间点则是不肯定的。

罗马法的评注者们，将一个特定事件"会不会（发生）"（*an*）和"何时（发生）"（*quando*）这两个问题上肯定和不肯定的种种可能情形凑合起来，构筑了四个类型，并以期限（*dies*，期日）这个笼统名称统称之，虽然其中的某些类型，不是或可以不是前文所定义的真正期限。这四个类型是：

a）*dies certus an certus quando*〔会不会（发生）是肯定的，何时（发生）也是肯定的期日〕（肯定期限）；

b）*dies certus an incertus quando*〔会不会（发生）是肯定的，何时（发生）则是不肯定的期日〕（不肯定期限）；

c）*dies incertus an certus quando*〔会不会（发生）是不肯定的，何时（发生）则是肯定的期日〕〔例如，你 21 岁那天；某人 21 岁那天；*cum Titius annorum quatordecin factus sit*（当提提乌斯 14 岁时）〕；

d）*dies incertus an incertus quando*〔会不会（发生）是不肯定的，何时（发生）也是不肯定的期日〕（如你结婚那天）。

第一类与第二类的条款，必定具有真正期限的性质。但其余两类则不然。如果无法证实当事人另有意图，那么，第三类条款应被理解为条件。当事人是有可能另有意图的。例如，如果为某人创设一项持续到他 80 岁用益权，则这项用益权在用益权人死亡时，或当用益权人年届 80 时，即告结束（参见第 2241 条第 1 款、第 2245 条）。如果用益权是持续到第三人多少岁的话，法律（第 2254 条）规定，用益权"将持续至所定年龄，即使该第三人在此之前已死亡亦然，除非明示道用益权乃是鉴于该第三人在生而赋予"。然而，在这之前，用益权还是会随用益权人死亡而结束（第 2241 条第 1 款）。

至于最后一种情形，人们通常断言，那必然是一项条件，虽然当事人可能有意排除条件的追溯力：说"在你结婚那天"和说"如果你结婚"是一样的。[1]

1　参见 RUGGIERO，前揭著作，I，第 284 页。很难不是如此。但那是不可能的吗？如果所定的日子，是要起解除功能的话，看来它必然是一项条件，即使无追溯力亦然。如果所定的日子，是要起停止功能的话，对普遍情况而言，认为经必要变通后（*mutatis mutandis*）同样如此，也是正确的。然而，当事人另有意图的情形，也是可以设想的：当事人希望，哪怕所定的日子尚未届至，但法律行为亦是生效的，以便在应当实施所定事实的人死亡之日被履行。例如，A 向 B 遗赠一笔款项，让后者在他结婚那天获交付这笔款项；或者，A 向 B 遗赠一项房地产，让 B 在上述日子占有该房地产。

Ⅲ）明示期限与默示期限

这一对概念，对应于真正和本义条件或者说事实条件以及法定条件的区分。默示期限同样是一项法定期限。通常，期限是明示的。第 743 条、第 1526 条及第 1527 条，即默示期限之适例。

184. 期限的可附加性·一般规则·不容附加这种条款的法律行为（不可附期限法律行为）·在不可附期限法律行为上附加期限的后果

（1）一般规则

根据法律行为自由原则，通常而言，期限这种条款是可以附加在任何法律行为上的。但有例外。有些法律行为不接受附加期限。我们可以称它们为不可附期限法律行为（negócios inaprazáveis）。

（2）不容附加这种条款的法律行为（不可附期限法律行为）

这类法律行为有许多。而且，它们并非全都是不接受附加条件的法律行为。将不可附期限法律行为与不可附条件法律行为进行比较，可以得出以下纲目。

①既不接受附加期限，亦不接受附加条件的法律行为。以下法律行为，即属此类：a）遗产的接受与抛弃；b）人身性亲属法律行为（结婚、认领与解除亲权）；c）自认（对事实的 confissão，confissão de factos）、认诺（对请求的 confissão，confissão do pedido）、请求的舍弃与和解。

就最后两种法律行为而言，法律并无明文规定它们是不可附期限的；然而，经必要变通后（mutatis mutandis），上文就其不可附条件所提出的各种理由，亦适用于此。[2]

②不接受附加期限，但接受附加条件的法律行为。继承人的指定，便是如此（第 1747 条）。它必定是不接受附加解除期限的。至于停止期限，则是可以附加的，只要它仅仅影响"处分的执行"亦即处分的可实行性即可（第 1810 条）。[3]

---

[2] 但显然，在和解的情形，就双方当事人基于和解而许诺实施的那些给付而言，是可以附加期限的。

[3] 单纯遗赠，无疑可以附加这最后一类停止期限。然而，有疑问的是：影响处分效果的存在本身、将其推延至继承开始之后某个时候的停止期限，是否可以接受。肯定的见解，有第 1849 条可资佐证，而且并无法律条文直接另有规定。至于解除期限的可接受（转下页注）

③接受附加期限，但不接受附加条件的法律行为。有各种各样的法律行为，皆属此类。a）出票。此乃最主要的一种票据法律行为。虽然它不接受附加条件，但可以附期限地为之。然而，期限只可以表现为（大体而言；*grosso modo*）一段期间或某一历日（《统法》第 33 条）。简言之，必须让持票人可以凭该证券本身以及法律，便知道汇票何时到期。b）在他人法律领域内产生非纯粹有利效果的需受领单方法律行为。雇主解雇雇员，让雇员在某日子离职，便属于这种情形。这些法律行为不可附加条件的那些理由，不妨碍其可附加期限。

（3）在不可附期限法律行为上附加期限的后果

原则上，这导致法律行为无效，而非仅仅相关条款无效。根据这种解决方案，上述的《统一法》第 33 条规定，如果汇票所附的到期日，有别于被允许者，则汇票是无效的。其中理由，就跟上文为不可附条件法律行为所提出的那些理由相同。然而，此项原则有一些例外。继承人的指定，便是如此［第 1747 条，其与遗嘱上不能条件的制度（第 1743 条唯一附段）相协调一致］。[4] 至于结婚方面，可适用上文就条件所述者。

185. 期限的效果

在这里，既不存在附条件法律行为的那种不肯定性，亦无相应的悬而未决状态，因此同样无任何追溯力可言。因此，期限的届至，仅仅是从现

（接上页注 3）性方面，同样没有条文明确地排除它。但是，PINTO COELHO 教授（*Das cláusulas acessórias dos negócios jurídicos*，II，第 129 页）认为，这种条款以及前述条款，都是不被容许的。这种看法是以第 1810 条为基础的。这个条文预设了——不但继承人的指定是如此，而且受遗赠人的指定亦然——影响处分效果的存在本身的期限，是不可附加的。对第 1849 条的解释，必须与这种解决方案相协调。第 1835 条亦然。但显然，就用益权的遗赠而言，解除期限是可接受的，而且也符合这项处分的性质本身；同样，这种遗赠可以附有停止期限，正如用益权是接续性的情形那样（例如第 1833 条、第 1834 条、第 1870 条、第 2198 条、第 2199 条）。

同样正确的是——无论对遗赠来说，还是对继承人的指定来说——上述处理方案并不妨碍信托替换（substituições fideicomissárias）的有效性（第 1866 条及第 1867 条）；一级（指替换的级数，而非血亲亲等数）的信托替换是可接受的。但可以说，严格言之，这并非附停止期限或附解除期限的处分，而是各自取决于一项法定条件（*conditio iuris*）（无追溯力）的多项处分；该项法定条件，可因受托人死亡而成就（第 1868 条）。

[4]　有趣的是，指定两名接续继承人的情形——其中一者是在某期限内（*in diem*），另一者则是从该期限开始（*ex die*）。面对第 1747 条，要如何解决这种情形？合逻辑的解决方案是，两项指定同时有效。持此见解的，有 PINTO COELHO 教授，前揭著作，II，第 132 页。但相反见解，则有第 1869 条可资佐证。

在（亦即条件届至之时）开始（*ex nunc*）起作用，而非从（法律行为作出）当初开始（*ex tunc*）起作用。不过，原则上，它是依据法律本身（亦即自动）（*ipso iure*）起作用的；仅就某些极其罕见的情形而言，才有例外。另外，显而易见，债权附停止期限之人，至少如同债权附停止条件之人那样，拥有一项受保护的期待，因而同样可以实施后者可以实施的那些行为。

然而，债权附停止期限之人，除了单纯期待之外，还拥有什么吗？这便将我们带到另一个问题：期限，究竟是总是阻却法律行为效果的存在本身，抑或可以只阻却其可实行性？显然，就解除期限而言，第一种解答是正确的。就停止期限而言，这一点则有疑问。

根据我们所采纳的学说，应当将创设债（技术意义上的 obrigações）的法律行为，与其余的法律行为区别开来。在后者的情形，期限影响法律行为效果的存在本身。例如，如果创设一项用益权，让它在某日开始，那么在这日之前，并不存在用益权，而只存在相应的期待。在其余情形，也就是说，当（停止）期限被附加于一项债权与相应的债务上时（即使那是被继承或被遗赠财物的交付请求权，以及相应的义务亦然：第 1810 条），（停止）期限条款原则上仅仅阻却债权附（停止）期限之人的权利的可实行性，因而仅仅阻却债务附（停止）期限之人的债务的可请求性。

实际上，任何人都会同意说，如果债务人在到期日之前就作出偿付的话——仅当期间是为债务人的利益而设（通常皆是如此）时，他才可以这样做（而无需债权人的同意）；那么，即使他是因为不知道自己尚未有义务偿付而偿付了，他亦不得提起错债索回之诉（*condictio indebiti*）（参见第 758 条）。因此，可以得出如下结论：在到期日之前，债务已存在，因而债权同样已存在。所以，债权附（停止）期限之人，是拥有一项权利，而非仅仅拥有一项期待。

债务附（停止）期限之人，其债务是已经存在的；被延后了的，仅仅是债权附（停止）期限之人请求偿付的可能性［*praesens obligation in diem autem dilata solutio*（债现已存在，但推延至他日清偿）；《学说汇纂》片段 1，3，15，2］。

第三章 负 担[*]

186. 概念

根据主流学说，负担（modo），是指在赠与和遗嘱慷慨法律行为中——甚至也许其他无偿法律行为亦然——慷慨行为人用来使相关受益人负有义务为处分人自身或第三人或受益人自身利益作出某一举动（给予或不给予某物，做或不做某事）的典型附属条款。

这种条款之所以名为负担，是因为它为慷慨法律行为带来了限制（*modus*）［将慷慨行为调整得较为抑制（*moderada*）］。例如，A 向 B 赠与某些房地产，并使 B 负有每月向 C 或向赠与人 A 支付 500 元定期金的负担（encargo），^{**} 或以某种形式（为 C 的利益而）使用这些房地产或其收益的负担（encargo）。¹

187. 负担与若干类似概念的比较

为了更好地理解负担的概念，必须将它与某些近似范畴加以对比。

Ⅰ）负担与条件

显然，仅当条件属于随债权人一方之意的条件（condição potestativa *a parte creditoris*）时，这两个概念才有可能会被混淆。如何区别两者？有必要

---

* 参见 SCUTO, *Il modus nel diritto civile italiano*；ZAPULLI, *Modo*, 载 *Dizionario pratico del diritto privato*, Ⅲ, 第二部分, 第 1166 页至第 1183 页；CASTAN, *EI modo en los actos juridicos*, 载 *Revista de derecho privado*, Ⅴ、Ⅵ及Ⅷ；BOUYSSON, *Les libeéralités avec charges*（1947 年）。

** 葡萄牙语 modo 与 encargo 常被一律译为"负担"，以致在汉语上无法区别两者。但严格而言，这两个概念实有区别：modo 指的是条款本身，而 encargo 则是指这种条款所施加的义务。——译者注

1 除非另有说明，否则下文将仅着眼于前两个类型。为受惠者自身利益而设的负担，其所具有的那些特点，我们则不予考虑。

将停止条件与解除条件分开探讨。

若为停止条件，常言道：一方面，附负担的法律行为（negócio *sub modo*）是马上产生其效果的，但附停止条件法律行为，则仅当条件成就时，才产生效果。另一方面，停止条件并不施加义务，[2] 但负担则施加义务。因此，停止条件是暂停（效果的产生）而不施加义务，然而负担则是施加义务但不暂停（效果的产生）。

若为解除条件，我们知道，一旦条件成就，法律行为效果的追溯摧毁，乃是依据法律本身（*ipso iure*）（换言之，是自动地）发生的，其不但在双方当事人之间发生，而且尚对第三人发生（物权效力，eficácia real）。但是，不履行负担订定（estipulação modal），则仅仅令处分人可以终止法律行为向将来产生效力，如果他希望这样做的话。因此，它既不是依据法律本身（亦即自动）（*ipso iure*）发生的，也不是溯及既往地发生的。它只能够损害在处分人或其继承人提起相关诉讼后——而且诉讼被公示，如果需要这样做的话（第 949 条第 3 款）——才取得权利的第三人。有鉴于此，可以说，解除条件一旦成就，其效果是法律行为被解除，至于负担一旦不被履行，其效果则仅仅是负担处分可被废止。

另外，解除条件同样不施加义务，但人们常讲，负担则施加义务。综合以上所述说明，我们可以总结说：负担施加义务但不解除（法律行为）［而只许可废止（法律行为）］；解除条件解除（法律行为）但不施加义务。

有时候，在具体个案中，要识别我们所面对的究竟是条件，还是只是负担，是有难度的。这个问题，必须根据争点的细节，以及（法律行为）解释的那些规则，予以解决。如果结论存疑，人们认为，法律行为应当被视为附负担而非附条件。此乃是遵循如下法谚：应当以广义地理解的 *magis ut valeant quam ut pereant*（宁可有效而非消亡）为准则来解释法律行为；这是因为，毫无疑问，附负担法律行为比附条件法律行为更具稳健性（consistência）。

II）附负担慷慨法律行为与有偿法律行为

负担（modo），仅可被附加于无偿法律行为。在有偿法律行为上附加的任何负担（encargo），都只不过是负有该项负担（encargo）的那一方当事人，其对待给付的一项元素而已。

2　债权附条件之人，不得被诉请实施起着条件作用的行为，或作出相应的损害赔偿。

Ⅲ）负担与期限

期限，是一个将来不肯定事件，因此不可能完完全全表现为任一方当事人的一项举动。负担，则必须是其中一方当事人（慷慨法律行为的受益人）的一项举动。

Ⅳ）负担与遗赠

就那些为第三人利益而设的负担而言，要区分两者，是相当棘手的。根据最佳的学说，似乎其中的基本思想是：遗赠，是由遗嘱人直接向受遗赠人作出的一项慷慨法律行为；但如果是负担的话，慷慨法律行为只是间接的。受遗赠人是从遗嘱人那里取得的；负担的受益人，则是从因相关条款而负有负担的继承人或受遗赠人那里取得。

其后果之一是：若属负担，则就受益人的能力而言，并不适用第 1776 条及第 1777 条。这就解释了为何在某些国家，人们求诸这种方法来使有待遗嘱人死后才得以设立的财团受惠（参见第一卷，编码 24）。[3] 但在葡萄牙法上，由于有第 1777 条的规定，故这种见解是否能采纳，则成疑问。

Ⅴ）负担与第三人利益合同（contratos a favor de terceiros）

负担，仅可被附加于无偿法律行为；第三人利益合同，则只可以是有偿的。负担条款，可被加插进遗嘱处分之中；第三人利益合同，则是合同，虽然——负担条款亦然——并不需要受益人的接受。

另外，若是第三人利益合同的话，第三人可针对许诺人提起诉讼；但若是负担的话，如果那是完全纯正的负担，则作为条款受益人的第三人，并不能针对负担人提起诉讼。如果该名第三人可以针对负担人提起诉讼的话，则是因为负担已掺杂有第三人利益合同的成分，或掺杂有在某种程度上与第三人利益合同属同类的合同的成分。

188. 负担的种类

人们经常提出以下四种区分。

Ⅰ）本义负担或称适格负担（modo qualificado）与单纯负担或称无约束力的负担（modo simples ou *nudum praeceptum*）。

若是前者，则处分人希望向慷慨法律行为的受益人施加履行负担的法律义务。人们通常是这样说的。若要退一步言之，可以说：无论如何，处

3　参见 ZAPULLI，前揭著作，第 1170 页。

分人是希望向其（负担）订定赋予某种法律上的稳健性。若是后者，慷慨法律行为人则另有意图。他的心态只是期盼受益人履行负担。那是一种祈望、建议或劝告，是想受益人出于好心而为之。

Ⅱ）以谁是负担的受益人为标准，可将负担分为三类。

a）使处分人受惠。生前无偿法律行为，通常都是如此，但遗嘱也可以是这样。例如，为遗嘱人建一个吊唁纪念碑的负担；为遗嘱人亡魂做一些祝祷仪式的负担；将遗嘱人所留下的遗作付诸出版的负担。

b）使第三人受惠。这个类别是十分常见的，无论是赠与还是遗嘱法律行为，无举例之必要。

c）使受益人自身受惠。例如，一名文艺支持者给了一名艺术家一笔钱，让他赴外国深造；叔父给了侄子一笔钱，让他能还款给债权人、购买房地产、开设诊所、去旅行或游学。

Ⅲ）以负担的性质为标准，负担可以是：a）具有金钱价值（财产性价值、经济价值）；b）具有精神层面的价值；c）兼具金钱价值与精神层面的价值。

在第一种情形，处分人规定，受益人要为处分人自己或第三人的利益，作出一项涉及支出（开销、金钱代价）的举动，或至少是作出一项能以金钱衡量的劳务给付。

在第二种情形，受益人所需作出的举动，并不能以金钱来衡量。例如，人们经常在赠与中为受赠人订定一项陪伴赠与人生活的负担，其旨在向赠与人提供纯粹精神层面上的满足。

在第三种情形，处分人向慷慨法律行为的受益人施加的负担，同时具有经济和精神层面上的价值。这种情形在赠与中还要再常见一点。例如，订定表示，无论赠与人身体健康抑或患上疾病，受赠人都要陪伴并供养赠与人至死。

若是具有金钱价值的负担，或兼具两种价值的负担，价值的确定，对某些目的而言是有用的。如果负担表现为一项唯一的给付，在计算上并不会有什么大难题。但负担可以表现为周期性给付（prestação periódica），它由一定期间内一系列的单一给付（prestação simples）构成。在此情形，要计算出负担的价值，便没有那么简单。那么，应当如何计算？

《民事诉讼法典》第 607 条第 3 款与第 4 款，解答了这个问题："在财物价值之确定上，须遵循下述准则……三、任何永久给付，或须在二十年间或二十年以上年期内满足之暂时给付，其价值等同于二十项年度给付

（vinte prestações anuais）。四、任何其他暂时给付，由所欠给付之总额确定，并须作出必要之扣除，以便在期间结束之时，以本金及利率五厘之年利息，作为已到期给付之总额。"

Ⅳ）可能负担与不能负担。

我们在这里所说的可能性与不可能性，其含义与上文探讨不能条件与不能期限时所指者相同。要识别在每个具体个案中，负担究竟是否可能，应当按照上文就条件所作的阐述，予以判断。

189. 不能或不法负担的价值·Ⅰ）附有财产性负担的赠与·Ⅱ）附有纯精神层面价值负担的赠与·Ⅲ）遗嘱

如果在法律行为上附加一项不能或不法的负担条款，该项条款是无效的。但此无效会否感染整项法律行为？我们必须分别就赠与和遗嘱进行探讨。而在赠与中，又必须区分财产性负担与纯粹精神层面的负担。

Ⅰ）附有财产性负担的赠与

第 1455 条规定："有偿赠与，其超出所附负担价值之部分，仅可被视为赠与。"第 1454 条第 3 附段又将"附负担"的赠与，界定为有偿赠与。根据本学院*教学上所采纳的 GUILHERME MOREIRA 的见解，[4] 从上述条文来看，《民法典》是希望确立所谓的二原因理论（teoria das duas causas）（这是 SAVIGNY 所主张的理论）。依此理论，附负担的有偿赠与，由两项个别的法律行为组成：其中一项，是有偿赠与，其以负担的价值为限；另一项，则是无偿赠与，其对应于超出负担价值的部分。以此为前提，我们可以容易得出如下结论：由于存在两项法律行为，亦即一项有偿双务合同 [do ut des（我给，你给），do ut facias（我给，你做）] 以及一项无偿单务合同（赠与）。因此，负担的无效，只导致前者无效，而不导致后者无效（第 669 条、第 709 条唯一附段、第 1558 条唯一附段）。我们假设，A 向 B 赠与一项价值 100 千度**的房地产，并附设负担，使 B 须向 C 交付 20 千度，让 C 开设诊所。假设 C 早已在一场灾难中罹难，所以这项负担是不能的，那么，20 千度的赠与无效，但 80 千度的赠与则有效。除非，根据对赠与人意思的解释，显示出赠与人假如知道在慷慨法律行为上所附加的那项负担

---

*　指葡萄牙科英布拉大学（Universidade de Coimbra）法学院。——译者注

4　参见其 Instituicoes，Ⅱ。

**　亦即 conto，葡萄牙货币。——译者注

是不能的话，他当初便不会作出赠与。实际上，负担可以是慷慨法律行为的推动原因（causa impulsiva）。而且，如果是这样的话，负担的无效将影响法律行为的整体。[5]

Ⅱ）附有纯精神层面价值负担的赠与

在这里，并不适用二原因学说。实际上，赠与并不能被分离为对应于负担的部分，以及余下的部分。适用于此情形的学说，只能是推动原因学说（doutrina da causa impulsiva）。当证实负担订定并非慷慨法律行为的推动原因时，法律行为维持有效成立；归根结底，易言之，如果赠与人当初即使知悉负担是不能的，也会作出赠与的话，则法律行为维持有效成立。如果证实负担订定是赠与的推动原因的话，则赠与整体无效。[6] 个中的重大问题是：当无法充分可靠地得出赠与人的可推定意思时，应当作何选择。我们认为，应当根据法律行为减缩问题上所定的标准解决之。说到底，前述处理方案，与适用于此问题的处理方案是一样的。[7]

Ⅲ）遗嘱

这个问题更加简单。第 1743 条唯一附段规定："条件绝对或相对不能，或条件违反法律者，视为并无书写，且不影响继承人或受遗赠人，即使遗嘱人有相反规定亦然。"[8]

这条规范，应当经由扩张解释或类推，适用于不能或不法条件：条件订定与附条件处分之间的联系，只可能是紧密于负担条款与附负担条款慷慨法律行为之间的联系。

190. 负担的不履行·绪说·Ⅰ）赠与·Ⅱ）遗嘱

绪说

附负担（sub modo）慷慨法律行为，其处分人向受益人施加了作出某项

---

[5]　然而，赠与人有可能当初便知道负担是不能的。在此情形，如果赠与人尽管知道负担是不能的，但仍然在作出赠与时订定负担，则是因为他想跟受赠人开玩笑。这样的话，必须查明赠与人究竟是不希望作出任何赠与，还是希望作出赠与而不附加任何负担。通常，结论都是前者。

[6]　参见 *Revista de Legislação e de Jurisprudencia*，第 50 期，第 251 页，以及第 60 期，第 309 页。

[7]　如果负担并非不能，而是不法的话，则必须考虑不法法律行为理论的那些原则。最后，若赠与人当初知悉负担的不能，则前述情形所适用者，亦适用于此。然而，在单纯不法的情形，赠与人可以是并不想开玩笑，而是希望负担人履行负担，即使他并无义务这样做也好。看来，此时法律行为仍然是有效的，尽管其解决方案有利于不法目的的追求。

[8]　关于这个条文的存在理由与解释，参见 ANTUNES VARELA 教授，前揭著作，编码 15。

举动的义务。如果接受了慷慨法律行为，则受益人便同时承担了相应的义务。因此，他必须履行负担，即使留给他的财物并不足够亦然。

然而，受益人可能会不履行。不履行的后果是什么？我们必须分开讨论受益人亦即负担人有过错和无过错这两种情形。如果他因为不能履行而没有履行，则并不会负上责任（第705条）。正因如此，并因为处分人的意思被认为很可能是这样的，所以主流意见认为，在此情形，受益人无须承受任何后果。除非，情况显示处分人另有意思。在为负担人自身利益而附加（将财物作某用途的）负担的情形，看来是这样的。

但如果受益人能够履行而不履行呢？在法律上如何解决（Quid iuris）？

由于那是向负担人施加的一项义务，因此可以用通常手段向法庭诉请履行。处分人以及其继承人，皆可提起相关诉讼；而且一般来说，因条款而受益的第三人也可以提起相关诉讼。当这项负担具有财产价值时，起诉受赠人的这种可能性，是毋庸置疑的。但如果它纯粹具有精神层面的价值呢？在这方面会出现的那些难题，我们在债法理论上才会予以概述。

关于后果方面，其中的重大问题是：当负担不被履行时，附负担（sub modo）法律行为可否被废止。在这个问题上，必须将生前（inter vivos）法律行为与死因（mortis causa）法律行为（遗嘱）分开讨论。

Ⅰ）赠 与

经必要变通后（mutatis mutandis），前述处理方案亦适用于不能负担。因此，我们必须分别探讨负担具有财产价值以及其仅具有精神层面价值两种情形。

1）如果负担具有财产价值，根据第1455条，必须遵从二原因学说。因此，附负担法律行为被一分为二：其一，是一项有偿法律行为［do ut des（我给，你给），do ut facias（我给，你做）］，其以负担的价值为限；其二，是一项无偿法律行为，其对应于余下部分。

第一项合同，除了是有偿的之外，也是双务的，因为它并非要物合同。我们知道，在双务合同的情形，已履行或无逾期尚未履行的那方当事人，在对方不履行时，有权（形成权）废止合同。此乃所谓的默示解除条件（第676条及第709条）。因此，赠与人可以废止对应于负担价值的那部分赠与，如果他希望这样做的话。

这一废止，由于是废止，故并非依据法律本身（ipso iure）发生。它不是自动地实现的。废止必须由赠与人通过诉讼予以实行。另外，废止仅对将来（para o futuro）起作用，而不对过去（para o passado）起作用。它并无追溯效力。因此，它并不影响第三人，除非是在诉讼的提起，以及登记（若为不动产）之后才出现的第三人。此外，法律为了嗣后出现子女、忘恩或损害特留份所致的废止而设的那些规定，亦可印证这样的解决方案（第1482条、第1484条、第1485条、第1489条、第1501条、第1502条、第1504条及第1505条）。[9]

至于超出负担价值的那个部分方面，赠与则维持不可动摇。此乃德国《民法典》第527条的处理方案。那是不同的另一项合同，而且负担的不履行与其无关。仅当情况显示赠与人假如知道负担条款不会被履行，当初就不会作出赠与时，才非如此。

这是我们所采纳的取态。但应当指出，根据主流学说，赠与是整体地被废止的。[10] 它有第1482条主文部分的规定（"……除其得为任何合同之情形外"）可资佐证；而且，就第1455条而言，主流学说认为，该条文只意味着，基于第1482条所指的那些理由而作的废止，并不影响相应于负担的那个部分，如果负担已被履行的话；主流学认亦认为，该条文尚适用于归扣以及税务事宜（物业移转税，和赠与及继承税）。

2）但如果负担具有纯粹精神层面的价值呢？

在此情形，我们已不能适用二原因学说，因为第1455条无疑是以负担具有财产价值为前提的。因此，必须奉行推动原因理论。赠与人要么是废止整项赠与，要么是不废止任何东西，这视乎负担是不是慷慨法律行为的推动性或称决定性动机（motivo impulsive ou determinante）而定。此外，看来原则上答案应该是肯定的，因为否则的话，不履行便无真正合适的制裁。同理，我们认为一般而言，如果受赠人不履行为其自身利益而设的负担的话，赠与同样是可废止的。

Ⅱ）遗嘱

这个问题更加棘手。在遗嘱的情形，同样有诉请履行负担的可能性。可以诉请履行负担的人，是遗嘱人的继承人，或因负担而受益的第三人。

但是，可以废止附负担（sub modo）遗嘱处分吗？废止是可以的，而且

---

9   参见法国《民法典》第953条："生前赠与，仅得以所附条件不被执行、忘恩或嗣后出现子女为由，予以废止。"

10 这种主流学说，被法国《民法典》明文采纳（第953条及第954条）。1865年意大利《民法典》（第1080条）亦然。

只有继承人才可以诉请废止。但显然，他们总是会诉请废止的；而遗嘱人假如在世的话，他则可能诉请废止，也可能不这样做。另外，第 1745 条的规定，其思想看来可以合理地适用于此情形。该条文表明，仅当遗嘱本身显示，遗嘱人假如预见到负担不被履行的话，他便不会作出慷慨法律行为时，方可废止之。

因此，仅当有遗嘱条款规定，负担的不履行会导致慷慨法律行为不生效力，或者遗嘱人的这种意图以任何方式显现于遗嘱上时，负担的不履行才会导致慷慨法律行为不生效力。[11]

---

[11] 参见 ZAPULLI 在其前揭著作第 1180 页所述地跟我们类似的形态。他所谈论的是 1865 年意大利《民法典》的第 628 条，其相应于葡萄牙《民法典》的第 1745 条（但两者并非相同，甚至相当不同）。相同的见解，尚参见 ANTUNES VARELA 教授，前揭著作，编码 35（关于第 1745 条的解释的，则是编码 11 至编码 14、编码 16 至编码 18）。

第四章　预　设[*]

191. 概念

确切而言，预设（pressuposição）并非法律行为附属条款，因为当事人并无针对预设作任何订定，或至少通常都不存在这样的订定。然而，习惯上会在这里研究它，是因为它类似于前述的某些条款。应当如何定义预设？

一个人在实施法律行为时，往往是抱着一种完全的确信来行事的：他完全确信，在过去发生了、现在正发生，或者，在将来会继续存在或最终会发生某一事件或事态，假如他知道他的这种确信与现实不符的话，他当初就不会作出法律行为。

被认为不会落空的这一确信、想法或者说预视，可以是有意识的（consciente）（仿佛是明确的那样），也可以是下意识的（subconsciente）（仿佛是内隐的那样）。无论如何，如果该名缔约人料到，上述想法或者说预视有终告落空的可能、现实有可能并非如此、事物最终有可能另有发展的话，他便肯定不会在缔约时不将相应条款加插入法律行为。然而，他并未明示作出这样的表示，或至少他没有将该事件或事态的发生定为法律行为的条件，因为他认为那是肯定和可靠的，因而没有想过有可能不是如此。

预设，便正是指任一方缔约人在实施某项法律行为时，认为肯定在过去发生了、现在正发生，或在将来最终会发生或继续的，否则他便不会缔

---

[*]　参见 WINDSCHEID, *Pandette*（由 FADDA 与 BENSA 翻译），I，编码 97 至编码 100，以及译者注；OERTMANN, *Geschäfsgrundlage*；ENNECCERUS – LEHMANN, *Schuldverhälfuisse*（1932 年版），编码 41；LEHMANN, *Allgemeiner Teil*（第三版），编码 35，A，VII；ANTUNES VARELA 教授，前揭著作，编码 24 至编码 34。

约的那项情事或事态。

预设人（pressuponente）的上述态度或心态，同样被称为预设。

关于过去的预设，例子有：A 向 B 赠与或遗赠一项房地产，因为 A 认为其唯一一名儿子或兄弟 C 死了，而如果 C 没死的话，A 原本是会将自己的一切财物都留给 C 的。关于现在的预设，例子有：A 购买一项农用房地产时，认为它具有某些特性或品质，如地下水，或认为它适合耕种某种农作物等。关于将来的假设，例子有：某人出售一项房地产时，认为它将继续贬值或终将贬值。被这样子定义的预设，其概念涵盖了其中一种瑕疵错误（erro-vício）或称动机错误，也就是涉及原因的事实错误或法律错误。

在预设理论上，下文将会提出的那些解决方案，跟上文为原因错误提出的那些十分相似。然而，可以说两者的区别在于：如果所预设的情事或事态是关于将来的话，则属于预设的领域；如果该情事或事态是关于现在或过去的话，则归入错误理论。然而，如果该情事或事态虽然关乎将来，但现时已经肯定它不会发生的话，则仍属错误。[1]

在这样子限定了其领域之后，预设的问题便十分接近（但并不完全重合于）情事不变条款（cláusula *rebus sic stantibus*）这个古老问题，或者用新近的意大利术语来说，是十分接近所谓的合同继后事宜（superveniência contratual）问题。

192. 预设不成就的后果·绪说·WINDSCHEID 的理论·本书立场

（1）绪说

只有在预设不成就的情形下，才会引起问题。应当如何解决它？从预设人（pressuponente）的角度来看，所存在的状况，便类似于促使他订定一

---

[1] 如果（像通常做法那样）希望将预设这个概念靠拢于上文所述的那三种典型附属条款，那么，像文中那样限定预设理论的方法，看来是最值得赞同的。尤其是，倘若人们希望像 WINDSCHEID 那样，将预设视为一项没有被阐述出来的条件（condição não desenvolvida）的话，更是如此，因为真正的条件正意味着一个不但是将来的，而且还是不肯定的事件。另外，仅当被预设的是一项将来情事或事态时，才可以理解，为何其不成就所致的效果，与错误所致的效果有那么大的分别——不是法律行为无效，而只是可废止（参见下文）。正因如此，我们并不是像 ANTUNES VARELA 那样，将错误视为一项与现实不符的有意识的积极设想（representação positiva consciente），并将预设定性为下意识的消极设想（representação negativa subconsciente）。这样的区分，无法为错误与预设所受的区别对待提供理据。

项条件的状况。然而，如果是订定条件的话，条件订定人（condicionante）在心态上是处于疑问状态的。相反，若属预设，则预设人在心理上是肯定（这里所谓的肯定，至少是指无任何疑问）所预设的事件或事态将会发生。因此，预设人才没有将预设明示地表示出来，或至少是没有将该事件或事态的发生，定为法律行为生效的条件。同样，正因如此，WINDSCHEID 才说道，预设终究是仿如没有被阐述出来的条件（condição não desenvolvida）（没有被明言的条件）那样的概念。其他人则称其为潜在保留（reserva virtual）（KRÜCKMANN）。迄今为止，看似无任何困难可言。但在题述的问题上，由此可以得出怎样的结论？

（2）WINDSCHEID 的理论

根据这位著名学者所言，预设的不成就，使预约人可以废止法律行为，只要该预设被他方当事人知悉，或至少是他方当事人可知悉即可。这种效果，与解除条件的效果不同。若是解除条件，则一旦起着条件作用的事实发生，法律行为便被解除，亦即其效果依据法律本身（亦即自动）（*ipso iure*）而且溯及既往地被摧毁。若是预设，则当预设不成就时，法律行为的那些效果，既不是依据法律本身（亦即自动）（*ipso iure*）被摧毁，亦不是从（作出法律行为）当初起（*ex tunc*）（亦即溯及既往地）被摧毁，而是预约人可以废止法律行为，如果他希望这样做的话；而且，我们已经知道何谓废止，以及它与解除有何区别。[2] 预设具有这种较弱的效果，正是因为如前所述，它是"没有被阐述出来的条件"。

（3）本书立场

第 660 条的处理方案，其理由是：通常而言，如果错误人对错误所涉及的情事或事态有所怀疑，并向他方当事人作出要约，提议说法律行为应附有相关条件的话，他方当事人是不会作出承诺的，因为实施一项确实的、不附条件的法律行为，对他方当事人才有利。就预设而言，人们也可以且应当作类似的推想。举例来说，试想象一下：一名公务员承租了一间在菲盖拉达福什（Figueira da Foz）的房屋，要在 8 月使用，因为他认为自己将会获准在 8 月休假。但最终他的休假不获批准。这名承租人能够以"他之所以承租房屋，只因为他以为自己 8 月有假"为由，取消（rescindir）不动

2　预设的落空或称失落不从（作出法律行为）当初（*ex tunc*）（亦即溯及既往地）起作用，这实际上是不是 WINDSCHEID 本人的思想，不无疑问。

产租赁合同吗？WINDSCHEID 说道：可以，如果他方当事人当初知悉或应知悉此事的话。我们的看法则与主流学说一样：不可以，因为假如承租人当初向出租人作出要约，提议说要有一项条款规定如果承租人最终得不到休假，不动产租赁合同即非有效的话，出租人通常是不会同意的。通常来说，出租人会希望缔结一项肯定而非不稳定的合同，亦即宁可与他人确实地缔约，好让自己不会缚手缚脚。看来这一取态对普遍情形来说都是正确的。然而，有相当一部分学说认为，虽然这是应该采纳的一般解决方案，但在一些特殊情形下，预设的不成就必须使法律行为可被废止。

在哪些特殊情形下，应当承认预设具有（法律）意义？此等情形是：在作出法律行为的那一刻，预设被他方当事人知悉或可被其知悉；而且，根据种种情事（尤其是法律行为的目的）必须得出，如果预设人当初向他方当事人作出要约，提议要有相应的法律行为条款（亦即条件）的话，他方当事人是会同意的，或者至少，根据善意规则，他方当事人是应当接受的，因为如果合理地对他方当事人的利益加以考量的话，可以得知其利益并不与此相悖。此乃 LEHMANN 的见解。它基本上是正确的。只不过应该补充一点：当善意（规则）并不要求（他方当事人）接受这项条款，但根据善意（规则），一旦作出法律行为的话，在预设落空后法律行为并非不可动摇时，亦适用此解决方案。

例如，A 与 B 缔结了一项合同，B 因而有义务允许 A 在某天使用其房子的一扇窗户来观看当天途经的巡游队伍。但结果巡游队伍走了另一条路，或者巡游最终没有举行。问题应当如何解决？根据前述理论，结论应该是：窗户的承租人可以废止合同。为什么？因为在此情形，通常而言，看来窗户的主人是会接受或应当接受该条款的。要不是为了上述目的，根本就不会有人以那样的条款承租那个窗户（如果有想到巡游可能不途经该地的话）。无论如何，以下说法总是正确的：窗户的主人不可能不以这种为上述目的而定的租金价格，将窗户作另一次出租；或者至少，对该目的的考量，会令他要求承租人支付更高的价格，或者令承租人愿意支付更高的价格。因此，一旦预设落空，只要窗户的承租人希望的话（他肯定是希望的），法律行为即不再产生效果，这是公正的。

在任何这类情形下，预设的不成就，都应当导致法律行为可被废止。

法律行为可被废止，是符合预设人的利益的，而且不会使相对人遭受不公正的牺牲。但在一些情形下，预设人的利益，并不要求法律行为必须可被废止，而只要求法律行为必须被重新审视、变更，以便恢复预设人所关心的经济均衡，或者说，使其给付与他方的对待给付重新合乎比例。在双务合同的情形，若其中一方当事人的给付，相较于他方当事人的对待给付而言，因币值动荡、极难取得某些货品（如因为战争使然），而变成是不可忍受的重担的话，便是如此。这种情形，尤其可能见于那些在双方缔约人之间创设持久关系的合同，例如，持续一段时间的供应合同（连续执行性合同或接续交易合同）。在此情形，继续维持合同，仅仅变更其对待给付，从而恢复预设人所追求的经济均衡，这对他方当事人而言可能是有利的。

因此，当应该认为预设人可废止法律行为时，也必须承认，他方当事人可以反对废止，只要他愿意对其对待给付加以更新修正，使它能适合当前的新情况即可。

举例而言，假设英国煤炭的进口商 A，许诺以 X 价格向铁路工业者或企业 B，每月供应 1000 吨煤炭。后来爆发战争，导致存放于特茹（Tejo）的英国煤炭价格双倍、三倍或十倍地上涨。如果我们承认，A 可以从合同解脱的话，则应当同样承认，B 可以反对废止，只要 B 因所协定的供应而须支付的价金得到相应的更新修正，从而能符合当前的新情况即可。这种做法是公正的。

在葡萄牙法上，这种处理方案是否得到承认？其实，只要葡萄牙法并无相反条文，便已足够。但我们甚至找到一些条文，可用以支持预设理论。它们规定，在某些情形下，法律行为是可废止的；实际上，在这些情形下，可以说，有权废止法律行为的那方当事人，对其缔约基础所作的预设，是落空了。第 741 条及第 901 条，皆是如此；前者是关于附期限之债，后者则是关于附有某些特别担保（质权或抵押权）的债。关于承揽合同的第 1401 条唯一附段亦然。第 1482 条也是如此，它承认以受赠人忘恩为由，或以嗣后出现子女为由，废止赠与。还有第 1513 条及第 1607 条第 2 款（现今则是第 5411 号命令第 21 条，以及第 1662 号法律第 5 条第 7 附段 a 项）。最后，《商法典》第 446 条及第 459 条，看来同样可用以支持预设理论。

但有相反的条文规定吗？看来，第 660 条便是如此。它所直接规定的是涉及原因的事实错误，但可被类推适用于法律错误。然而，我们已经知道，上述条文可被限缩解释成，并不涵盖任何我们认为可接受预设理论的那类情形：参见上文，编码 134，Ⅰ。

因此，我们在上述限制下，采纳了预设理论。不仅从立法论的角度而言（*de iure constituendo*）如此，而且从实定法的角度而言（*de iure constituto*）亦然。但在后一层面上，必须加设另一重限制：对币值相对稳定的预设，不可被认为具有（法律）意义。币值的改变，无论如何严重，原则上皆不导致可因合同被废止而得益的那一方当事人有权废止合同，或导致合同被重新审视。这一结论，可得自第 727 条、第 1401 条唯一附段，以及规范租金或地租修订的那些法律条文。

193. 预设与法律行为基础

在最近的德国学说上，法律行为基础（base negocial）* 这个术语十分常用。因此，其含义值得一说。

大体而言（*grosso modo*），人们用法律行为基础来指称符合了某些要件，因而具有（法律）意义的预设。这些要件究竟包括哪些，但学者们所主张的，总是会比 WINDSCHEID 主张的那些更加严格。人们认为，他所主张的要件，对交易安全来说，是危险到不可容忍的。

---

* 葡萄牙语术语 base negocial，移译自德语术语 Geschäftsgrundlage。两者在字面上完全对应。汉语法学界常将后者译为"交易基础"。译者则选择"法律行为基础"这种译法，以便统一 negócio 一词的中译。澳门《民法典》中文版第 245 条，亦将 base negocial 译为"法律行为基础"。——译者注

第四分编　法律行为的不生效力与无效

194. 法律行为不生效力·概念·不生效力与无效·广义不生效力与狭义不生效力

法律行为不生效力（ineficácia），是指法律行为因某种法定事由，不产生全部或部分其旨在根据意思表示的内容而产生的效果。广义的不生效力，包括本义的不生效力，以及无效。

无效，是不生效力的一种形式。

不生效力，是一个范围更宽广的概念：它包括法律行为基于任何内在或外在事由而不应产生其旨在产生的效果的一切情形。无效，只是指因为法律行为内在元素或者说要素欠缺或不规则而引致的不生效力：无能力、意思表示的欠缺或缺陷、客体物理上或法律上不能（包括不法）。简言之，无效是因为法律行为形成上的瑕疵（vício de formação do negócio）而导致的。

因此，不难发现，广义的不生效力（ineficácia *lato sensu*）与狭义的不生效力（ineficácia *stricto sensu*）是有区别的，亦不难发现其区别何在。也不难将无效与狭义的不生效力区分开来：无效，是因为法律行为内在元素的欠缺或不规则所致；狭义的不生效力，则是因为其他性质的欠缺或不规则所致。

195. 狭义不生效力的形态

狭义不生效力，其主要区分有以下两种。

Ⅰ）绝对不生效力与相对不生效力·区分标准

绝对不生效力，是指针对一切人（*erga omnes*）亦即可向任何利害关系人主张，而且依据法律本身（亦即自动）（*ipso iure*）起作用的不生效力。相对不生效力，则是指仅仅针对某些人（这种不生效力便是为他们而设）、只有他们才可主张的不生效力。相对不生效力，等同或无论如何是十分近似于不可对抗（inoponibilidade）这个概念。[1]

1　参见 BASTIAN, *Essai d'une théorie générale de l'inopposabilité*。

340

a）绝对不生效力的情形

其最显著的例子，是停止条件不成就的法律行为。一方面，在此情形，法律行为不产生任何效果，甚至在双方当事人之间亦然。另一方面，如前所述，这种不生效力是依据法律本身（亦即自动）（ipso iure）起作用的。[2]

b）相对不生效力的情形

我们马上会想起的是，由破产人或民事无偿还能力人实施的法律行为（参见上文，编码 87）。这些法律行为在当事人之间生效，而仅仅不对破产财产（massa falida）产生效果。只有债权人（或其代理人）可以主张这种不生效力。举例而言，如果破产人出售一项房地产，后来又取得足够的财物偿付债权人，因此该房地产不至于遭到执行，则法律行为便变得完全地生效。

这些法律行为，是在下述意义上不产生效果：对破产财产来说，这些法律行为仿佛是不存在般；但这些法律行为，会产生那些即使产生了也并不损害破产财产的效果。

这类法律行为，被称为双面法律行为（negócios bifrontes）、有雅努斯之头*的法律行为（negócios com cabeça de Jano）：就其中一面而言，它们产生效果；就另一面而言，则不然。

相对不生效力的另一例子，是那些须作物业登记但无被登记的行为。它们在当事人之间（inter partes）产生效果，但不对第三人产生效果（第 951 条）。

Ⅱ）整体不生效力与部分不生效力

不生效力，究竟是整体的还是部分的，这视乎法律行为的效果是全部不发生还是部分不发生而定。

2　VON TUHR 在其前揭著作，Ⅱ，1，§55，1 中，将附本义和真正的停止条件，或附单纯法定条件（conditio iuris）的那些法律行为，归入不完整或不完全法律行为（negócios incompletos ou imperfeitos）这个类别之中。此类别包括一切下述的法律行为：主要当事人（意思表示的内容便是由他们来定的）的意思表示已经存在，但欠缺了相应法律效果产生所必需的元素，不过该元素可以在较晚时间才出现。例如，由无权代理人作出的、其生效取决于事主追认的法律行为，便是如此。当所欠缺的元素未出现时，即为待定状态（estado de pendência）；此待定状态，最终会转变为确定不生效力（definitiva ineficácia）或正常产生效力。在第一种情形，我们认为可以称其为法律行为失效（caducidade）。例如，如果被指定人先于遗嘱人死亡，则遗嘱处分失效（第 1759 条第 1 款）。

*　雅努斯（拉丁语原文 Janus，葡萄牙语形式是 Jano），古罗马神话中的双面神。——译者注

196. 法律行为无效[3]·概念·相较于其他概念

我们已经知道，何谓法律行为无效，也已经提及这个概念与狭义不生效力的区别。最后就只需要再作其他的一些对比。

Ⅰ）无效与可废止（revogabilidade）

在一些情形下，基于某些法定事由，法律行为其中一方主体被许可废止法律行为。法律行为的效果，仅仅自废止之时（双方当人同意废止之时，或相关诉讼被提起之时———只要此事已被公示，如果需要公示的话）起，才不再产生。以嗣后出现子女等为由废止赠与，便是如此；有（法律）意义的预设落空（defficiens）的情形亦然。赠与人或预设人可以以自己的意思行为（提起适当诉讼）促使法律行为不向将来（para o futuro）而且仅仅不向将来产生效力。

总而言之，可废止，是指法律行为其中一方主体促使法律行为不向将来产生效力的可能性。这一点便使可废止有别于无效，因为无效是溯及既往地［ab initio（自始）或称 ex tunc（从当初起）］起作用的。

最后，应当指出，有时候当事人获赋予的废止权利（poder de revogação）甚至是"想做就做"（ad nutum）式的，亦即无须指明作为废止理据的原因是什么。委任便是如此（第 1363 条第 1 款及第 2 款）。

Ⅱ）无效与单纯不规则（simples irregularidade）

不规则，可谓是原因上的匮缺（nulidade quanto à causa），而非效果上的匮缺（nulidade quanto ao efeito）。* 无效引致法律行为被摧毁，但单纯不规则（在此情形，如同无效那样，同样有一项内在的瑕疵）的后果则较不严重。

妨碍性结婚障碍，便是如此。结婚并非无效，而只是不规则，其效果是为双方（或仅仅其中一方）配偶带来某些不利；这些不利各式各样，视情况不同而各有不同。

3　参考文献：JAPIOT, *Des nullités en matière d'actes juridiques*（1909 年）；PLANIOL、RIPERT 与 ESMEIN, *Obligations*, Ⅰ, 第 385 页至第 448 页；PIGA, *Nulità*, 载于 *Nuovo Digest italiano*, Ⅷ, 第 1143 页至第 1166 页；LUTZESCO, *Théorie et pratique des nullités*, Ⅰ（1938 年）。最后，参见 BORREL 与 SOLER, *Nulidad de los actos jurídicos*（1947 年），这是最新近的著作，但价值不大。

*　若在这里将 nulidade 当成术语，从而将 nulidade quanto à causa 与 nulidade quanto ao efeito，分别译为"就原因而言的无效"与"就效果而言的无效"，将使此句难以理解。——译者注

Ⅲ）无效与法律行为不存在（inexistência）

不存在，是指甚至从外观上来看也看不到某项法律行为的形体（*corpus*）。也就是说，甚至连外观上也并不存在任何与该项法律行为概念本身相当的材质（materialidade）。即使存在上述外观（aparência），但它的实在（realidade）却不符合上述概念，亦为不存在。此外，显而易见，有时候是特定类型法律行为不存在，有时候则是任何法律行为皆不存在。一切都取决于根据上述标准判断后情况如何。

当我们所面对的东西，至少具有相当于某类法律行为的外观与实在时，我们才可以说有一项法律行为无效。例如，即使在一项法律行为中，意思表示不符合一切法定要件也好，但意思表示终究是存在的，尽管有缺陷。然而，假设有人希望向他人购买房地产，但后者说："我不卖。"在这里，甚至欠缺合同这个概念的元素。如果两个同性的人，在有权限的公务员面前，表示想缔结婚姻，则结婚行为在法律上是不存在的，因为结婚的定义本身要求两人性别相异（1910 年 12 月 25 日第 1 号命令，第 1 条）。根据我们的标准，如果结婚人的同意并不是在一名负责这种民事登记的公务员面前作出的话，也是如此，除非是天主教婚姻。

总而言之，法律行为不存在，其前提是：法律行为甚至连做也没有做。法律行为无效，其前提则是：法律行为的确是被作出了，但并不符合法律行为所需遵守的、要产生所欲法律效果便必须符合的法定要件。

若是不存在法律行为，则甚至连相关概念的那些元素都没有。应当指出的是，这些元素可被概括为，具有某类法律行为内容的意思表示。但必须注意，仅当表见表意人实际上是表示举动的行为人时，法律行为才作为该名表见表意人所作的法律行为而存在。冒他人之名而作的法律行为（negócio sob o nome de outrem）（参见上文，编码 152，d），并非作为该名他人的法律行为而存在。

那么，应否承认无效与不存在的区分？

有相当一部分学说，认为不应承认。我们则认为应该承认，因为以下情形是可以设想的：虽然无效的法律行为并不产生一切本应产生的效果，但它仍然产生了某些效果，至少是某些旁属效果或者说次要效果（efeitos laterais ou secundários）。也许可以这样比喻：这些效果虽然只是其非婚生子女，但无论如何仍然是其子女（这是 BORRELY SOLER 的说法）。

在一些情形下，结婚是无效的（作为例子，参见第 1 号命令第 11 条），但对子女产生了某些效果，因为他们会变成了婚生子女（第 1 号命令第 31 条），甚至对善意的一方或双方配偶产生了某些效果（第 30 条）。显然，在上述任一种情形下，我们都不可以说，法律行为是不存在的，因为假如这样说的话，便意味着不承认这些法律行为有任何效果。但就婚姻而言，也可以存在这样的不规则性，例如性别相同；这样的话，婚姻便不应该产生上述效果。不难发现，符合上述那些情形的概念，并非无效（连根本性无效或称绝对无效也不是），而是不存在。[4]

197. 法律行为无效的可能形态：绝对无效与相对无效·区分要旨·混合型无效的可能性

绝对无效与相对无效的区分，乃是古典区分。[5] 此区分的要旨、基本思路是什么？绝对无效，是格外严重的，无论是就无效的原因而言，还是就无效所导致的效果而言。效果有所不同，正是由于原因的严重程度不同。

我们认为，将绝对无效与相对无效的制度加以对比后可知，两者首要和决定性的区别如下。

1）绝对无效的制度，其决定性因素是公共利益性质的理由。该制度旨在维护公共利益。

2）相对无效，则是为私人利益性质的理由而设。它是因为私人利益遭受侵犯所致。之所以发生相对无效，是因为那些为维护某人私人利益而设的要求遭到违反，而非由于那些为维护公共利益而设的要求遭到违反。

然而，有必要指出，以下情形也是可以想象的：在个案中同时存在上述两种理由（亦即公共利益与私人利益），因而足以支持说，相关无效应当适用一个绝对无效与相对无效的混合制度。无论如何，全能的（que tudo pode）法律，是可以自由制定这样一种制度的，只要它想这样做即

4　无效法律行为，可被用作取得时效事宜上的正当依据，这也许是无效法律行为次要效果的另一个例子。参见第 518 条。

5　其他区分有如下。1）自始无效（nulidade originária）与嗣后无效（nulidade superveniente）。后一类别是否合理，甚值商榷。人们惯常为该类别而举的那些例子，看来是符合（嗣后）不生效力的概念才对。2）有条文规定的无效（nulidade textual）与隐含的无效（nulidade virtual）。3）整体无效与部分无效。4）直接无效或称主要无效（nulidade directa ou principal）与间接无效、派生无效或称继发无效（nulidade indirecta, derivada ou consequencial）。关于第四个类别，可参见《民事诉讼法典》第 201 条，II。针对诉讼行为的无效，上述条文规定，撤销某项行为，导致"绝对取决于该行为之"随后行为亦被撤销。继发无效是指，并非因为行为的瑕疵本身所致，而是因为一项作为其基础的既存法律行为无效所致。参见 PIGA，出处同上。

可，哪怕是无正当理由这样做。在葡萄牙法上，亦非不可能找到混合无效的例子。[6] 这些混合无效或称混种无效（nulidades mistas ou híbridas），就某些方面而言是绝对无效，就另一些方面而言则是相对无效。从逻辑或形式层面来看，它是一个有欠均称、不太协和的制度；但对公正的追求来说，它是有用和合适的。

198. 绝对无效的制度

下文将说明绝对无效制度的各种特征。

1）绝对无效，是依据法律本身（亦即自动）（ipso iure）起作用，或者说依据法律的力量本身（亦即自动）（ipsa vi legis）起作用的

这意味着，绝对无效，无须由任何利害关系人主张即起作用，亦即无须利害关系人作出意思表示即产生相对应的效果。这也意味着，绝对无效可由法官依职权（ex officio）宣告，只要在诉讼中法官有充足依据核实其存在即可。

因此，要使绝对无效产生效果，并不一定要专门为此提起诉讼。法官可以在一项追求其他任何效果的诉讼中，察觉到被援引的法律行为是无效的（只要有足够依据这样认为即可），并宣告其无效，从而引发所需的后果（因为这些后果对案件有所助益）。由此可见，绝对无效是属于公共利益性质的。如果绝对无效不论在哪里被发现也好，都可以由法官宣告的话，那么，它便更容易产生其效果，因而使公共利益更容易得到维护。

2）绝对无效，可由任何因法律行为不对其产生效果而得益的人主张

绝对无效，便是由此得名。以某种方式受法律行为旨在产生的那些效果所影响的任何法律关系的主体，便是这里的利害关系人。[7] 受影响的可以是这项法律关系在法律上的稳健性（consistência jurídica）（如次取得人），甚至可以只是其实际上的稳健性（consistência prática）（债权人）。可见，公共利益的观念，同样在此有所体现。

3）绝对无效，不可因时间的经过而获得补正

绝对无效是永久性的。它随时都可以被主张，无论是通过起诉为之，还是通过抗辩（防御）为之。它不受制于任何期间。虽然"可以随时通过抗辩予以主张"这一点，亦可见于相对无效。题述特征同样符合以下理念，

6　要理解这一概念，可参见第 1460 条、第 1480 条、第 1555 条及第 1565 条。

7　这只是指诉讼法意义上的正当性（legitimação）。

自不待言：绝对无效的决定性因素，乃是公共利益性质的理由。然而，"可以随时通过起诉主张绝对无效"这一原则，并不优于取得时效的处理方案。假设 A 向 B 出售一项房地产，并随即将它交由 B 管领。举例而言，这项买卖因为不遵从要式而绝对无效。有利于 B 或次取得人的时效期间届满（绝不超过 30 年）之后，出卖人是不得提起无诉之诉的。

4）绝对无效，不可因利害关系人的确认而获得补正（参见第 10 条）

这种特征，同样符合以下理念：绝对无效的决定性因素，是公共利益性质的理由。

确认（confirmação），是指有正当性提出无效的人，表示放弃主张无效，从而核准法律行为，尽管它有瑕疵。确认也常被称为追认（ratificação）。但是，我们则保留"追认"一词，用以指称与无权代理相关的另一个概念。如果有人以他人名义实施法律行为，却不拥有代理权或代理权不足（超出委任范围），则法律行为不对被代理人产生任何效果。这项法律行为，作为"他人之间的事"（res inter alios），与被代理人的法律领域无涉。但被代理人可以表示说，他核准这项法律行为。在此情形，他便把法律行为视为己出、纳入其法律领域。此外，法律行为会变得仿佛是由有权代理人所作出那样。将法律行为效果据为己有的这项行为，亦被称为追认，而我们则以"追认"一词专指这项行为。例如，A 以 C 的名义，向 B 出售一项属于 C 的房地产，但 A 并无代理权，则法律行为不对 C 生效。详言之，对 C 来说，该项法律行为是"他人之间的事"（res inter alios）；它既不能损害 C，亦不能使 C 受益。然而，C 事后可以表示说，他认为这项买卖不错；这样的意思表示（追认）可以使法律行为变得对 C 生效，因此，合同会正常产生效果。[8] 但是，绝对无效的法律行为，则不容确认。下述情形，亦非罕见：确认在实际上甚至可谓是不可能的，因为利害关系人众多，而且无法精确特定。那样的话，便尚需要有代表公共利益的人介入。

然而，虽然不能对绝对无效法律行为予以确认，但可以且应当承认绝

---

[8]　"追认"一词，尚有其他各种含义。文中所提及的，只是主要的那些而已。参见 Rev. de Leg. e Jurisp.，第 65 期，第 404 页。就法律行为的确认而言，有些人认为要将以下两种情形区分开来：（1）因其中一方缔约人无能力而可予撤销的法律行为，嗣后被无能力人的代理人或辅助人核准；（2）其余情形。这些人保留确认一词以指称后者，而称前者为追认：参见 BARASSI, Teoria della ratifica del contratto anmulabile（1898 年），第 215 页。然而，如果想用一个特别的术语来指称第一种情形的话，称其为批核（homologação）也许是可取的，因为对我们来说，"追认"一词对无权代理的领域而言是不可或缺的。

对无效法律行为的更新（renovação）［亦被称为重做（reiteração）］。两者是不同的制度。确认，是从当初起（*ex tunc*）发生作用的，亦即具有追溯效果，从而消除无效。若是更新，则有一项新的法律行为：正因如此，更新是从现在（亦即作出更新之时）起（*ex nunc*）发生作用的。显然，当事人可以向这项新的法律行为，赋予追溯效力，但只能在当事人之间有追溯效力，而绝不能对第三人有追溯效力（这明显是不公正的）。因此，该追溯效力纯属债权性质（obrigacional），而非物权性质（real）。

199. 相对无效的制度

相对无效的制度，与绝对无效的截然相反。

1）相对无效，并不依据法律本身（亦即自动）（ipso iure）起作用

相对无效，乃是为某个人或某些人而设。要使相对无效获得宣告并发生效果，其意思行为是不可或缺的。法官不得依职权（*ex officio*）宣告相对无效，即使他根据所掌握的资料，察觉到法律为相对无效亦然。法律行为必须由利害关系人声请撤销。* 此外，一项专门旨在引发这种效果的诉权，也是必需的。然而，在葡萄牙法上，要主张相对无效，其实不一定要专门为此提起诉讼，因为在一切诉讼中都可以（通过抗辩）主张说，任何针对他而援引的法律行为是相对无效的，从而进行防御（只要具备应有的正当性即可）。然而，就某些法律行为而言，法律要求，要主张其相对无效（甚至连绝对无效亦然）从而使其起作用，就必须提起以此为主要标的的诉讼。结婚的无效，便是如此。这种无效不得透过抗辩予以主张。

2）相对无效，仅可由特定人主张，而非可由一切因相对无效而受益的人主张

法律可以指明这些人是谁。当法律并无指明时，我们便必须探究，那项遭到违反的要求，究竟是为了谁的利益而设。当法律并无规定时，相对无效，仅得由利害关系人主张；遭到违反因而引致（法律行为）无效的那项要求，便是为了这些人的利益而设。这些人是谁，乃是经由法律解释予以确定。为此目的，最重要的（解释）因素是，根据合理性标准（critérios

---

* 在葡萄牙法上，现今所说的"可撤销"，以往被称为"相对无效"。因此，撤销乃是主张相对无效的手段。实际上，葡萄牙语的可撤销 anulabilidade（以及撤销 anulação）与无效 nulidade，在词源上是有关系的（其他许多外语亦然）：动词 anular（撤销），字面含义即为"使……成为 nulo（无效）"。然而，约定俗成的汉语术语"无效"与"撤销"，则无法表现这种关联。——译者注

de razoabilidade）审视个案。

有时候，法律会指明，谁可以主张相对无效。例如第1200条：因欠缺丈夫许可所致的无效。这个条文是最明确的条文之一。但还有另一些条文也让人认为，某些无效仅可由特定人提出：第688条、第690条及第695条。这些条文相当清晰地解决了问题。但即使没有这些条文，我们也必须认为，因无能力、错误、欺诈或胁迫而导致的无效，是为了无能力人、错误人或被胁迫人自身利益而设的，而非为了他方当事人的利益而设。

3）相对无效，可因时间的经过而获得补正

主张相对无效，有期间限制。这些期间各有不同。

为无能力人自身而设的无能力，适用第688条：自无能力终止时起计5年。在第1200条，亦即欠缺丈夫准许的情形，则由第1201条第2款规范：自婚姻解销时起计1年。错误与胁迫，则适用第689条及第690条：自知悉错误或胁迫终止之日起计1年。然而，上述期间并不会为了获许可主张无效的当事人的那些继承人而重新（ex novo）起算，即使相关诉权可被移转予他们。

那么，从何时开始起计？当法律有规定时，自无疑问可言；当法律无规定时，期间应当自无效事由已经终止，而且利害关系人变得有条件可以主张无效的那个时候开始起算。用更好的表述来说，则是：自有权撤销法律行为的人，其懈怠已无法以作为无效原因的事实为理由的那个时候开始起算。

但必须指出的是，相对无效，其通过起诉予以主张的可能性，受制于某些期间，但它随时都可以通过抗辩予以主张（第693条）。*Quae temporalia sunt ad agendum, perpetuae sunt ad excipiendum*［只能在限期内提起诉讼（予以主张），但永远都可以提出抗辩（予以主张）者］。[9] 至于何谓通过起诉提出无效，何谓通过抗辩提出无效？上文在其他章节的论述（参见上文，编码112，b），经必要变通后（*mutatis mutandis*）可适用于此。最后，只需要再说明，主张无效的这两种方法，其各自制度之所以有别，理由何在。法律为第一种方法设了相当短的期间，但对第二种方法则无任何时间限制，

---

[9]　然而，亦参见里斯本第二法庭法官在1943年3月10日作出的判决（载于 *Justiça Portuguesa*，第11期，第71页）。该判决裁定，旨在撤销被他方缔约人诉请履行的合同的抗辩，同样只能在自知悉错误时起计1年内提出。

这是为什么？

法律的出发点无疑是：若无效是通过起诉予以主张，而且法律行为已被履行，故先前的状态（*statu quo ante*）已遭受变更，则案件原告是希望重新回复到先前的状态，因为他被法律行为作出后的事实状况所损害了。这样的话，诉讼必须在短期内提起，这种要求是正确的，无论是从希望受惠于无效的那方缔约人的角度来看，还是从相对人的角度来看。从前者的角度来看，之所以正确，乃是因为：如果事实状况无异于法律行为有效的情形，因而对他不利，那么他就完全有理由和动机提起诉讼，所以他懈怠拖延是不合理的。从后者的角度来看，之所以正确，则是因为：他对法律行为有效的期待，如果在过了许久之后受到损害，是不公正的，这是由于他的期待是基于相应事实状况，而且他可以在此等基础上安排生活、设想将来计划。然而，如果法律行为未被履行，则截然不同。这样的话，有正当性提出无效的一方当事人，不急于提出无效，是有理由的。而且，相对人的信赖亦已非合理。

然而，由于在无效的主张期限上，（法律）有区别对待的理由正在于此，所以我们毫无疑问地认为，（法律规定）相对无效所为保护的人，甚至在法定期间届满后，也可以提起法律行为撤销之诉，只要法律行为尚未被履行即可。

A 向 B 出售一项房地产。买卖因错误、欺诈、胁迫或无能力而归于无效。然而，房地产仍继续由 A 管领。无效的主张期限已过。即使如此，A 依然可以提起撤销之诉，以确立其状况。这项撤销之诉旨在避免买受人（或其继承人）明天就将该房地产出售，并向他（或其继承人）请求交付房地产；或容许他（出卖人）再次以该房地产进行交易，或以其向债权人提供担保。如果买卖不被撤销的话，他要做上述那些事情，可能是不容易的。

这是唯一合理的结论。如果容许 A 在 B 诉请执行合同时可以主张无效，借此提出防御，那么便无任何理由不容许 A 先下手为强，提起撤销之诉，预先排除 B 诉请执行合同的可能。显然，一旦无效的主张期限已过，无效便会被补正，而法律行为则被完全地有效化。有时候，人们称其为客观有效化（convalidação objectiva）〔因确认而导致的有效化，则是主观有效化（convalidação subjectiva）〕。

4）相对无效，可因利害关系人的确认而获得补正[10]

这一结论，得自第 10 条唯一附段、第 668 条及第 696 条。上文已经说明过确认的概念。归根结底，确认是对主张无效的形成权予以放弃。例如，一名未成年人将一项房地产出售，后来他成年了，说他认为这项买卖做得不错，因而核准并维持这项买卖。

确认取决于一众要件，如下。

a）确认，是一项（需受领的？）单方法律行为。它取决于确认人的意思；而且，只有那些可以主张无效的人，才能作出确认。然而，确认人必须知悉他所放弃主张的无效的存在。否则，他便不可能有真正的确认意图。

b）确认，仅可在构成无效事由的瑕疵消失后为之。当未成年人仍然处于未成年状态时，不得确认由他实施的法律行为。

c）确认，作为一项法律行为，必须符合任何法律行为皆须符合的那些一般性要件。例如，有能力、无意思瑕疵。

d）确认行为，原则上无须遵从特别形式。它可以是明示或默示的。默示确认的典型例子是：在无效事由终止后，可以主张无效的当事人，履行了法律行为。[11] 但必须注意的是，确认的前提是，其行为人知悉他所希望补正的瑕疵，并且——至少对某些学者来说——知悉他有主张相关无效的权利。

关于确认的效果方面，任何人都会同意，它是具有追溯效力的。确认消除了无效，使一切变得仿佛无效从未存在过一样。除非确认权人提出无效，否则，可撤销的法律行为是有条件产生效果的，然而，确认权人一旦确认了法律行为，他便不再能够主张无效。因此，法律行为被有效化了。其生效不再是不稳定因而可被动摇的。可是，确认的追溯力不对第三人起作用。例如，A 向 B 出售一项房地产，而该买卖基于某种原因而归于相对

10　关于确认的理论，参见：BARASSI, *Teoria della ratifica del contratto annulabile*；MACCHI, *La conferma dei negozi giuridici*，载 *Rivista Italiana per le scienze giuridiche*，1929 年，第 461 页。

11　默示确认的一个好例子，见于科英布拉中级法院（Relação de Coimbra）1944 年 3 月 21 日合议庭裁判（载于 *Bol Of.*，IV，第 437 页）的案件。一名精神失常者（从未成为禁治产人）向第三人出售了自己对一项未分割遗产的权利与诉权，而其精神失常是明显且为他方缔约人所知悉的。作为出卖人唯一继承人的姐姐，在出卖人死后，根据第 335 条唯一附段，诉请撤销买卖。诉讼被判理由不成立，因为原告与买受人作成了相关公证书分割上述遗产，是遗产的分享者。显然，该行为意味着默示确认；在这起案件上，也许会有疑问的只能是：确认人是否必须知悉他有主张无效的权利。亦参见最高法院（S.T.J.）第 1938 年 11 月 22 日的合议庭裁判（载于 *Col. Of.*，第 37 期，第 70 页）。

无效；如果 A 没作出确认，并将同一项房地产出售予 C，则 A 之后便不得确认第一项买卖；缔结第二项买卖，意味着他放弃了追认第一项买卖的权能。

200. 绝对无效与相对无效的共通点·参照与概述

在这个问题上，应参照上文在探讨法律行为各种要素时，就各种无效的性质所作的论述。兹不复赘。然而，由于当时并无论及因形式瑕疵所致的无效，所以现在应当指出，这种无效属于绝对无效。[12]

此外，现在必须重申的是，一般而言，葡萄牙法上的无效，在下述意义上是绝对性的：既可以通过起诉，也可以抗辩予以主张，即使是在一项追求其他效果的诉讼中主张亦然。但如前所述，结婚的无效则属例外。

就另一个具有一定重要性的方面而言，这两种无效也是等同的。实际上，两者皆奉行以下原则：即使无效事由后来消失了也好，无效也仍然存在。例如，就算一个人成年了好，他在未成年时缔结的合同，仍然是无效的，尽管只是相对无效。此乃著名的卡多规则（regra catoniana）：*quod ab initio vitiosum est，non potest tractu temporis convalescere*（一开始时有瑕疵者，不得因时间过去而被有效化）。但亦参见第 1778 条。同样，即使后来有新法简化或废除了相关类型法律行为的要式要求，基于上述原则的适用，因形式瑕疵所致的无效，亦不终止。[13]

201. 法律行为无效宣告或法律行为撤销的效果

1）其自（作出法律行为）之时起（ex tunc）亦即溯及既往地起作用。

2）从作出法律行为开始，直至宣告无效或判令撤销为止，这一期间内，利害关系人并不能像附条件法律行为的情形那样，实施保全其权利的行为（但无论如何，参见《民事诉讼法典》第 405 条）。实际上，在无效的

---

[12] 此乃主流学说。然而，虽然 GUILHERME MOREIRA 就"无效可以随时（参见其 *Inst.*，I，第 511 页至第 513 页）由任何利害关系人（参见其 *Inst.*，I，第 514 页）提出"这一点而言是认同主流学说的，但就"无效可以由法官依职权（ex officio）宣告"这一点而言，他似乎并不认同主流学说，并且认为在这个问题上，只有因法律行为内容不能、违反法律或违反善良风俗所致的无效，才是绝对无效。在这一点上，人们普遍不追随 GUILHERME MOREIRA 的意见。但毫无疑问的是，就遗嘱而言，因形式瑕疵所致的无效，受制于第 1967 条的期间。

[13] 因此，不应接受所谓的法律行为形式上重新有效化（revalidação formal）。这种见解，参见 *Rev. de Leg. e de Jurisp.*，第 64 期，第 408 页，以及第 69 期，第 291 页。

情形，并不存在任何悬而未决状态，而且对于任何一方当事人来说，也并不存在任何或然权利（direito eventual）、任何法律希望通过一些适当的法律后果加以保护的期待。

3）如果无效法律行为尚未被履行，则任何一方当事人——或者说仅仅有正当性主张无效的那一方当事人——可以拒绝履行所许诺作出的给付。如果法律行为已被（全部或部分地）履行的话，那么，一旦它被撤销了，事态便必须被恢复到原先那样（in pristinum），亦即恢复到先前的状态（statu quo ante）。受领了任何物的那一方当事人，必须将它返还（第 697条）。仅当该物没被发现时，才无须作原物返还。物已被转让给第三人，原则上并不阻却返还，亦不阻却原物返还。[14] 无效会对第三人起作用，而不仅仅对他方当事人起作用。它会对物（in rem）起作用，而不仅仅对人（in personam）起作用。因此，如果 B 向 A 购买了一项房地产，买卖无效，后来B 将它移转给 C，则 B 必须将它返还（给 A）。在葡萄牙法上，这种处理方案，一直被完全地适用于因形式瑕疵所致的无效，甚至当无效合同是一项借贷合同时亦然。[15]

如果无效是因为任一方缔约人无能力所致的呢？第 698 条规范了这种情形。这个条文，是以"不因他人受损而得利原则"（princípio do não-locupletamento à custa alheia）为指导思想的。

假设一名未成年人将一本书出售，该书已被交付给买受人，而且未成年人亦已受领了价金。在买卖因未成年人无能力而被撤销，买受人必须返还该书或其价值。然而，未成年人仅须返还他所管领或已经花费掉而且花费得有用（útilmente）的那部分买卖价金。如果他用买卖价金购买了一些物，而他仍然保留着这些物，则他必须返还这些物或其价值（或至少是他花在这些物上的数额）。如果他将钱花在必要开支上，亦即花在他必然需要作出的开支上，则他必须返还所花费的金额。如果未成年人将钱花在无用的（inúteis）、对其状况而言属异常的开支上（例如，如果他去赌钱赌输了、用于非正常的消遣），则他无须返还他这样子花费了的金额。他并没有因为这些款项而得利；他只是较阔绰地生活而已（lautius vixit, sed non

---

14　在某种情形下，虚伪则当别论：参见上文。

15　参见 Rev. Leg. Jur.，第 64 期，第 408 页。司法见解亦持相同意见，但有时候人们为了给这种解决方案提供理据，会引用"不得利原则"（princípio do não-locupletamento）：参见 1937年 10 月 19 日最高法院合议庭裁判（载 Rev. Leg. Jur.，第 70 期，第 350 页）。

locupletavit；较体面地过活，而非得利）。因此，我们所面对的，是由不得利原则所规范的一项诉讼。

同样是为了因无能力所致无效的情形而设的第 699 条，为第 697 条的一般原则开出了另一项例外。假设监护人逾越其权力限度行事，将未成年人的一项房地产出售了。如果买受人是善意的，而且未成年人又可以以监护人的财物获得赔偿的话，则未成年人无权针对买受人提起诉讼；仅在买受人的任何次取得人是恶意的情形下，未成年人方可针对该次取得人提起诉讼。当未成年人（由于不能以监护人的财物获得弥补而）可以针对买受人提起诉讼时，他可以选择请求交付该物，或选择就损失与损害请求赔偿。[16]

202. 部分无效·法律行为减缩的问题[17]

（1）问题所在

法律行为的减缩，其前提是法律行为部分无效。所谓部分无效是指，法律行为并非整体地与所违反的法律规定（其违反以无效为制裁）相左，而只是部分地与其相左。

法律行为的内容与一项法律规定的这种对立，既可以发生在必要条款（价金；法律行为所针对的物或款项；法律行为的持续期，如果是那些必须有这项元素的典型合同的话）上，也可以发生在典型或非典型附属条款上。

第一个类别（法律与一项必要条款之间的抵触）的例子如下。

a）借贷合同，只要不超过 4000 元，便是纯粹的诺成合同；但如果所借款项超出此金额，但不超过 8000 元，则被要求使用私文书；如果该款项超过 8000 元，则必须使用公证书（第 1534 条）。假设有一项 6000 元的借贷，并无使用任何文书。这项法律行为，与要求使用私文书的那项法律规定相左，但仅仅是其超出 4000 元的那个部分与该项法律规定相左而已。使用了私文书的 10000 元借贷，也是类似这样。

b）第 949 条第 2 附段 a 项规定，有预付租金的、为期 1 年以上的不动

---

16 如果只有一名取得人的话，这一点并无疑问。但如果存在多名取得人，则他们有可能达不成协议。这种情形，必须类推适用第 1270 条予以解决。参见 *Rev. Leg Jur.*，第 62 期，第 358 页。

17 参见 MOSCO, *La conversion del negozio giuridico*（1947 年），编码 72 至 74；ALBINO ANSELMO VAZ 博士, *A conversão e a redução dos negócios juridicos*, *Rev. da Ordem dos Advogados* 单行本，第 V 年（1945 年），第 1 及 2 册。

产租赁必须登记，而无预付租金的、为期 4 年以上的不动产租赁亦然。另外，第 5411 号命令第 10 条规定，未经妻子许可，丈夫不得缔结必须登记的不动产租赁合同，[18] 而且《公证法典》第 163 条第 6 款，以及 1948 年 6 月 22 日第 2030 号法律第 37 条第 1 款规定，该等合同必须以公证书为之。如果一名已婚男士，未经妻子许可，缔结为期 10 年的不动产租赁合同，则该合同即与第 5411 号命令第 10 条有冲突，但仅仅是超出 4 年的那个部分与上述条文有冲突而已。如果该合同并无使用公证书，亦类同。

第二个类别（法律与一项附属条款之间的抵触）的例子有：附条件或附负担（sub modo）法律行为，其条件或负担并不适法。[19] 一旦发生部分无效（nulidade parcial），便会有以下问题：部分无效，究竟是仅仅导致它所直接涉及的那个部分的法律行为归于无效，还是会连累法律行为归于整体无效（nulidade total）？也就是说，在上述其中一个事例中，是否不超出 4 年的不动产租赁有效，而只有余下部分，亦即唯一直接与所违反规定相对立的那个部分才无效？

（2）问题的解决方案

从立法论的角度来看（de iure constituendo），这个问题主要是按照当事人的假设意思（vontade hipotética）［又名假定意思（vontade conjectural）、虚拟意思（vontade virtual）］予以解决的。也就是要看看，根据个案的种种情节，假如当事人当初知道法律行为部分地与某项法律规定相左，因而不能整体有效，[20] 而且他们无法或认为无法整体有效地作出法律行为的话，他们可能会希望怎样做；问题便按照那样的想法予以解决。前提是，当事人并无预见到法律行为与法律之间的这一抵触（以及它所导致的无效），所以对此并无任何安排。否则，那便已经超出了我们的问题领域。[21]

因此，那不是当事人的真实意思（vontade real）或称实际意思（vontade efectiva），而是由法官以上述方式构筑（construída）（这是 FISCHER 等人的说

18　指将财物出租，而非承租财物。

19　显然，一项附属条款与法律之间的抵触，同样可以是属于部分抵触。无论如何，这也属于文中所述问题的领域。在下述情形，也会出现这一问题：在不同法律行为之间，看来存在着某种联系，而无效事由仅仅发生在其中一项法律行为上。参见 Rev. Leg. Jur.，第 65 期，第 230 页。

20　或者仅仅认为有可能如此。

21　在此情形，一切都将在（法律行为）解释的层面上予以解决，而不存在文中所探讨的各种理论难题。因此，我们选择将这些情形视为与我们的问题无关。

法）出来的意思。

如果根据上述标准，应当认为当事人宁可不作出任何法律行为，则法律行为整体无效。如果得出相反结论，则法律行为部分无效，因而发生法律行为的减缩（redução）。也就是说，在某些情形下，可能存在一些理由让缔约人宁可不实施任何法律行为；在另一些情形下，则可能存在一些理由让缔约人实施法律行为，但仅限于实施并不直接被无效触及的那个部分。

举例言之，我们假设，A 承租一项未开垦的农用房地产，为期 10 年。仅仅为期 4 年的不动产租赁，对 A 来说可能是不适宜的，因为开发该房地产所需投入的劳动力或开支，要 10 年才能回本。理所当然，这种情形便是如此。因此，应当得出以下结论：他并不会同意仅仅承租 4 年。

若是无偿法律行为的话，一般而言，当事人可能的意思，都会导致部分无效。一个人愿意给别人 1000 元，同样会愿意给他 500 元。另外，一个收下 1000 元，而无任何付出作为回报的人，同样不会拒绝收取 500 元。然而，当事人的意思，也可以导致整体无效，如果部分无效会造成慷慨行为被扩大的话（因为无效的那一项条款是用来限制慷慨行为的）：参见上文，第 1474 条及第 1869 条的情形。

然而，若是有偿法律行为，解决方案则视乎情况而定（参见上述为期 10 年的不动产租赁的例子）；必须注意，有偿法律行为其中一方当事人给付的部分无效（例如，无法整项房地产或整个所订定时段的不动产租赁都有效），必然至少导致他方当事人的对待给付（如租金、价金）按比例减缩。

但实务上，如果不存在任何（根据个案情节，或根据法律行为的总体特性得出的）理由，足以判定究竟是整体无效还是部分无效的话，易言之，如果对假设意思的探求，所得出的结论是中性的，亦即不够清晰、不够确凿的话，那么，当我们将上述标准适用于具体个案时，便会出现困难。在这些情形下，传统学说奉行以下法谚：*utile per inutile non vitiatur*（有用者，不被无用者感染而染上瑕疵）。[22] 因此，结论是部分无效。瑞士《债法典》（第 20 条，Ⅱ）的规定便是如此。

---

[22]　此法谚来自教会法（《教会法典》，Ⅵ，6，37）；至于罗马法，则参见《学说汇纂》片段 45，1，1，5。

德国《民法典》在第 139 条确立了相反的方针：如果证实不了，当事人的意思是想作出他们可有效作出的余下部分法律行为的话，无效便是整体性的。

哪一种解决方案才是更可取的？

第一种解决方案，理据如下。

其一，是所谓的法律行为维持原则（princípio da conservação dos negócios），亦即应当令法律行为有效而非无效（*magis ut valeant，quam ut pereant*；宁可有效，而非消亡）。

其二，是原因与效果合乎比例原则（princípio da proporcionalidade entre a causa e o efeito）。如果无效的原因只涉及法律行为的其中一部分，则只有这个部分才应当变得无效。

然而，针对上述两项理由，人们可以反驳指出，当证实不了有这样的假设意思时，法律行为的部分有效，无据可依：它既无法以当事人的真实意思为依据，甚至也无法以假设意思为依据。[23]

基于此，我们近来采纳的方针是：如果当事人的假设意思存疑，则应当认为法律行为整体无效。但我们现在认为，此方针有某些限制。

a）第一种限制，是为以下情形而设的：部分无效是因为违反了一项旨在保护其中一方当事人、针对他方当事人所立的法律规定所致。例如，价格高于定价的买卖；利率超出法定最高利率的借贷（第 21730 号命令，第 4 条）。在这类情形下，即使有相反订定，亦须减缩。

b）另一种限制，是为附属条款无效的情形而设的。但条件则属例外，因为它与法律行为其余内容构成一体。错误的重要性也必须被表明（才会使法律行为归于无效），这一点可为上述例外佐证。

c）再另一种限制，是为以下情形而设的：一旦发生部分无效，既然法律行为已被作出，则法律行为的其余内容予以维持，而无须取决于当事人的假设意思是这样，这种做法（根据合同善意）是公正的。这个问题，属于法律行为填补的问题。在该领域（以及在原因错误领域），我们已经主张过类似的看法。

d）最后一种限制，则是涉及以下情形：有偿合同其中一方当事人的给付（如交付所出售的物、所出租的房地产）部分不能，而且他方当事人对此无过错。这时候，这名他方缔约人可以在减缩和整体无效之间，任选其

23　参见 G. MOREIRA，前揭著作，Ⅰ，第 613 页。

一，就像第 1558 条唯一附段对该条所指买卖的规定那样。

在葡萄牙法上应否接受减缩？

我们认为是应该接受的，因为这是最合理的处理方案，而且不受任何条文排斥。相反，除了上文已曾提及的一些条文（第 1558 条唯一附段；第 21730 号命令第 4 条）之外，第 673 条（关于违约金条款）、第 823 条（关于保证）、第 1807 条及第 1812 条（关于部分不能的遗赠）、第 1474 条及第 1869 条（关于在赠与或遗嘱上所定的信托处分；法律只接受一级的替换：第 1867 条）等条文，更是接纳了减缩。上述最后一种情形，是不是真正的减缩，可能会有疑问。第 1474 条及第 1869 条的规定，甚至为被指定的继承人、受赠人或受遗赠人（受托人）扩大了慷慨行为的效果。因此，存在怀疑的是，那究竟是不是一种另类的转换（conversão sui generis），亦即仿佛是一种扩大式转换（conversão para mais）。但我们认为，那是真正的减缩，因为这个概念的前提仅仅是：法律行为的部分内容变得无效，但其余部分的内容仍然有效成立。[24]

一旦在葡萄牙法上接受减缩，便有必要知道，应当如何接受它。究竟要奉行传统学说的做法，还是只应奉行德国《民法典》的做法？这个问题是最为棘手的。应该作何决定？第 823 条、第 1807 条及第 1812 条，都不太能够佐证传统学说，因为在这些条文的情形，当事人的假设意思明显是支持减缩的。第 21730 号命令第 4 条的价值也不大，因为它仅可佐证某种类型的情形（参见上文）。第 673 条、第 1474 条及第 1869 条的规定，则是较好的论据。但无论如何，在我们看来，其并不足以让我们摒弃从立法论的角度而言（de iure condendo）被认为更可取的那种处理方案——经过某种修正（参见上文）的德国《民法典》的处理方案。[25]

---

[24] 参见 MOSCO，前揭著作，第 275 页。

[25] 关于葡萄牙法上的减缩问题，除了 G. MOREIRA 与 ALBINO VAZ 博士的前揭著作之外，尚参见 Rev. Leg. Jur.，第 65 期，第 230 页。上述 Revista（《立法与司法见解评论》）以大量的法条来佐证减缩是可接受的：《民法典》第 675 条、第 825 条、第 1474 条、第 1492 条、第 1671 条、第 1747 条、第 1789 条、第 1807 条、第 1812 条及 1869 条；1932 年 10 月 14 日命令第 4 条；1876 年《民事诉讼法典》第 129 条第 2 附段（相当于现行《民事诉讼法典》第 201 条第 II 款）；《刑事诉讼法典》第 98 条第 1 附段。它还援引了法律经济原则（princípio da economia juridica）；这项原则希望一切可资利用的东西都不会被作废。至于遇有疑义时应奉行何种方针，上述 Revista 的取态则不甚明确，但似乎所赞同的是传统学说。关于司法见解方面，参见 1938 年 12 月 2 日的最高法院合议庭裁判（载于 Col. Of.，第 37 期，第 452 页）。

203. 法律行为的转换[26]**·概念·转换要件·转换与若干类似概念**

（1）何时有此问题、问题何在

法律行为的转换，其前提是法律行为整体无效。[27]

如果法律行为整体无效，它究竟是应当不产生任何效果、可谓被彻底摧毁，抑或可以借由无效法律行为的某些元素转换成另一项法律行为，易言之，以无效法律行为的材料，重新组成另一项有效的法律行为？此即所谓的法律行为转换问题。

假设，A 向 B 出售一项房地产，但没有使用公证书，而只使用了私文书。买卖是无效的。但它不会变成其他任何东西吗？这项无效买卖，是否不能转换成最终法律经济结果（resultado final económico-jurídico）相近（近似于当事人缔结前述合同所为追求者）、哪怕其较为不可靠的另一项法律行为？更确切言之：这项房地产买卖是否不能转换成单纯的买卖预约？买卖预约，仅使用私文书即可（第 1548 条唯一附段）。因此，就形式要求而言，转换并不会受阻。

再举一例：A 与 B 是一项农用房地产的共有人。他们后来分割了房地产，北面的部分归 A，南面的部分归 B，但他们并没有办理公证书。因此，分割无效（第 2184 条）。此后，A 将自己的那部分出售予 C，但这项合同是无效的：A 出售了他不拥有的东西（第 2177 条），因为 B 是整个房地产的共有人，这是由于他们当初所作的分割是无效的。但人们可以问道：A 向 C 所作的出售，会作为 A 的观念部分（parte ideal）的出售而有效吗？

（2）赞同转换的外国学说解决方案·转换要件

以上即为我们有待解决的问题。

---

[26]　参考文献：FISHER, *Konversion unirksamer Rechtsgeschäfte*；SATTA, *La conversion dei neg. giur.*；SILLER, *Die Konversion*（载于 *Achiv füir die civilistische Praxis*，第 138 期，1934 年，第 144 页至第 193 页）；PERRIN, *La conversion*（1911 年）；MOSCO, 前揭著作；ALBINO ANSELMO VAZ 博士，前揭著作；RAUL VENTURA 教授，*A conversão dos actos juridicos no direito romano*（1947 年）；EDUARDO CORREIA 教授，*A conversão dos negocios juridicos ineficazes*（*Bol. da Fac. de Dir.* 单行本，第 XXIV 期，1948 年）。

[27]　也可以是法律行为不生效力，但在该领域，转换仅在极少数情形下才会发生，因为往往并不符合接受转换的要件。而且，转换尤其在附条件法律行为的情形会被排除。附条件法律行为不产生效果（如果属于这种情形的话），是因为它们不欲产生效果。德国学说称之为法律行为自我毁灭（auto-aniquilamento）、自尽法律行为（negócios suicidas）：参见 MOSCO，前揭著作，编码 100。

最佳的那种外国学说，是赞同转换的。然而，该学说认为，必须符合某些要件或者说条件，方可接受转换。下文将对这些要件加以说明。在一些存疑的问题上，下文将遵从被认为更加可取的见解。

a）无效法律行为（原法律行为；negócio principal）必须具备替换法律行为或者说替代法律行为（negócio substitutivo ou sucedâneo）［德国人称其为 *Ersatzgeschäft*（替代法律行为）］有效所需的实质要件与形式要件；它必须符合这些要件。因此，不动产口头买卖，无法转换成买卖预约，因为法律要求后一种合同必须以私文书为之（第 1548 条唯一附段）。[28] 在原法律行为中无须出现的是，与替代法律行为相符的实际意思。

b）替代法律行为，必须关涉原法律行为所关涉的实质客体（objecto material）。

房地产 A 的买卖，无法转换成房地产 B 的买卖预约。当事人不会针对房地产 B 形成了任何应当以某种方式受法律保护的期待。

c）最后还必须符合一项根本要件（转换的真正关键）：要发生转换的话，这一转换必须符合假设意思或称假定意思（vontade hipotética ou conjectural），但不必符合真实意思或称实际意思（vontade real ou efectiva）。确实，当事人在任何意义上都对替代法律行为不存在期望，因为他们被认为并无预见原法律行为无效。

因此，仅当必须认为当事人假如察觉到原法律行为有缺陷，而且无法在遵守所违要件的情形下实施法律行为的话，会希望作出替代法律行为时，才会发生转换。这项假设意思，乃是替代法律行为的"灵魂"，但它是在原法律行为的基础上被构筑出来的［因此，要是原法律行为是因为意思的欠缺或瑕疵而归于无效，则这项假设意思便不能存在，或者说是无关紧要的。如果说，当原法律行为是因为（法律）为无能力人自身利益而设的无能力而归于无效时，并非如此的话］，而在进行构筑时乃是考虑到原法律行为的典型性质与具体特征。

根据这项要件，在上文所设想的第一个事例中，通常都会发生转换，[29] 如果买卖未至于被认为必然包括或者说内含买卖预约的话。但第二个事例则非如此。实际上，买受人只对北面的部分感兴趣，而非对观念份额

28　文书上仅需载有预约出卖人的意思表示。*Rev. Leg. Jur.*，第 66 期，第 379 页，以及主流司法见解，皆持此意见。

29　参见 DEGNI, *La compra-vendita*，第 18 页；该处引用了相反的意大利司法见解。

（quota ideal）感兴趣，这是很可能出现的情形。但如果不是买卖，而是赠与，则应当接受转换。[30]

显然，如有疑问，即不发生转换。一旦接受我们在减缩问题上所主张的见解，则更加有理由认为如此（*a fortiori*）。但也有人（PERRIN）持相反意见。[31]

最后，应当注意，有些人（例如 SATTA）认为，要发生转换，必须有转换的真实意思，即使那是默示或间接的亦然。因此，当事人必须真的希望以替代法律行为作为挽救之用（*in subsidium*），而不只是被假设会希望作出替代法律行为。甚至，可以存在这样的一项明示条款。而且，这种明示条款可以不指明替代法律行为是什么。后一类明示条款，相当于所谓的"并以一切较佳方法为之"条款（cláusula *et omni meliori modo*）。若是前一类明示条款的话，归根结底，那其实是一项具有更替意思（vontade alternativa）的法律行为（参见下文）。

（3）转换与若干类似概念

a）转换与相对虚伪情形下的隐藏法律行为

在相对虚伪的情形，我们必须将虚伪法律行为与隐藏法律行为区分开来。前者，是当事人表示要作出的法律行为；后者，是当事人实际上希望作出的法律行为。因此，在这里，我们无须探求当事人的假设意思，而是要探求他们的实际意思。假装作出某项法律行为的当事人，实际上是真的希望作出另一项法律行为的。

b）转换与具有更替意思的法律行为（negócios jurídicos com vontade alternativa）（此乃 PACCHIONI 的术语）

在一些情形下，当事人首先实施了一项法律行为，然后，由于预见到这项法律行为有可能是无效的，所以他们又订定，如果法律行为无效，将有另一项特定的法律行为有效，或将有其他任何或多或少可以达致所欲结果的法律行为有效。

在这里，我们同样不必探求当事人的假设意思，而是要探求其真实意思。因此，这并非真正的转换。

c）所谓的法律行为形式转换（conversão formal dos negócios jurídicos）

法律行为形式转换是指，一份属于某个类型的文书，作为该类文书而

30　即使就买卖而言，我们也认为，应共有人的声请，转换即应发生，以便共有人行使优先权。这并不抵触出卖人或买受人任何重要利益。

31　此外，无论如何，当合同正义（justiça contratual）有所要求时，并不排除可以在无当事人假设意思的情形下接受转换（如同减缩那样）。

言，它是无效的，因为它并不符合所定的形式要求，但它作为另一类较不庄严、其要式获得满足的文书而有效。一份无效的公证书，如果有当事人签名的话，则作为私文书而有效。在葡萄牙法上，并无条文有此规定（跟其他国家的立法例相反），但也不应因而拒斥这种处理方案。

这并非真正的转换，因为法律行为是以上述方式继续有效的。显而易见，前提是：法律并不要求，该项法律行为必须符合比那类较不庄严文书更加严格的要式。

汇票的情形自成一格（*sui generis*）。当不符合法定要件，因而不能作为汇票而有效时，它可用以证明导致汇票签发的债务存在［《统一法》第2条，反面推论（*a contrario*）］。

在葡萄牙法上应否接受转换学说？

并无任何条文禁止转换。这已经足以让我们采纳它了。在葡萄牙法上，更至少有两项规定，清楚确立了转换的情形。其一，是关于风险合同（contrato de risco）的《商法典》第626条第2附段。这种合同是指船舶承租人以该船舶的货物或运费为担保借入款项，而如果丧失船舶的话，相关本金的贷与人，便什么都收不到。第626条第2附段规定，如无使用文书为之，则风险合同转换成单纯的普通借贷合同。因此，这是由一种法律行为转换成另一种法律行为的情形。

另一个清晰的转换情形，见于第1801条的最后部分。依此规定，遗嘱人遗赠他以为属于自己的他人之物，会转换成遗赠该物的价值，如果继承人（其负有履行遗赠的负担）不可能取得该物的话。[32]

---

[32]　参见 EDUARDO CORREIA 教授，前揭著作，第16页。他认为，自从遗嘱的要式被等同于公证书要式，因而仅需两名证人参与那时开始（对公证书而言，以前也要求必须有更多证人在场），第1457条所规定的，同样是一个清晰的转换情形：如果以公证书作出死因（*mortis causa*）赠与，则它将作为遗嘱处分而有效。在外国学界，有人接受其转换成生前赠与。参见 MOSCO，前揭著作，第264页（他只提及了这个问题，但无表态）。

·第三编·
时间对法律关系的影响

第一章　概　述

204. 时间对法律关系的影响·可能形态·可能渊源·在此事宜上定出时间的方法

时间，可以对各式各样属于民法不同领域的法律关系造成影响。[1] 因此，作为法律事实，它可以成为一般理论的研究对象。它甚至是符合这种条件的、唯一不属于法律行为的法律事实。时间的一般理论，几乎可以尽数被归纳为消灭时效理论与失效理论。它也包括其他东西，但这些东西非常少。

时间对法律关系的影响的可能形态

归根结底，其可能形态有二。

Ⅰ）第一种形态的时间的效果，表现为：a）（本义）[*] 权利的创设；b）形成权的创设；c）推延权利的可行使性（exercitabilidade）。

Ⅱ）第二种形态的时间的效果，表现为：a）（本义）权利的消灭；b）形成权的消灭；c）终止权利的可行使性。

Ⅰ）a）时间作为（本义）权利创设因素的影响

我们已经知道，一般而言，法律行为可以附加一项附属条款：期限。若属停止期限，则它会使法律行为延后生效，除非那是创设债的法律行为。

b）时间在形成权创设上的影响

1　*Quamquam nihil ex tempore fit，tamen nihil nisi in tempore fit*（虽然时间不产生任何东西，但任何东西都只会在时间中产生）。

*　作者将权利区分为"本义的权利"与"形成权"（参见本书第一卷），但有时则仅以"权利"指称前者。这是因为，既然那是"本义的"，自然可直接称其为"权利"。像此处便是如此。然而，为便于读者理解，虽然这里的原文只是"权利"（direito subjectivo），但译者亦在前面加上"本义"二字。——译者注

362

第 64 条规定，自失踪人失踪之日起计，届满 4 年，其推定继承人即可声请设立确定保佐。另一个例子是：根据第 352 条，挥霍者在 5 年过后可以声请终止禁治产。

c）时间对（本义）权利可行使性的影响

如前所述，停止期限的目的，是使法律行为延后生效，但当那是创设债的法律行为时，停止期限无此效果。而且，上文也已经解释过，这是因为，债权被认为在所定期限届满之前已经存在，但仅在该期限届满时方可被行使。

Ⅱ）a）时间作为（本义）权利消灭因素的影响

在法律行为上附加的解除期限，便是如此。所定期限一经届满，法律行为的那些效果即告消灭。

b）时间在形成权消灭上的影响

法律行为的相对无效，便是如此。这种无效，仅可在某段期间内予以主张。另一个例子是：调查非婚生子女父亲身份之诉，仅可在假定父亲在世时，或其死后 1 年内提起（1910 年 12 月 25 日第 2 号命令，第 37 条）。

c）时间对终止（本义）权利可行使性的影响

也许应当承认，在某些情形下，权利并不因为时间的经过而消灭，而是变得不可被行使。消灭时效，便是如此。有人认为，在时效期间届满，而且经受益一方当事人（债务人）主张后，债权并不因而消灭。只不过是由法定之债变成了自然之债而已。

时间对法律关系的影响的可能渊源包括以下三点：法律；法律行为条款；司法判决。

①法律。上文已经引用过多个例子：第 64 条及第 352 条、第 2 号命令第 37 条。

②法律行为条款。亦即期限。

③司法判决。法官可以为了某些目的而定出一段期间，规定在该期间开始后，或者在该期间内，（本义）权利或形成权可被行使或消灭（《民法典》第 743 条；《民事诉讼法典》第 144 条以下，以及第 933 条，Ⅰ）。

在此事宜上定出时间的方法

方法有二，各有特别名称。

Ⅰ）期限（termo）

期限是指，指出某一历日，从而定出时间。例如，订定债务将在某年 6

月 30 日到期。

Ⅱ）期间（prazo）

期间是指，指出一定长度的时距（momentos temporais）（日、月、年）来，从而定出时间。在这里，所确定的是一个时间段。例如，订定债务在 6 个月届满时到期。

205. 时间的计算

（1）自然计算法与历法计算法

在时间对法律关系的影响这一事宜上，如何计算时间？对期限来说，自无困难可言。但对期间来说，则非如此。计算期间的方法有二。

a）自然计算法（computação natural）

根据此法，期间是"从时刻到时刻"（*a momento ad momentum*）那样计算的。

b）历法计算法（computação civil）

根据此法，"日"被用作基本单位。

根据自然计算法，推动期间进行的事件一发生，期间便马上起算，并在适当的那一日里的一个精确时刻，亦即对应于起算那时的同一时、同一分、同一秒结束。假设期间是 15 日，那么，如果它在 2 日下午 3 点半起算的话，则将在 17 日下午 3 点半结束。

根据历法计算法，则不然。被用作时间基本单位的，是一整日。期间应当起算那一日，是整体计算的。如果是消灭期间或称终了期间，在期间终结那一日的一整日内，权利都可以被行使。如果是停止期间或称延缓期间，权利在期间终结的那一日的翌日出现。

历法计算法体系，是更可取的。COVIELLO 指出，[2] 这种计算法建基于一个肯定、易于控制的基础之上，亦即以一日的空间为基础，而非建基于一个不肯定、难以控制的基础之上，亦即以瞬间的时刻为基础，这尤其是因为考虑到，时刻的指定会随着钟表的不同而有所不同。因此，假如在时间的计算上，应当关注起始的那个精确刹那是何时的话，便会引发无数不可能解决的问题。

历法计算法，亦被法律所采纳。第 560 条规定："在时效上，时间以

2　参见其 *Mannuale*，第 315 页。

年、月、日计算，而非从时刻到时刻（de momento a momento）为之……"
这种处理方案，应被普遍地适用（于其他领域）；如果不想承认这种处理方
案被《民事诉讼法典》第 148 条采纳了的话。

（2）所须遵循的诸项原则

a）为时间计算而设的首项原则，已可见于上文：时间以年、月、日计
算，而非从时刻到时刻那样计算。

b）第二项原则是：起始日不算入期间内，但结束日则算入期间内。参
见《民事诉讼法典》第 148 条。

应当指出，《民法典》第 562 条为时效设立了相反的处理方案。主流见
解认为，上述第 148 条的处理方案，应当作为原则适用。

c）另一项一般原则，见于《民法典》第 563 条，以及《民事诉讼法
典》第 146 条第 1 附段。

如果期间关乎权利行使，那么倘若期间是在假日亦即周日或公众假期
结束，易言之，在非工作日结束，则该期间在随后第一个工作日方告结束。
举例而言，这对调查非婚生子女父亲身份之诉的提起来说，是有重要性的；
提起该诉的期间，是假定父亲死后 1 年。[3]

（3）某些期间的特别计算方法

若以年为期间，其计算方法，参见《民法典》第 560 条第 1 附段，以及
《民事诉讼法典》第 148 条第 2 附段，"年，以格列高利历（calendário
gregoriano）* 为准"，"若以年为期间，则期间于相关年份的同月同日终结"。

若以月为期间，则参见《民法典》第 560 条第 2 附段，以及《民事诉
讼法典》第 148 条第 2 附段："月，必算作三十日。"

3　如果期间是在司法假期内终结的话，司法见解亦持此意见。但有人认为，诉讼可以且必须
　　在那个时候提起，而非一直等到假期结束。

*　亦即公历。——译者注

第二章　消灭时效

206. 概念·消灭时效与取得时效的区分·消灭时效制度的设立依据

根据消灭时效（prescrição extintiva）制度，若在某段法定期限内，（本义）权利不被行使，则权利消灭；该段法定期限多长，视情况不同，而各有不同（第 505 条）。

消灭时效，或者说消极时效（prescrição negativa），显然有别于取得时效（prescrição aquisitiva），或者说积极时效（prescrição positiva）（又名 usucapião）。

原则上，取得时效适用于一切物权。消极时效，是将那些适用这种时效的权利（或至少是权利的可行使性）消灭。至于根据积极时效，若占有持续一段时间，即取得物权；这段时间多长，视乎情况而各有不同，或者更精确地说，是视乎占有的法定定性不同，而有所不同；虽然，这种取得也肯定会导致一项既存物权消灭。取得时效，是真正的、唯一的一种不动产所有权原始取得方式，这是因为，导致所有权发生移转的法律事实，仅仅是导致既存的所有权发生移转而已。

至于动产所有权，同样有其取得时效制度。依此制度，当符合一些必需的要件时，便会取得动产所有权，有时候甚至是瞬间取得的。

消灭时效制度的设立依据·专属依据·其他理由

这是一个有争议的问题。然而，根据主流学说，消灭时效的专属依据在于：权利人疏于在法定时段内行使权利。这种疏忽，使人推定权利人希望放弃权利，或至少是使权利人不值得受法律保护（dormientibus non succurrit ius，法律不救助睡眠者）。法律便是按照消灭时效的这项专属依据来构建和塑造相关制度。

然而，人们惯常还会提出其他次要理由来支持消灭时效制度的设立。

1）出于法律肯定性或称安定性（certeza ou segurança jurídica）的考量，已被创设并持续了很久的那些事实状况，应予维持，而不能被悖于法律的行为（anti-jurídicas）所动摇，因为人们已经基于这些事实状况而有所期待，并安排其生活计划。

2）保护义务人，尤其是债务人，以免债务人在债权人已受领给付却又再次请求时，受举证困难之害。现实上，偿付了债务的债务人，可能并无请求开出收据，或者收据可能已经丢失。

3）教育性地迫使或推动权利人不要疏于行使或者说实现权利，如果他们不希望放弃权利的话。

上述那些理由，能够支持消灭时效制度的设立吗？严格而言，消灭时效制度并不公正，但有一些便宜性或便利性（conveniência ou oportunidade）层面的理由可用来为其开脱。然而，对公正的考量，亦非与消灭时效制度无关。

假设 A 欠 B 债，后来 A 死了。继承人已习惯于认为，他们并不负有债务。债权人在过了很久以后请求履行债务，这是不公正的。但那些公正层面的理由，仅仅是作为（容许）债务人提出防御的理由，而非作为真正的债务消灭原因［后者是自动起作用，亦即依据法律本身（ipso iure）起作用的一项原因］，为消灭时效制度提供支持。[1]

207. 消灭时效的客体·原则·各种例外

（1）原则

主流学说认为，消灭时效原则上适用于任何（本义）权利，而非仅适用于债权。

第 505 条的规定，却似乎确立了相反的学说。然而，葡萄牙《民法典》关于物权的某些规定，可用以佐证主流学说：地役权，第 2279 条第 2 款；用益权，第 2241 条第 4 款；使用权与居住权，第 2255 条。

至少就地役权而言，根据第 2279 条第 2 款，导致地役权消灭的不使用（não-uso），不但受债的消灭时效的那些原则所规范，而且是一个相当类似于债的消灭时效的概念，因此，它应当被纳入相同的大类，虽然是作为变

---

[1]　而且，即使是单纯作为债务人被赋予的防御方法，从道德观点来看，消灭时效也是受到贬谪的。古人便将消灭时效视为"不义之救济"（impium remedium）或者说"不义之保护"（impium praesidium）。

体而被纳入其中。

因此，我们可以说，原则上，消灭时效适用于任何（本义）权利。

（2）各种例外

但上述原则有某些例外。

①关于人的身份状态与能力的那些权利，尤其是亲属人身权，并不适用消灭时效制度。

②所有权不受消灭时效制度约束。这是指所有权不因消灭时效而丧失。所有权人对其物并不在意或漠不关心，并不导致其所有权因消灭时效而丧失。可以发生的是，某人对物的所有权，因为他人占有该物而丧失，亦即因为取得时效令占有人受惠而丧失。因此，我不在意我的所有权，单凭这一点，并不足以令我丧失这项权利。

其中的理由如下。

a）正如 COVIELLO 所言，[2] "由于所有权是一项完全的对物权利（*plena in re potestas*，完全的对物权力），它包含使用权能，同样包含不使用的权能，因此它让所有权人可以随意而为，而无须向任何人交代"。

"不使用（财物），不能被必然地解释为抛弃权利、所有权人怠惰。不使用本身便构成所有权的一种表现（manifestação），因为所有权人可以留待更合适的时机才行使所有权，尤其是当财物现时只有很少产益或毫无产益时。"

b）当某人可因消灭时效而得益乃属合理时，适用消灭时效是可以理解的。债即如此。如果过了很久，债务人也没有被请求偿付债务，则债务人得以解脱，乃属合理。然而，如果是所有权人过了很久也没有行使所有权的话，则非如此，只要并无第三人因为符合取得时效的那些前提（以某种方式持续占有）而受惠。

举例而言，假如因为房地产所有权持续不被行使，任何人即可霸占房地产，将其据为己有，或者，房地产立刻归属于前一天才占据它的人的话，那明显是不公正的。

③消灭时效并不适用于权能性权利（direitos facultativos）。

权能性权利，是指这样的一种权利：作为这项权利的表现的那些权力或权能，被包含在一项范围更宽广的权利之内。任何土地的所有权人，都拥有在其土地上进行建筑的权利，哪怕这样做会遮挡到相邻房地产的视野，

2　参见其前揭著作，第 453 页。

因而损害到邻居。数百年甚或数千年都不进行建筑，并不会妨碍所有权人在任何时候进行建筑。除非邻居已基于任何依据（包括取得时效）而针对上述房地产取得一项禁止建筑地役权（servidão *non aedificandi*）（参见第 474 条第 1 附段）。

④常言道，抗辩并不适用消灭时效制度。就无效抗辩而言，这种处理方案被第 693 条所确立。

208. 消灭时效的起算·各种阻碍消灭时效进行的原因

原则见于《民法典》第 536 条：债务必须已可被请求，消灭时效方开始进行。仅当权利已可由其拥有人行使时，消灭时效才会起算。

这项传统原则（*actioni nondum natae non datur prescriptio*，尚未产生之诉权，不受时效约束），在葡萄牙法上明文见于第 536 条。第 535 条的消灭时效，易言之，普通消灭时效，受一般期间约束：若为善意，20 年；若为恶意，30 年。

然而，这项原则应当被普遍适用于其他消灭时效，因为它乃是推衍自消灭时效制度的设立依据本身。当权利人是因为客观原因，亦即固有于权利状况的原因，而不能行使权利时，并不可以说权利人在权利行使上有所疏忽。

依此原则，若是附停止期限或称始期之债的话，仅在所定期限已届至，亦即债务已到期后，消灭时效才可以开始进行；若是附停止条件之债的话，当停止条件未成就时，消灭时效不得开始进行。

此外，在权利已经可被行使的情形，消灭时效的起算，只会因为一些例外事由而被阻碍。这些例外事由，便是消灭时效的中止原因，容后再述。

但必须注意，在这个问题上，有一个特别制度是为了未结算的债务（dívidas ilíquidas），亦即数额（*quantum*）尚未确定的债务而设的。

假设某人身为受任人，必须在扣除所作出开支后，就其所受领的东西提交账目，然而，差额尚未结算。第 546 条规定："提交账目之债（obrigação de dar contas），其消灭时效，自债务人终止其管理时起开始进行；至于该等账目之结算结果，其消灭时效，则自合意结算之日起，或由已确定判决所作结算之日起，开始进行。"

这个条文所规范的，是管理他人财物之人的债务、受任人的债务，以及其他人的债务。但其处理方案，应当普遍适用于其他任何未结算的债务。例如，不法事实行为人向受害人负有的损失与损害赔偿义务。可见，我们所奉行的是以下传统原则：*in illiquidis non datur praescriptio*（尚未结算者，不受时效约束）。因此，自债权人可以促成债务结算之时起，消灭时效期间便开始进行。如果在此期间内，债权人促成结算，则另一段消灭时效期间，自债务数额（因为判决或因为利害关系人的合意而）被清算之日起，即开始进行。也许，这一处理方案，不外乎是以下法谚的适用：*actioni nondum natae toties praescribitur, quoties nativitas eius a voluntate creditoris pendet*（尚未产生之诉权，当其产生取决于债权人之意思时，即受时效约束）。

209. 各种消灭时效期间

不同的法定情形，各有不同的消灭时效期间。消灭时效期间，有通常期间与例外期间之分。通常期间，是指那些长期期间。例外期间，是指那些短期期间。

各种长期期间，见于第 535 条：若债务人为善意，20 年；若债务人为恶意，30 年。善意，是指不知悉其债（第 535 条唯一附段）。以为债已经消灭了，亦属不知悉。如果债权人所面对的是当初的债务人，则推定（债务人）为恶意（唯一附段）。如果债权人所面对的是当初的债务人的继承人或继受人，则推定（债务人）为善意（唯一附段；参见第 478 条）。显然，此等推定接受相反证明。这种相反证明，由因推定被推翻而受益的那一方当事人举证：在上述第一种情形，是由债务人举证；在第二种情形，则是由债权人举证。

短期期间，多种多样。它们主要见于第 538 条至第 543 条。上述条文所指的期间，有 5 个月、1 年、2 年、3 年和 5 年。

此外，尚有一些短期期间，同样见于《民法典》，不过是散见于各处。例如，第 1388 条所指的一个月，但还有些更短的。另一些则载于单行法例，当中最重要的是《劳动合同法》（1937 年 3 月 10 日第 1952 号法律）第 24 条为雇员按月到期（收取）的薪金而设的期间：6 个月。

下文将逐一检视第 538 条及第 543 条的各种短期期间。

1）6 个月的消灭时效期间：第 538 条

这个条文不难理解。我们要说明的只是：就此条文而言，食品杂货店，包括面包店在内（第 538 条第 1 款）。[3] 第 2 款规范的是，打临时工的雇员

3　参见 *Rev. Leg. Jur.*，第 69 期，第 408 页。

与打临时工的任何机械工人的薪俸。第 3 款规范的是，按月提供服务的佣人的工资。

至于这些期间的起算时刻是何时，《民法典》则无任何特别规定。然而，就第 2 款的情形而言，根据第 1952 号法律第 25 条，"消灭时效，仅自劳动合同被取消（rescisão）日之翌日起，方开始进行"。如同这个条文所明言的那样，它同样规范了按月到期的薪金的消灭时效。而且，如《立法与司法见解评论》（*Rev. de Leg.*）[4] 所言，它应当被解释为包括（第 538 条）第 3 款所指佣人工资的消灭时效。即使不是如此，它也可以被类推适用，因为第 536 条（参见其最后部分）被认为只适用于第 535 条的那些消灭时效。

2）1 年的消灭时效期间：第 539 条

第 4 款提及零售商的债务。在这个问题上，法律所采用的是零售商业的日常概念。汽车出卖人，不被视为零售出卖人。此乃最高法院（1937 年 7 月 23 日）的见解。第 6 款及第 7 款，并非我们目前所关注者。[5] 第 539 条第 1 附段与第 3 附段，宜细阅之。

3）2 年的消灭时效期间：第 540 条

对我们来说，这个条文十分重要，因为它设立了律师服务费的消灭时效期间。其唯一附段规定："此消灭时效，自授权终止之日起，针对律师与调解员开始进行。"《立法与司法见解评论》（*Rev. de Leg.*）[6] 言之有理：如果向律师所作的授权，虽为一般授权，但事实上只是着眼于某项诉讼的话，则消灭时效期间，自该案件结束之时起算。

4）3 年的消灭时效期间：第 541 条·5 年的消灭时效期间：第 543 条

第 543 条的第 1 款，应予重视。它规定了地租、租金与利息的消灭时效期间。[7] 地租、租金与利息的支付请求权，并不适用消灭时效制度，至少是

4　第 70 期，第 70 页。

5　人们一向认为，被请求对由驾驶者直接造成的事故所致损失与损害予以负责的车辆所有权人，其责任不适用第 6 款。参见最高法院 1932 年 2 月 12 日的合议庭裁判，载 *Col. Of.*，第 36 期，第 45 页；1937 年 1 月 26 日的统一司法见解判例（Assento），载 *Col. Of.*，第 36 期，第 304 页。

6　参见第 69 期，第 67 页、第 197 页及第 408 页。

7　此期间同样适用于保险费，故不能请求已到期 5 年以上的保险费。显然，互助保险（seguros mútuos）（一旦有损失发生，其由互助人分摊）是受那些一般规范（长期的消灭时效）所规管的：GUILLOUARD, Traité de la prescription，第 2 版，Ⅱ，第 130 页；PLANIOL 与 RIPERT, Traité pratique de droit civil，Ⅺ，第 640 页。此乃法国《民法典》领域内的主流学说。

并不直接适用。已到期5年以上的给付，方适用消灭时效制度。这对地租而言尤其重要，因为永佃（enfiteuse）是永久的（虽然现在永佃权人有可能通过赎回，从而结束永佃）。它可以持续数百年。领主（senhorio）［直接支配权（domínio directo）＊人］不请求支付地租，只会导致其丧失请求已到期5年以上给付的权利（参见第1684条）。[8]

这些6个月、1年、2年、3年和5年的期间，仅针对善意的情形而言。倘属恶意，根据第544条，这些期间会延长1/3。

短期期间的设立理由

法律设立6个月到3年不等的期间，动机何在？法律之所以为诸如食品杂货店店主、旅馆主人、律师、调解员等人的债权，设立了短期的消灭时效期间，是因为这些债权，都是债权人因其赖以为生的职业而取得的。通常，在一个相对短的期间结束之前，债权人便已经会请求清偿债权，因为他需要靠这笔钱生活。另外，通常来说，债务人同样会在短期内还债，因为这些债务是他为了应付其最迫切需要而缔结的。即使债务人财务紧绌，他也会宁可不偿付其他债务，而先偿付这些债务，因为否则的话，为其服务的人最终会离他而去。最后，债务人在偿付债务时，通常都不会索取收据；即使有请求开出收据也好，他也不会保留很久。[9]

就第543条第1款的期间而言，法律则是旨在避免债权人任由其债权一直累积，累积到使偿付债务后来对债务人来说成了过重的负担。

有必要将截至第541条的那些短期消灭时效（6个月、1年、2年及3年）与第543条的那些短期消灭时效（5年）互相区别开来。

前者，除都是一些短期消灭时效之外，还是推定性消灭时效（prescrições presuntivas）。因为在此等情形，法律推定债务人在这些期间届满之前，便已经偿付了债务。这一点，对此等消灭时效的制度本身而言，具有重要性。它们不仅被视为消灭时效，还被视为单纯的偿付推定。因此，一旦证明债务存在，它们即被排除。但这种证明仅能以有限的方式为之，

＊　有译为"田底权""直接所有权"，并将domínio útil（利用支配权）译为"田面权""利用所有权"。——译者注

8　诉讼费用，亦适用第543条的这段消灭时效期间，正如《诉讼费用法典》（经第30688号命令核准）第118条所明文规定的那样。参见最高法院1946年11月19日的合议庭裁判（载 Rev. Leg. Jur.，第79期，第364页）。该合议庭裁判裁定，这项规范不只适用于法庭费用（须向法院缴付的费用），尚适用于当事人费用（由胜诉一方诉讼人预付的费用）。

9　参见 Rev. Leg. Jur.，第69期，第67页及第197页。

容后专论。

若是真正的消灭时效，即使债务人自认并无偿付债务，消灭时效也不会因而不起作用。但若是推定性消灭时效，看来并非如此：如果债务人自认负有债务但并无偿付，那么即使债务人主张消灭时效，消灭时效亦不起作用，而且他会照样被判处偿付债务。这一结论得自第542条。这个条文现今已不能适用，因为《民事诉讼法典》第580条废除了决案宣誓（juramento decisório），但它应当是继续有用的，至少就以下目的而言是有用的：从这个条文可以得出，这些消灭时效属于推定性消灭时效。因此，虽然债权人不可声请债务人作出宣誓，但如果债务人自发承认债务存在的话，债务人应当被判处偿付债务，即使他明确主张消灭时效。[10]

向国家负有的债务的消灭时效期间

上述那些期间，都是消灭时效的通常期间。当法律关系［尤其是债（技术意义上的obrigação）关系］的双方主体都是私人时，即适用之。

如果是向国家负有的债务，则这些期间应当再加一半。不只消灭时效如此，取得时效亦然，虽然我们现在所关注的并非后者（1913年12月16日第54号法律，第1条唯一附段）。

受这条规范约束的那些向国家负有的债务当中，也可以有一些是适用短期消灭时效的。举例而言，国家同样可以是第543条第1款那类债务的债权人，譬如地租债务。

就第543条第1款的消灭时效而言，如果财物是属于慈善或福利机构的，则所适用的制度与国家的相同（1928年2月14日第15676号命令，第2条）。

210. 消灭时效的效果·消灭时效如何起作用

消灭时效的效果，是使债务消灭（第505条）。有人认为，债务因消灭时效而消灭后，仍然作为自然债务存在。但毫无疑问的是，一旦消灭时效期间届满，法定债务是会消灭的。这种消灭在什么条件下发生？消灭时效如何起作用？

我们可以说，在下述意义上，消灭时效是依据法律本身（亦即自动）（ipso iure）起作用的：债务人无须向债权人作出通知，说自己有意运用消灭

10　PESSOA VAZ教授亦持相同理据，参见 *Rev. de Dir. e de Est. Soc.*，第Ⅱ期，第200页。

时效。但另一个问题是：消灭时效是在何种条件下起作用的。仅当受益当事人主张消灭时效时，它才具有（法律）意义。法官不得依职权（ex officio）宣告消灭时效，即使他在诉讼中有依据这样做亦然。因此，被告必须表达其适用消灭时效的意思（第 515 条）。

根据第 509 条，消灭时效只可由债务人或其他受益人主张。依此规定，"债权人及一切因消灭时效之实行（efectiva）而获得正当利益之人，皆可主张消灭时效，即使债务人或所有权人已放弃因消灭时效而取得之权利亦然"。但应当强调，只要债务人以任何方式显示其有意利用消灭时效，即已足矣。甚至像这样的表述已经足够："……而且都已经过了三十年了……"

211. 消灭时效的不可放弃

第 508 条规定，不容许预先放弃消灭时效。就消灭时效的不可放弃而言，应当区分以下三个时刻：消灭时效尚未开始进行；消灭时效进行中；消灭时效已完成。

1）如果消灭时效尚未开始进行（这通常见于创设债的法律行为），是不容放弃消灭时效的。法律禁止债务人放弃消灭时效的理由，同样使我们认为，不得改长消灭时效期间。然而，改短期间是可以的。

2）如果消灭时效的期间正在进行中，而债务人放弃消灭时效，则其放弃具有中断消灭时效的效果，因为这种放弃就等同于承认债务（第 552 条第 4 款）。

3）如果消灭时效期间已届满，根据第 508 条，放弃是有效的。这是不足为奇的，因为那时候债务人已有条件主张消灭时效，从而让自己无须偿付债务，因此，在这种情形下，放弃不可能是因为债权人对债务人进行任何压迫使然。另外，我们已经知道，已完成的消灭时效，并不会直接消灭债务，而只是向债务人赋予一项权利（形成权），让他可以主张消灭时效，作为该债的消灭原因。显然，债务人放弃已完成的消灭时效的通常方法，是偿付一项法定债务（obrigação civil）。仅在消灭时效已被主张，使债务人得以解脱，才可以说那是自然债务。

212. 消灭时效的中止·概念·原因·分类与列举

消灭时效的计算，可以因为特定事实或状况而中止（suspensão）。此等事实或状况，即为消灭时效的中止原因。

消灭时效的中止是指，在消灭时效事宜上，在作为中止原因的某些事实或状况持续期间所经过的时间，不予计算（第 548 条及第 559 条）。

因此，仅仅在中止原因起作用的那段时间，消灭时效才不进行。消灭时效中止之前所经过的时间，则并加于消灭时效中止之后所经过的时间。人们说，中止的消灭时效是在休息（*quiescit*）或睡眠（*dormit*）。

消灭时效的中断（interrupção），则非如此。中断使已经过的时间作废、被消除，而期间重新起算。

中止原因

原则上，消灭期间并不中止，而是一直进行（第 548 条）。

各种中止原因，乃是这项原则的限制。它们见于第 549 条至第 551 条（我们目前并不关注第 550 条第 1 附段）。

分类

Ⅰ）中止原因，可分为：a）中止消灭时效起始的原因；b）中止消灭时效进行的原因；c）中止消灭时效结束的原因。

然而，我们可以将这三个类别归纳为以下两个：a）中止消灭时效进行的原因；b）中止消灭时效结束的原因。

中止进行，乃是妨碍消灭时效起始或进行：妨碍消灭时效开始进行；如果消灭时效已开始进行的话，则是在某段时间内妨碍其继续。

若为中止结束，则中止原因仅仅妨碍消灭时效期间完成。

a）消灭时效中止进行，其例子有第 549 条。假设一名未成年人是不法事实的受害人，不法事实的行为人被判令作出损害赔偿。债务的消灭时效期间，原应马上开始进行。但仅当有人代理行使未成年人的权利时，它才会开始进行。

b）消灭时效中止结束，其例子有第 550 条第 2 附段。如上所述，当未成年人无代理人时，消灭时效不会针对未成年人开始或进行。但除此之外，当他尚未成年时，消灭时效也不会完成。仅当未成年这一障碍终结一年后，消灭时效才有可能针对未成年人完成。根据第 550 条第 3 附段，这也适用于精神失常者，但不同之处是：对精神失常者而言，这一期间是 3 年。这项中止结束原因，并不对短期消灭时效起作用（第 538 条及第 543 条）。

Ⅱ）中止原因，亦可分为：a）主观或称人身性的中止原因；b）客观、事物性或称实际性的中止原因。主观或称人身性的中止原因，是指人身状况所致的中止原因：未成年，参见第 549 条；服兵役；监护人与受监护人之间、配偶之间、遗产与限定接受的继承人之间，参见第 551 条。客观、事物性（reais）或称实际性（materiais）的中止原因，是指并非因义务主体人身状况所致的中止原因。在第549条至第551条，我们找不到任何客观的消灭时效中止原因。

主观中止原因，尚可以有如下。

1）单方的主观中止原因：它们是由于仅仅其中一方当事人，尤其是债权人的人身状况所致。

2）双方的主观中止原因：它们是由于债权人与债务人之间的特殊关系所致。例如，配偶之间的中止；监护人与受监护人之间的中止。

列举

第549条至第551条，列举了一些中止原因。在此不必逐一探讨。我们只需要说，这一切中止原因，背后理念同出一辙：它们都使消灭时效有待进行或有待完成的那项权利（direito prescribendo），变得不可能被行使，或无论如何是难以被行使。有一个重要的问题，应当细加思考：中止原因只有上述条文所列举的那些吗？

那是穷尽列举吗？这些条文可以被类推适用吗？只存在有名（nominadas）的中止原因，抑或尚可以存在无名（inominadas）的中止原因？

假设债权人因为上述条文所指以外的其他原因，而无法提起诉讼：失踪、偶然的联络困难、患病、淹水或地震。难道不应该认为，消灭时效在这些情形下即告中止，从而一般性地奉行 *contra non valentem agere non currit praescriptio*（时效不针对无法起诉者进行）这句法谚吗？应该与否，皆有论者。

原则上，解决方案是应当向传统见解靠拢的，但中止原因这一事宜，却是例外。其规则是：消灭时效针对任何人进行（第548条）。

另外，将这些状况视为中止（消灭时效）进行的原因，并不合理。假设期间是30年，而在第10年，债务人病了6个月。这6个月，应该不予计算吗？非也，因为他还有很长时间可以提起诉讼。

将这些状况（失踪、患病、地震）单纯视为中止（消灭时效）结束的原因，同样不正确，因为假如是那样的话，债权人便必须在翌日马上现身（提起诉讼）了。

这些情形，仅当消灭时效快要届至时，方可予以考虑，而且应当以下述方式予以对待：一旦妨碍债权人起诉的原因告终，债权人即须赶紧在短时间内提起诉讼，但并非要在翌日马上这样做。也就是说，《民事诉讼法典》关于诉讼行为实施期间的第 146 条，应予适用。第 146 条规定："期间，分为延缓期间（prazo dilatório）与终了期间（prazo peremptório）。终了期间之届满，使实施相关行为之权利归于消灭，除非存在正当障碍。"其第 2 附段规定："主张障碍之当事人，须立即举证。经听取另一方当事人之意见后，倘若法官判定障碍属实，且认为当事人是在障碍终止后立即提出声请，则容许声请人逾期实施行为。""未被预见、无关当事人意思，且使当事人不能亲身或透过受任人实施行为之事件，方视为正当障碍。"

这种解决方案是公正的。如果这些状况（如患病、失踪、战争）阻碍了债权人起诉债务人，而且债权人在障碍原因终止后提出证据，证实他早前没有时间实施相关行为。以行使其权利，那么，法官经听取另一方当事人的意见后，须许可声请人逾期实施行为。易言之，对债务人所作的传唤，须被法官视为有效，即使传唤是在通常期间过后才作出亦然。因此，在上述的那些情形，被妨碍而无法在法定期间内提起诉讼的债权人，于障碍消失后，必须尽快起诉债务人，以及主张并证明他在该期间内无法提起诉讼，而且他在可以这样做时立刻诉诸法院。

在下述另一种状况下，要是不容许权利人在消灭时效期间届满后行使权利，同样会对他造成不公正损害：他方当事人故意隐瞒权利存在。然而，要达到我们所追求的结果，其实不必将这种状况视为消灭时效的中止原因。仅需认为，会因为欺诈行为人获容许主张消灭时效而受损的人，可以向其请求赔偿；并且，按照这种情形的特殊之处加以变通后，求诸 *quem de evictione tenet actio eundem agentem repellit exceptio*（提起追夺之诉，自己却因而必须负责者，其起诉因抗辩而被驳回）这一法谚（参见上文，编码 103，c）。[11]

213. 消灭时效的中断·概念·原因·分类与列举

概念

消灭时效的中断（interrupção），是指基于某些情事，在消灭时效事宜上，所经过的时间作废不计（第 559 条）。

各种中断原因，见于第 552 条。

中断原因的分类

时效的中断，分为自然使然的中断（interrupção natural）与法律使然的

11　参见意大利新《民法典》第 2941 条的这种解决方案。

中断（interrupção civil）。

唯一一种自然使然的中断原因，是第552条第1款所指的那种，其涉及取得时效，[12] 故非我们所关注者，因为我们现在只探讨消灭时效或者说消极时效。

关乎消灭时效的，只有第2款至第4款。它们则是设立了一些法律使然的中断原因。然而，在作了这样的限定后，消灭时效的中断原因还是可以有以下分类：

中断原因，可分为：a）表现为权利人一项行为的中断原因；b）表现为义务可因消灭时效而消灭之人（prescribente）（消灭时效便是为了他而进行）一项行为的中断原因。

列举

根据第552条第2款，消灭时效"*因向债务人所作之司法传唤……*"而中断。

使消灭时效中断的，并非诉讼的提起，而是对被告的传唤（《民事诉讼法典》第485条及第267条）。然而，如果因为不可归责于原告的事实，导致传唤不在期间内为之，则传唤的效果会追溯至诉讼提起之日（《民事诉讼法典》第253条）。

"*……除非原告舍弃其请求或撤回其诉（desistir）* * *……*"

诉讼上的 desistência，分为（《民事诉讼法典》第300条）：请求的舍弃（desistência do pedido）；诉的撤回，又名程序的撤回（desistência do processo ou da instância）。

a）若为请求的舍弃，则原告承认他并无理据。法官开释被告。因此，再无消灭时效问题可言。

b）若为诉的撤回或称程序的撤回，则原告撤回该诉讼，但保留之后再提起一项新诉讼的权能。法律容许原告在起诉后撤回诉讼，只要撤回是先于被告答辩即可；如果被告已经答辩，则仅当被告同意时，原告方可撤回诉讼（《民事诉讼法典》第301条）。

---

12 积极时效，以占有为基础。占有终止后，（已经过的）时效时间即被消除。如果占有人再次进行占有的话，时效期间会重新起算。

* 在诉讼法上，葡萄牙语术语 desistência（动词形式为 desistir），既可针对请求（desistência do pedido），亦可针对诉讼程序（desistência do processo ou da instância）。前者被约定俗成译为"请求的舍弃"，后者则是"诉的撤回"。译者从之。——译者注

"……或原告之起诉被驳回……"

当法官裁定原告的请求没有依据，故认为道理在被告那边（lhe dá razão），因而否定原告时，原告的请求即被驳回。当存在某些诉讼程序上的不当情形时，或当原告撤回其诉时，原告的起诉或者说程序即被驳回。

法官开释被告，但仅仅是在所涉及的诉讼中开释之，因此，原告之后可以就相同的事宜再提起诉讼（《民事诉讼法典》第293条及第294条）。

根据《民法典》，在原告的起诉被驳回这种情形下，消灭时效的中断会变得不发生效果。但现今已非如此，因为立法者在这里对《民事诉讼法典》第294条作了一项有利于债权人的修订。该条文在其第一部分规定，"驳回起诉，绝不妨碍就相同标的再次提起诉讼"，然后又在第二部分补充规定，"倘若自驳回起诉之判决转为确定时起计三十日内，提起新诉讼，或被告被传唤参与该新诉讼，则首宗案件中之委任，以及对被告的传唤，其所生之法律效果，如有可能维持，皆予维持"。

这里所奉行的原则，仍旧是《民法典》的那一项。原告必须在消灭时效期间内提起新诉讼；但有一项限制：如果原告在自驳回起诉之判决转为确定时起计三十日内提起新诉讼，那么，为首宗案件而作的传唤，其所导致的（消灭时效）中断，即予维持，因此，即使新诉讼是在消灭时效期间过后才提起，消灭时效亦不完成。

"……或程序被弃置……"

以往人们认为，程序的弃置，或者说诉讼的弃置，是指旧《民事诉讼法典》第202条的情形。在那里，它被定性为程序的中断。该情形现今由新《民事诉讼法典》第290条所规范。程序的弃置，或称诉讼的弃置，是指因当事人的懈怠而导致的诉讼停顿。现今，这一诉讼停顿较倾向属于中止，而非中断。

假设诉讼在（消灭时效）期间内提起，但距离消灭时效的完成，只剩2个月。诉讼进行了6个月，之后停顿了1年多。此即程序的中断（法律以往称其为程序的弃置）。

截至传唤为止所经过的时间，是会被计算的，而在诉讼停顿1年之后所经过的时间亦然。这1年的停歇时间，以及诉讼进行的时间，则不予计算（第290条）。

现今，有一种情形可被称为真正的程序弃置。那就是《民事诉讼法典》第296条的情形。毫无疑问，它适用第552条第2款的制度。

根据第 552 条第 3 款，消灭时效还会"因为假扣押……"而中断。

假扣押，是债权人为提防债务人无偿还能力，而对债务人财物所作的一种仿若预先查封的行为（《民事诉讼法典》第 409 条第 3 款）。

"……（因为）为调解而作的传唤（而中断）……"

《民事诉讼法典》第 476 条规定："在提起诉讼前，原告可作试行调解，只要案件之标的容许和解，且全部被告共处同一调解法院（tribunal de paz）。"

第 477 条规定："原告须向被告住所地之调解法院，扼要阐述请求及理据，以声请命令传唤被告参与调解。"

"……（因为）司法申明（而中断）……"

司法申明（protesto judicial），是指应债权人的声请，向债务人作出通知，说道债权人拟提起相关的债务诉讼，或提起相应的执行（《民事诉讼法典》第 455 条）。

仅当债权人在 10 日内针对债务人提起诉讼时，假扣押以及为调解而作的传唤，方产生中断消灭时效的效果（《民事诉讼法典》第 387 条）。

至于申明，则仍然适用《民法典》第 552 条：仅当债权人在 1 个月内提起诉讼时，申明方产生中断消灭时效的效果。

最后，根据第 552 条第 4 款，消灭时效会因为它所可能损害的人，其权利获明示承认而中断，无论那是以口头为之，抑或以书面为之，而且也会因为可必然推断出这种承认的事实而中断。

承认（reconhecimento）是指债务人自认其负有债务。这是一项单方的法律上的行为（acto jurídico）。承认既可明示，亦可默示。默示承认的典型情形，是第 541 条所指的那种：偿付了利息，便因而承认了本金债务（的存在）。

一旦作出承认，新一段消灭时效期间便会开始进行。但这段新期间（的长度），是否等同于先前的那段？是等同的。为某些债务设立短期消灭时效期间的理由，继续适用于此，即使消灭时效是以这种方式中断亦然。当承认是以口头为之时，这是显然的，而且，并无理由在法律上区别对待口头承认与书面承认，以及在书面承认的情形，区别对待各种可载有承认的文书。

然而，上述处理方案，很多时候都不会被适用，因为可以发生这样的情形：债务人的承认，伴随着原债务的更新。债务依据的替换，是经常发生的。例如，一项律师服务费的债务，由一项以借贷为依据的债务取代；雇主原本所负有的，是向佣人支付工资的债务，后来则转而以寄托等作为依据，负上相同金额的债务。

人们可以针对这种中断原因提出的问题，同样可以针对宣告债务存在并判处债务人偿付债务的判决提出。在此情形，解决方案如下：即使债务消灭时效期间是短期期间，只要债务获判决确认，消灭时效期间即变成30年。此乃传统学说，但至今仍属正确。这种解决方案的理据在于：一旦有判决宣告债务存在，并判处债务人偿付债务，则债务人的状况跟之前相比，已经变得十分不同。实际上，债权人在获得有利判决后，可以变得比较不急于行使债权，这是可以理解的。另外，《民事诉讼法典》第813条第9款表明，债务人作出偿付后，应请求开具收据，并加以保存。否则，如果债权人声请执行判决的话，债务人便不能即时以上述收据证明自己已作偿付，从而提出防御（至少在此诉讼中是如此）。

214. 失效·概念·失效制度的设立依据·失效与消灭时效的区别

失效（caducidade），又名除斥（preclusão）。根据这种制度，形成权因持续一段时间不被行使，即告消灭。

（1）若干失效的情形

a）1910年12月25日第2号命令，第10条："父亲仅可在法律容许之情形下，自其知悉出生事实起计一百二十日内，向法院提起诉讼，就子女之婚生子女身份提出争议。"

b）上述命令，第12条："继承人之诉讼，仅可在六十日内提起，其自子女开始占有假定父亲财物之日起计，或自继承人被上述子女妨碍占有遗产之日起计。"

c）上述命令，第37条："调查父亲身份或母亲身份之诉，仅可在假定父亲或假定母亲在生时，或其死后一年内提起，但属以下情形者除外……"

d）根据《民法典》第1566条第1附段，优先权之诉，或者说先买权之诉，仅可在6个月内提起，其自优先权人知悉出售之日起计。

失效的例子尚有许多，但要说明这个概念，上述例子足矣。

（2）失效制度的设立依据何在？

上文已经说过，消灭时效制度的专属设立依据，在于权利人的懈怠。这种懈怠意味着放弃权利，或无论如何都让权利人变得不值得受法律保护。消灭时效的上述专属依据，在那些中止原因的情形，即有彰显（有些中止原因，更是债权人的人身状况所致）；将承认视为中断原因，亦其体现。

失效制度的专属设立依据，则是法律肯定性（certeza jurídica）的需要。某些权利，应当在某段期间内行使，以便在这一期间结束时，当事人的法律状况能得以确立且无法改变。随着相关期间的过去，这些状况便这样子一劳永逸地得以确立，此乃出于公共利益的考量。

（3）失效与消灭时效的区别何在？

a）两者依据不同：有何不同，上文已述。

b）两者所针对的客体不同：消灭时效，专门适用于（本义）权利；失效，专门适用于形成权。

c）两者制度不同：关于此点，下文即将有所论述。

215. 失效的法律制度

如果说，失效有别于消灭时效，那么，它便不可直接适用消灭时效的规定；另外，看来也不应该类推适用消灭时效的一切规定。

因此，这两个制度是不一样的。两者最显著的那些区别如下。

（1）消灭时效仅可由其受益人主张，但失效则仅可由法院依职权（ex officio）宣告。

（2）一般而言，消灭时效的那些中止原因与中断原因，不应适用于失效。原则上，失效不会被中断或中止。这种处理方案，被《民事诉讼法典》第145条至第147条所确认，这肯定是因为，失效期间通常是为诉讼的提起而设的，因而是诉讼期间。然而，上述原则有其例外，而且，这些例外亦见于诉讼期间。在这个问题上，需要强调的主要是：第146条第2附段的规定是适用于失效的，因此这里仿佛有一种中止结束的原因。如果在期间结束时，受失效制度约束的权利，其拥有人遭到未被预见且与其意思无关的事件阻碍，因而无法及时亲身或通过受权人提起诉讼行使权利，则法律对这种状况予以救济，容许诉讼逾期提起，只要权利人在障碍终止后马上提起诉讼即可，易言之，只要情况显示权利人是在障碍消失后尽速为之即可。

（3）在相关期间内提起诉讼，亦即向法院呈交适当的声请书（名为起诉状），即阻却失效。

要阻却消灭时效的话，则必须在相关期间内传唤债务人。

总结

原则上，失效既不直接适用，亦不类推适用消灭时效的那些规则，除非是作为类推依据的理由同一性（identidade de razão）显而易见的极特殊情形。

这是应予遵循的、符合法律的处理方案。然而，根据最高法院的一则统一司法见解判例（Assento）（1933年4月18日），为诉讼的提起而设的法定期间，是消灭时效期间，而非失效期间。在新的《民事诉讼法典》（1939年）生效后，上述统一司法见解判例是否继续站得住脚，曾有争论。现今主流学说认为，该统一司法见解判例已被废除，因为其所涉事宜的相关法例，已有巨大修改（《民事诉讼法典》第763条）。但应当注意，在某些问题上，该统一司法见解判例的处理方案，即使不应被视为已遭废止，亦会被上述《民事诉讼法典》所废止。实际上，在新的《民事诉讼法典》中，有一些条文便对这两个制度的某些方面予以同等对待，但同样也有另一些条文区别对待两者。

区别对待这两个制度的条文。

1）毫无疑问，要避免消灭时效完成，债权人不但必须提起诉讼，而且必须成功促使在期间内传唤债务人（《民法典》第552条第2款、《民事诉讼法典》第485条a项、第267条及第253条）。现今同样毋庸置疑的是，要避免造成失效的结果，权利人只需要在所定期间内，向法院呈交相关起诉状，从而提起诉讼即可（参见上引一众条文，以及《民事诉讼法典》第481条第3款）。

2）若诉讼逾期提起（因而已被失效所影响），法官可以且必须初端驳回起诉状（第481条第3款）。至于消灭时效，无论是在《民法典》中，还是在《民事诉讼法典》中，都找不到同样的处理方案。相反，我们知道，消灭时效仅当由债务人主张时，方获考虑。显然，倘若失效可以且必须作为初端驳回的事由，由法官依职权（ex officio）提出，看来它便同样应该可以作为诉讼理由不成立的事由，如果法官必须在诉讼的另一个时刻作此宣告的话。

但在其他方面，这两个制度则是等同的。

1）《民事诉讼法典》第290条至第291条，既适用于消灭时效，亦适用于失效。第290条规定，"如诉讼因双方当事人之懈怠而停顿超过一年，程序即告中断"，"程序一旦中断，《民法典》第552条第2款向司法传唤赋予之效果即告终止，而截至传唤为止所经过之时间，则并加于程序中断后所经过之时间。在相同条件下，为起诉而定之期间，再次进行"。

第 291 条规定："一旦原告在诉讼中表示欲继续诉讼，且此表示已通知不到庭之被告，中断即告终止，且其效果亦告消失。然而，如原告不在四十八小时内推动诉讼进行，则通知不产生任何效果。"[13]

2)《民事诉讼法典》第 294 条同样既适用于消灭时效，又适用于失效。依此规定，"驳回起诉，绝不妨碍就相同标的再次提起诉讼"。

"倘若自驳回起诉之判决转为确定时起计三十日内，提起新诉讼，或被告被传唤参与该新诉讼，则首宗案件中之委任，以及对被告的传唤，其所生之法律效果，如有可能维持，皆予维持。"比照第 293 条，有助于理解上述条文。第 293 条规定，在某些情形下，法官必须拒绝审理请求，并驳回起诉。[14]

---

13 唯一附段："即使消灭时效期间或诉权行使期间已过，该通知亦生效，除非在原告作出本条所指表示之前，有被告主张消灭时效或主张期间结束。在此情形，该表示即非有效。"

14 有一个问题，值得略加一提：订定消灭时效期间或失效期间的那些新法，应否适用、如何适用于进行中的期间？应当遵从何种解决方案，须视乎新法是将相关期间予以延长还是缩短而定。若是延长，则适用新期间，但须将旧法生效时所经过的时间计算在内。若是缩短，则同样也要适用新期间，但仅须将新法生效时所经过的期间计算在内。因此，是对旧法置之不理。但是，如果采用这种处理方案，会得出一个比现行法的期间还要长的期间的话，则属例外，因为那样的话，期间应当继续根据现行法进行。上述结论的理据与阐述，参见 *Rev. Leg. Jur.*，第 66 期，第 280 页。

译后记

借本译著此次再版之机，译者基本上只是对上一版的一些误植加以修正，不过也有少量的译语修改。值得重提的是，一方面译者注意让译语能符应学界的既有译法，但另一方面，译者也根据自己的一些观察与思考，指出了学界与立法上若干既有译法的不当之处，并提出新的译法。当中详细理由，请参阅书中相应的译者注。译者出身于继受葡萄牙法并实行双语立法的澳门法律群体，多年来深感法律术语的准确翻译，对长远法学教育与法学研究的重要性。

首先，在本书译文中，译者把一些很流行的误译改正了过来，例如：

（1）把被澳门《民法典》中文版译为"因瑕疵意思表示而生之错误"的 erro-vício，改译为"瑕疵错误"（本译著第二卷第 192 页）；

（2）把被澳门《民法典》中文版译为"具有欺诈性质的虚伪"的 simulação fraudulenta，改译为"诈害虚伪"（本译著第二卷第 143 页）；

（3）把被澳门《民法典》中文版译为"无意识之意思表示"的 falta de consciência da declaração，改译为"欠缺表示意识"（本译著第二卷第 106 页）；

（4）把被澳门《民法典》中文版译为"单纯债务移转"的 transmissão singular de dívidas 改译为"个别债务移转"（本译著第一卷第 36 页、第二卷第 16 页）；

（5）把常被译为"有意识的法律事实"与"无意识的法律事实"的 facto jurídico voluntário 与 facto jurídico involuntário 改译为"意愿性法律事实"与"非意愿性法律事实"（本译著第二卷第 4 页）；

（6）把常被译为"简单法律行为"的 simples acto jurídico 改译为"单纯法律上的行为"（本译著第二卷第 9 页）；

（7）把有译为"（权利）主体消灭"与"（权利）客体消灭"的 extinção

subjectiva 与 modificação objectiva 改译为"主观消灭"与"客观消灭"（本译著第二卷第 21 页）；

（8）把常被译为"善意欺诈"与"恶意欺诈"的拉丁文术语 *dolus bonus* 与 *dolus malus* 改译为"良性欺诈"与"恶性欺诈"（本译著第二卷第 215 页）；

（9）把有译为"较完备法"的拉丁文术语 *leges plus quam perfectae*，改译为"超完备法"（并相应地把有译为"不甚完备法"的拉丁文术语 *leges minus quam perfectae*，改译为"亚完备法"，虽然"不甚完备法"这种译法并非误译）（本译著第二卷第 279 页）；

（10）把被澳门《民法典》中文版译为"具动产性质之物"的 coisa móvel por natureza 改译为"本性使然的动产"（本译著第一卷第 187 页）；

（11）把常被译为"宗旨专门原则"的 princípio de especialidade 改译为"专事原则"（本译著第一卷第 51 页）；

（12）把常被译为"集合物"的 universalidade 改译为"集合"（本译著第一卷第 206 页）；

（13）把澳门一众法律的中文里常被译为"为着……之效力"的 para os efeitos de 改译为"为了……的目的"、"为适用……"或"在……事宜上"（本译著中常见，兹不例示）。

其次，一些旧有译法的弊病，虽然在某些情形下不会导致"灾难性"的后果，但在另一些场合则不然。因此：

（1）译者把学界往往一律译为"要素"的 elemento，视乎具体情况改译为"元素"（本译著第一卷第 16 页、第二卷第 29 页）；

（2）把常被译为"本人"的 principal，改译为"事主"（本译著第二卷第 239 页）；

（3）把常被译为"对话人"与"非对话人"的 presente 与 ausente，视乎具体情况改译为"在场者"与"非在场者"（本译著第二卷第 12 页）；

（4）把汉语法学界常译为"交易基础"的外文术语（德语 Geschäftsgrundlage 与葡语 base negocial 互相对应），译为"法律行为基础"（本译著第二卷第 340 页）；

（5）把被澳门《民法典》中文版译为"行为意思"的 vontade de acção，改译为"行动意思"（本译著第二卷第 105 页）。

此外，虽然一些旧有的意译也许并非误译，但译者认为实在不必意译。例如：

（1）把被澳门《民法典》中文版意译为"权利义务范围"的 esfera jurídica，改直译为"法律领域"（本译著第二卷第 15 页等）；

（2）把被澳门《民法典》中文版意译为"保留指定第三人权利之合同"的 contrato para pessoa a nomear，改直译为"为待指定之人缔结的合同"（本译著第二卷第 245 页）。

另有一些旧译，虽然亦非误译，但译者尝试提出新的译法，以期臻善。例如：译者将 núncio 译为"通传人"，虽然汉语法学界常译之为"使者"（本译著第二卷第 242 页）。

有一些译法同样算不上是误译，但会掩藏有关概念与其他概念之间的联系。有鉴于此，译者将权利能力（capacidade de gozo）的别称 capacidade jurídica 按字面意思译为"法律能力"，而不再意译为"权利能力"（本译著第一卷第 28 页），并将常被译为"法律行为标的"的 objecto do negócio jurídico，改译为"法律行为客体"（本译著第二卷第 271 页）。

译者也避免使用一些误导性的译语，例如，当 pessoa moral 不是指泛称的法人，而是指葡萄牙法上特定的某类法人时，译者把有译为"道德法人"的 pessoa moral 改译为"非营利性法人"（本译著第一卷第 56 页）。还有一些旧译本身并无问题，但在本书具体译文段落中极易和其他概念相混淆，因此译者也提出了新的替代性译法，以供学界参考。例如，译者把一般译为"有法律意义"的 juridicamente relevante 译为"法律上攸关"，并把一般译为"法律意义"的 relevância jurídica 译为"法律攸关性"（本译著第一卷第 2 页）。

最后，译者认同澳门大学法学院唐晓晴教授把原译为"法律行为"的 negócio jurídico 改译为"法律事务"的做法，因此在 acto jurídico（法律上的行为）和 negócio jurídico 在文中同时出现时，亦加注说明，但在文中则沿用"法律行为"这一译法。

另外，关于译著中的格式体例，应作说明的是，原著按外语文献通例，以斜体标示拉丁文。因此，本译著也保留这种做法。此外，即使是葡萄牙语，但若作者希望予以强调，也会以斜体标示。为了显示这一点，中译本会以楷体标示译文。至于人名，原著皆以大写标示，译文从之。

本译著能够顺利出版，有赖一众前辈的努力与远见。感谢"葡萄牙法律经典译丛"项目委员会主任唐晓晴教授，以及感谢 Manuel Trigo（尹思哲）老师。他们在译著的出版工作上，以至于在澳门法学教育与研究上，皆付出良多。感谢作者的儿子 MANUEL ANTÓNIO GOMES DOMINGUES DE ANDRADE 允许本书的翻译和付梓。感谢"葡萄牙法律经典译丛"编辑委员会支持本译著的此次再版印行。感谢从本译著首次印行时便已跟进此书出版事宜的法学院法律研究中心庄莉莉女士的敦促与谅解。还有更多不希望我公开道谢的朋友，都为本译著的出版花费了大量心力，在此一并致谢。最后，尚要感谢家人尤其是父母的支持和体谅。

本译著第一卷译稿完成于我学士四年级上学期，第二卷译稿则完成于博士修业期间。本科三年级升四年级的那个暑假，我怀着不知从何而来的自信，开始夜以继日地翻译。没有人知道，没有想过报酬，没有问过将来出版的可能。回想当时那股冲劲，教人汗颜，却也教人怀念。也许现在的我，正好需要那个时候的我来提醒自己些什么。

蓦然回首，竟尔十数年。

Tempus omnia revelat.

谨以此译著献给我的阿嫲——蔡雅雅女士。

2023 年 12 月

记于寒舍

"葡萄牙法律经典译丛" 已出书目

葡萄牙法律史（第三版）

〔葡〕马里奥·朱莉欧·德·阿尔梅达·科斯塔/著　唐晓晴/译

行政法教程（第一卷）

〔葡〕迪奥戈·弗雷塔斯·亚马勒/著　黄显辉/译

行政法

〔葡〕苏乐治/著　冯文庄/译

法律关系总论（第一卷）（2015 年版）

〔葡〕曼努埃尔·德·安德拉德/著　吴奇琦/译

行政司法公正

〔葡〕若瑟·加路士·韦拉·安得拉德/著　冯文庄/译

商法教程（第一卷）

〔葡〕乔治·曼努埃尔·高迪纽德·阿布莱鸟/著　王　薇/译

行政法原理

〔葡〕若泽·曼努埃尔·里贝罗·塞尔武罗·科雷亚/著　冯文庄/译

法律关系总论（第二卷）（2018 年版）

〔葡〕曼努埃尔·德·安德拉德/著　吴奇琦/译

刑事诉讼法

〔葡〕乔治·德·菲格雷多·迪亚士/著　马　哲　缴　洁/译

定金与预约合同

〔葡〕若昂·卡尔昂·达·席尔瓦/著　曹晋锋/译

亲属法教程

〔葡〕威廉·德奥利维拉　弗朗西斯科·佩雷拉·科埃/著　林笑云/译

行政法教程（第二卷）

〔葡〕迪奥戈·弗雷塔斯·亚玛勒/著　黄显辉　黄淑禧　黄景禧/译

债法总论（第一卷）

〔葡〕若昂·德·马图斯·安图内斯·瓦雷拉/著　唐晓晴/译

389

债法总论（第二卷）

〔葡〕若昂·德·马图斯·安图内斯·瓦雷拉/著

马　哲　陈淦添　吴奇琦　唐晓晴/译

国际公法

〔葡〕欧天奴·苏亚雷斯/著　冯文庄/译

刑法总论（第一卷）：基本问题及犯罪一般理论

〔葡〕乔治·德·菲格雷多·迪亚士/著　关冠雄/译

继承法

〔葡〕弗朗西斯科·曼努埃尔·佩雷拉·科埃略/著　曹锦俊/译

宪法与宪法理论

〔葡〕若泽·若阿金·高美士·卡诺迪略/著　孙同鹏　李寒霖　蒋依娃 等/译

商法教程（第二卷）：公司法

〔葡〕智治·曼努埃尔·高迪姆·德·阿布莱乌/著　王　薇　王荣国/译

刑法总论（第二卷）：犯罪的法律后果

〔葡〕乔治·德·菲格雷多·迪亚士/著　翁文挺/译

法律关系总论（第一卷）（2025 年版）

〔葡〕曼努埃尔·德·安德拉德/著　吴奇琦/译

法律关系总论（第二卷）（2025 年版）

〔葡〕曼努埃尔·德·安德拉德/著　吴奇琦/译

图书在版编目（CIP）数据

　　法律关系总论.第二卷／（葡）曼努埃尔·德·安德
拉德著；吴奇琦译.--北京：社会科学文献出版社，
2025.4.--（澳门特别行政区法律丛书）.-- ISBN
978-7-5228-4682-8

　　Ⅰ.D955.2

　　中国国家版本馆 CIP 数据核字第 2024YW6739 号

澳门特别行政区法律丛书·葡萄牙法律经典译丛

法律关系总论（第二卷）

著　　者／［葡］曼努埃尔·德·安德拉德（Manuel de Andrade）
译　　者／吴奇琦

出 版 人／冀祥德
责任编辑／易　卉　刘俊艳
责任印制／岳　阳

出　　版／社会科学文献出版社·法治分社（010）59367161
　　　　　地址：北京市北三环中路甲 29 号院华龙大厦　邮编：100029
　　　　　网址：www.ssap.com.cn
发　　行／社会科学文献出版社（010）59367028
印　　装／三河市龙林印务有限公司

规　　格／开本：787mm×1092mm　1/16
　　　　　印张：27　字数：450 千字
版　　次／2025 年 4 月第 1 版　2025 年 4 月第 1 次印刷
书　　号／ISBN 978-7-5228-4682-8
著作权合同
登 记 号　／图字 01-2025-0159 号
定　　价／168.00 元

读者服务电话：4008918866